FARBMANAGEMENT FÜR FOTOGRAFEN

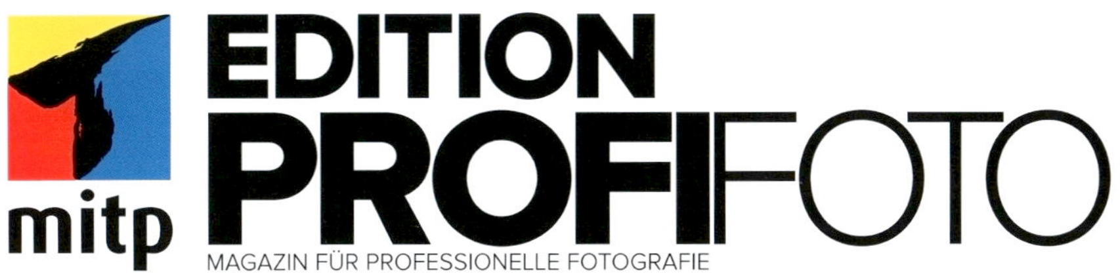

FARBMANAGEMENT FÜR FOTOGRAFEN

THOMAS HOPPE

Bibliografische Information der Deutschen Nationalbibliothek

Die Deutsche Nationalbibliothek verzeichnet diese Publikation in der Deutschen Nationalbibliografie; detaillierte bibliografische Daten sind im Internet über <http://dnb.d-nb.de> abrufbar.

Bei der Herstellung des Werkes haben wir uns zukunftsbewusst für umweltverträgliche und wiederverwertbare Materialien entschieden.

Der Inhalt ist auf elementar chlorfreiem Papier gedruckt.

ISBN 978-3-95845-455-2

1. Auflage 2017

www.mitp.de

E-Mail: mitp-verlag@sigloch.de

Telefon: +49 7953 / 7189 - 079

Telefax: +49 7953 / 7189 - 082

Lektorat: Katja Völpel

Sprachkorrektorat: Petra Heubach-Erdmann

Covergestaltung: Christian Kalkert

Coverfotos: © leedsn / © stockphoto-graf, Fotolia.com

Satz: III-satz, Husby, www.drei-satz.de

Druck: Medienhaus Plump GmbH, Rheinbreitbach

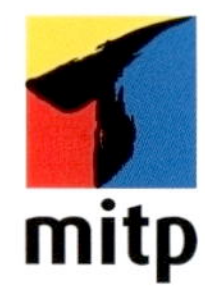

Whatever colors you have in your mind
I'll show them to you and you'll see them shine
(Bob Dylan, 1969)

Inhalt

Kapitel 5

Kapitel 6

Kapitel 7

Einleitung

DAMIT SIE ES LEICHTER HABEN

Es fing alles damit an, dass ich Anfang der achtziger Jahre, auf dem Höhepunkt der analogen Fotografie, beschloss, neben meinen Schwarz-Weiß-Abzügen auch meine Fachvergrößerungen in Farbe selbst zu printen. Nach ersten Gehversuchen mit der Cibachrome-Technik, deren Bildwiedergabe mir für meine Arbeiten zu speziell war, wechselte ich zur klassischen Farbnegativtechnik. Dort hatte gerade aus Umweltschutzgründen eine Prozessumstellung vom Kodak-Prozess EP2 zum Kodak-Prozess RA4 stattgefunden, der noch in den Kinderschuhen steckte.

Da ich wusste, dass man Farbstiche am besten in grauen Flächen erkennt, nahm ich mir ein Foto des Gelsenkirchener Krimiautors Peter Schmidt vor, den ich kurz zuvor fotografiert hatte. Peter, der bisher ungefähr 45 Bücher veröffentlicht hat, trug zum Aufnahmetermin glücklicherweise ein dunkelgraues Hemd, das meine Referenz für den Farbabgleich werden sollte. Ich legte also das Negativ in mein Vergrößerungsgerät, um das erste Fotopapier zu belichten. Dann kam das Papier in eine Durchlaufentwicklungsmaschine und nach ungefähr drei Minuten konnte man das erste Ergebnis in noch nassem Zustand betrachten. Also schnell in den Trockner damit, um dann ein beurteilungsfähiges Ergebnis in der Hand zu halten.

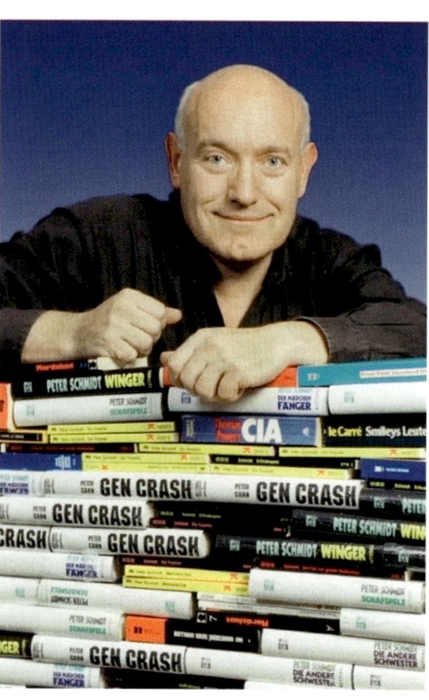

Der farbrichtige Abzug zeigt den Autor Peter Schmidt.

Wie zu erwarten, zeigte das Foto einen Farbstich und war auch zu hell. Ich korrigierte die Belichtungszeit und die Filterung und kam schon in die Nähe eines guten Abzugs. Es gab aber noch einen kleinen Farbstich. Nach drei weiteren Abzügen war meine Unsicherheit bezüglich des Farbstichs so weit angestiegen, dass ich runter in unsere Wohnung rannte, Peter anrief und fragte, ob ich mir sein Hemd ausleihen dürfe. Sein durch Fragezeichen übersätes Schweigen brachte mich in einen Zustand notwendiger Erklärung, er lachte und stimmte zu. Ich holte das Hemd ab und hastete damit zum direkten Vergleich in meine Dunkelkammer.

Nachdem ich das Foto auf das Hemd gelegt hatte und die Farbunterschiede sah, stieg in mir eine Mischung aus Unsicherheit, Wut und Selbstzweifeln, vor allem jedoch der Wunsch auf, die Fotoarbeiten doch wieder ins Fachlabor zu bringen. Wie so oft siegte jedoch mein Wille, es selbst zu schaffen. Nachdem das erste Paket Fotopapier fast aufgebraucht war, kam ich einem akzeptablen Ergebnis schon ziemlich nahe.

Voller Stolz nahm ich also am Ende des zweiten Arbeitstags meinen letzten Abzug und das Hemd in die Hand, um beides meiner Freundin zu zeigen. Wir legten beides auf den Esstisch, sommerliches Nordlicht fiel durch das Fenster. Bevor meine Freundin sich auch nur ansatzweise äußern konnte, schrie ich: »Was ist das denn?« Die Farbwiedergabe im Print hatte mit der des Hemds nichts gemeinsam – ich war völlig frustriert ...

Nachdem ich mich theoretisch durch Fachliteratur und per Nachfrage bei Kollegen weitergebildet hatte, war ich nach kurzer Zeit in der Lage, Farbprints in einer Qualität zu erstellen, die innerhalb der Industriestandards lagen. Gleichzeitig hatte ich aber meinen ersten Farbworkflow mit Farbmanagement geschaffen.

Die Phänomene, die zu den vielen Fehlprints führten, und meine Lösungsansätze waren folgende:

- Die Farbstoffe des Hemds sind andere als die im Film und im Fotopapier.
- Die Farbstoffe des Hemds erzeugten in Verbindung mit dem Betrachtungslicht einen Metamerieeffekt.
- Bei jeder Aufnahmeserie wurden Farb- und Graustufenkeile mitfotografiert.
- Das Vergrößerungsgerät wurde mit einem Verschluss vor dem Objektiv versehen, um nur die Kernbrennzeit der Vergrößerungslampe zur Belichtung zu nutzen. Die Abfolge der Belichtung funktionierte so, dass zuerst das Vergrößererlicht anging, dann öffnete sich der Verschluss für die Dauer der vorgewählten Belichtungszeit, und nachdem der wieder geschlossen war, schaltete sich das Vergrößererlicht aus. Somit waren An- und Abglühphase der Lampe ausgeschaltet.
- Die Durchlaufentwicklungsmaschine erhielt eine Regeneriereinheit.
- In der Dunkelkammer wurde ein Kunstlicht mit Tageslichtcharakter installiert, um auch einen Farbabgleich unter Tageslichtbedingungen bewerkstelligen zu können.

Es wurden also Maßnahmen getroffen, die beim Farbmanagement heute teilweise auch noch Berücksichtigung finden. In der digitalen Fotografie stellen sich viele dieser Abläufe jedoch einfacher dar und sie führen durch eine noch höhere Präzision zu weitaus besseren Ergebnissen.

Damit Sie von der Erfahrung verschont bleiben, die ich mein Hemd-Grau-Trauma nenne, habe ich dieses Buch geschrieben. Ich wünsche Ihnen, dass Sie mit dem Buch viel Freude haben und es Sie befähigt, eine Farbwiedergabe zu erreichen, die Ihren Vorstellungen entspricht.

Gehen wir es an!
Ihr Thomas Hoppe

KAPITEL 1

Farbmanagement im Überblick

1.1 DER KÖNIG UND SEINE FAHNEN ODER DER BEGINN DES FARBMANAGEMENTS

Tief im Westen lebte in der Nähe des mächtigsten Flusses seines Reiches ein König, der die Menschen liebte, und sein Volk liebte ihn. Aus diesem Grund waren die Städte und Dörfer im Umfeld seines Palastes nicht nur mit Menschen aus seinem Reich, sondern auch mit Menschen aus fernen Ländern besiedelt, die von der Gutmütigkeit dieses Königs gehört hatten und deshalb in sein Reich gezogen waren.

Das Land des Königs war sehr schön und wurde im Norden durch zwei Meere begrenzt, im Süden durch eine sehr große Gebirgslandschaft und im Westen fing kurz hinter dem großen Fluss bereits das Land einer befreundeten Königin an. Der Osten des Landes war auch sehr schön, aber nicht so dicht besiedelt wie der Westen, da die meisten Menschen ihrem König nahe sein wollten.

Der König, der nicht nur die Menschen seines eigenen Volkes, sondern auch die Zugereisten schätzte, wollte eine neue Fahne für seinen Staat, die als Symbol für die vielen Menschen aus seinem und den fernen Ländern stehen sollte. Da er fand, dass die vielen Menschen eine Farbenvielfalt für seinen Staat darstellten, wollte er eine Fahne, die so bunt sein sollte wie sein Volk und deshalb aus vielen Einzelfarben bestehen sollte.

Er beauftragte seine Tochter, die sich mit Malerei und anderen feinen Künsten beschäftigte, eine neue Staatsfahne zu entwerfen. Die Tochter ging in ihr Kunstgemach und schnell hatte sie mehrere Entwürfe fertig, die sie ihrem Vater zeigte. Der wählte einen Entwurf aus, weil dieser sowohl dunkle, gesättigte als auch helle, pastellartige Farben enthielt. »In dieser Fahne ist der ganze Regenbogen enthalten, sie zeigt die ganze Vielfalt unseres Volkes. Gebt die Muster an alle Fahnenmacher des Landes, auf dass sie für ihre Provinzen die Fahnen fertigen!«

Alsbald wurde in allen Werkstätten der Fahnenmacher des Landes kräftig gewerkelt. Die Weber fertigten feinstes Tuch aus erlesenen Garnen, die vorher von den Garnmachern gefärbt worden waren. Da sehr viele Farben in jede Fahne eingewebt werden mussten, dauerte es ziemlich lange, bis die Arbeit getan war. Doch das Ergebnis war dann auch besonders prachtvoll. Die Fahnen leuchteten, sodass man sie schon aus der Ferne im Wind wehen sah.

Der König wollte das Aufhängen der neuen Fahnen auch damit verbinden, seinen Provinzen einen Besuch abzustatten. Somit konnte er Kontakt zu seinem Volk aufnehmen und die Arbeit der Fahnenmacher begutachten. Er ließ seine Koffer packen und die königliche Kutsche reisefertig machen. Dazu gehörte auch das Anbringen der neuen Staatsfahne am Fahnenmast der Kutsche. Am nächsten Tag ging die Reise los und der König freute sich auf sein Volk und die neuen Fahnen.

Bereits in der ersten Provinz erlitt der König fast einen Herzinfarkt, als er die Fahnen vor Ort erblickte. Im Vergleich zur Fahne an seiner Kutsche wich die Farbgebung der örtlichen Fahnen im Gesamteindruck völlig ab. Auf allen Stationen der königlichen Rundreise wiederholte sich diese unerfreuliche Situation. »Die Fahnen sollen die Einigkeit und die Vielfalt unseres Volkes symbolisieren. Wir müssen hier eine Lösung zur Vereinheitlichung der Farbgebung finden«, forderte der König. Seine Entourage stimmte zu und sein Kulturminister hatte auch schon einen Lösungsvorschlag parat: »Eure Majestät, unweit Ihres Schlosses wohnt ein Maler, der als wahrer Meister der Farben gilt. Er kann zwar aufgrund eines fehlenden Ohres nicht mehr räumlich hören, dafür sind seine Augen umso sensibler, wenn es um die Mischung von Farben und ihrem kunstvollen Auftrag auf die Leinwand geht.«

Der König antwortete euphorisch: »Wir reisen zurück ins Schloss, auf dass ich den Meister der Farben kennenlernen kann.«

Einen Monat später war der Maler zum Farbminister ernannt worden und seine erste Aufgabe war die Vereinheitlichung der Fahnenfarbgestaltung. Zu diesem Zweck hatte er eine große Menge Farbe von allen Sorten angemischt und mit fünf Pferdewagen begann er seine Reise durch die Provinzen. Zum Vergleich hatte er die königliche Kutschfahne dabei. In der ersten Provinz, etwas östlich vom Palast gelegen, funktionierte sein Vorhaben noch mit gutem Erfolg. Je weiter er sich jedoch vom Palast entfernte, desto schlechter passten die Farben der eingefärbten Garne mit den Farben der königlichen Fahne zusammen.

Durch die Erfahrungen, die der Farbminister auf seiner Reise sammelte, konnte er eine Lösung für sein Problem finden. Die Garne waren in Ihrer ungefärbten Form so unterschiedlich in ihrer natürlichen Farbgebung, dass eine Färbung mit den Einheitsfarben zu keinem einheitlichen Ergebnis führte. Das Garn einer Provinz war farblich sehr ähnlich, da es von der Wolle der Schafe gesponnen wurde, die aus dieser Provinz kamen. Das Futter und die Lichteinflüsse waren für die Tiere ähnlich und somit war auch ihre Wolle miteinander vergleichbar.

Vor seiner Rückreise nahm der Farbminister aus jeder Provinz Garnmuster mit, die er dann im Schloss bei einer abschließenden Farbmischbestimmung färbte. Dabei waren die Farben zum Färben jeweils auf die Garne der verschiedenen Provinzen abgestimmt. Die Rezepturen der provinzspezifischen Farben gab der Farbminister an die Färber vor Ort und nun war es endlich möglich, im gesamten Königreich einheitliche Fahnen mit der gleichen Farbgebung herzustellen.

Der König war begeistert und kaufte dem Farbminister aus Dank eines seiner Gemälde ab. Es ist überliefert, dass dies das einzige Bild war, das der Farbminister je verkauft hatte.

Das ganze Volk jedoch war stolz und glücklich über die schönen neuen Fahnen, in denen sich jeder wiedererkennen konnte und in derer Gesamtheit sich alle vereinigt fühlten.

1.2 FARBMANAGEMENT GESTERN UND HEUTE

Die Geschichte des Königs und seiner Fahnen gibt in einfacher, nachvollziehbarer Form die Problematik des Farbmanagements wieder. Immer, wenn wir uns in der Fotografie mit Farbmanagement beschäftigen, geht es um eine kontinuierliche Wiedergabe von der Eingabe (Entwurf der Königstochter) über die Weiterverarbeitung (Anpassen der Farbgebung von der Eingabe zur Ausgabe unter Berücksichtigung der Rezepturen) bis zur Ausgabe (Färben der Garne). Das Ziel dabei ist, in der Folge der einzelnen Produktionsschritte Farbkonsistenz zu bewahren, also mit der Ausgabe so ähnlich wie möglich an die Eingabe heranzukommen. Für die Fotografie heißt das, der Fotoabzug, der Fine Art Print oder auch das industriell gedruckte Foto sollen farbidentisch dem ursprünglichen Motiv entsprechen. Dieses Ziel ist nicht zu erreichen! Mithilfe eines durchgehenden Farbmanagements kommen wir jedoch in der Ausgabe nah an eine Farbgebung des Motivs heran und diese Vorgänge sind auch reproduzierbar. Ohne Farbmanagement kann dieses Ziel, wenn denn überhaupt, nur durch Zufall erreicht werden und eine Reproduzierbarkeit und die Übertragung auf andere Motive sind dabei völlig ausgeschlossen. Welche Faktoren dazu beitragen, dass dieses Ziel nicht hundertprozentig erreichbar ist, werde ich im nächsten Kapitel eingehend erläutern.

Natürlich haben Sie es heute einfacher als der Farbminister. Sie müssen nicht durchs Land reisen, um Ihr Ziel zu erreichen, sondern Sie können bei der Aufnahme, der Bildbearbeitung und der Ausgabe all die Schritte vollziehen, die zu einem überzeugenden Ergebnis führen. Dazu stehen Ihnen unzählige Hilfsmittel wie Messgeräte, Graukarten, Weißabgleichfilter, Farbkarten und entsprechende Software zur Verfügung, die den Workflow vereinfachen, präzisieren und konsistent gestalten können. Diese Hilfsmittel werde ich Ihnen zu einem späteren Zeitpunkt nahebringen.

Sie reisen bei der Bearbeitung Ihrer Aufnahmen zwar nicht durchs Land, nutzen aber Anbieter im Internet zur Ausgabe Ihrer Dateien. Hier wird der Einsatz von Farbmanagement unumgänglich. Spätestens jetzt, wo sich Teile Ihres Workflows außerhalb Ihrer Eingriffsmöglichkeiten abspielen, ist ohne Farbmanagement nichts Ordentliches und Reproduzierbares zuwege zu bringen.

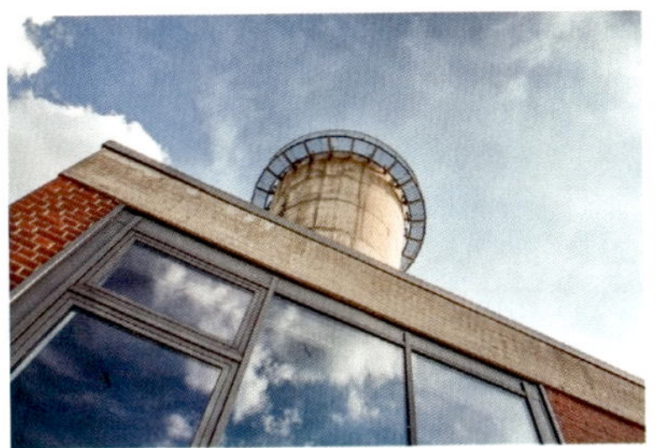
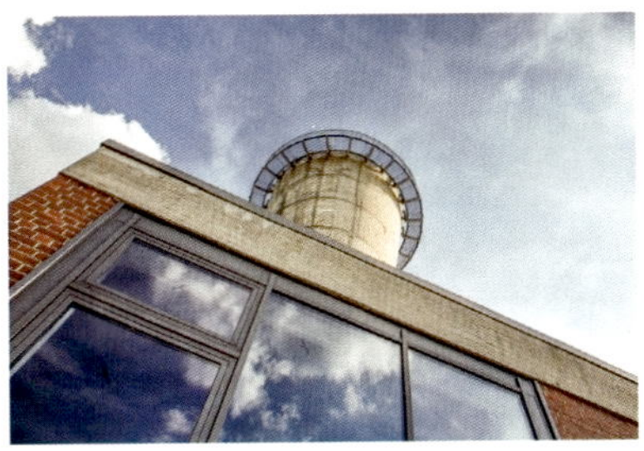

Abbildung 1.1
Farbmanagement und seine Folgen: Original (oben rechts), ohne Farbmanagement (oben links) und mit Farbmanagement (unten)

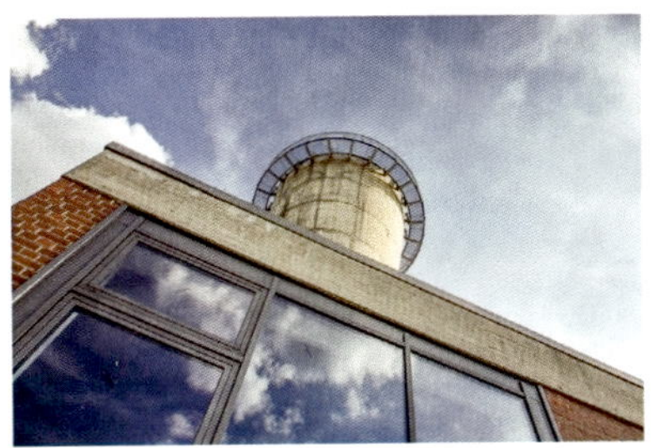

An dieser Stelle möchte ich noch erwähnen, dass Farbmanagement Geld kostet. Wer gute Ergebnisse erzielen will, braucht gutes Werkzeug. Umso mehr wundert es mich manchmal, dass es Fotografen mit Fotoausrüstungen gibt, deren Wert im fünfstelligen Bereich angesiedelt ist und die die Kosten für eine Graukarte oder ein Colorimeter scheuen. Wer sich seine individuellen Workflows im Farbmanagement zusammenstellt, wird bessere Ergebnisse erzielen, und mittelfristig amortisieren sich die angeschafften Geräte durch weniger Ausschuss und nicht zuletzt durch weniger nervenzehrendes Arbeiten.

Das moderne Farbmanagement, das 1993 Einzug in die digitale Fotografie hielt, läuft heute runder und hat sich durch jahrelange Weiterentwicklung zu einem für jedermann nutzbaren Werkzeug gemausert. Dies geschah durch die Gründung des International Color Consortiums mit den Gründungsmitgliedern Adobe, Agfa, Apple, Kodak und Microsoft. Die Liste der derzeitigen Mitglieder und Ehrenmitglieder umfasst Firmen und Institutionen, die im Farbmanagement forschen und Produkte mit farbmanagementspezifischen Inhalten herstellen. Die Anfänge, z.B. in Photoshop, waren alles andere als pflegeleicht und wirklich verwertbar. Eine stetige Verbesserung führte jedoch mittelfristig zu guten Ergebnissen und heute ist das Niveau noch einmal gestiegen. Es wird trotzdem weiter an Verfeinerungen der Systeme gearbeitet, die unter jetzigen Arbeitsabläufen auch eine Qualitätssteigerung hervorbringen.

Die aktuellen Messgeräte sind im Laufe der Jahre immer wieder verbessert worden und die dazugehörige Software vereinfacht die Vermessung und die Auswertung der vorliegenden Ergebnisse. Die etablierten Unternehmen forschen weiter und es kommen veränderte Messgeräte auf den Markt. In erster Linie kann man aber feststellen, dass vorwiegend die Handhabbarkeit in Zusammenarbeit mit der Software vereinfacht wird oder die Möglichkeiten der Messungen erweitert werden. Die Präzision der derzeitig verwendeten Messgeräte hat hingegen einen Stand erreicht, deren Messgenauigkeit, bezogen auf den visuell nachvollziehbaren Eindruck, nicht mehr übertroffen werden kann. Das muss man sich ungefähr so vorstellen wie die dritte Stelle hinterm Komma beim Klirrfaktor einer HiFi-Anlage. Der Messwert ist da, wir können ihn aber nicht hören bzw. sehen.

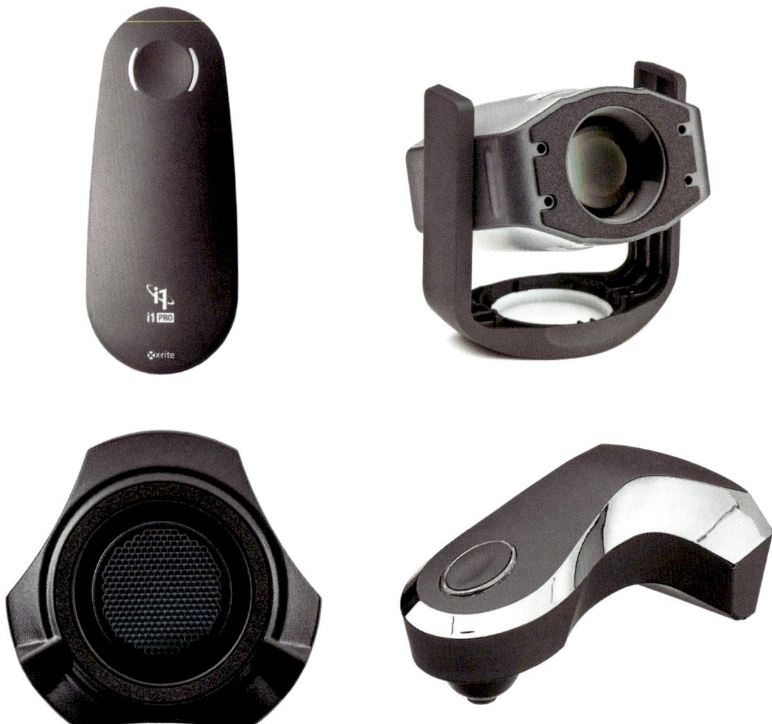

Abbildung 1.2
Aktuelle Messgeräte, von oben links im Uhrzeigersinn: i1 Pro 2, i1 display Pro 2, Spyder5PRINT und Spyder5

Die Scannertechnik ist im Laufe der Zeit auch immer ausgereifter geworden. Sie wird zwar heute nicht mehr in dem Umfang eingesetzt wie noch zu Beginn der digitalen Fotografie, als Unmengen von analogen Beständen digitalisiert wurden. Heute werden natürlich weiterhin neu entdeckte Fotoarchive in Museen und Sammlungen für die Nachwelt digitalisiert, gleichzeitig gibt es aber gerade in der künstlerischen Fotografie immer wieder Fotografen, die einen hybriden Workflow praktizieren. Sie fotografieren analog, scannen die Negative und verarbeiten diese Daten dann digital weiter. Damit erhalten sie eine genaue Farbwiedergabe der teilweise legendären Emulsionen der analogen Filmhersteller. Auch wenn dies ein Buch über das Farbmanagement ist, möchte ich nicht unerwähnt lassen, dass diese Technik durchaus auch in der Schwarz-Weiß-Fotografie ihre Berechtigung hat. Man denke nur an die Tonwerte eines TriX in HC 110 entwickelt oder an das feine Korn des Ilford FP4.

Tipp

Der hybride Workflow ist ein Garant für eine Farbwiedergabe im Look and Feel der analogen Aufnahmetechnik.

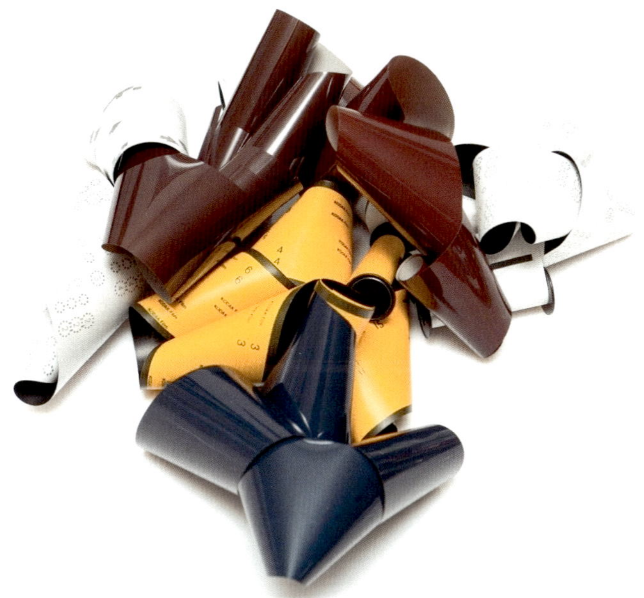

Abbildung 1.3
Das klassische Filmmaterial hat heute immer noch seine Berechtigung und spezielle Einsatzgebiete.

Bei den Kameras ist die Entwicklung sicherlich am rasantesten vorangeschritten. Die Farbwiedergabe der Sensoren wurde vor allem im Hinblick auf höhere ISO-Werte verbessert (geringeres Rauschen). Die kamerainterne Software hat unabhängig davon an Qualität gewonnen, sodass die RAWs und JPGs immer besser die Farben darstellen.

Die Monitore haben den Wandel vom CRT-Gerät mit schweren Bildröhren zum TFT-Display mit mittelfristig stabilerer Farbwiedergabe geschafft. Die auf Farbbearbeitung spezialisierten Hersteller haben die Homogenität der Ausleuchtung verbessert und Messgeräte in die Monitore integriert, die eine unglaubliche Präzision in der Farbwiedergabe ermöglichen.

Die Arbeit in der Dunkelkammer wurde durch den Bildschirmarbeitsplatz und die dazugehörige Software ersetzt. Angefangen bei den Raw-Konvertern über Bildbearbeitungsprogramme bis hin zu Zeichen- und Layoutprogrammen, das Farbmanagement ist genauer und durch ähnliche Vorgehensweisen in unterschiedlichen Programmen einfacher zu handhaben. Da Farbmanagement in großen Teilen auf Interpolation von gegebenen Werten beruht, sind die dazu notwendigen Algorithmen enorm wichtig. Glücklicherweise sind sie immer weiter verbessert worden.

Inkjet-Drucker hatten in ihren Kindertagen vier Druckfarben, die über einen Druckertreiber angesteuert werden konnten. Die Ergebnisse waren alles andere als zufriedenstellend. Heute haben diese Drucker bis zu elf Farben, haben sehr gute Druckertreiber oder lassen sich über ein RIP ansteuern, was die Möglichkeiten um einiges erweitert. Die Tinten im Zusammenhang mit dem Einsatz unterschiedlichster Papiere lassen kaum mehr Wünsche für eine gewünschte Farbwiedergabe offen. Wir befinden uns hier in einem Bereich, der in seiner Vielfalt die Bedingungen zur Zeit der mannigfaltig angebotenen Barytpapiere der Schwarz-Weiß-Fotografie der 60er-Jahre, wo nuanciertes Arbeiten möglich war, übersteigt.

Printer und Minilabs waren früher automatisierte Vergrößerungsgeräte. Der Abzug war in jeder Hinsicht von der Urteilsfähigkeit des Laboranten abhängig. Als die Laserbelichtung in diese Maschinen Einzug hielt, eine entsprechende Software die Steuerung übernahm und jegliche Automatismen abgeschaltet werden konnten, wurde eine vom Auftraggeber festgelegte Farbwiedergabe möglich. Maschinenprofile ermöglichten die Simulation am Verarbeitungsrechner und Ergebnisse wurden planbar.

Druckereien, die mit unterschiedlichen Techniken zu den ältesten noch bestehenden Handwerksbetrieben gehören, haben sich mit der Einführung neuer Technologien immer etwas schwergetan. Die Handwerker, die mit so schönen Traditionen wie dem Gautschen in ihren Gesellenstand gehoben werden, scheinen auch sonst stark von Traditionen geleitet. Die Einführung des Offsetdrucks kam damals dem Untergang des Abendlandes gleich. Natürlich war der Buchdruck edler und feiner, die verbleiten Finger der Setzer waren aber auch giftiger. Die Einführung des Fotosatzes und die damals eingeschränkten Möglichkeiten des Umgangs mit Typografie setzten sich erst recht in den ersten Layoutprogrammen fort, die meinen besten Freund, von Beruf Schriftsetzer, fast in den Herzinfarkt trieb. Aber aus Andrucken wurden Proofs und heute ist es möglich, eine Druckmaschine ohne den Einsatz von Tausenden von Druckbögen zu profilieren. Leider ziehen da immer noch nicht alle im Druckgewerbe mit. Die Farbwiedergabe ist aber jetzt planbar und wiederholbar.

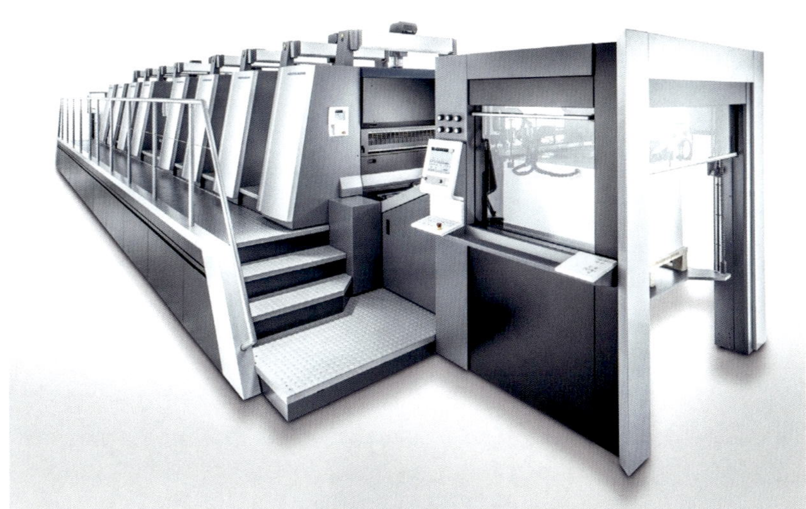

Abbildung 1.4
Die Speedmaster XL 106-8 der Firma Heidelberg. Zusammen mit dem Hochleistungsleitstand Prinect Press Center XL 2 ist eine Produktion mit einem Farbmanagementworkflow möglich, der von der Druckvorstufe bis zur Ausgabe reicht – Drucktechnik auf höchstem Niveau.

Das World Wide Web hat unsere Zeit revolutioniert. Wir informieren uns zu Tode, aber die Farbdarstellung ist immer noch nicht in allen Browsern steuerbar, da nicht alle Browser farbmanagementgesteuert arbeiten. Die Möglichkeiten werden immer besser, für ein Medium der heutigen Zeit ist es aber eher ein Armutszeugnis, dass es immer leichter wird, Klickdaten und Surfverhalten auszulesen als eine konsistente Farbwiedergabe möglich zu machen.

Farbmanagement hat einen immensen theoretischen Hintergrund, den ich in diesem Buch nicht unnötig breittreten will, da dies meiner Meinung nach mehr verunsichert, als zu einem vernünftigen Workflow beizutragen. Um Farbmanagement zu verstehen und farbmanagementorientiert zu arbeiten, sind jedoch auch einige theoretische Exkurse notwendig, die ich Ihnen an den jeweiligen Stellen und vor allem im zweiten Kapitel näherbringen möchte.

KAPITEL 2

Grundlagen des Farbmanagements

2.1 DAS SEHEN LEGT DIE NORMEN FEST

Alle Vorgänge, die das Farbmanagement betreffen, haben ihren Ursprung in der Art und Weise unseres Sehens. Da die letztendlichen Zusammenhänge des Sehens immer noch nicht vollständig erforscht sind, kann es natürlich auch keine Messtechnik geben, die alle Aspekte des Sehens bis ins letzte Detail berücksichtigt. Unsere Augen und das angeschlossene Sehsystem betrachten die Welt, aufgenommene Fotografien, deren Drucke oder entwickelte Fotos. Das Sehsystem vergleicht die Wirklichkeit mit der Wiedergabe und deshalb ist es das vorrangige Ziel von Farbmanagement, Input und Output weitestgehend deckungsgleich zu bekommen. Da das menschliche Sehsystem also die einzige verbindliche Beurteilungsplattform darstellt, müssen die Normen des Farbmanagements hier ihre Herleitung finden.

Das Sehsystem

Das Sehsystem ist weitaus komplizierter, als ich es hier darstelle, zum Verständnis von Farbmanagement reicht die folgende Beschreibung jedoch völlig.

Das Auge

Mit den Augen beginnt der Vorgang des Sehens. Hornhaut, Kammerwasser, Linse und Glaskörper stellen ein optisches System dar, das die reale Umgebung als umgekehrtes und seitenverkehrtes Bild auf die Netzhaut projiziert.

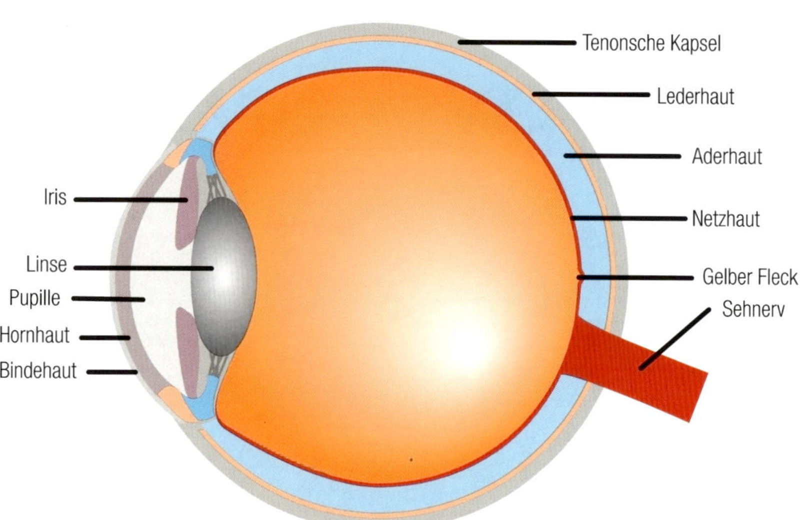

Abbildung 2.1
Das Auge ist die erste Stufe in unserem Sehsystem.

Dort sitzen Zapfen und Stäbchen, die Farb- und Helligkeitsinformationen über die Bipolarzellen an die Ganglienzellen weiterleiten. In diesen Zellen werden die optischen Impulse in Nervenimpulse umgewandelt. Die Ganglienzellen bündeln sich und verbinden sich zum Sehnerv, der die gesammelten Informationen ins Gehirn weiterleitet.

Zapfen und Stäbchen

Zapfen und Stäbchen sind die Rezeptoren für Licht und Farbe in der Netzhaut. Die Stäbchen sind für die Aufnahme des Lichts und die Zapfen für die Aufnahme der Farben zuständig. Die Zapfen haben eine größere Verbreitung im Zentrum der Netzhaut, im sogenannten gelben Fleck. Da das optische System des Auges auf diesen Punkt optimal fokussiert, sind die Zapfen auch für die scharfe Darstellung des projizierten Bildes zuständig. Bezüglich der Farbregistrierung ist jedoch jeder Zapfen nur in der Lage, eine Farbe aufzunehmen, und zwar entweder Rot, Grün oder Blau. Dies geschieht in beiden Augen gleichzeitig. Von den Zapfen über die bipolaren und über die Ganglienzellen bis in den weiteren Verlauf der Sehinformation im Gehirn findet dann auch die Farbmischung statt. Dabei handelt es sich im Prinzip um eine additive Farbmischung. Trifft grünes Licht ins Auge und wird von den grünen Zapfen aufgenommen, sehen wir Grün. Trifft gelbes Licht ins Auge, werden die roten und die grünen Zapfen angesprochen und in der Mischung, die sich hier und auch im weiteren Verlauf des Gehirns abspielt, sehen wir Gelb. Ab der Netzhaut beginnt also die Sehbahn.

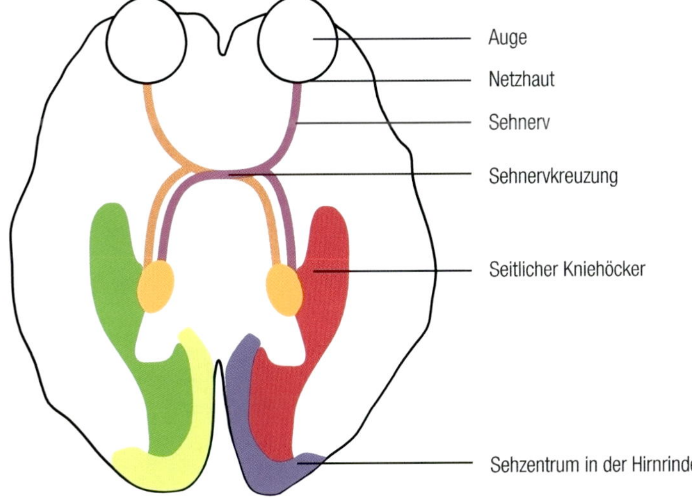

Abbildung 2.2
Der komplette Sehapparat

Die Sehbahn

Die Sehbahn beginnt mit ihren Stäbchen und Zapfen in der Netzhaut und wird über die Sehnervenkreuzung, die eine Verteilung der Bildinformationen aus beiden Augen vornimmt, zu den seitlichen Kniehöckern geführt. Hier werden ca. 80 % der Informationen aus dem gelben Fleck verarbeitet und direkte Rückmeldungen ans Auge gegeben, um z.B. die Helligkeit oder die Schärfe zu korrigieren. Die Sehbahn endet dann in der Sehrinde, dem hinteren Teil der Hirnrinde.

Das Sehzentrum in der Hirnrinde

Die Sehrinde ist sozusagen der Superstar in der Sehbahn. Hier werden nicht nur alle bisher aufgenommenen optischen Reize zu einem Bild zusammengefügt, sondern hier werden gleichzeitig Erfahrungen, Erinnerungen und dabei entstandene Gefühle in das Bild eingearbeitet. In der Hirnrinde entscheidet sich z.B., ob wir etwas kennen oder ob wir etwas Unbekanntem gegenüberstehen. Leider entstehen hier auch Fehlinterpretationen von Gesehenem und wir lassen uns täuschen.

2.2 FARBE

Farbe, wie wir sie sehen, entsteht durch Licht, die Gegenstandsfarbe und den Betrachter, das heißt, dass Licht einer bestimmten Farbtemperatur auf einen Gegenstand trifft, der eine Eigenfarbe besitzt, von diesem reflektiert wird und dieses Licht wird im oben beschriebenen Sehvorgang des Betrachters verarbeitet.

Abbildung 2.3
Das Verhältnis von Gegenstandsfarbe, Lichtfarbe und Betrachter

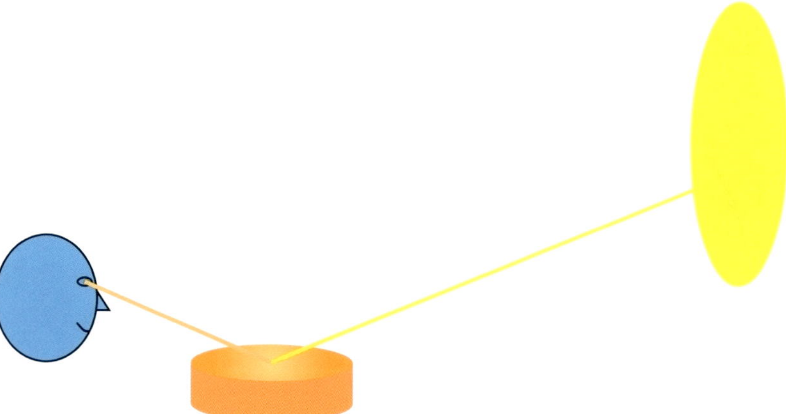

Licht

Das sichtbare Licht, also das Licht, das vom Menschen wahrgenommen werden kann, erstreckt sich auf einen Bereich von ca. 380 – 730 Nanometer (nm), die Grenzen sind fließend. Die Bezeichnung Nanometer ist die Maßeinheit für die Wellenlängen des Lichts. Unterhalb von 380 nm liegen die ultravioletten Wellen und Röntgenstrahlen, oberhalb von 730 nm liegen infrarote Wellen, Mikrowellen, Radar, Fernseh- und Radiowellen.

An die Grenzen des sichtbaren Lichts schließen sich zwei Wellenbereiche an, die auch einen Einfluss auf die Fotografie haben. Am kurzwelligen Ende des sichtbaren Spektrums finden wir das ultraviolette Licht (UV) und am langwelligen Ende des Spektrums liegt das infrarote Licht (IR). Das UV-Licht beeinflusst Farbwiedergaben, wenn es auf sogenannte optische Aufheller trifft, die diesen unsichtbaren Teil des Lichts ins sichtbare Spektrum reflektieren und so z.B. ein Papier weißer erscheinen lassen. Diese Problematik wird eingehender in Kapitel 6 behandelt. Das Infrarotlicht beeinflusst die Aufnahme des Sensors mit rotem Licht und deshalb müssen dort Infrarotfilter zum Einsatz kommen. Die Infrarotfotografie, schon aus analoger Zeit bekannt, zeichnet auch in der digitalen Fotografie mit speziellen oder modifizierten Kameras den infraroten Teil einer Szenerie auf.

Im Bereich des sichtbaren Lichts gibt es Tageslicht sowie Kunstlicht von diversen Lichtquellen wie Glühlampen, Halogenlampen, Leuchtstoffröhren oder LED-Leuchtmitteln. Alle diese Lichtquellen erzeugen Licht, das wir als weißes Licht wahrnehmen.

Dieses weiße Licht erhalten wir jedoch auf mehrere Arten. So liegt weißes Licht in jedem Fall vor, wenn die Verteilung der einzelnen Lichtfarben gleichmäßig ist. Wenn wir die Farben des Spektrums reduzieren und nur Rot, Grün und Blau berücksichtigen, entspricht dies im Grunde der Farbrezeption des menschlichen Sehsystems und wir interpretieren gleiche Anteile als weißes Licht. Wenn das Mischungsverhältnis von höheren Rotanteilen (Sonnenuntergang) geprägt ist, nehmen wir das Licht als wärmer wahr. Ist im Gegensatz dazu das Licht bläulicher (bedeckter Himmel), erscheint uns das Licht kälter. Ändert sich also die Zusammensetzung des Lichts und liegen jeweils andere Farbmischungen vor, ergibt sich daraus eine andere Farbtemperatur.

Es ist möglich, die gleiche Farbtemperatur aus verschiedenen Lichtmischungen zu erreichen. So erzeugen Leuchtstoffröhren ihr Licht nicht mit einer gleichmäßigen Verteilung über das gesamte Spektrum, sondern mit starken Spitzen in wenigen Wellenlängen und völlig unterrepräsentierten Bereichen in vielen anderen Wellenlängen. Obwohl wir dieses Licht auch als weißes Licht wahrnehmen, kann es uns jedoch bei der richtigen Beurteilung von Farben in die Irre führen. Auf dieses Phänomen komme ich zu einem späteren Zeitpunkt noch einmal zurück.

Die Farbtemperatur wird in Grad Kelvin (K) angegeben, sprachlich redet man aber von z.B. 5500 Kelvin. Dieses ist ein Bereich des mittleren Tageslichts, in dem auch Studio und Kompaktblitzgeräte arbeiten. Andere Kelvin-Werte finden Sie in Abbildung 2.4.

Die CIE (Internationale Beleuchtungskommission) hat verschiedene Beleuchtungsarten (Normlichtarten) klassifiziert. Da die Farbe des Lichts ja ein Faktor in der Beurteilung von Farben ist, wurden bestimmte Beleuchtungsarten als Norm für die Diagnose von Farbvergleichen festgelegt. In der Praxis sind es das Aufnahmelicht, am Bildschirmarbeitspatz der Weißpunkt des Bildschirms sowie das Umgebungslicht und bei der Beurteilung von Farben auf Ausgabemedien das Betrachtungslicht, die zusammen als Oberbegriff

Licht tiefgreifenden Einfluss auf unsere Farbwahrnehmung haben. Die Klassifizierungen der CIE findet auch in Software, die ich noch vorstelle, Erwähnung und Sie finden sie in folgender Aufstellung, die für das grafische Gewerbe zutrifft:

- **Beleuchtungsart A:**
  Klassische Glühlampe mit 2800 K
- **Beleuchtungsart B:**
  Leicht warmes Tageslicht mit 4874 K (heute ungebräuchlich)
- **Beleuchtungsart C:**
  Leicht kühles Tageslicht mit 6774 K (heute ungebräuchlich)
- **Beleuchtungsart D:**
  D50 (5000 K) und D65 (6500 K) die am häufigsten auftretenden Beleuchtungsarten im Farbmanagement
- **Beleuchtungsart E:**
  Theoretische Beleuchtungsart ohne tatsächliche Lichtquelle, dient Berechnungszwecken
- **Beleuchtungsart F:**
  Fluoreszierende Lampen

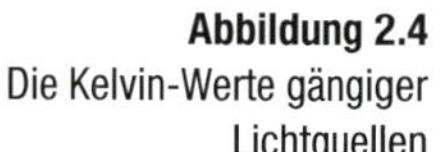
Abbildung 2.4
Die Kelvin-Werte gängiger Lichtquellen

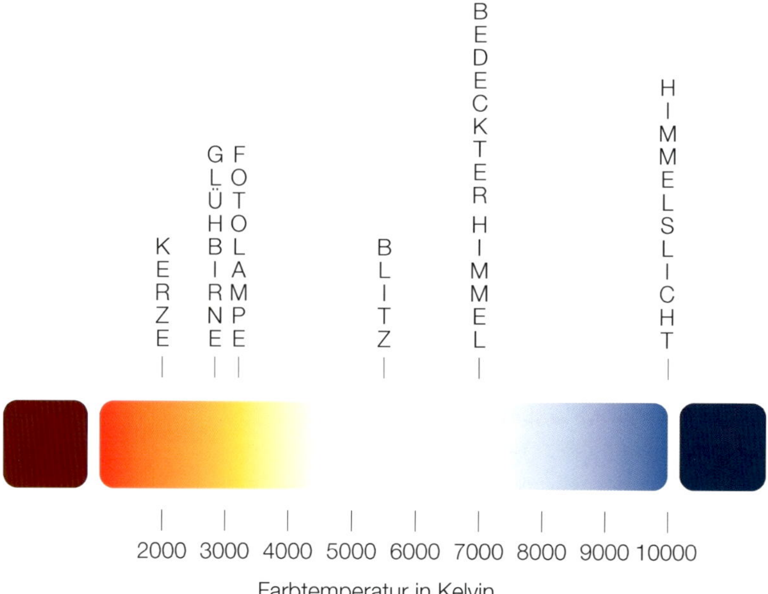

Am Anfang steht das Licht. Es ermöglicht uns erst, Gegenstände zu sehen. Die farbliche Zusammensetzung des Lichts hat jedoch einen enormen Einfluss auf die Art und Weise, wie wir das Gesehene farblich wahrnehmen.

Den Einfluss unterschiedlichen Betrachtungslichts können Sie sehr gut an der Demonstrationslichtkabine der Firma gti wahrnehmen. Das, was unser

Auge in Zusammenhang mit unserem Gehirn ständig macht, nämlich ein weißes Papier unter den unterschiedlichen Beleuchtungsbedingungen immer wieder weiß aussehen zu lassen (chromatische Adaption), ist hier ausgehebelt, da hier drei Lichtarten direkt im Vergleich zu sehen sind und Auge und Gehirn nicht ausgleichend tätig werden können.

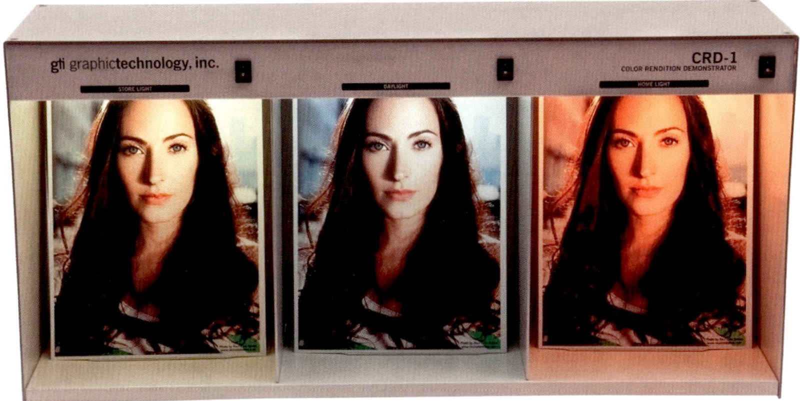

Abbildung 2.5
Die Farbwahrnehmungsdemonstrationskabine von gti. Von links nach rechts: Kaufhausbeleuchtung (TL84), Tageslicht (D65) und Glühlampenlicht (A). TL84 ist ein Industriestandard und deshalb in obiger Tabelle nicht vorhanden.

Gegenstandsfarbe

Jeder Gegenstand, jedes Objekt hat eine Eigenfarbe. Diese wird durch Farbstoffe, die im Körper oder in der Außenhaut des Objekts sitzen, gebildet. Dabei kann ein Gegenstand opak oder transparent sein. Opake Gegenstände reflektieren Licht, transparente lassen es durch. In jedem Fall wird das Licht, egal ob reflektiert oder durchscheinend, farblich verändert. Die Farbe des auftreffenden oder durchscheinenden Lichts ändert im Zusammenhang mit der Gegenstandsfarbe die Farbe, die wir als Farbe des Gegenstands wahrnehmen.

Wird ein schwarzer, ein grauer oder ein weißer Gegenstand mit weißem Licht angestrahlt, so reflektiert der schwarze Gegenstand wenig Licht, er erscheint schwarz. Der graue Gegenstand reflektiert etwas mehr Licht und er wird als grauer Gegenstand wahrgenommen. Der weiße Gegenstand reflektiert das meiste Licht und erscheint dadurch weiß.

Wenn die drei Gegenstände jetzt rot, grün und blau sind und das Licht ist wieder weiß (und Sie haben ja schon erfahren, dass weißes Licht gleiche Anteile von Rot, Grün und Blau hat), dann funktioniert das Ganze folgendermaßen: Beim roten Gegenstand werden die roten Anteile des Lichts reflektiert und die blauen und grünen Anteile werden nicht reflektiert. Dadurch erscheint der Gegenstand in unserer Wahrnehmung rot. Beim grünen Gegenstand wird nur das grüne Licht und beim blauen Gegenstand wird nur das blaue Licht reflektiert, die jeweils anderen Farben werden nicht reflektiert und deshalb sehen wir die Gegenstände in ihren Farben Grün oder Blau.

Bei transparenten Gegenständen ist der Vorgang im Prinzip identisch. Nehmen wir als Beispiel einen Rotfilter. Er lässt rotes Licht durch und blockiert blaues und grünes Licht. Wir sehen, dass der Filter rot ist. Ein kurzer Abstecher in die analoge Schwarz-Weiß-Fotografie verdeutlicht dies umso mehr. Das Motiv ist ein Kirschbaum, der durch tiefen Kamerastandpunkt vor blauem Himmel freigestellt ist. Wenn dieses Motiv mit einem Rotfilter aufgenommen wird, bekommen die Kirschen mehr rotes Licht und erscheinen heller, da sie im Negativ aufgrund der intensiveren Belichtung mehr Schwärzung erzeugen, was wiederum im Positiv zu einer helleren Darstellung führt. Die Komplementärfarbe von Rot ist Cyan. Sie wird durch den Rotfilter extrem stark blockiert, was zu einer helleren Darstellung im Negativ und einer dunkleren im Positiv führt. Der Himmel wird also richtig dunkel.

Der Betrachter

Der Betrachter ist neben Licht und Gegenstandsfarbe der am stärksten variierende Bestandteil unter den Beteiligten der Farbwahrnehmung. Das Sehsystem des Menschen habe ich bereits zu Beginn des Kapitels beschrieben. Dadurch, dass das Sehsystem Einflüsse des jeweiligen Individuums aufnimmt und berücksichtigt, ist eine unterschiedliche Art und Weise des Sehens von Mensch zu Mensch schon vorgegeben.

Eine kleine theoretische Spielerei, die biologisch und physikalisch wiederlegt werden kann, die aber die Problematik durch Übertreibung verdeutlicht. Stellen Sie sich einmal vor, dass das Blau, das Sie als Blau sehen, von einem anderen Menschen als Ihr Rot gesehen wird, er nennt es aber, weil er es nicht anders kennt und gelernt hat, auch Blau. Seine Farbenwelt wäre eine ganz andere, nur bezüglich der Begrifflichkeit und den dazugehörigen Empfindungen wäre sie gleich. Sein Sonnenuntergang wäre dann z.B. blau und grün und er fände diese Farbgebung auch entweder kitschig oder romantisch.

Ein Zustand, der dem gerade beschriebenen »anders Sehen« ähnelt, ist die Farbenblindheit. Betroffene haben dann unzureichend ausgebildete oder vorhandene Zapfen für den Rot-, Grün- oder Blaubereich. Die zugeordneten Farben der fehlenden oder unterrepräsentierten Zapfen werden in der Farbwahrnehmung nur schwach oder gar nicht dargestellt. Die weit verbreitete Rot-Grün-Schwäche lässt sich mit Photoshop simulieren. Öffnen Sie ein Farbfoto und gehen Sie zu ANSICHT|PROOF EINRICHTEN|FARBENBLINDHEIT (PROTANOPIE) oder zu ANSICHT|PROOF EINRICHTEN|FARBENBLINDHEIT (DEUTERANOPIE).

Es ist nachgewiesen, dass Frauen Farben besser und damit meine ich präziser beurteilen können. Auch wenn der Mensch nur ein ganz schlechtes Farberinnerungsvermögen hat, so ist dies bei Frauen deutlicher ausgeprägt als bei Männern. Farbstiche werden von Frauen besser erkannt und häufiger schneller und präziser beseitigt. Wahrscheinlich ist die Zahl der Fotolaborantinnen deshalb höher als die der Fotolaboranten. Wenn Sie als männlicher Leser Farbprobleme haben, die aufgrund unzureichender Analyse nicht in den Griff zu bekommen sind, sollten Sie besser mal eine Frau fragen.

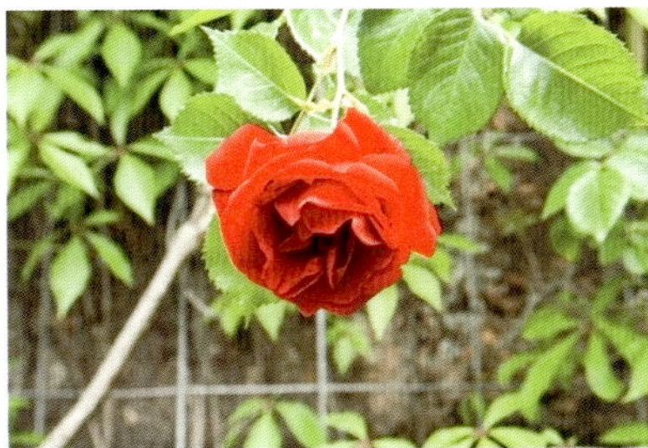

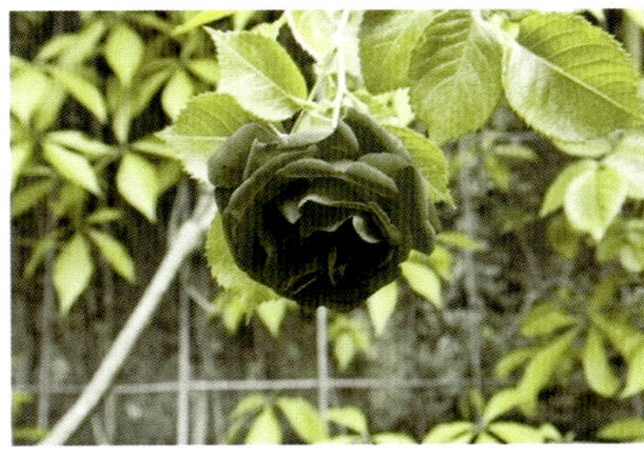

Abbildung 2.6
Die Darstellung der Protanopie in Photoshop

Wie gut Sie bei der Beurteilung von Farben sind und wie gut Sie diese differenzieren können, ist auf der folgenden Website von x·rite zu testen:

http://www.xrite.com/online-color-test-challenge

Es handelt sich hier um die Online-Variante des *Farnsworth Munsell 100 Farbtests*, den Sie auch mal mit weiblichen und männlichen Personen durchführen sollten. Das Ergebnis wird maßgeblich von der Homogenitätsqualität Ihres Monitors und dem Umgebungslicht abhängig sein. Normalerweise wird dieser Test mit Farbkarten durchgeführt, die Sie auf einem Tisch ordnen müssen.

Lüge oder Wahrheit – Farbe und das Sehsystem

Neben den bisher genannten Unwegsamkeiten der Farbwahrnehmung möchte ich hier noch einige Fälle der Täuschung vorstellen. Das Sehsystem nimmt Erfahrungen mit in die Wahrnehmung von Farben auf und leitet uns auch bei unterschiedlichen Nachbarfarben fehl. Im folgenden Beispiel sehen Sie zweimal das gleiche Grau auf unterschiedlichen Farbflächen und Sie nehmen die Grauwerte anders in ihrer Helligkeit wahr. Es handelt sich jedoch um das gleiche Grau.

Abbildung 2.7
Gleiches Grau wird nicht gleich wahrgenommen.

Das gleiche Phänomen sehen Sie im folgenden Bildbeispiel. Die grünen Flächen, Sie ahnen es schon, sind wiederum in ihren Farbwerten gleich. Das heißt, dass die Umgebungsfarbe einen Einfluss auf die Farbwahrnehmung der eingeschlossenen Farbe hat.

Abbildung 2.8
Auch gleiches Grün wird unterschiedlich wahrgenommen.

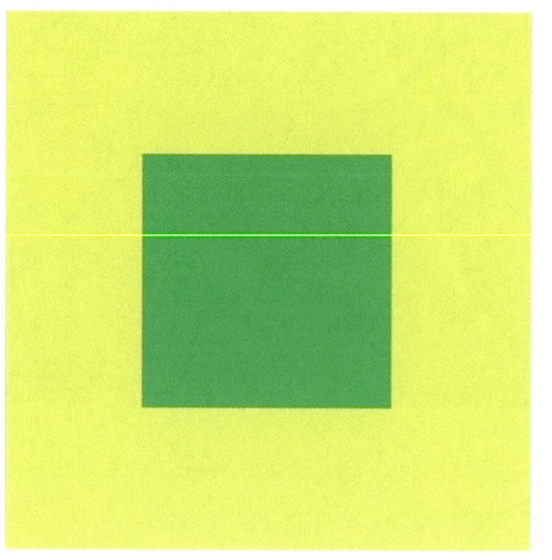

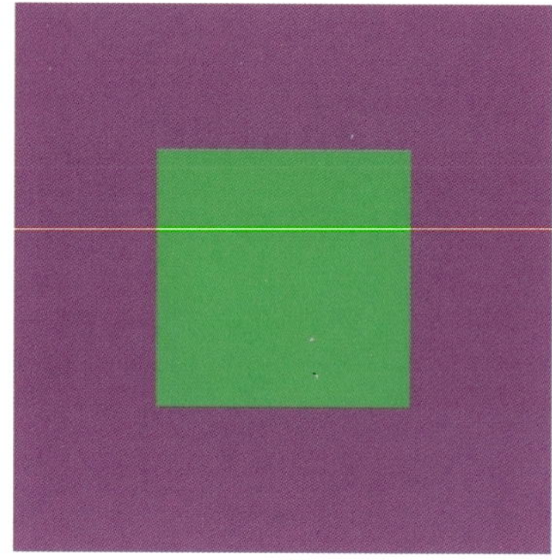

Abschließend möchte ich Ihnen noch ein Beispiel aus der realen Farbenwelt zeigen. Im Fotostudio arbeitet man oft mit grauen Hintergründen. In Abbildung 2.9 sehen Sie die Musterfächer von zwei Anbietern. Hier sehen Sie, dass Grau nicht immer neutralgrau sein muss. Wir können uns dem Motiv entsprechend, seien es z.B. Menschen, Tiere oder Objekte, einen wärmeren, kühleren, rötlichen, grünlichen oder noch anders gearteten Hintergrund aussuchen. Dieses Beispiel macht auch deutlich, dass Studiohintergründe oder sonst irgendwelche grauen Stellen in Fotografien nicht sonderlich für einen Weißabgleich geeignet sind. Manchmal bringen sie uns in die Nähe einer korrekten Wiedergabe, Verlässlichkeit sieht aber anders aus.

Abbildung 2.9
Die Farbenvielfalt von grauen Studiohintergründen

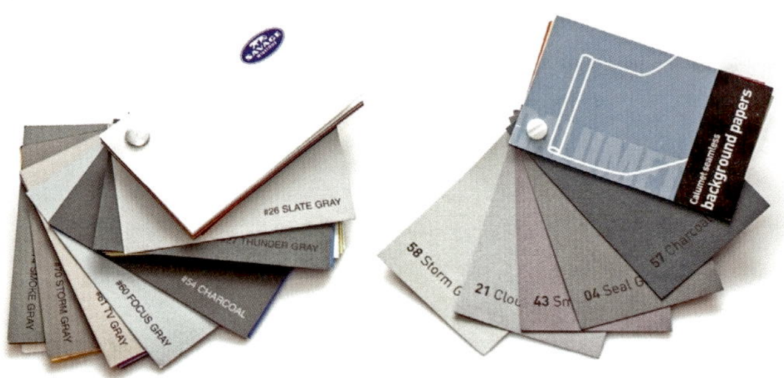

Metamerie

Von Metamerie spricht man, wenn zwei unterschiedliche Farben unter bestimmten Lichtverhältnissen den gleichen Farbeindruck erwecken und wenn diese beiden Farben unter bestimmten anderen Lichtverhältnissen unterschiedliche Farbeindrücke vermitteln. Anders ausgedrückt heißt das: Betrachte ich zwei unterschiedlichen Farben unter Beleuchtungsart A, sehen sie gleich aus, betrachte ich diese gleichen beiden Farben unter Beleuchtungsart B, sehen sie unterschiedlich aus. Dies ist Fluch und Segen zugleich.

Beim Einkauf von unterschiedlichen Kleidungsstücken, die farblich zueinander passen sollen, wird diese Voraussetzung im Leuchtstoffröhrenlicht des Bekleidungsgeschäfts erfüllt. Bei Betrachtung der gleichen Kleidungsstücke bei Tageslicht sehen die Farben völlig unterschiedlich aus. Die Enttäuschung, die dort häufig vorgefunden wird, entspricht derjenigen, die entsteht, wenn Softproof und Auflagendruck farblich auseinanderdriften, weil sie nicht unter Normlichtbedingungen betrachtet wurden.

Bei Kamerasensoren kann es auch einen Metamerieeffekt geben. Wenn z.B. das gleiche Motiv mit zwei Kameras wiedergegeben, einen anderen Farbeindruck hinterlässt, obwohl die Weißpunkte der entstandenen Fotografien gleichgesetzt wurden. Abhilfe schafft hier nur die Profilierung der Kameras.

Neben dem Lichteinfluss oder unterschiedlichen Kamerasensoren kann auch die Eigenfarbe der Objekte Metamerie-beeinflussend sein und Einfluss auf unsere Farbwahrnehmung haben. Der Effekt ist im Ergebnis mit der Metamerie durch Lichteinfluss gleichzusetzen.

Hinweis

Metamerie kann hinderlich, aber auch hilfreich sein.

Da Metamerie durch das Auslesen von verzweigten Farbwellenlängen durch drei unterschiedlich farbsensitive Zapfen entsteht, die evolutionsbedingt Farben so sehen, wie wir sie sehen, sind wir auch in der Lage, auf unseren Monitoren Farben so wahrzunehmen, wie sie in der Wirklichkeit existieren, ohne die Originalfarbstoffe und die exakte spektrale Zusammensetzung im Monitor zu besitzen. Das heißt, dass wir mit drei Grundfarben auskommen, um Mischungsverhältnisse zu schaffen, die die Wirklichkeit darstellen können. Dies wäre ohne Metamerie eben auch nicht möglich.

DeltaE(ΔE)

Mit DeltaE(ΔE) wird der Abstand zwischen zwei Farben bezeichnet, so wie sie dem durchschnittlichen Farbempfinden des Menschen entsprechen. Es gibt verschiedene Untersuchungen und Studien, die mit unterschiedlichen Ergebnissen zur Rezeption von Farbabständen aufwarten. Eine allgemein akzeptierte Aufgliederung der Erkennung von Farbabständen sehen Sie in folgender Auflistung:

- DeltaE(ΔE) < 1: Kann nur von sehr wenigen Betrachtern bei direktem Vergleich (Vorlage auf Vorlage) wahrgenommen werden.
- DeltaE(ΔE) von 1 bis 2: Professionelle Betrachter wie Fotolaboranten oder Fotografen etc. können diese leichten Unterschiede wahrnehmen.
- DeltaE(ΔE) von 2 bis 3: Wenn Laien bewusst schauen, können sie diesen Farbabstand wahrnehmen.
- DeltaE(ΔE) von 3 bis 5: Wird von vielen Betrachtern als Farbabstand wahrgenommen.
- DeltaE(ΔE) von 5 bis 10: Ein Farbabstand, der deutlich für jeden erkennbar ist.
- DeltaE(ΔE) > 10: Hier wird die Grenze der Tolerierbarkeit in jeder Hinsicht überschritten.

Wenn in Software DeltaE(ΔE)-Werte ermittelt werden, dann sollten Sie, falls es Auswahlmöglichkeiten gibt, den Berechnungsmodus DeltaE 2000 wählen. Meine Empfehlung für DeltaE(ΔE)-Werte im Zusammenhang mit den Anforderungen, wie sie in diesem Buch ermittelt werden, liegt natürlich so niedrig wie möglich, im Eingabebereich bis 1,5, im Ausgabebereich im ungünstigsten Fall jedoch nicht höher als 4.

Die Farbmodelle

Nach diesem kleinen Ausflug in die Wahrnehmung von Farbe folgt ein Exkurs zur Beschreibung von Farbe und Farbumfängen. Sprache ist ein Werkzeug, das viel beschreiben kann, das aber auch häufig missverstanden wird und beim Adressaten andere Ergebnisse hervorruft, als sie vom Absender gemeint waren. Wenn wir zum Beispiel den Begriff »Flaschengrün« benutzen, wissen wir alle, wie dieses Grün tendenziell aussieht, exakt aussuchen könnten wir es aber aus drei sehr ähnlichen Grüntönen nicht. Abgesehen davon sind die Flaschen, die grün sind, nicht alle gleich grün. Eine Beschreibung der Farben mit Zahlen war genau das, was bei der Kommunikation über Farben eine Eindeutigkeit schaffen würde. Dieser Vorgabe folgte die CIE.

Die CIE (Internationale Beleuchtungskommission) hat sich mit allen vorangegangenen Einflüssen der Farbwahrnehmung beschäftigt und daraus ein Farbmodell geschaffen, das dem menschlichen Sehen praktisch gleichkommt. Die Voraussetzungen waren das Anordnen der Farben in den Bereichen, die eine Farbe beschreiben, nämlich Farbe (Farbton), Sättigung (Reinheit der Farbe) und Helligkeit (Luminanz der Farbe). Daraus entwickelte die CIE das Farbmodell CIE XYZ.

Das Ergebnis war schon ziemlich nah an den Farbwahrnehmungen des menschlichen Sehsystems, erfüllte aber nicht die Vorgabe, dass sowohl

Farbtöne, Helligkeiten und Sättigungen gleichabständig waren. Der gleichmäßige Farbabstand ist eine Grundeigenschaft des menschlichen Sehens und so wurde in Abwandlung des CIE-XYZ-Farbmodells das CIE-L*-a*-b*-Farbmodell geschaffen. Es existiert weiterhin die Schreibweise CIE Lab oder man spricht einfach von Lab. Dieses Farbmodell ist so groß, dass in ihm alle Farben enthalten sind, die der Mensch wahrnehmen kann. Dieser große Farbumfang kann auch mit keinem Gerät wie Monitor, Drucker etc. dargestellt werden, was seine Nutzung, die Sie im Folgenden kennenlernen werden, jedoch nicht außer Kraft setzt. Trotzdem habe ich auf die gängigen Farbmodell- und Farbraumdarstellungen z.B. in Form der klassischen Schuhsohle oder als 3D-Darstellung in diesem Buch verzichtet, da wir hier einen Offsetdruck vor uns haben, der im besten Falle diese Farbräume in seinem sehr kleinen CMYK-Farbraum nur simuliert darstellen könnte. Wenn Sie also in diesem Buch Farbmodelle oder Farbräume sehen, dann nur in 2D-Ausführung mit einer ungefähren Außenlinie, die den jeweiligen Umfang des Farbraums angibt.

Lab

Das Farbmodell Lab wird so beschrieben, dass es eine senkrechte Helligkeitsachse besitzt, die von einem Wert 0 (Schwarz) bis zu einem Wert 100 (Weiß) reicht. Zwei weitere Achsen (a und b), die sich kreuzen, rechtwinkelig zueinander stehen und an ihrem Kreuzungspunkt in der Mitte der senkrechten Helligkeitsachse aufgehängt sind, bilden auf Achse a die Farben von Grün (Werte von –1 bis –128) und Rot (Werte von 1 bis 127) ab und auf Achse b die Farben von Blau (Werte von –1 bis –128) und Gelb (Werte von 1 bis 127). Die Farben werden zur Helligkeitsachse hin immer ungesättigter und bei den hohen negativen oder positiven Werten immer gesättigter. Mit diesem System lassen sich alle sichtbaren Farben, so wie wir sie wahrnehmen, annähernd gleichabständig darstellen.

RGB und CMYK

RGB und CMYK sind gerätespezifische Farbmodelle. Sie haben ihre Ursprünge in der analogen Zeit und wurden immer in Abhängigkeit von Geräten betrachtet. Der gute, alte Fernseher ist ein klassisches RGB-Medium und eine Druckmaschine ist das Pendant der CMYK-Welt. Beide Farbmodelle wurden in die digitale Zeit übernommen, erfüllen aber nicht die übergreifende Fähigkeit eines Lab-Farbmodells, da sie sich immer auf Geräteklassen wie Scanner und Kameras (RGB) oder Inkjet-Drucker und Druckmaschinen (CMYK) beziehen. Die Charakteristik der einzelnen Geräte kann in diesen Farbmodellen nicht berücksichtigt werden, was dazu führt, dass z.B. 40 Fernseher im Technikmarkt, die mit den gleichen Programmen bespielt werden und somit das gleiche Signal erhalten, alle unterschiedlich aussehen.

RGB und additive Farbmischung

Die RGB-Farbmodelle sind alle Vertreter der additiven Farbmischung, die immer dann zum Tragen kommt, wenn eingefärbtes Licht die Farbgebung bestimmt. Wenn überhaupt kein Licht zum Einsatz kommt, das heißt, dass bei einer Skala von 0 bis 255 in allen drei Farbkanälen (R, G und B) der Wert 0 angezeigt wird, ist kein Licht vorhanden und die Farbe Schwarz wird dargestellt. Bei einer Wiedergabe des Werts 255 in jedem Farbkanal wird die Farbe Weiß dargestellt. Wenn zwei der drei Grundfarben sich überschneiden, entstehen die Farben Cyan, Magenta und Gelb (CMY), die einerseits die Komplementärfarben der drei Grundfarben RGB sind und gleichzeitig die drei Grundfarben des CMYK-Farbmodells bilden. Mit unregelmäßigen Mischungsverhältnissen kann man alle Farben mischen. RGB = 2/151/58 sieht dann aus wie eine Form von Flaschengrün. Sind alle drei Werte identisch, wie in RGB = 128/128/128, wird ein Grauton, hier mittleres Grau, dargestellt.

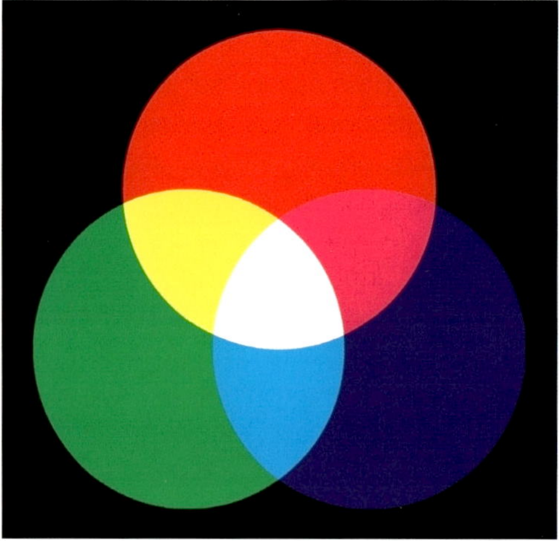

Abbildung 2.10
Die additive Farbmischung, aus dem Dunkel wird mit Licht Farbe gebildet. Bei voller Addition erhält man Weiß.

CMYK und subtraktive Farbmischung

In den CMYK-Farbmodellen geht es immer um subtraktive Farbmischung, das heißt, dass immer Farbpigmente auf ein Medium aufgebracht werden. Es handelt sich hier immer um Farbe zum Anfassen, außer wenn die Farbe zur Bearbeitung auf dem Monitor simuliert wird. Die Skala im CMYK-Farbmodell beschreibt die Menge der aufgetragenen Farben in Werten von 0 bis 100 % je Kanal. So ergibt z.B. CMYK = 0/0/100/0 ein reines Gelb und CMYK = 100/100/0/0 ein Blau. Wenn zwei der drei Grundfarben sich überlagern, entstehen die Farben Rot, Grün und Blau (RGB), die wiederum die Komplementärfarben der drei Grundfarben CMY sind. Mit unregelmäßigen Mischungsverhältnissen kann man alle Farben mischen. CMYK = 98/0/100/0 sieht dann aus wie das oben beschriebene Flaschengrün. Grauwerte, wie in Linien oder Schriften, werden mit einem Prozentsatz von K dargestellt, in Flächen von Fotos aber als Mischungsverhältnis von CMYK.

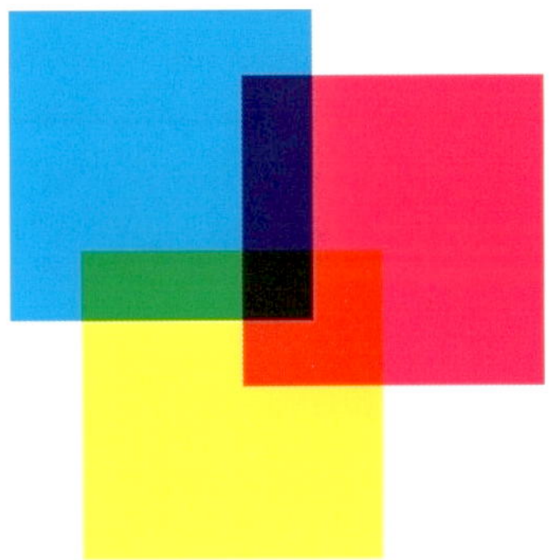

Abbildung 2.11
Die subtraktive Farbmischung, auf meist weißen Flächen wird Farbe aufgetragen. Ist alles abgedeckt, kann das Licht nicht mehr reflektiert werden und man erhält theoretisch Schwarz.

HSB/HLS

HSB und HLS sind zwei Farbmodelle, die vergleichbar sind. Der einzige Unterschied der beiden Farbmodelle besteht darin, dass bei HSB (Hue, Saturation, Brightness – Farbton, Sättigung, Leuchtkraft) bei voller Helligkeit die Farbe in ihrer hellsten Form dargestellt wird und bei HLS (Hue, Lightness, Saturation – Farbton, Helligkeit, Sättigung) die vollste Helligkeit Weiß ergibt. Im Farbwähler von Photoshop lässt sich Farbe über HSB einstellen. Dies ist ideal zum Auswählen und Beschreiben von Farben, denn Farbunterschiede können perfekt eingestellt werden. In der gezeigten Nutzung mit dem vorausgewählten »H« können im Spektralbalken grob die Farbbereiche vorausgewählt und im großen quadratischen Feld dann fein abgestimmt werden. Wählt man »S« oder »B« vor, wird das Farbspektrum im großen quadratischen Feld mit mehr oder weniger Sättigung bzw. Helligkeit angezeigt.

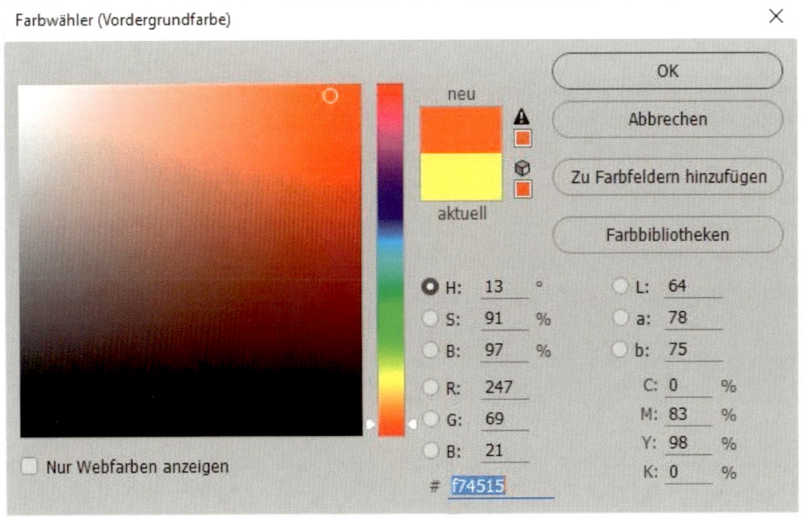

Abbildung 2.12
Der Farbwähler von Photoshop

2.3 DAS ICC UND DIE PROFILTECHNIK

Das ICC (International Color Consortium) wurde 1983 gegründet, um ein Farbmanagement-System zu entwickeln, das offen sein und Farbe im Zusammenhang mit Datenverarbeitung herstellerunabhängig und plattformübergreifend darstellen sollte. Das Ergebnis war die Spezifikation der ICC-Profile.

Geräte und ihre individuelle Farbdarstellung (Schafe und Farbpigmente)

Die Farbwiedergabe und die leistbaren Farbumfänge sind bei den jeweiligen Eingabe-, Betrachtungs- und Ausgabegeräten unterschiedlich. Das heißt, eine Kamera mit ihrem Sensor und der entwickelnden Software interpretiert Farbe anders als der Monitor oder die Druckmaschine oder das Minilab. Kommen wir noch einmal auf das zu Beginn beschriebene Beispiel vom König und seinen Fahnen zurück: Die Garne der Regionen waren unterschiedlich in Farbton, Sättigung und Helligkeit und die Färbemittel waren aufgrund ihrer unterschiedlichen Herkunft ebenfalls unterschiedlich in Farbton, Sättigung und Helligkeit. Die so zusammengebrachten Produktrohstoffe ergaben völlig unterschiedliche Fahnen. Erst die Fähigkeit des Farbministers, Rezepte anzufertigen, die diese Unterschiede ausgleichen konnten, führten zu einer durchgängigen Farbkonsistenz. Genauso ist es bei den Geräten, nur ein Eingriff in die Übertragung der Farben, die Anwendung von Farbmanagement, kann das gewünschte Ergebnis liefern.

Farbe und das ICC (International Color Consortium)

Das menschliche Sehsystem ist auf der einen Seite das Maß aller Dinge, auf der anderen Seite gleichzeitig das Messgerät, mit dem wir alles beurteilen und das auf unsere Empfindungen und Erfahrungen ausgelegt ist. Damit steht es in keinerlei Konkurrenz zu Messgeräten, wenn es um den Gesamteindruck und die Wirkung von Farbe geht, denn darin ist es unschlagbar. Wenn es aber um genaue Abstimmung von Mischfarben und analytische Zusammenhänge geht, die keine Empfindungen benötigen, dann ist jede Messtechnik unserem Sehsystem voraus, da sie schneller und präziser ist. Dies wird möglich, da in jedem existierenden Farbmodell, welches Sie auch zugrunde legen mögen, es sich immer um eine Beschreibung von Farbe mit der Hilfe von Zahlen handelt. Dadurch wird genau die Präzision erreicht, die notwendig ist, um Farbe unter bestimmten Bedingungen durch unterschiedliche Geräte weitestgehend gleich darzustellen. Es besteht nur noch das Problem, dass gleiche Farbwerte auf unterschiedlichen Geräten unterschiedliche Ergebnisse hervorbringen. Abhilfe schaffen hier Kalibrierung, Profilierung und das Color Management Modul.

Stellen wir uns einen einfachen Workflow von der Aufnahme bis zur Druckausgabe vor, dann müssen folgende Voraussetzungen erfüllt sein, um am Ende ein Farbergebnis im Druck zu erhalten, das den farblichen Gegebenheiten zur Zeit der Aufnahme annähernd entspricht:

- Alle Geräte müssen, soweit möglich, in einen Zustand versetzt werden, der ein standardisiertes, möglichst immer gleichförmiges Verhalten ermöglicht. Diesen Vorgang nennt man Kalibrierung oder bei Druckern Linearisierung. (Es soll immer gleichwertiges Futter für die Schafe und immer die gleichen Farbpigmente für die Färbemittel geben.)
- Es muss ermittelt werden, wie das Verhältnis von Farben zu Zahlenwerten beim jeweiligen Gerät ist, also welche Zahlenwerte z.B. notwendig sind, um beim jeweiligen Gerät eine bestimmte Farbe hervorzurufen, oder welche Zahlenwerte entstehen, wenn vom Gerät bestimmte Farben produziert werden. Die Erstellung einer Rezeptur, die eine Übertragung von einem auf das andere Gerät möglich macht, um die gleiche Farbwiedergabe zu erzielen, nennt man Profilierung. (Die Rezepturen, wie sich bestimmte Färbemittel mit bestimmten Stoffen verhalten.)
- Es muss eine Instanz vorhanden sein, die alle Profile lesen und deren Werte übersetzen kann. Das ist das Color Management Module. (Der Farbminister ordnet die Rezepturen den unterschiedlichen Regionen zu.)

Profile

Profile sind kleine Dateien, die ein Gerät charakterisieren, also beschreiben, wie die Farbwiedergabe stattfindet, oder anders ausgedrückt, wie Farben und Zahlen zusammenpassen. Es gibt unterschiedliche Arten von Profilen, weil es unterschiedliche Arten von Geräten gibt. Die Profilarten, die für uns Fotografen von Bedeutung sind, heißen:

- **Eingangsprofile:**
  Sie beschreiben das Farbverhalten von Scannern und Kameras.
- **Monitorprofile:**
  Sie beschreiben die Farbwiedergabe von Monitoren.
- **Ausgabeprofile:**
  Hier wird das Farbverhalten von Druckern, Minilabs, Offsetmaschinen etc. beschrieben.
- **DeviceLink-Profile:**
  Dies sind eigentlich Übersetzungsprofile, die eine veraltete Gerätebeschreibung in eine neue überführen.
- **Named Color Profile oder Volltonprofile:**
  Sie beschreiben die Farbwerte der sogenannten Vollton-, Schmuck- oder Sonderfarben.

Alle Profile bestehen immer aus drei Teilen, dem Header, dem Tag Table und den Tagged Element Data. Der Header ist quasi die Überschrift des Profils mit Herstellerangaben und Beschreibungen, für welche Geräteklasse dieses Profil geschrieben worden ist. Der Tag Table ist das Inhaltsverzeichnis des Profils. Hier wird der Software gesagt, welche Farbinformationen vorhanden und wo sie zu finden sind. Den größten Umfang eines Profils haben die Tagged Element Data. Inhalt dieses Bereichs sind die Farbinformationen, also wie korrespondieren Farben und Zahlenwerte.

Die Farbinformationen der Profile werden entweder in Matrizen oder LUTs (Look-up-Tables) gespeichert. In einem Profil werden immer nur so viele Farbinformationen gespeichert, wie zur Charakterisierung des Geräts notwendig sind. Zu viele als auch zu wenige Informationen führen zu schlechten Profilen. Die Farbwerte für alle nicht im Profil benannten Farben eines Geräts werden interpoliert. Bei Ausgabegeräten benötigt man in der Regel mehr Informationen und diese werden dann in LUTs gespeichert. Bei einer geringeren Anzahl von notwendigen Farbinformationen, wie bei Monitoren oder Arbeitsfarbräumen, werden diese in einer Matrix gespeichert.

Achtung

Profile können umbenannt werden, wovon ich ausdrücklich abrate. Da Profile einen internen und einen externen Namen haben können, führt dies unweigerlich zu Irritationen, da gebräuchliche Software meist den internen Namen verwendet und es dadurch zu Verwechslungen kommen kann.

Eine wichtige Information in den Farbwerten eines Profils ist die Angabe des Weißpunkts und des Schwarzpunkts. Bei Papieren ist dies die Papierfarbe bzw. die höchstens erreichbare Schwärzung durch die verwendete Druckfarbe. Bei Monitoren ist der Weißpunkt abhängig von der Festlegung der Farbtemperatur vor der Profilierung (z.B. 5000 K oder 6500 K) und der Schwarzpunkt der schwärzeste Wert, der dargestellt werden kann.

Wie Sie Profile erstellen und gegebenenfalls bearbeiten, erfahren Sie in den jeweiligen Kapiteln über die Eingabe-, Darstellungs- und Ausgabegeräte.

Das Color Management Module (CMM)

In den Betriebssystemen der Rechner sind sogenannte CMMs (Color Management Module) implementiert. Unter Mac OS heißt dieses Modul *Color Sync* und hat noch weitere Funktionen, unter Windows nennt man es *ICM (Image Color Management)*. Daneben gibt es CMMs von Adobe mit dem Namen *ACE (Adobe Color Engine)* oder auch anderer Firmen, die heute alle sehr ähnlich arbeiten. In diesen CMMs finden Programmierer die Schnittstellen für die Einbindung von Farbmanagement in ihrer jeweiligen Software. Gleichzeitig managen die CMMs unter Zuhilfenahme des Profile Connection Space (PCS) und der vorhandenen Profile die Übersetzung der

Farbwerte zur Übertragung einer farbkorrekten Wiedergabe. Und hier laufen uns drei alte Bekannte über den Weg, der Farbminister als Synonym für das CMM sowie CIELab bzw. CIE XYZ als Profile Connection Space und die Profile sind mit den Rezepten gleichzusetzen.

Der Profile Connection Space muss immer mit zwei Profilen gleichzeitig arbeiten. Einerseits schaut er auf das Eingangsprofil (z.B. einer Kamera), um diese Farbwerte in CIELab umzurechnen, damit er sie dann per Ausgangsprofil (z.B. des Monitors) wieder in die entsprechenden Farbwerte zur korrekten Anzeige umrechnen kann.

Das Farbmodell CIELab ist, wie schon erwähnt, dem menschlichen Sehen nachempfunden. Alle anderen Farbräume oder Beschreibungen in Profilen sind kleiner und passen in das CIELab-Modell. Dadurch kann CIELab als Profile Connection Space oder Übersetzer fungieren, und wie das detailliert funktioniert, werde ich beschreiben, nachdem Sie die unterschiedlichen Übersetzungsbücher kennengelernt haben.

Die Rendering Intents

Wenn ein Farbraum in einen anderen konvertiert wird, entscheiden die Rendering Intents (Umwandlungsvorgaben oder Konvertierungsprioritäten) darüber, wie mit den Farben verfahren wird, die nicht in den neuen Farbraum passen, wie also mit dem größeren Farbumfang umgegangen wird. In der Praxis kommt es nicht vor, dass ein bestimmter Farbton in einem anderen Farbraum nicht wiedergegeben werden kann. Es ist stets die Sättigung, die in den kleineren Farbräumen nicht untergebracht werden kann. Darüber hinaus gehen die verschiedenen Rendering Intents unterschiedlich mit dem Weißpunkt um.

Perzeptiv

Die perzeptive Umwandlungsmethode nennt man auch den fotografischen Rendering Intent. Bei dieser Konvertierungspriorität bleibt das Verhältnis der Farbsättigungen in komprimierter Form erhalten, der farbliche Gesamteindruck des Bildes ändert sich dadurch in allen Bereichen, da alle hoch gesättigten Farben, die nicht in den Zielfarbraum passen, mit allen anderen Farben zum Weißpunkt hin verschoben werden. Stellen Sie sich einen Luftballon vor, der aufgeblasen den großen Farbraum darstellt und beim Ablassen von etwas Luft kleiner wird. Seine Fläche zieht sich zusammen, der Abstand zum mittig gelegenen Weißpunkt wird geringer und alle Farben verschieben sich in seine Richtung. Alle Farben werden im gleichen Abstand ungesättigter. Der Vorteil dieser Umwandlungsmethode ist, dass sich unser Sehsystem eher die Verhältnisse von Farben zueinander als die wirklichen Farbwerte merken kann. Die Umwandlungsmethode PERZEPTIV ist vor allem dann anzuwenden, wenn wirklich große Farbräume in kleine umgewandelt werden sollen. Je größer der Unterschied der beiden Farbräume ist, desto mehr Sättigungsverlust entsteht jedoch in den nur leicht gesättigten Farben.

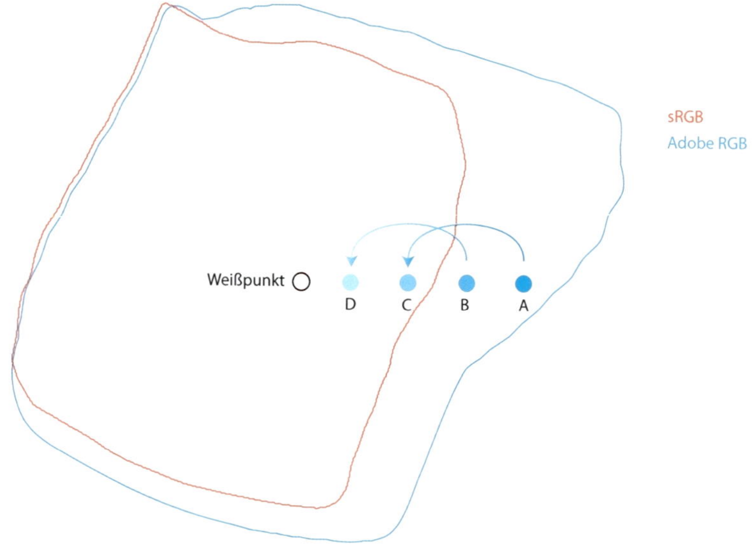

Abbildung 2.13
Perzeptive Umwandlung: A wird zu C und B wird zu D. Das Weiß des Ausgangsfarbraums wird zum Weiß des Zielfarbraums.

Relativ farbmetrisch

Der Rendering Intent RELATIV FARBMETRISCH erhält alle Farben, die in den Zielfarbraum passen, und ordnet die hoch gesättigten Farben, die nicht in den Zielfarbraum passen, ähnlichen Farben am Rand des Zielfarbraums zu.

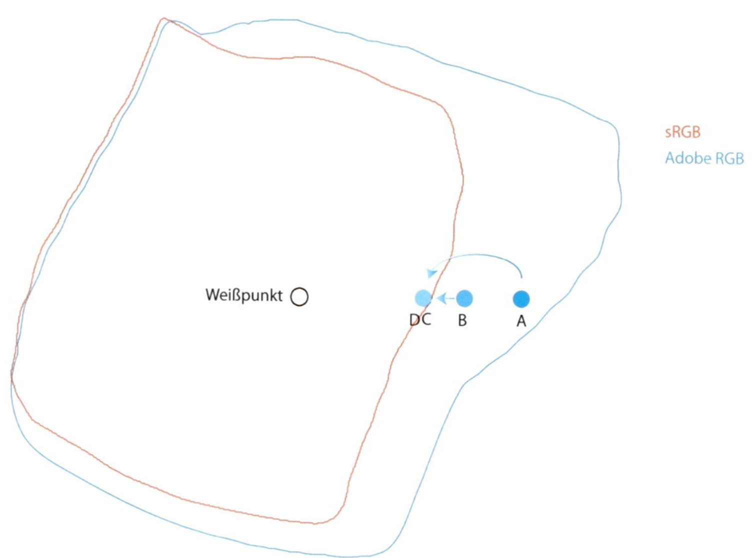

Abbildung 2.14
Relativ farbmetrische Umwandlung: A wird zu C und B wird zu D. Leider liegen C und D in diesem Fall übereinander und sind gleich. Das Weiß des Ausgangsfarbraums wird zum Weiß des Zielfarbraums.

Dadurch bleibt ein Großteil der Farbinformationen erhalten und das Foto wirkt in den meisten Fällen sehr ähnlich. Gleichzeitig wird der Weißpunkt des

Ausgangsfarbraums mit dem Weißpunkt des Zielfarbraums dargestellt. Dieser Rendering Intent wirkt bei einer Konvertierung in der Vorschau meist angenehmer, da er viele ursprüngliche Farben erhält. Wenn wir uns jedoch einen feinen Verlauf mit einem kräftigen Auslauf in hoch gesättigten Farben vorstellen und diese abgeschnittenen Farben in den Randbereichen des Zielfarbraums platziert werden, dann wird man zwischen vorher vorhandenen Farbunterschieden nur noch eine fast vollständige Einfarbigkeit sehen. Dies tritt besonders bei einem sehr großen Unterschied im Farbumfang von einem zum anderen Farbraum in Erscheinung. In diesem Fall ist der Rendering Intent PERZEPTIV die bessere Wahl.

Absolut farbmetrisch

ABSOLUT FARBMETRISCH verhält sich bis auf eine Ausnahme genauso wie RELATIV FARBMETRISCH. Beim Rendering Intent ABSOLUT FARBMETRISCH wird allerdings der Weißpunkt des Ausgangsfarbraums nicht auf den Zielfarbraum übertragen, sondern der Weißpunkt des Zielfarbraums ist der Ausgangspunkt für die Anordnung der anderen Farbwerte. Dieser Rendering Intent wird verwendet, wenn bei einem Hardproof z.B. die Ausgabe einer Druckmaschine auf einem Tintenstrahldrucker simuliert werden soll. Obwohl auf einem weitestgehend neutralen Papier gedruckt wird, kann somit die gelbliche Anmutung eines Zeitungspapiers im Druck simuliert werden, da alle weißen Stellen des Papiers mit Tinte in den gelblichen Zeitungspapierton versetzt werden.

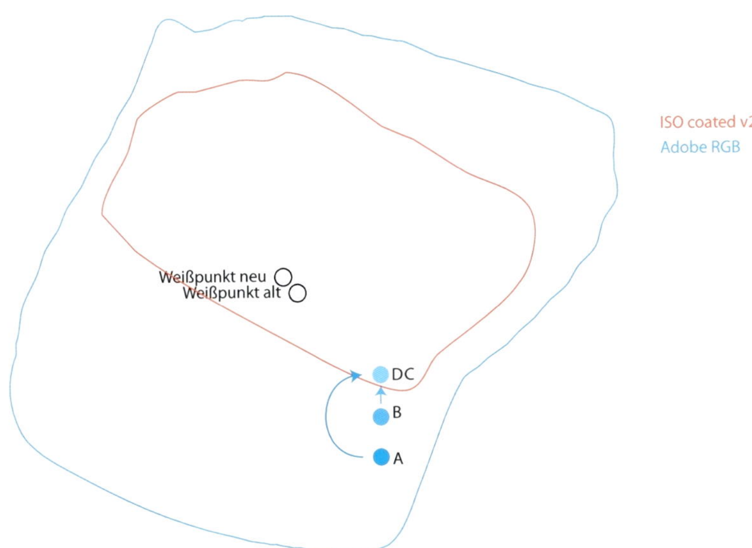

Abbildung 2.15
Absolut farbmetrische Umwandlung: Weiß wird wie eine Farbe behandelt, ansonsten ist alles wie bei der relativ farbmetrischen Umwandlung.

Sättigung

Sättigung ist der Rendering Intent, der für uns Fotografen die geringste Bedeutung hat. Ohne Rücksicht auf exakte Farbübertragung steigert Sättigung die Farben des Ausgangsfarbraums in noch höher gesättigte Farben und Farben aus dem Ausgangsfarbraum wandern an die Grenze des Zielfarbraums. Farbverschiebungen sind eine ständige Begleiterscheinung. Ein Einsatzgebiet für diesen Rendering Intent sind Geschäftsgrafiken, Hinweisschilder (ohne Norm wie bei Verkehrsschildern) oder farbliche Markierungen in Warnbereichen.

Abbildung 2.16
Umwandlung Sättigung

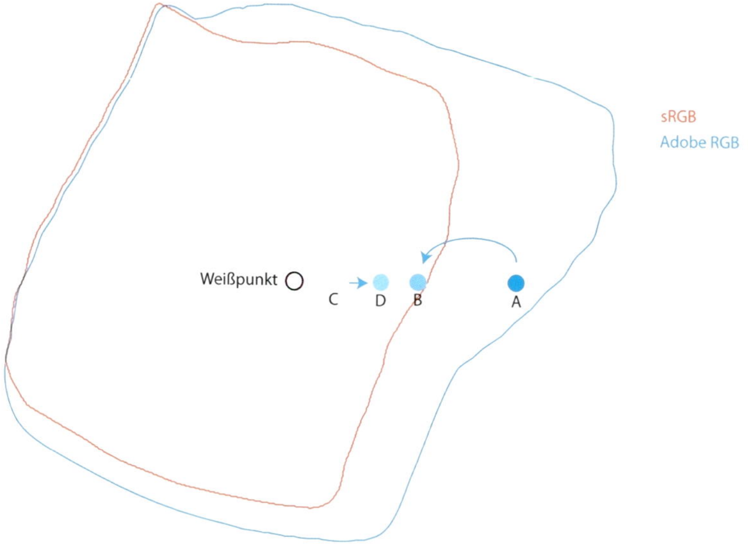

Die Werte ändern sich, die Farbe bleibt gleich

Beispielhaft werden wir eine Farbe aus einer Photoshop-Bilddatei konvertieren. Legen Sie dazu eine neue Datei im Adobe-RGB-Farbraum an, öffnen Sie den Farbwähler und stellen Sie die Farbwerte RGB = 213/124/90 ein. Im Farbwähler werden Ihnen auch die Werte Lab = 65/42/41 angezeigt.

Abbildung 2.17
Der Farbwähler zeigt die beschriebenen Werte.

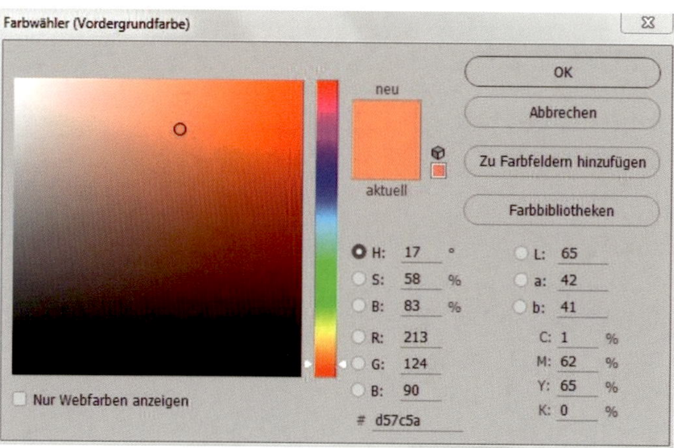

Bestätigen Sie den Farbwähler mit OK und füllen die Fläche über BEARBEITEN|FLÄCHE FÜLLEN... mit der Vordergrundfarbe.

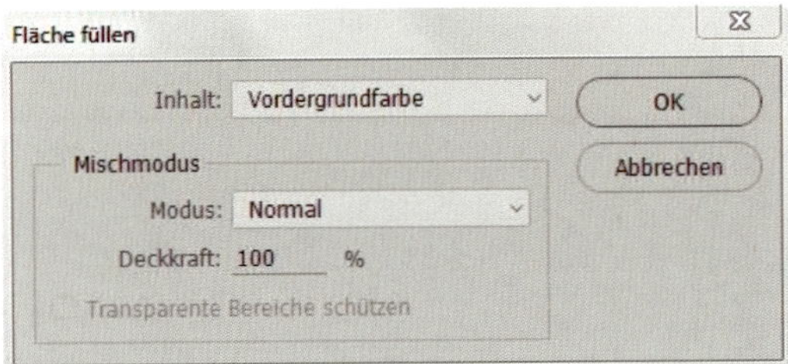

Abbildung 2.18
Der Dialog FLÄCHE FÜLLEN

Nun gehen Sie ins Menü und wählen BEARBEITEN|IN PROFIL UMWANDELN... und wählen als Zielprofil sRGB, als Modul ADOBE (ACE) und als Priorität RELATIV FARBMETRISCH.

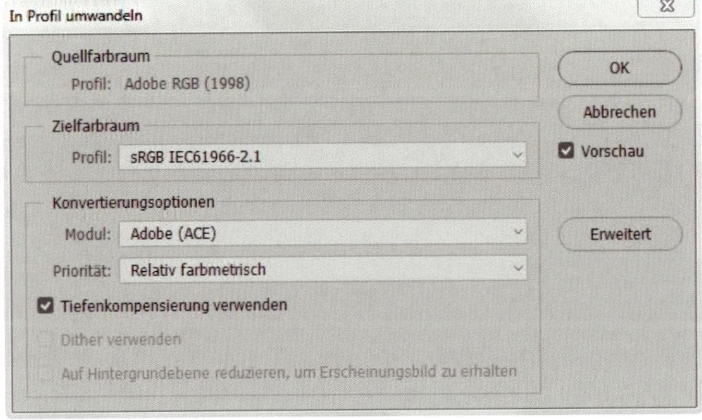

Abbildung 2.19
Im Dialog IN PROFIL UMWANDELN sehen Sie die vorzunehmenden Einstellungen.

Wenn Sie jetzt auf OK klicken, achten Sie auf die Anzeige der Vordergrundfarbe in der Werkzeugleiste. Die Vordergrundfarbe wird sich ändern, weil die Nummern RGB = 213/124/90 in den beiden Farbräumen Adobe RGB und sRGB eine andere Farbe wiedergeben. In der Fläche des Bildes ändert sich die Farbe jedoch nicht. Wenn Sie jetzt mit der Pipette (Farbaufnahmewerkzeug) in die Fläche des Bildes klicken und anschließend den Farbwähler öffnen, sehen Sie, dass sich die Farbwerte für RGB geändert haben, die für Lab aber gleich geblieben sind. Sie haben eine Farbe in einen anderen Farbraum übertragen, ohne dass sie sich verändert hat, die Beschreibung der Farbe in Zahlenwerten hat sich aber sehr wohl geändert.

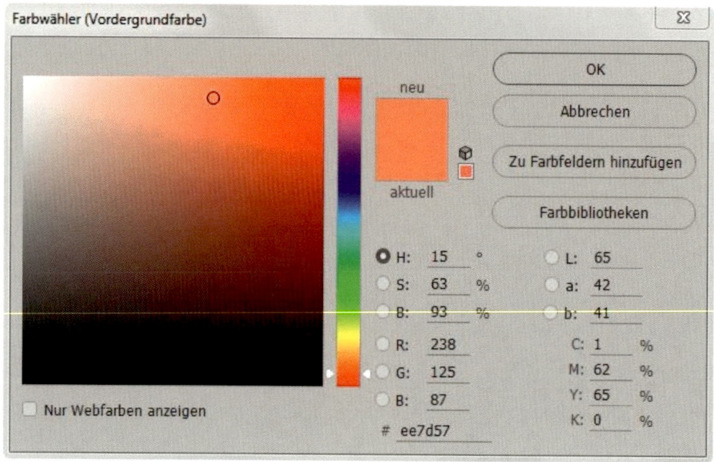

Abbildung 2.20 Der Farbwähler nach der Konvertierung in den sRGB-Farbraum

Hier sehen Sie noch einmal in einer Tabelle, was Sie mit Ihrer Farbkonvertierung erreicht haben. Das CMM sieht im Ausgangsprofil die Werte RGB = 213/124/90. Bei einer Abbildung dieser Werte in Lab entstehen die Werte 65/42/41. Jetzt benutzt das CMM das sRGB-Profil, um zu schauen, in welche Werte die Lab-Werte übertragen werden sollen und endet bei sRGB = 238/125/87.

Tabelle 2.1 Die ersten beiden Spalten der Tabelle zeigen die RGB- und Lab-Werte in Adobe RGB. Die dritte und vierte Spalte zeigen die Farbwerte nach der Konvertierung in sRGB. Die Farbe bleibt gleich.

Adobe RGB	Lab	Lab	sRGB
213/124/90	65/42/41	65/42/41	238/125/87

Was Sie gerade beispielhaft an einer Farbe durchgespielt haben, findet in einem Foto bei unzähligen Farben statt. Im Profil existieren immer nur Eckwiedergabewerte, von denen ausgehend alle anderen Farben interpoliert werden. Je besser ein Profil ist, das heißt, je besser seine Interpolationsfähigkeit ist, umso besser wird das Ergebnis der Umwandlung.

2.4 DIE WORKFLOWS

Der wichtigste Aspekt im Farbmanagement ist das »s« in der Überschrift zu diesem Abschnitt. Um qualitativ hochwertige Ergebnisse zu erlangen, kommen Sie nicht mit einem Workflow aus. Das ist in der Praxis jedoch weniger dramatisch, als es zunächst klingen mag. Um eine übersichtliche Grundstruktur in den Arbeitsabläufen aufzuzeigen, stelle ich Ihnen zunächst meinen persönlichen Workflow ohne Rücksicht auf Farbmanagement vor. Das Farbmanagement können Sie dann hinterher in diesen Workflow einfügen.

Grundsätzlich fotografiere ich im RAW-Format. Da ich ja im analogen Zeitalter mit der Fotografie begonnen habe, ist die Bezeichnung *Negativ* für das RAW-Format für mich naturgegeben. Glücklicherweise bleibt diese Datei bei allen Veränderungen und alternativen Entwicklungseinstellungen im RAW-

Konverter ja immer in ihrer Ursprungsfassung erhalten, weil die Veränderungen in der Sidecar-Datei (XMP-Datei) gespeichert werden. Das RAW wird also im RAW-Konverter entwickelt. Alle globalen und möglichen selektiven Änderungen führe ich bereits in der RAW-Datei aus. Wenn weitere Änderungen notwendig sind, die nicht im RAW-Konverter durchgeführt werden können, exportiere ich eine Photoshop-Datei mit der Endung psd. Jetzt habe ich meine Bearbeitungs-Master-Datei. Wenn ich weiß, dass ich diese in einer sehr großen Ausgabegröße benötige, interpoliere ich schon vom RAW zum PSD. In der PSD-Datei erledige ich alle Bearbeitungsschritte, die im RAW-Konverter nicht möglich waren, und speichere unter Erhalt aller Bearbeitungsebenen. Für die Ausgabe speichere ich reduziert auf die Hintergrundebene als TIF oder als JPG, je nachdem, für welchen Zweck ich das Ergebnis benötige.

Damit kann ich bereits an der Dateiart erkennen, worum es sich bei meinen vier Dateitypen inhaltlich handelt. Vom RAW ausgehend kann ich immer wieder neu beginnen, im PSD kann ich nachträglich inhaltliche Dinge korrigieren und je nach Vorgabe ausgeben. Wenn ich ein TIF oder ein JPG sehe, weiß ich, dass es sich um eine Ausgabedatei handelt. Wenn sie verloren geht, kann ich sie jederzeit aus dem PSD neu generieren. Dieses Vorgehen benötigt zwar einiges an Speicherplatz, der ist aber mittlerweile zum Glück erschwinglicher geworden.

Das Ziel bestimmt die Farbroute

Als die ersten Farbmanagementsysteme in der Druckvorstufe eingerichtet wurden, handelte es sich in der Regel um geschlossene Systeme. Von der Repro bis zur Druckmaschine waren die Geräte und Maschinen bereits von den wenigen Herstellern so aufeinander abgestimmt, dass ein sauberer Workflow mit konsistenter Farbwiedergabe gewährleistet war. In der Regel konvertierte man das Bildmaterial in den Ausgabefarbraum, bearbeitete es und fügte es in das Layout ein. Heute sind die Systeme offen, das heißt, unterschiedliche Eingabegeräte von verschiedenen Herstellern treffen auf Monitore von weiteren Herstellern und es gibt viele voneinander abweichende Ausgabegeräte. Schlimmer noch, alle beteiligten Dienstleister sitzen unter Umständen an verschiedenen Orten dieser neuen Farbenwelt. Aus diesem Grund hat sich der Workflow über Arbeitsfarbräume im RGB-Farbmodell durchgesetzt.

Die Arbeitsfarbräume

Ein Arbeitsfarbraum muss neutral sein, das heißt, bei gleichen Werten für die Kanäle R, G und B muss sich ein neutrales Grau, Schwarz oder Weiß ergeben. Gleichzeitig sollte die Grauskala gleichabständig verlaufen. Er sollte zusätzlich eine Größe haben, die ungefähr dem Ausgabefarbraum entspricht. Ist der Arbeitsfarbraum zu groß, lässt er sich nicht mehr auf handelsüblichen Monitoren darstellen. Eine Konvertierung von einem sehr großen Arbeitsfarbraum in einen sehr kleinen Ausgabefarbraum ist immer mit den Problemen behaftet, die weiter oben unter den Rendering Intents beschrieben wurden. Mittlerweile gibt es sehr viele Arbeitsfarbräume, die hier vorgestellten sind weit verbreitet und erfüllen die Anforderungen an ein ordentlich funktionierendes Farbmanagement.

sRGB

Er ist der am weitesten verbreitete Farbraum auf dem Planeten. Alle Fotobelichter und Minilabs haben einen vergleichbaren Farbumfang. Die Farbfotos, die aus diesen Maschinen kommen, haben unsere Ansprüche seit fast 100 Jahren erfüllt. Trotzdem ist dieser Farbraum unter ernst zu nehmenden Bedingungen nur für die Darstellung im Internet oder in Office-Anwendungen zu empfehlen. Sein Weißpunkt liegt bei 6500 K.

AdobeRGB

AdobeRGB ist der Standardfarbraum, wenn es um jegliche Ausgabe im Printbereich außer dem Offsetdruck geht. Sein Weißpunkt liegt bei 6500 K. Damit liegt er im Umfang nahe an vielen existierenden Fotopapieren und hat einen moderaten Umfang in Bezug zu Fine-Art-Papieren.

PhotoGamutRGB

PhotoGamutRGB stellt eine interessante Alternative zu Adobe RGB dar. Die deutsche Arbeitsgruppe, die diesen Farbraum entwickelt hat, versucht, die beschriebenen Probleme von zu groß, zu klein in den Griff zu bekommen und einen Universalarbeitsfarbraum zu schaffen. Was den Umfang betrifft, sind die Entwickler in der Spur, sie mussten sich allerdings für einen Weißpunkt entscheiden und der liegt bei 5000 K.

ProPhotoRGB

ProPhotoRGB ist der Riese unter den Arbeitsfarbräumen. Seine Größe reicht schon fast an die Größe des Lab-Farbraums heran. Hier beschneidet man so gut wie keine Farben, die aus einem Scanner oder einer Kamera kommen, und er deckt alle mir bekannten Farbumfänge von Ausgabefarbräumen ab. Sein Farbumfang kann mit keinem Monitor abgebildet werden. Sein Weißpunkt liegt bei 5000 K.

eciRGB_v2

Made in Germany. Entwickelt wurde dieser Farbraum unter dem Namen L*RGB (L-Star RGB) von Karl Koch von Color Solutions. Er hat eine annähernd gleichabständige Grauachse und ist aufgrund seiner Qualität zum empfohlenen Farbraum der ECI, der European Color Initiative, avanciert. In seinem Farbumfang liegt er ähnlich wie AdobeRGB, hat aber einen Weißpunkt von 5000 K, was ihn absolut für den Offsetdruck prädestiniert.

Was nicht passt, wird passend gemacht

Bei der Konvertierung von einem Farbraum in den anderen sollten Sie darauf achten, dass nicht unnötigerweise Farben beschnitten werden, gleichzeitig aber auch keine übergroßen Farbräume in Ihrem Workflow vorkommen. Dazu brauchen Sie ein Werkzeug, mit dem Sie Farbräume vergleichen können. Die Apple-Jünger haben in ihrem Betriebssystem mit ColorSync das entsprechende Tool schon an Bord und die Windows-Gemeinde kann glücklicherweise auf die Website *www.iccview.de* zurückgreifen. Mit beiden Werkzeugen können Sie jeweils zwei Arbeitsfarbräume in einer 3D-Darstellung vergleichen. Sie sehen dann sofort, ob die Farbräume ineinander passen. Seien Sie bei der Bewertung nicht zu kritisch, ein leichter Beschnitt führt nicht zu dramatischen Farbwiedergaben. Sollten Sie aus irgendeinem Grund nicht auf einen sehr großen Farbraum verzichten können, dann achten Sie unbedingt auf eine Farbtiefe von 16 Bit, da dann mehr Reserven für den Konvertierungsprozess zur Verfügung stehen.

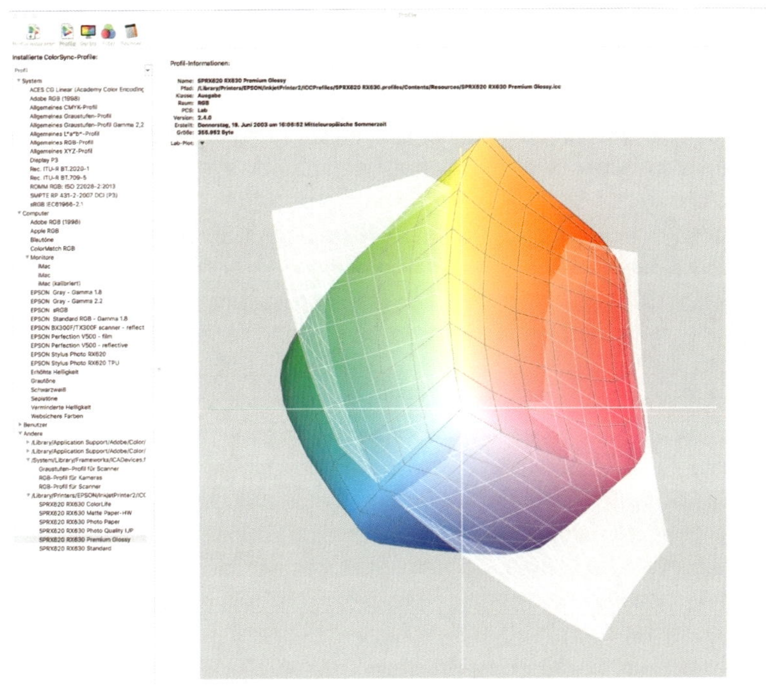

Abbildung 2.21
Hier sehen Sie in Apples ColorSync den sRGB-Farbraum (farbig) und den Farbraum eines einfachen Druckers eines Multifunktionsgeräts, den Epson Stylus Photo RX620 (grau). Sie können deutlich erkennen, dass der Farbumfang des Druckers weitaus größer als der des sRGB-Farbraums ist, im gelborangen Bereich aber nicht alles abbilden kann.

Wie bereits oben angedeutet, reicht es nicht aus, nur einen Workflow zu verwenden, um bei der Ausgabe ein Farbergebnis zu erreichen, das dem der Aufnahmesituation entspricht. Die mannigfaltigen Faktoren, die einen Workflow begleiten, können diesen Weg rau und steinig machen. Farbfehler können sich potenzieren und am Ende in desaströser Farbdarstellung ausarten. Deshalb zäumen wir an dieser Stelle das Pferd von hinten auf und definieren unsere Workflows ausgehend von unseren Ausgabezielen. Diese können sein:

- Printausgabe am digitalen Fotobelichter oder Echt-Foto-Buch
- Tintenstrahldruck
- World Wide Web
- Offsetdruck oder Digitaldruck

Bis auf die Ausgabe im World Wide Web treffen wir in jedem anderen Fall auf Papier oder ein anderes Druckmedium. Wenn wir Druckmedien wie gebürstetes Aluminium, Holz etc. mal außer Acht lassen, haben wir einen weißen Papierträger vor uns. Wir wissen, dass Weiß nicht gleich Weiß ist, und wir wissen, dass das Betrachtungslicht auch einen Einfluss auf die Farbwiedergabe hat. Zum Glück wissen wir auch, dass uns unser Gehirn täuscht und wir Weiß als Weiß wahrnehmen, obwohl es vielleicht bläulicher (Tonnen von optischen Aufhellern) oder gelblicher (die gute alte Glühlampe) ist. Unser Gehirn macht also aus dem andersartigen Weiß ein Weiß, von dem ausgehend alle anderen Farben ins Verhältnis gesetzt werden.

Nun hat der Mensch schon einige tausend Jahre an Erfahrungen und Evolution erlebt, den Großteil davon ohne Glühbirne, aber mit Tageslicht. Dieses hat bis auf die Ausnahmen Sonnenauf- und -untergang und gleißendem blauen Licht in Gebirgsregionen Farbtemperaturen von ca. 5000 K bis ca. 8.000 K. Das ist der Grund, warum wir die Normlichtart D50 als schmuddelig und gegenüber D65, das eher in der Mitte der tatsächlichen Tageslichtbedingungen liegt, als etwas unnatürlich empfinden. Aber auch hier gleicht unser Gehirn dieses Empfinden aus und lässt uns nach einer Weile Weiß als Weiß wahrnehmen. Ich habe über mehrere Monate die Farbtemperatur des Tageslichts an meinem Arbeitsplatz gemessen und bin bei einem durchschnittlichen Wert von 5800 K gelandet. Um an dieser Stelle den kritischen Stimmen vorzubeugen, wenn ich fotografische Arbeiten an meinem Arbeitsplatz ausführe, werden die Rollladen so weit geschlossen, dass das Resttageslicht keinen Einfluss mehr auf die Farbtemperatur hat, und ich benutze entweder eine Beleuchtung von 5000 K oder von 6500 K, je nachdem, welchen Workflow ich anwende. Bei dem Workflow, der außer Offsetdruck alle anderen Ausgaben bedienen muss, verwende ich 6500 K und beim Offsetdruck die obligatorischen 5000 K. Ebenso verfahre ich mit den Weißpunkten und den Gammawerten der Arbeitsfarbräume. Damit ist alles aufeinander abgestimmt. Im Folgenden beschreibe ich, wie die Workflows aufgebaut sind.

Workflow 1 (AdobeRGB)

Dieser Workflow basiert auf der Tatsache, dass ich selbst fotografiert habe bzw. die Raw-Daten der Kamera oder die Scannerdaten erhalte. Als Ausgabemöglichkeiten stehen Fotoabzug, Tintenstrahldruck und Echt-Foto-Buch zur Verfügung. Fangen wir mit der einfachsten Art an. Beim Tintenstrahldruck finden alle Bearbeitungsschritte an meinem Arbeitsplatz statt, der mit 6500 K Licht beleuchtet ist. Der Monitor ist mit 6500 K profiliert und als Arbeitsfarbraum wähle ich in der Regel AdobeRGB, der vom Monitor weitestgehend dargestellt werden kann. Die selbst geschriebenen Druckerprofile, die ich verwende, werden beim Ausdruck über Photoshop in den Workflow eingebunden, mit ihnen wird ein Softproof erstellt und abschließend betrachte ich die Ergebnisse bei dem gleichen Licht, das auch auf den Monitor fällt, der wiederum den gleichen Weißpunkt aufweist. Wenn dann auch noch die Kamera profiliert war und dies zu Beginn des Workflows berücksichtigt wurde, ist das Ergebnis voll überzeugend.

Die Ausgabe im Bereich Fotoabzug bzw. Echt-Foto-Buch funktioniert unter gleichen Bedingungen. Wichtig hierbei ist, dass das Labor oder der Fotobuchhersteller auch farbmanagementgestützt arbeitet. Jegliche automatischen Bildkorrekturen müssen beim Dienstleister abgestellt sein. Der einzige Unterschied, der zum Vorgehen beim Tintenstrahldruck besteht, ist der Aufstellort der Entwicklungsmaschine und der kann meinetwegen auch in Ursulapoppenricht sein.

Bleibt noch die Ausgabe für das World Wide Web. Abgesehen von den Milliarden Monitoren, die im Netz nicht profiliert sind, und von der Unfähigkeit vieler Browser, mit Farbmanagement umzugehen, ist eine Veröffentlichung von Fotos im Internet grundsätzlich dem berühmten »Perlen vor die Säue werfen« gleichzusetzen. Der einzig sinnvolle Farbraum fürs Internet, sRGB, passt fast vollständig in den Farbraum AdobeRGB. Der Rot- und Magentabereich ist bei sRGB etwas größer als bei AdobeRGB, sRGB könnte also dort höher gesättigte Farben als AdobeRGB darstellen. In allen anderen Bereichen ist AdobeRGB größer und muss auf sRGB komprimiert werden.

Workflow 2 (eciRGB_v2)

Broschüren, Flyer, Geschäftsdrucksachen: Wenn ich mich auf diesem Terrain bewege, dann kommt dieser Workflow zum Einsatz. Die Arbeitsplatzbeleuchtung wird auf 5000 K gesetzt, der Monitor auf L* 5000 K gestellt und der Arbeitsfarbraum ist EciRGB_v2 mit einem Weißpunkt von 5000 K. In den Druckereien, in denen mit Farbmanagement gearbeitet wird, ist der gesamte Workflow auf 5000 K aufgebaut. Hier finden so viele Produktionsschritte statt, die nicht wie beim Fotolabor abgeschaltet werden können, und es wird mit 5000 K abgemustert, also der Vergleich zwischen Hardproof, den ich genehmigt habe, und Druckausgabe getroffen. Das Druckergebnis mit diversen Internetdruckereien kann sich wirklich sehen lassen. D50, also ein Betrachtungslicht von 5000 Kelvin sowie alle anderen Einstellungen auf 5000 K sind auch deshalb wichtig, weil alle Profile, die im Druckbereich verwendet werden, einen Weißpunkt von 5000 K haben. Erstaunlich finde ich die Tatsache, dass zum Teil große, ortsansässige Druckereien immer noch ohne Farbmanagement drucken. Die Wiederholung eines Druckauftrags, weil eine neue Auflage benötigt wird, hat durch Farbmanagement mehr Konsistenz, die reproduzierten Ergebnisse sind vergleichbar.

Workflow 3 (ProPhotoRGB)

Dieser Workflow ist eine Möglichkeit, die ich persönlich nicht nutze, die ich Ihnen aber auf keinen Fall vorenthalten möchte. ProPhotoRGB ist ein ziemlich großer Arbeitsfarbraum, der sich in seiner Größe CIE Lab annähert. Wie schon erwähnt, lässt sich dieser Farbraum mit heutigen Monitoren nicht wiedergeben. Tintenstrahldrucker sind aber zum Teil sehr wohl in der Lage, höher gesättigte Farben wiederzugeben, als sie ein Monitor anzeigen kann. Drucken Sie also eine hoch gesättigte Datei aus ProPhotoRGB über ein Profil, das mit Ihrer Drucker-Papier-Kombination auch eine höhere Farbsättigung erzielt, als sie Ihr Monitor anzeigen kann, dann erhalten Sie einen Ausdruck, der höher gesättigt ist, als wenn Sie die gleiche Datei aus einem AdobeRGB-Arbeitsfarbraum drucken. Leider können Sie das Ergebnis vorher nicht genau auf Ihrem Monitor betrachten. Über die Farbumfangwarnung können Sie aber sehen, welche Sättigungen beschnitten werden oder Sie können mit einer gesamten Sättigungsminderung am Monitor die spätere Ausgabe eingeschränkt simulieren. Details hierzu finden Sie in Kapitel 7.

Nach so viel Theorie ist es jetzt Zeit, sich auch einmal mit praktischen Dingen zu beschäftigen. Im nächsten Kapitel stelle ich Ihnen Hilfsmittel vor, die teilweise notwendig sind, oftmals aber auch eine Erleichterung der Arbeit bedeuten.

KAPITEL 3

Messgeräte und Hilfsmittel

Im Bereich des Farbmanagements gibt es unzählige Hilfsmittel, die der Kalibrierung, der Profilierung oder der Erstellung eines Weißabgleichs dienen. Die Behandlung der Werkzeuge, die im Folgenden aufgeführt sind, kann nicht vollständig sein. Die Auswahl ergab sich durch meine jahrelange, eigene Nutzung vieler Tools, die Bereitschaft einiger Firmen, mir Testmaterialien, Software und Werkzeuge zur Verfügung zu stellen, und auch dadurch, dass einige Firmen dies nicht wollten oder konnten. Darüber hinaus habe ich sicherlich bei einigen Firmen auch nicht angefragt, weil mir deren Existenz nicht bekannt ist.

Die Anwendung der vorgestellten Tools finden Sie in den jeweiligen späteren Kapiteln.

3.1 MESSGERÄTE UND HILFSMITTEL FÜR DIE EINGABE

Testcharts

Testcharts oder Targets sind Vorlagen mit unterschiedlichen Farb- und/oder Grauwerten, deren tatsächliche Farbwerte, vorzugsweise aus spektraler Messung, bekannt sind. Sie können auf fototechnischem Wege oder im Rahmen von Druckverfahren hergestellt werden. Konsistente Herstellungsprozesse sind von immenser Wichtigkeit, besonders dann, wenn die Referenzdateien, die die tatsächlichen Farbwerte enthalten, mittels Durchschnittsberechnung einer kompletten Produktion entstehen. Je geringer die Produktionsabweichungen, desto geringer sind die Abweichungen zur Referenzdatei. Ganz genau sind individuelle Testcharts, deren Referenzdateien messtechnisch aus der zugehörigen Vorlage erstellt werden. Mit den richtigen Messgeräten ist es möglich, eigene Referenzdateien zu den vorhandenen Testcharts herzustellen.

basICColor

basICColor ist eine deutsche Firma, die sich mit allen Bereichen des Farbmanagements beschäftigt und qualitativ hochwertigste Produkte in den Bereichen Soft- und Hardware liefert. Ihr Gründer, Karl Koch, hat viele innovative Ideen entwickelt und unter anderem die L*-Charakterisierung als auch das eciRGB_v2-Profil geschaffen. Das basICColor dcam target+ ist ein Aufsichttarget mit Lichtfalle, das zur Profilierung von Digitalkameras eingesetzt werden kann. Die Rückseite des Targets beinhaltet die basICColor-Graukarte.

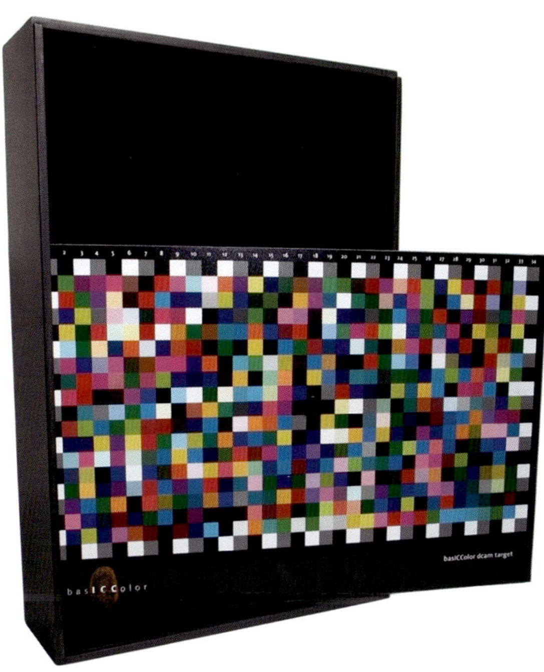

Abbildung 3.1
Das dcam target+ von basICColor

Als zusätzliches Tool zur Kameraprofilierung bietet basICColor den Munsell Linear Greyscale an, einen Graukeil mit 19 Graustufen, die visuell gleichabständig gewählt sind, um Profile zu optimieren. Er kann zusammen mit dem dcam target+ in input 5 zur Profilerstellung mit zwei Targets verwendet oder in einer Aufnahme mit zwei Ausrichtungsüberprüfungen nach automatischer Erkennung in dieser Software in einem Durchgang verarbeitet werden.

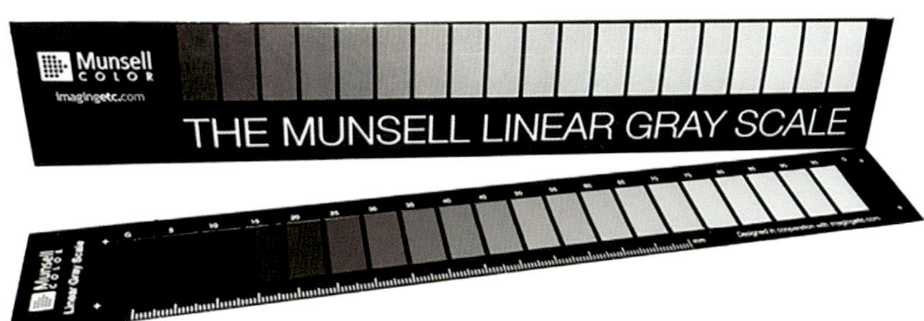

Abbildung 3.2
Die Ergänzung zur Qualitätssteigerung, der Munsell-Graustufenkeil

Das basICColor-scan-Target hat 528 Farbfelder und ist damit umfangreicher als ein IT8-Target. Dies hat zur Folge, dass eine bessere Profilierung in den gesättigten Bereichen und im Verlauf der Grauachse möglich wird. Einzigartig ist wohl das basICColor-rescan-Target, das nicht, wie üblich, für Scantargets auf Fotopapier belichtet, sondern gedruckt ist. Es ist somit bestens für die Scanner- oder Kameraprofilierung bei der Reproduktion von Drucksachen geeignet. Dieses Target gibt es nur in einer individuell vermessenen Form.

datacolor

datacolor ist ebenfalls ein großes Unternehmen der Farbmanagementbranche. Es bietet natürlich auch Targets für die Profilierung an. Es sind der SpyderCheckr und der SpyderCheckr 24. Darüber hinaus sind Ersatztargets für den SpyderCheckr erhältlich. Im SpyderCheckr gibt's zwei gleiche Farbfelder, von denen eines ständig abgedeckt ist. Das andere Farbfeld wird immer dann dem Licht ausgesetzt, wenn der SpyderCheckr dem Licht ausgesetzt wird. Durch visuelle Kontrolle kann man so feststellen, ob die Farben des SpyderCheckr verblichen sind oder ob er den Anforderungen der exakten Farbdarstellung immer noch entspricht.

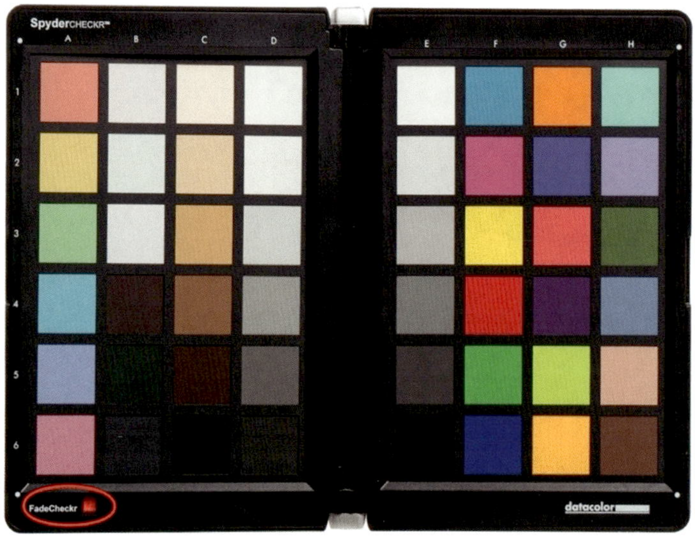

Abbildung 3.3
Der SpyderCheckr ist das Kameraprofilierungstarget der Firma datacolor. Rot markiert sehen Sie den FadeCheckr.

Bei den vielen Produktzusammenstellungen, die datacolor anbietet, sei noch ein Produkt erwähnt, das nicht unbedingt zum Farbmanagement gehört, im Zusammenhang von kalibrierbarem Autofocus aber erwähnenswert ist – der SpyderLENSCAL.

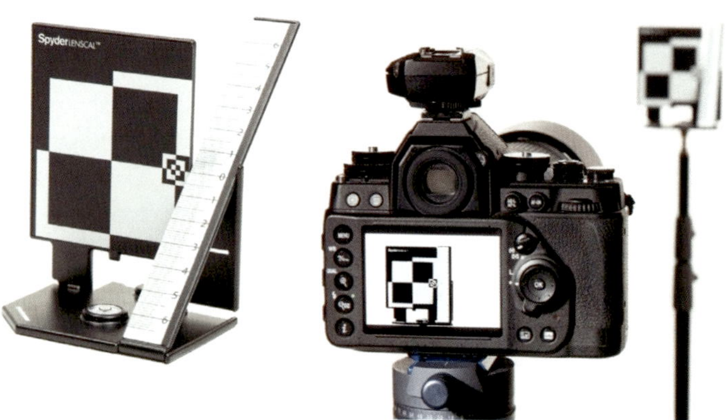

LaserSoft

LaserSoft ist die Firma, die vor allem natürlich durch ihre Scansoftware SilverFast bekannt wurde. Was liegt näher, wenn man Scansoftware für die unterschiedlichen Anforderungen herstellt, als das Angebot eigener Targets zur Profilierung mit in die Produktpalette aufzunehmen? So gibt es Aufsichts- und Durchlichttargets in individueller und durchschnittsvermessener Form. In Abbildung 5.1 sehen Sie ein Target der Firma LaserSoft.

Wolf Faust

Wolf Faust beschäftigt sich mit der Farbwiedergabe im Rahmen von Scanprozessen. Er bietet Testcharts in Form von reflektierenden und lichtdurchlässigen IT8-Targets an, die meistens für die Profilierung von Scannern genutzt werden. Darüber hinaus gibt es auf seiner Website noch eine Menge an weiteren Informationen zum Thema Farbmanagement.

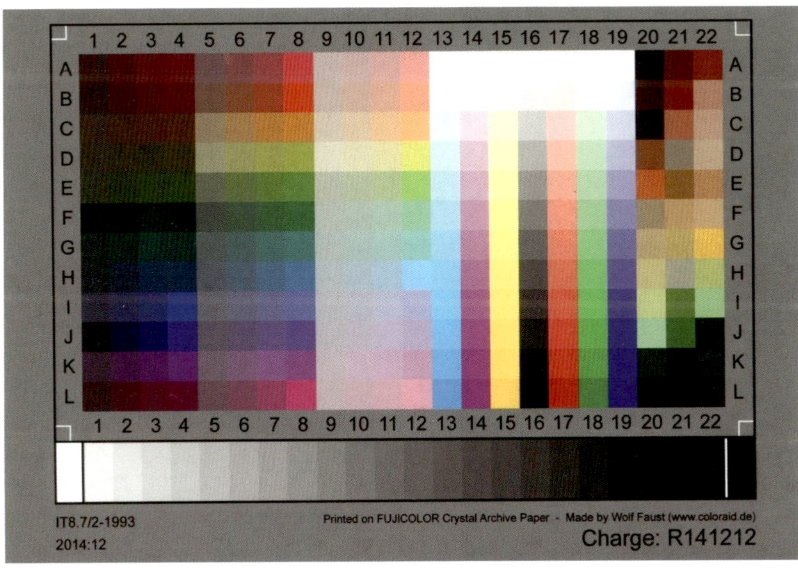

Abbildung 3.4
Ein reflektierendes IT8-Target von Wolf Faust

x·rite

x·rite ist wohl der weltweit größte Hersteller, wenn es um Farbmanagement geht. Natürlich gibt es auch Targets von dieser Firma. Man sagt, das meistfotografierte Objekt auf dieser Welt ist der ColorChecker. Er feiert gerade seinen 40. Geburtstag und er wird von x·rite in verschiedenen Variationen hergestellt. Es gibt ihn als Classic, als Mini, als ColorChecker Digital SG und als ColorChecker Passport Photo. Darüber hinaus gibt es ihn als ColorChecker Video und als ColorChecker Passport Video. Dieses Target wird zur Scanner- und Kameraprofilierung genutzt. Im Rahmen der ColorChecker-Passport-Software können als Standalone-Programm oder als Plug-in für Lightroom und Photoshop DCP-Profile erstellt werden.

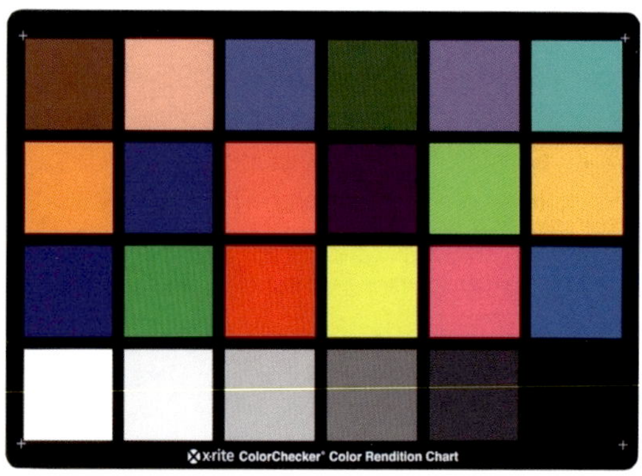

Abbildung 3.5 Das Supermodel der Fotografie, der x·rite ColorChecker

Graukarten und Weißabgleichfilter

Graukarten und Weißabgleichfilter haben die Aufgabe, eine Fläche zu bieten, die 18 % des auftreffenden Lichts reflektiert und für einen nachträglichen oder einen manuellen Weißabgleich bei der Aufnahme als neutrale Vorlage zu dienen. Beim manuellen Weißabgleich in der Kamera werden sie fotografiert oder vor das Objektiv gehalten und dienen als Referenzaufnahme. Im Raw-Konverter können mit einem Mitteltonpipettenabgleich auftretende Farbstiche neutralisiert werden. Hier stelle ich Ihnen einige unterschiedliche Werkzeuge vor, deren Handhabung finden Sie in Kapitel 5 unter dem Eingabemedium Kamera. Echte Graukarten haben eine Fläche, die 18 % des auftretenden Lichts reflektieren und somit auch als Belichtungshilfe fungieren können. Ihre Oberfläche sollte metameriefrei sein, damit ein ordentlicher Weißabgleich möglich wird. Die alte Kodak-Graukarte, die als Belichtungstool in Millionen Fotografentaschen ihren Platz hatte, ist als Weißabgleichshilfe wegen ihrer Metamerieprobleme nicht zu gebrauchen und wird aus diesem Grunde nicht mehr hergestellt. Wie bei so vielen Dingen im Leben ist der Kompromiss nicht unbedingt die beste Lösung. Eine Karte zum Weißabgleich sollte im helleren Graubereich liegen, dann ist sie allerdings nicht für die Belichtungsmessung geeignet. Das hängt damit zusammen, dass das Rauschverhalten von Kamerasensoren sich bei abnehmender Belichtung, sprich bei immer dunkler werdenden Tönen, negativer verhält und einen nachteiligen Einfluss auf den Weißabgleich hat. Deshalb empfiehlt z.B. x·rite beim ColorChecker das zweithellste Feld von links in der Graustufenreihe zum Weißabgleich.

Tipp

Eigentlich ist es immer vernünftig, mehrere Weißabgleich- oder Graukarten zu besitzen. Die Materialbeschaffenheit kann z.B. bei Unterwasseraufnahmen von Wichtigkeit sein, die Größe wegen des Gebrauchs im Studio oder on location und man braucht natürlich eine für den Weißabgleich und eine für die Belichtungseinstellung.

basICColor

basICColor bietet eine Graukarte an, die mit einem Remissionsgrad von 25 % dem Weißabgleich vorbehalten und in ihrer Ausführung aus durchgefärbtem Kunststoff metameriefrei ist.

Der basICColor basICCaliCube wird mit seiner Wortschöpfung nicht nur zur Sprecherziehung für Schauspieler und Moderatoren benutzt, sondern bietet eine Kontrast- und Weißabgleichshilfe mit Lichtfalle für absolutes Schwarz, Grau mit 25 % Remission, Weiß und einer Chromkugel zur Messung der Spitzlichter. Eigentlich ist es überflüssig zu erwähnen, dass wir hier von einem metameriefreien Grau sprechen.

Calumet Photographic

Die Firma Calumet hat in ihrem Angebot ein Zweierset von Graukarten, das von Prospec Imaging hergestellt wird. Die Karten sind aus Kunststoff und haben eine Größe von 22 x 25 cm bzw. 11 x 14 cm. An einer Schmalseite jeder Karte befinden sich eine weiße und eine schwarze Fläche, die zur Kontrasteinstellung genutzt werden können. Die Rückseiten der Karten sind weiß.

Abbildung 3.6
Die Prospec Graukarten der Firma Calumet

datacolor

datacolor bietet Graukarten und Graukeile als Rückseite im SpyderCheckr und im SpyderCheckr 24. Durch den Graukeil, der dem Graukeil auf der Farbkartenseite entspricht, erhält man so auch eine hellgraue Fläche von 25 % Remission, die sich für den nachträglichen Weißabgleich am Rechner eignet.

Mit dem SpyderCUBE bietet datacolor ein Hilfsmittel an, das neben der Nutzung als Weißabgleichtool besonders für die Beurteilung und nachträgliche Bearbeitung des Kontrasts gemacht ist. In Kombination mit Farbtestkarten, z.B. dem SpyderCheckr, ist so eine optimale Vorlage zur Erstellung eines Profils zu schaffen.

Abbildung 3.7
Kontrastkorrektur und Weißabgleich in einem Tool – der SpyderCUBE

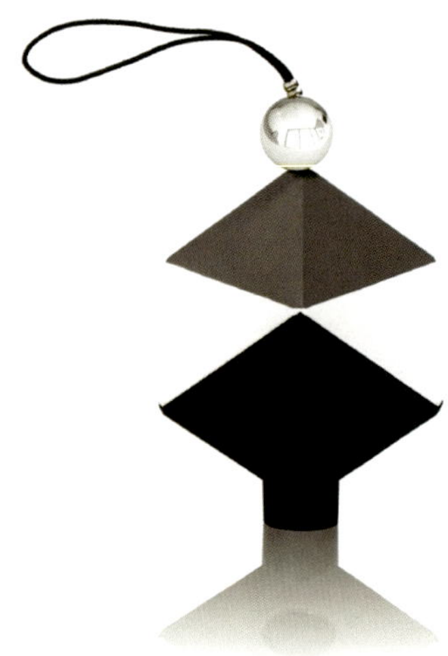

Digital Grey Card

Die Digital Grey Card ist aus Kunststoff gefertigt und wird immer im Dreierset geliefert. Dieses Set beinhaltet eine weiße, eine graue und eine schwarze Karte im Scheckkartenformat. Die weiße und die schwarze Karte können als Hilfsmittel für den Kontrastumfang genutzt werden.

Abbildung 3.8
Die Digital Grey Card lässt sich umhängen und ist somit immer zur Hand.

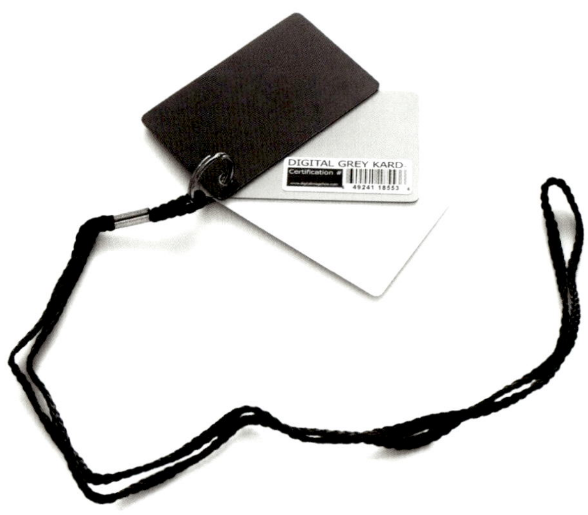

Enjoyyourcamera

Enjoyyourcamera bietet eine eigene Grau- und eine Testkarte an. Die Graukarte ist aus sehr stabiler Pappe, so wie es die alte Kodak-Graukarte war. Die Vorderseite bietet eine Fläche, die 18 % des auftreffenden Lichts reflektiert, und die Rückseite ist weiß. Bei der Testkarte handelt es sich um eine Karte für Kamera und Objektivtests. Diverse Schriftgrößen, Siemenssterne, Linien zum Test des Auflösungsvermögens, alles schön symmetrisch angeordnet, sodass man auch Verzeichnungen eines Objektivs erkennen kann. Darüber hinaus gibt es einen kleinen Graukeil und einen Farbverlauf sowie ein paar Farbfelder, deren Hexadezimalwerte angegeben sind. Der Hintergrund der Karte ist ebenfalls grau und sie lässt sich damit auch für den Weißabgleich verwenden.

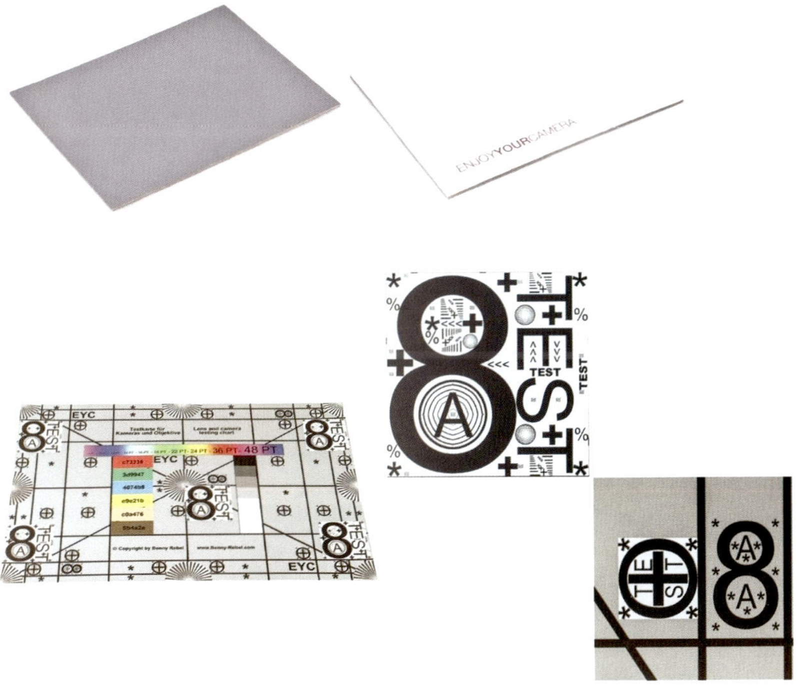

Abbildung 3.9
Die Graukarte von Enjoyyourcamera

Abbildung 3.10
Die Testkarte von enjoyyourcamera

Lastolite

Lastolite stellt zwei Weißabgleichtools her. Das Ezy Balance kann als Graukarte und als Weißabgleichtool dienen, je nachdem, ob Sie die Vorder- oder Rückseite verwenden. Darüber hinaus ist es möglich, das Tool auch als Aufheller oder Abschatter einzusetzen. Das Xpo Balance kann ebenfalls als Graukarte und als Weißabgleichtool verwendet werden. Darüber hinaus kann es auch als Optimierungstarget mit unterschiedlichen Stufen der Reflexion dienen, um Aufnahmeserien gleicher Belichtung in gleichen Abständen leicht über- oder unterbelichten zu können. Die Weiß-, Schwarz-

und Graufelder können bei der Kontrastbestimmung helfen. Die Konstruktion beider Hilfen entspricht der eines Faltreflektors, damit können die Tools bei moderater Größe relativ klein verpackt werden.

Abbildung 3.11
Die Ezy-Balance-Grau- und Weißabgleichkarte.

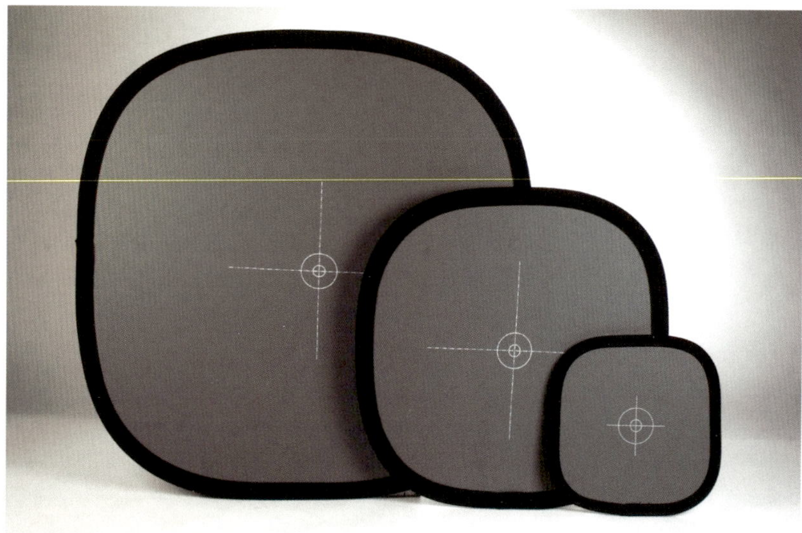

Novoflex

Auch die Firma Novoflex bietet Graukarten an. Sie sind wiederum aus Kunststoff gefertigt und haben eine 18 % reflektierende Vorderseite für die Belichtungseinstellung und eine weiße Seite zum Weißabgleich. Es gibt sie in zwei Größen (15 x 20 cm und 21 x 30 cm). Die Karten sind logischerweise nicht durchgefärbt, sondern zweiseitig antireflexbeschichtet.

Abbildung 3.12
Die Graukarte von Novoflex

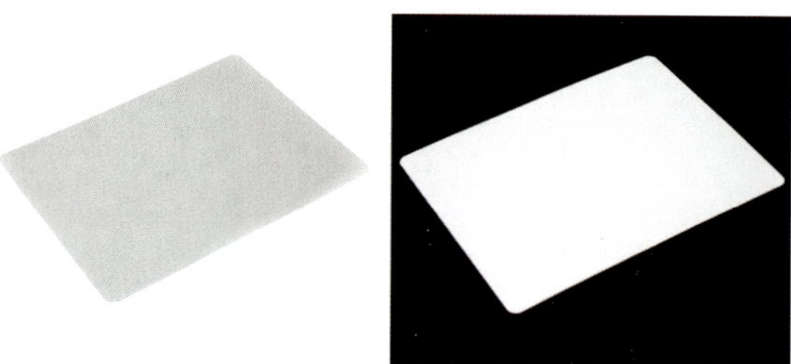

WhiBal

Die WhiBal wird von der Firma Michael Tapes Design hergestellt und ist vom Grauwert her ein reines Weißabgleichtool. Sie ist aus Kunststoff gefertigt und kommt in vier Größen. Einmal als Schlüsselanhänger, dann als Pocketversion in Kreditkartengröße, als Studioversion in ca. 9 x 15 cm und als Reference Card in ca. 19 x 25 cm. Michael Tapes gibt an, dass jede Graukarte eine maximale Abweichung in den a- und b-Werten des Lab-Farbraums von 0,5 hat und dass die Karte metameriefrei ist. Das bedeutet, dass die Abweichungen geringer als 0,5 % sind. Die aufgebrachten weißen und schwarzen Flächen dienen als Kontrasteinstellungshilfsmittel und lassen Streulicht bei der Aufnahme erkennen. Praktisch sind die Befestigungshaken der Tragebänder, die gleichzeitig als Aufstellhilfe für die Karten genutzt werden können.

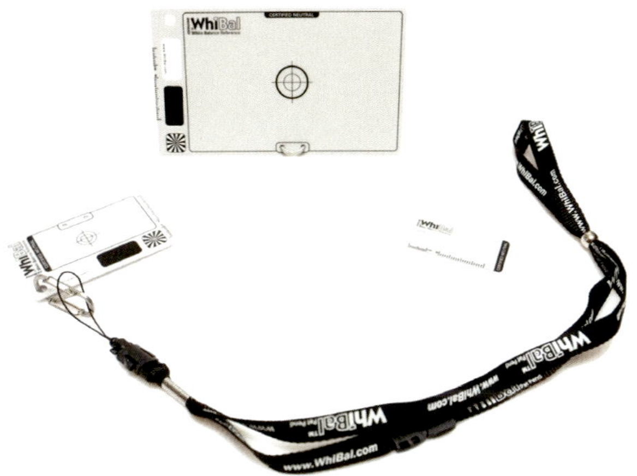

Abbildung 3.13
Die drei Standardgrößen der WhiBal, von links nach rechts: Kreditkarte, Studioversion und Schlüsselanhänger

Auch Michael Tapes bietet eine Kalibrierhilfe für die Justierung des Autofocus an, den LensAlign. Hier gibt es sogar ein extra langes Lineal für die Justierung langer Brennweiten.

x·rite

Natürlich bietet x·rite einsatzspezifisch die entsprechenden Hilfsmittel an. So gibt es eine Graukarte, den ColorChecker 18 % Graustufe, die Weißabgleichshilfe, den ColorChecker White Balance und eine Karte mit Weiß, Grau und Schwarz, den ColorChecker Greyscale.

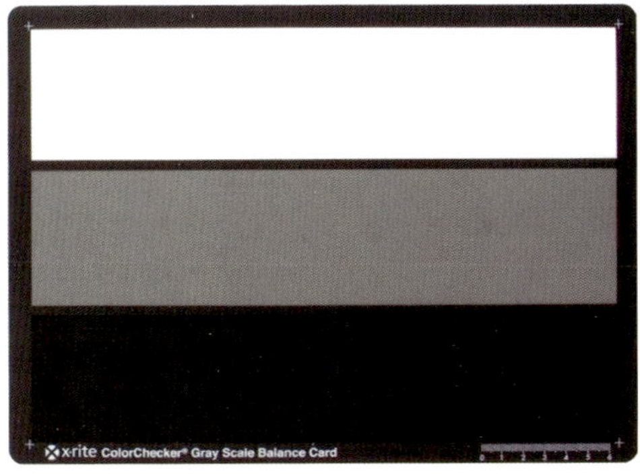

Abbildung 3.14
Der ColorChecker Greyscale

Color Balance Lens

Mit der Color Balance Lens kommen wir zu einem Weißabgleichtool, das ich von seinem Aussehen gar nicht erst beschreiben möchte. Die Vorderseite ist so gestaltet, dass unterschiedlich farbiges, einfallendes Licht aus verschiedenen Richtungen (Mischlicht) gut vermischt wird und ein guter Mittelwert bei einem manuellen Weißabgleich entsteht. Die Rückseite ist neutralgrau und lässt sich ebenfalls, z.B. beim Einsatz von Blitz, für den Weißabgleich verwenden.

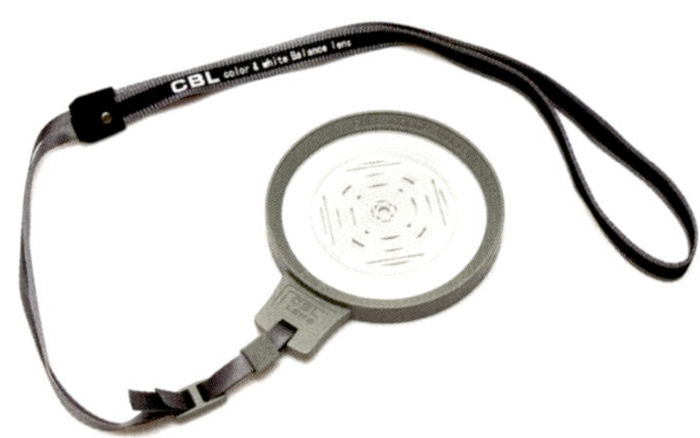

Abbildung 3.15
Das Unikum der Weißabgleichtools, es sieht eben besonders aus.

expodisc

Die expodisc ist ein Weißabgleichfilter, der am Objektiv befestigt oder davorgehalten wird. Es erfolgt eine Aufnahme in Aufnahmelichtrichtung. Die expodisc ist so konstruiert, dass das in die Kamera einfallende Licht der Lichtmenge entspricht, die einer 18 % reflektierenden Fläche im Aufnahmelicht gleichzusetzen ist. Als Zugabe gibt es Filterfolien, die die Aufnahme z.B. für Porträts wärmer werden lassen. Der Filter +1 verschiebt den Kelvinwert um 250 Einheiten und die Version +2 um 400 Einheiten. Die Filter können natürlich auch kombiniert werden, was dann aber schon dramatische Auswirkungen hat.

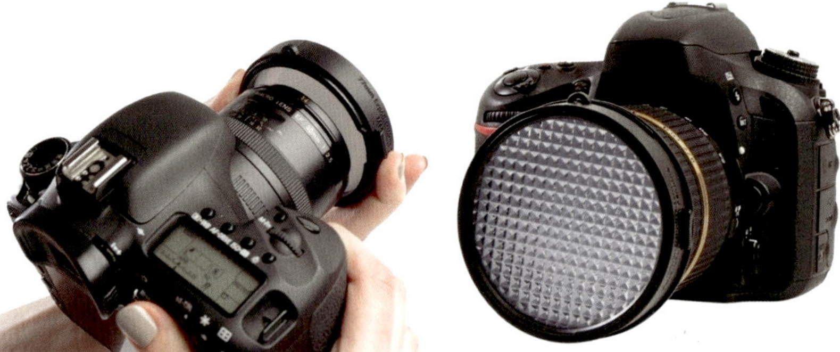

Abbildung 3.16
Die expodisc gibt es in 77 und 82 mm Durchmesser. Ein größerer Durchmesser kann auch vor kleinere Objektive gehalten werden.

Vivicap und ProDisk

Die Firma Kaiser bietet mit der Vivicap und den ProDisks Tools an, die in den Grundeigenschaften der expodisc entsprechen, sie sind zum Weißabgleich geschaffen. Die Belichtung muss allerdings auf anderem Wege ermittelt werden. In der ProDisk, die als ProDisk mini (bis 60 mm Objektivdurchmesser) und als ProDisk II (bis 90 mm Objektivdurchmesser) angeboten wird, ist zu diesem Zweck eine Graukarte enthalten. Eine Farbkarte zum visuellen Vergleich in der Bildbearbeitung runden die ProDisk-Produkte ab.

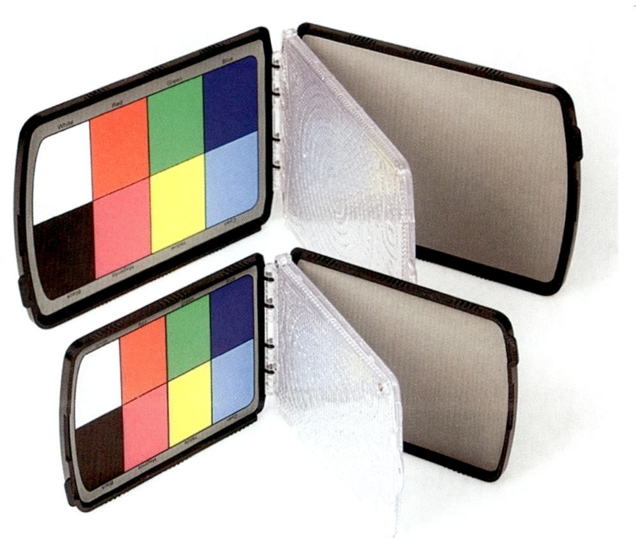

Abbildung 3.17
ProDisk und ProDisk II der Firma Kaiser

Hinweis

Die Aufbewahrung von Graukarten sollte immer in den mitgelieferten Taschen, Beuteln oder Tüten erfolgen. Eine Unterbringung in Hosentaschen oder anderen Kleidungsstücken ist wegen der Nutzung von optischen Aufhellern in Waschmitteln nicht zu empfehlen, da diese die Karten auch angreifen können.

Farbmessgerät

Sekonic Spektromaster C-700

Der Rolls Royce zur Bestimmung des Weißabgleichs ist ein Farbmessgerät, das durch seine präzise Messung der Spektralwerte eine exakte Beurteilung des Aufnahmelichts zulässt. Vor allem bei Mischlichtsituationen ist ein Farbtemperaturmessgerät der Weg zu einem optimalen Ziel. Die Firma Sekonic bietet ein solches Gerät, das auch in der Lage ist, Filterwerte zur Farbkorrektur von Leuchten anzugeben. Die Messung mit diesem Gerät ist zudem für Dauerlicht und Blitzlicht möglich.

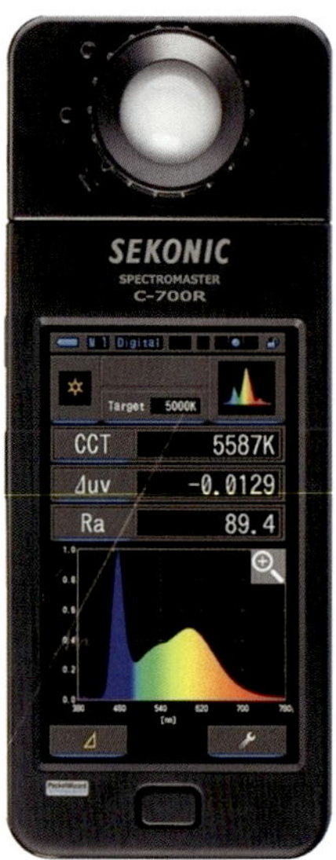

Abbildung 3.18 Das Farbmessgerät von Sekonic kann Kelvin-, Ra- und Filterwerte bestimmen.

3.2 MESSGERÄTE UND HILFSMITTEL FÜR DIE WEITERVERARBEITUNG

Die Messgeräte und Hilfsmittel, die für die Weiterverarbeitung bestimmt sind, dienen der Profilierung von Monitoren und von Ausgabegeräten im Zusammenhang mit den ausgegebenen Medien oder zum Abgleich der ausgegebenen Medien mit dem Monitor.

Colorimeter

Colorimeter sind Messgeräte, die eine Messzelle und in der Regel drei Farbfilter enthalten, die so beschaffen sind, dass sie dem menschlichen Farbaufnahmeempfinden entsprechen. Da Monitore auch mit drei Farben (RGB) alle Farben darstellen, werden Colorimeter vorwiegend als Messgeräte in der Monitorprofilierung eingesetzt. Die Präzision in diesem Bereich reicht völlig und damit sind Colorimeter eine preiswerte Lösung, wenn man nur Monitore profilieren möchte.

basICColor

basICColor bietet ein Colorimeter mit dem Namen DISCUS an. Das Gerät ist mit Glasfiltern ausgestattet, was ein Ausbleichen der Filter maximal einschränkt und damit langzeitstabile Ergebnisse liefert. Außerdem kann man mit dem Calibration Updater die Firmware des Geräts auf neue und aktuelle Monitormodelle anpassen. Gekrönt wird das Gerät mit einem Temperatursensor, der dafür sorgt, dass das Gerät auch bei Dauereinsatz konstante Messdaten liefert.

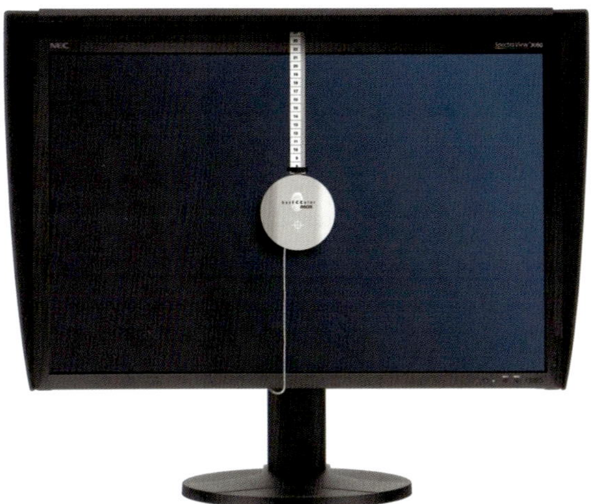

Abbildung 3.19
Der DISCUS hat zwar seinen Namen vom ähnlich aussehenden Sportgerät, in seiner Nutzung ist er aber weitaus bodenständiger.

datacolor

Das aktuelle Colorimeter von datacolor heißt Spyder5. Es wird als Bestandteil der Pakete Spyder5Express, Spyder5Pro, Spyder5Elite und Spyder5-Studio in unterschiedlichen Hardware-Ausführungen (mit oder ohne Stativgewinde) bzw. mit unterschiedlicher Software geliefert, die unterschiedliche Zielgruppen vom Amateur bis zum Profi ansprechen soll und daher unterschiedliche Möglichkeiten bietet. Neben der Messzelle für die Profilierung besitzt der Spyder5 auch noch eine Messzelle für das Umgebungslicht.

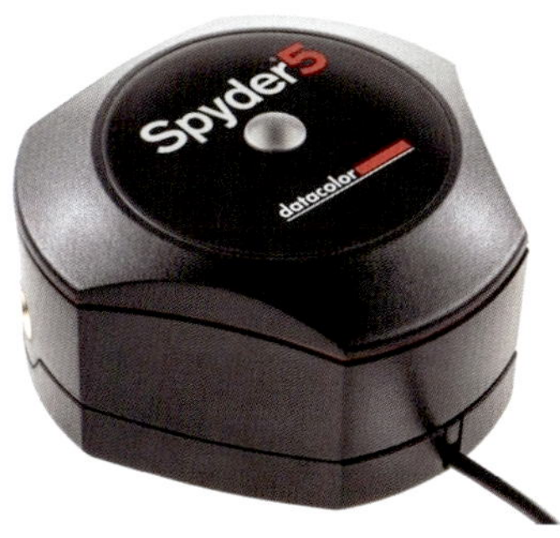

Abbildung 3.20
Der Spyder5, das Colorimeter von datacolor

x·rite

x·rite bietet mit dem i1 Display Pro 2 ein Colorimeter, das sich in die Linie der Produkte einreiht, die mit der i1-Profiler-Software bedient werden. Damit verfügt es auch über die beiden Benutzermodi Einfach und Erweitert. Es kann Monitore und Beamer profilieren. Mit der kostenlosen ColorTRUE-Software ist es zusätzlich für die Profilierung von Mobilgeräten geeignet. Schön ist auch die Möglichkeit, eigene Messfeldsätze zu erstellen, die dann auch Pantone-Sonderfarben enthalten können. Der Pantone ColorManager wird aus diesem Grund ebenfalls mitgeliefert.

Abbildung 3.21
Das i1 Display Pro Colorimeter

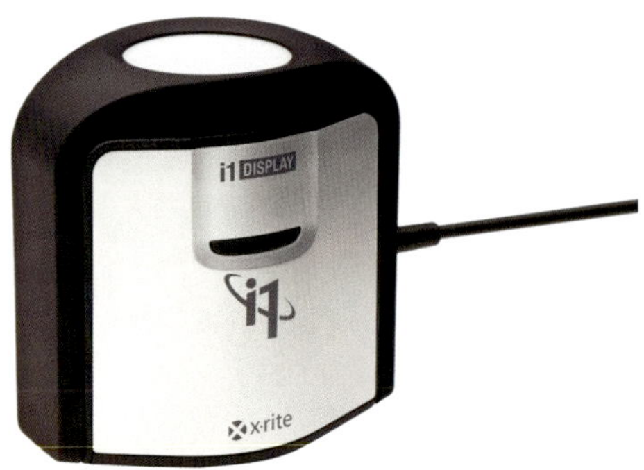

Neben dem i1 Display Pro 2 bietet x·rite auch noch das ColorMunki Smile und das ColorMunki Display in seiner Riege der Colorimeter an. ColorMunki Smile mit eigener Software ist für den Hobbyfotografen konzipiert, kann aber auch mit der kostenlosen ColorTRUE-Software zusätzlich Mobilgeräte profilieren. Das ColorMunki Display ist mit der ColorMunki-Software nutzbar und kann neben Bildschirmen und Beamern mit der ColorTRUE-Software auch Mobilgeräte profilieren.

Spektrocolorimeter

SpyderPrint

Das Spektrocolorimeter SpyderPRINT ist eine Bauform eines Farbmessgeräts, das so nur von der Firma datacolor hergestellt wird. Es arbeitet mit 18 LEDs, die über das sichtbare Spektrum verteilt sind und deren Licht zur Messung des reflektierten Lichts auf einen Print projiziert wird. Damit ist das Messverfahren anders als bei einem Colorimeter, da es ja über eine eigene Beleuchtung verfügt, die Abstufung der Messbereiche ist jedoch geringer als bei einem Spektralfotometer, was sich allerdings auch im Preis niederschlägt. In Zusammenhang mit der SpyderPRINT-Software können Drucker profiliert werden.

Spektralfotometer

Spektralfotometer messen die spektrale Zusammensetzung des Lichts, wobei sie in der Regel im fotografischen Gebrauch eine Aufspaltung in 10 Nanometer (nm) vornehmen. Pro Farbe entstehen so 36 Messwerte. Diese spektralen Werte können in colorimetrische Werte umgerechnet werden, womit ein Spektralfotometer die Aufgaben eines Colorimeters übernehmen kann, aber nicht umgekehrt. Es gibt immer wieder Diskussionen, dass Spektralfotometer im Schattenbereich eines Monitors weniger präzise messen als ein Colorimeter. Das ist sicherlich richtig, hat aber auf die Praxis keinen Einfluss, da wir mit unseren menschlichen Sehfähigkeiten im tiefen

Schattenbereich sowieso keine Farben mehr unterscheiden können. Man bedenke nur, dass im Offsetdruck für das Anlegen von tiefschwarzen Flächen neben 100 % Schwarz auch noch 100 % Cyan und manchmal auch noch zusätzlich 100% Magenta zugegeben werden. Wir sehen am Ende nur Schwarz. Eine wirklich verlässliche Messung im Schattenbereich erreichen Sie nur bei Einsatz eines Farbanalysers. Dazu finden Sie weitere Informationen in Abschnitt 4.2 unter Software- und Hardwarekalibrierung.

ColorMunki Photo

ColorMunki Photo ist ein Spektralfotometer aus der ColorMunki-Familie. Es kann mit der integrierten ColorMunki-Software Bildschirme, Beamer, RGB- und CMYK-Drucker profilieren. Mit der mitgelieferten ColorPicker-Software können einzelne Farbfelder auf Drucken oder irgendwelchen Produkten gemessen werden. Darüber hinaus ist ein ColorChecker Classic (24 Felder) beigefügt, mit dem Sie mit der ColorChecker-Software Kameraprofile erstellen können.

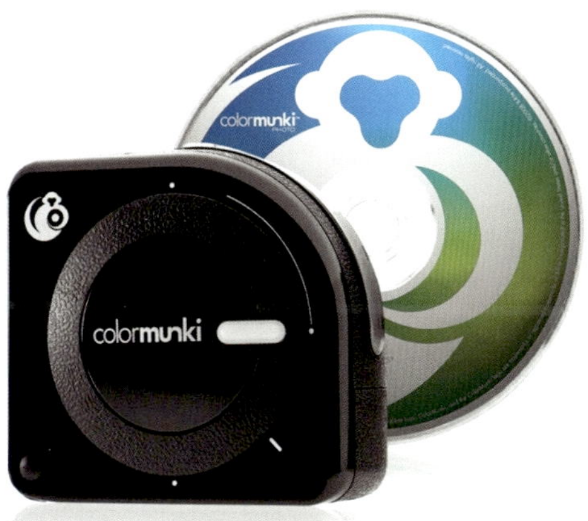

Abbildung 3.22
Das ColorMunki-Spektralfotometer

i1 Pro 2

Als Nachfolger des i1 Pro ist das i1 Pro 2 die technische Verbesserung seines Vorgängers. Gab es beim i1 Pro noch zwei Ausführungen (normal und UV Cut), so ist das i1 Pro 2 in der Lage, unter drei Standard-Beleuchtungsbedingungen zu messen: M0 entspricht der Beleuchtungsbedingung A, also Glühlampenlicht, und dem i1 Pro ohne UV Cut, M1 arbeitet mit der Beleuchtungsbedingung D50, also Tageslicht von 5000 Kelvin, und M2 arbeitet mit der Beleuchtungsbedingung A und UV-Filterung, was wiederum dem i1 Pro mit UV Cut entspricht. Damit sind für den fotografischen Bereich alle Voraussetzungen optimal erfüllt.

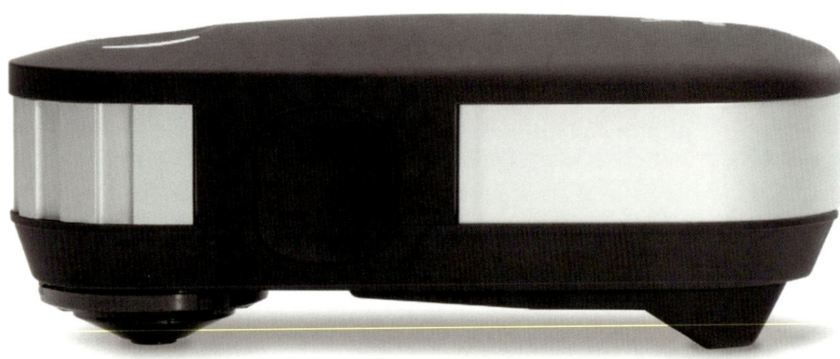

Abbildung 3.23
Das i1 Pro 2 Spektralfotometer der Firma x·rite

Licht und Normlichtkabinen

basICColor

basICColor hat zwei Normlichtkabinen im Programm. Eine klassische D50-Kabine (diLight) und eine LED-Kabine (LEDlight), die auch in der Lage ist, vorprogrammierte Lichtarten wie D50, D50 UV cut und D65 zu produzieren. Darüber hinaus kann die LEDlight selbst gemessene Lichtarten simulieren. Beide Kabinen sind über die hauseigene Software zur Monitorprofilierung display5 in ihrer Helligkeit steuerbar und somit der Wiedergabe des Monitors anpassbar.

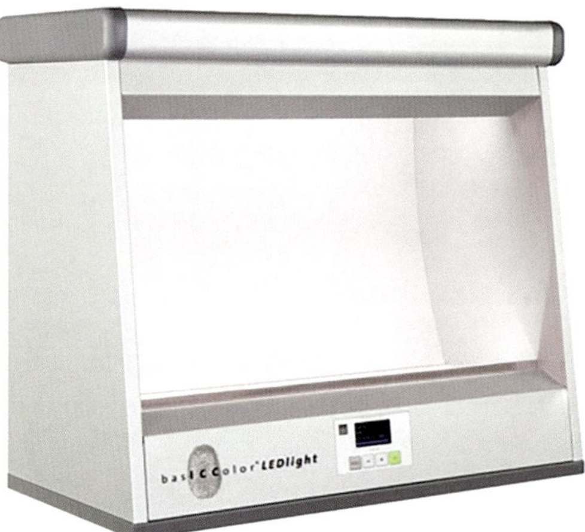

Abbildung 3.24
Das LEDlight von basICColor

gti normlicht

Die Firma gti normlicht ist ein Spezialist für Betrachtungslicht und bietet Normlichtkabinen sowohl für die Nutzung im grafischen Bereich als auch für Industriebelange, wie die Beurteilung von Oberflächen im Textil-, Kunststoff-, Leder- oder auch den Lack- und Farbenbereich, an. Die Produkte aus dem grafischen Bereich sind mit D50-Licht und aus dem Industriebereich mit

D65-Licht ausgestattet. Darüber hinaus gibt es weitere Lichtarten wie z.B. das Kaufhaus- und Bürolicht TL84.

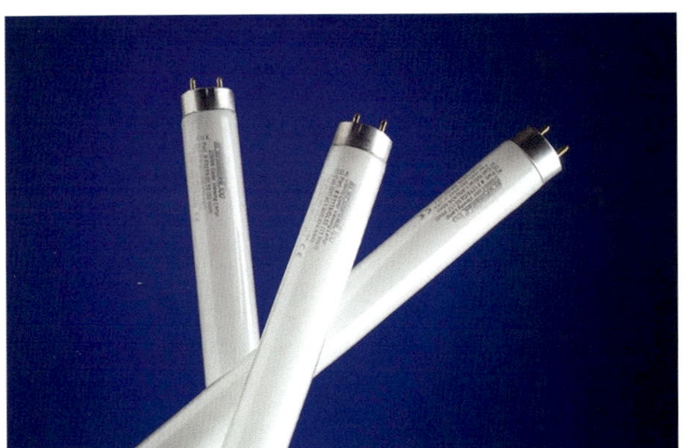

Abbildung 3.25
Erstklassiges Licht bieten die Leuchtstoffröhren von gti normlicht.

Neben den Normlichtkabinen, die es auch in Ausführungen (PDV-2e/M oder MM-2e) mit drei Lichtarten gibt, sind auch Leuchtstoffröhren mit gleichmäßiger Spektralverteilung in D50 und D65 lieferbar, die eine ideale Grundlage für eine erstklassige Raumbeleuchtung bieten können.

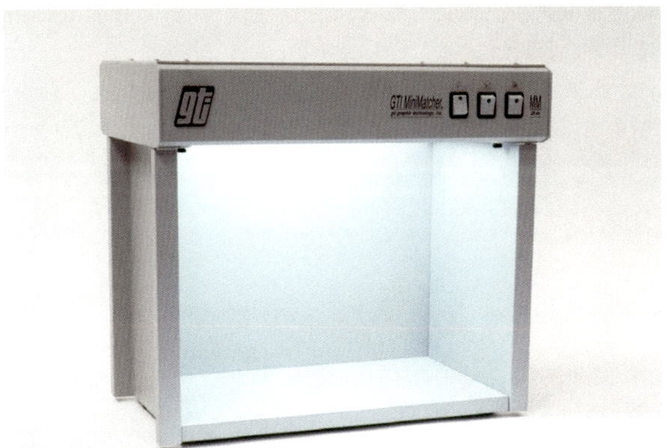

Abbildung 3.26
Der MiniMatcher MM-2e von gti normlicht

Boesner

Die Firma Boesner, ein Großhandel für Künstlerbedarf, bietet ebenfalls Leuchtstoffröhren und LEDs mit gleichmäßiger Spektralverteilung in sehr guter Qualität unter dem Namen True-Light. Ergänzt wird das Angebot durch Kompakt-Leuchtstofflampen. Alle lieferbaren Leuchtmittel haben einen Kelvin-Wert von 5500 K.

Joachim P. Hahne Lichttechnik

Die Firma Joachim P. Hahne ist eine Festung in Sachen Lichttechnik. Nicht nur jahrzehntelange Erfahrung, sondern auch das Wissen über die Bedürfnisse der einzelnen Berufsgruppen vom Beleuchter bis zum Fotografen findet man so in der heutigen Zeit selten. So gibt es Filter von Lee, Rosco etc. in für Fotografen gebräuchlichen Größen von Rollenbreite-mal-50-cm-Staffelungen, Leuchtmittel in den verschiedensten Formen, aber auch Gaffa-Tape, Grips und Gobos. Aus Normlichtröhren und Filterfolien können Sie eine kostengünstige Lösung für Arbeitslicht schaffen. Die Zusammenstellung von Röhren und den passenden Folien mit dem angestrebten und erreichbaren Ergebnis finden Sie in folgender Tabelle:

Tabelle 3.1 Normlichtröhren und Filterfolien schaffen eine flexible und kostengünstige Lösung für ein vernünftiges Arbeitslicht.

Vorhandene Lichtquelle	6500 K	6500 K
Zieltemperatur	2800 K	5000 K
Filter Lee	Full CT Straw (441) und 1/4 CT Straw (443)	1/4 CT Straw (443)
Erreichbare Temperatur	ca. 2800 K	< 5100 K
Filter Rosco	Sun CTO (3407) und 1/4 Sun CTO (3409)	1/4 Sun CTO (3409)
Erreichbare Temperatur	ca. 2800 K	< 5100 K

Osram und Philips

Die beiden großen Leuchtmittelhersteller haben natürlich auch die entsprechenden Leuchtmittel in ihrem Programm. Problematisch ist der Zugang zu diesen Produkten. Baumärkte können oftmals derartige Spezialitäten nicht bestellen. Eine gute Alternative sind grafische Fachgroßhandel und wirklich gute Fachgeschäfte.

Testcharts

x·rite

Der ColorChecker Proof ist im Grunde genommen ein ColorChecker mit eingestanzten Löchern in der Mitte der jeweiligen Farbfelder. Somit kann er auf einen angefertigten Ausdruck seiner selbst gelegt und visuell verglichen werden.

Die Firma x·rite liefert außerdem eine Papierhülle, die nur die mittleren vier Graustufenfelder des ColorChecker Proof freilässt. Diese können dann auf vier ausgedruckte Graustufenkeile gelegt werden, um einen visuellen Abgleich durchzuführen, der die Stärke der optischen Aufheller in den profilierten Papieren identifiziert (siehe Abschnitt 6.5).

KAPITEL 4

Die Profilierung des Monitors

4.1 DAS ZENTRALE EINGABEMEDIUM

Monitore – die unterschiedlichen Varianten reichen vom schwergewichtigen Röhrenmonitor über den preiswerten Flachbildschirm aus dem Technikmarkt oder vom Discounter bis zu den extra für die Bildbearbeitung geschaffenen LCD-Monitoren mit besonderer Berücksichtigung aller Fakten, die für einen reibungslosen und exakten Ablauf in der Betrachtung, Einstellung und Ausgabesimulation sorgen.

Die Welt der Monitore begann wie bei Fernsehgeräten mit der Bauweise eines Röhrenmonitors, das heißt, das darstellende Element war eine Bildröhre. Bis heute sind diese Monitore in ihrer Farb- und Kontrastwiedergabe gut, haben aber den Nachteil, dass sie einer zu schnellen Veränderung in diesen beiden Disziplinen unterworfen sind. Ein ständiges Profilieren ist hier Pflicht. Dies bedeutet, dass dieser Vorgang ca. alle 50 Stunden durchgeführt werden sollte. Die Aufheizzeit bis zur einigermaßen stabilen Wiedergabe dauert 45 bis 60 Minuten und ist, um mit einem farbverbindlichen Arbeiten beginnen zu können, sehr lang.

Die heutigen LCD-Monitore kommen mit 15 bis 30 Minuten Aufheizzeit aus, unterscheiden sich aber in Qualität und Preis immens. Da der Monitor das Medium ist, an dem wir unsere Fotos entwickeln, bearbeiten und für die Ausgabe vorbereiten, ist es in der Kette der Wichtigkeit der Produktionsgeräte mit Kamera und Objektiv gleichzustellen. Der Monitor ist das einzige Werkzeug, anhand dessen wir die Qualität unserer Aufnahmen überprüfen können und mit dessen Hilfe wir dem Labor unseres Vertrauens mitteilen können, dass es Schund geprintet hat. Voraussetzung ist natürlich, dass der Monitor ordentlich kalibriert und profiliert wurde. Nur wenn dies geschehen ist, können wir unsere Foto-Dateien richtig beurteilen.

Ein weiteres Vergleichskriterium für einen Monitor ist seine Auflösung. Hier kann man sich auf eine erhöhte Pixeldichte als Qualitätssteigerungsmerkmal festlegen. Ähnlich wie bei Kameras ist es jedoch nicht zuträglich, wenn die Pixel irgendwann so dicht beieinander liegen, dass es zu einer Art Übersprechung kommt, das heißt, dass sich nebeneinander liegende Pixel gegenseitig beeinflussen. Ansonsten kann man zurzeit nur zu einem hochaufgelösten Monitor raten.

Die Größe des Monitors ist natürlich ebenfalls betroffen und ergibt in Abhängigkeit von der Auflösung eine bestimmte Pixeldichte. Bedenken Sie, dass die Größe des Monitors mit Ihrem Betrachtungsabstand harmonieren sollte. Ein zu großer Monitor ist auf die Dauer zu anstrengend, da man den Kopf ständig hin und her sowie auf und ab bewegen muss. Beim Hereinzoomen an einem größenangepassten Monitor hilft dann jedoch die hohe Auflösung, den Ausschnitt mit genügend Detailreichtum darzustellen.

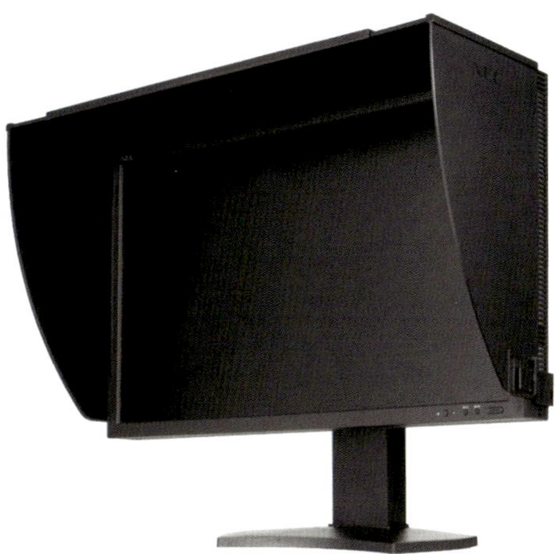

Abbildung 4.1
SpectraView-Monitore sind die Displays der Firma NEC für farbkritische Anwendungen.

Die Farbwiedergabe und die Look-Up-Tabelle (LUT)

Monitore geben die Farben mindestens mit einer Farbtiefe von 8 Bit pro RGB-Kanal wieder. Je höher die interne Farbtiefenverarbeitung eines Monitors, desto mehr Farben kann der Monitor harmonisch darstellen. Hochwertige Monitore haben eine interne Farbverarbeitung von mindestens 10 Bit Farbtiefe, die durch die Berechnung von 16-Bit-Look-Up-Tabellen im Ergebnis zu einer Wiedergabe von 16,77 Millionen Farben aus einer Berechnung von 278 Billionen Farbwerten herrühren. Look-Up-Tabellen sind hinterlegte Daten, die hinzugezogen werden, um immer gleiche Berechnungen effizienter auszuführen, indem man die Ergebnisse ausliest und nicht extra neu berechnen lässt. Es wird also intern mit höheren Farbtiefen gearbeitet, um in der Ausgabe noch feinere Abstufungen zu erreichen. Selbst wenn die Ausgabe nur auf 8 Bit beruht, so ist der Pool der zur Darstellung berücksichtigten Farben so umfangreich, dass ein optimales Ergebnis erzielt werden kann, wenn die entsprechenden Voraussetzungen der erweiterten Bittiefenverarbeitung bestanden haben.

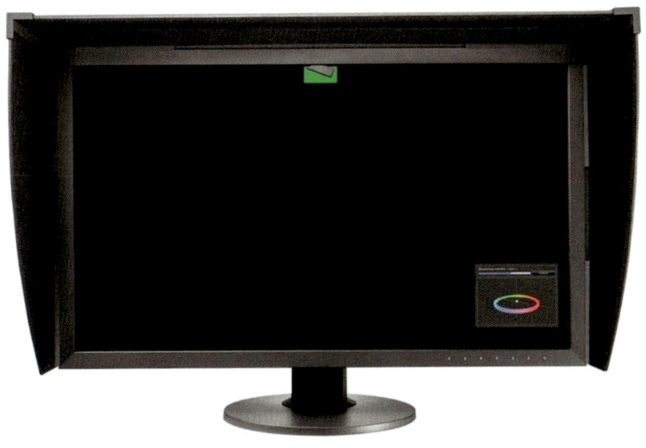

Abbildung 4.2
Ein Monitor der Firma Eizo aus der Produktreihe mit integriertem Messgerät

Der Farbraum des Monitors

Der Standardfarbraum im PC-Bereich ist sRGB. Wie Sie bereits erfahren haben, kann dieser Farbraum höher gesättigte Farben nicht darstellen. Wenn wir also einen Monitor nutzen, der »nur« sRGB anzeigen kann, können wir Farbräume, die größer sind, nicht darstellen und ihre Wiedergabe in diesen größeren Bereichen weder beurteilen noch visuell verändern. In der Bildbearbeitung haben sich Monitore etabliert, die nahezu den AdobeRGB-Farbraum wiedergeben können. Auch der eciRGB-Farbraum ist durch seine Nähe zum AdobeRGB-Farbraum damit in seiner Beurteilung gerade so vertretbar. Größere Farbräume wie ProPhotoRGB können visuell am Monitor nicht mehr beurteilt werden, da die extrem hohen Sättigungsbereiche dieses Farbraums von keinem Monitor angezeigt werden können.

Software- und Hardwarekalibrierung

Bei der Softwarekalibrierung, die eigentlich eine Softwareprofilierung ist, wird die Grafikkarte des Rechners so manipuliert, dass die Ausgabe in zwei von den drei RGB-Kanälen abgesenkt wird, um eine neutrale Wiedergabe bei einem veränderten Weißpunkt zu erreichen. Das bedeutet aber, dass die Wiedergabe um Tonwerte beschnitten wird, was zur Entstehung von Farbsäumen und Streifenbildung führt.

Wenn Sie also einen Monitor haben, der nicht hardwarekalibrierbar ist, macht es durchaus Sinn, wenn es die Profilierungssoftware zulässt, wie zum Beispiel das alte i1 Match oder der i1 Profiler, eine Voreinstellung am Monitor an den Gainreglern der einzelnen Kanäle vorzunehmen. Dies führt die Farbwiedergabe bereits in die richtige Richtung und dadurch muss das Profil weniger korrigieren, was dazu führt, dass die Grauachse im entstehenden Profil gradliniger wird.

Tipp

Betrachten Sie den Monitor wie den optischen Sucher Ihrer Kamera. Dort sehen Sie auch, was wirklich vor Ihnen geschieht.

Nur bei der Hardwarekalibrierung kann man von einer wirklichen Kalibrierung sprechen. Hier wird das Gerät selbst, also der Monitor linearisiert (NEC) oder es wird auf eine im Werk eingemessene Linearisierung, die in einer Look-Up-Tabelle hinterlegt ist, zugegriffen (Eizo). Die unterschiedlichen Handhabungen kommen durch folgende Sichtweisen zustande. Eizo vertritt die Auffassung, dass die Messgeräte, die dem Endanwender zur Verfügung stehen, in der Regel Colorimeter oder Spektralfotometer sind. Obwohl dies hochwertige Messgeräte sind, haben sie im Bereich der Linearisierung Nachteile, da sie im Schwarz- und im dunklen Graubereich nicht genau genug arbeiten. Deshalb führt Eizo diese Einstellungen werksseitig mit einem hochwertigen Farbanalyser durch, der den Kostenrahmen eines hochwertigen Spektralfotometers bei Weitem übersteigt. NEC hingegen setzt auf die Veränderung des Monitors durch Alterung und lässt in seiner Kalibriersoftware jedes Mal die vom Anwender benutzten Messgeräte die Linearisierung übernehmen. Eizo bietet jedoch mit seinem ColorNavigator 6 die Möglichkeit, die Graustufenlinearisierung nach mehreren Methoden durchzuführen. Im Detail beschreibe ich Ihnen dies unter Punkt 4.4 dieses Kapitels.

Grundwerte für die Profilierung

Im Rahmen der unterschiedlichen Software der vorgestellten Hersteller werden Sie immer auf Eingabemöglichkeiten für Helligkeit, Gamma und Weißpunkt des Monitors treffen. Gemäß unserer Workflows sind das für alle außer Offsetdruck:

- Helligkeit = 120 cd/m2
- Gamma = 2,2
- Weißpunkt = 6500 Kelvin
- Betrachtungslicht = D65 (6500 Kelvin)

Für den Offsetdruck:

- Helligkeit = 120 cd/m2
- Gamma = L*
- Weißpunkt = 5000 Kelvin
- Betrachtungslicht = D50 (5000 Kelvin)

Hinweis

Die Helligkeit des Monitors ist abhängig von der Raumbeleuchtung. Wenn diese geringer als eine durchschnittliche Bürobeleuchtung ist, können Sie auch mit niedrigeren Helligkeitswerten im Monitor arbeiten.

4.2 DIE PROFILIERUNG MIT DATACOLOR SPYDER5ELITE

Monitorprofilierung

Die Firma datacolor bietet mit dem Colorimeter Spyder5 und ihrer Software Express, Pro und Elite der Spyder5-Reihe ihre aktuelle Bildschirmkalibrierungseinheit. Die Software unterscheidet sich je nach Ausführung von Express bis Elite in ihren Möglichkeiten. So können nur Pro und Elite andere Gammawerte als 2,2 oder ICC-Profile der Version 4 gestalten.

Sie können per Assistent durch den Kalibrierungsvorgang geführt werden oder im Expertenmodus alle Werte manuell und durch Dropdown-Felder eingeben. Darüber hinaus gibt es einen Studiomatch-Weg, bei dem Sie in der

Lage sind, mehrere Geräte aufeinander abzustimmen. Der hier gezeigte Kalibrierungsvorgang entspricht dem mit Spyder5Elite im Assistentenmodus. Sollten Sie für den Workflow 2, also für den Offsetdruck kalibrieren wollen, so ist dies nur im Expertenmodus möglich, da nur dort 5000 Kelvin und L* unabhängig voneinander eingestellt werden können. Dort ist es jedoch möglich, die eingestellten Werte zu speichern und dann sind sie auch im Assistentenmodus abrufbar. Im Assistentenmodus ist bei der ersten Ausführung L* nur in Verbindung mit 6500 Kelvin möglich. Beim Startbildschirm werden Sie aufgefordert, den aufgewärmten Monitor in seine Grundeinstellungen zu versetzen, direkten Lichteinfall zu vermeiden und das Messgerät anzuschließen. Mit dem Klick auf WEITER kommen Sie zum nächsten Fenster:

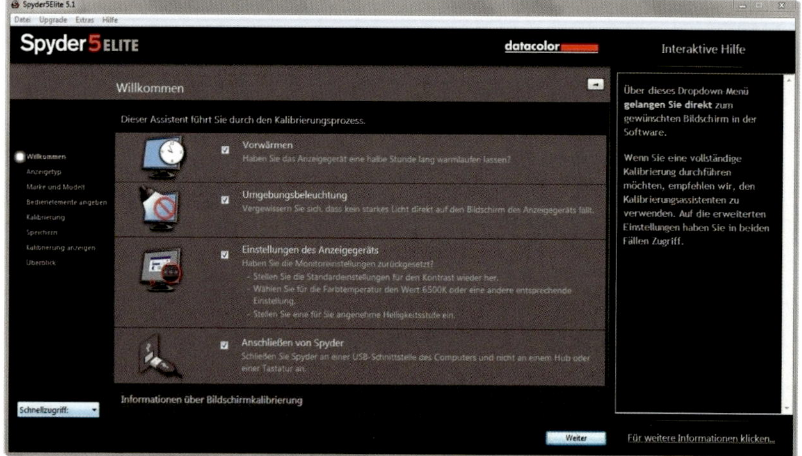

Hier wird, je nach Wunsch, die Art des Bildschirms oder der Beamer ausgewählt. Und schon geht's WEITER:

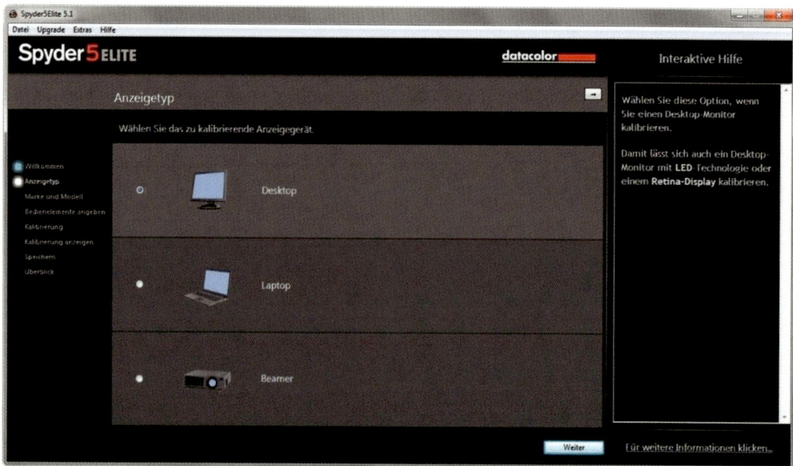

Im nächsten Dialog geben Sie Hersteller und Modell des Monitors ein. Dies dient in erster Linie der Online-Kommunikation mit datacolor, die hier von Optimierungsmöglichkeiten der Software sprechen. Gleichzeitig greift die Software zu einem späteren Zeitpunkt für den vorgeschlagenen Profilnamen auf Ihre Eingaben zu.

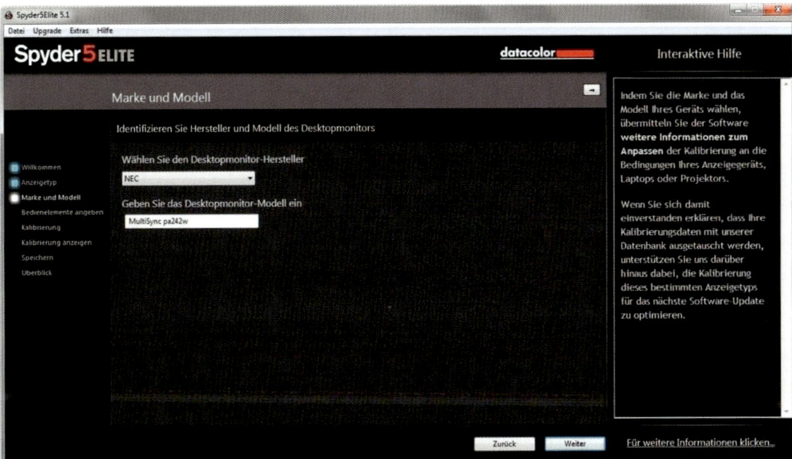

Mit einem beherzten Klick auf WEITER kommen Sie zu folgendem Fenster:

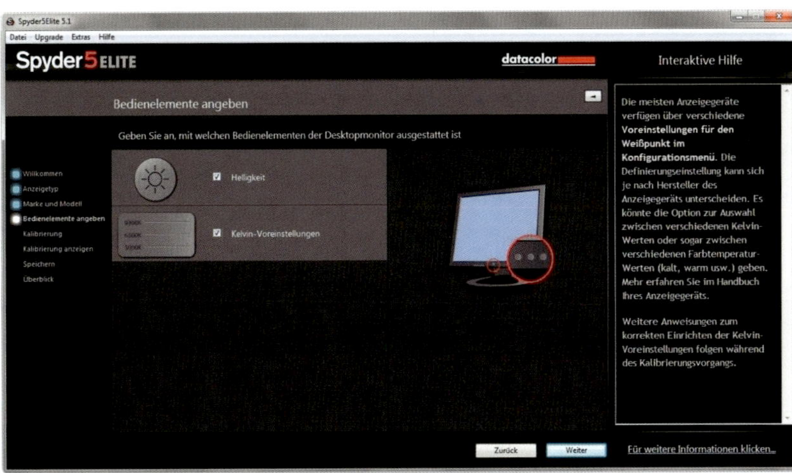

Es wird nach Bedienelementen des Monitors gefragt. Es kommt bei Ihrem Monitor darauf an, welche Grundeinstellungen am Gerät die besten für eine Profilierung sind. Dies können Sie nur aus Ihrer Bedienungsanleitung erfahren. Wenn Ihr Monitor nicht eine feste Voreinstellung im Kelvinbereich vorsieht, sollten Sie angeben, dass es keine Einstellmöglichkeit gibt. Da es sich im hier abgebildeten Beispiel um einen hardwarekalibrierbaren Monitor handelt, der in der Regel mit der herstellereigenen Software kalibriert wird, sind diese Informationen sicherlich nicht in der Elite-Software hinterlegt. Im folgenden Fenster, das Sie mit WEITER erreichen, werden Sie nach den Werten für Gamma, Weißpunkt und Helligkeit gefragt.

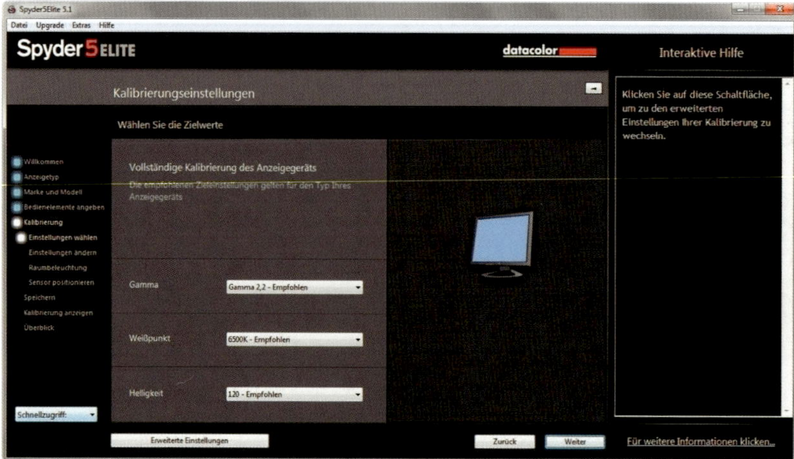

Die empfohlenen Voreinstellungen entsprechen den Vorgaben, Sie sollten aber noch in die ERWEITERTEN EINSTELLUNGEN durch einen Klick auf die entsprechende Schaltfläche schauen.

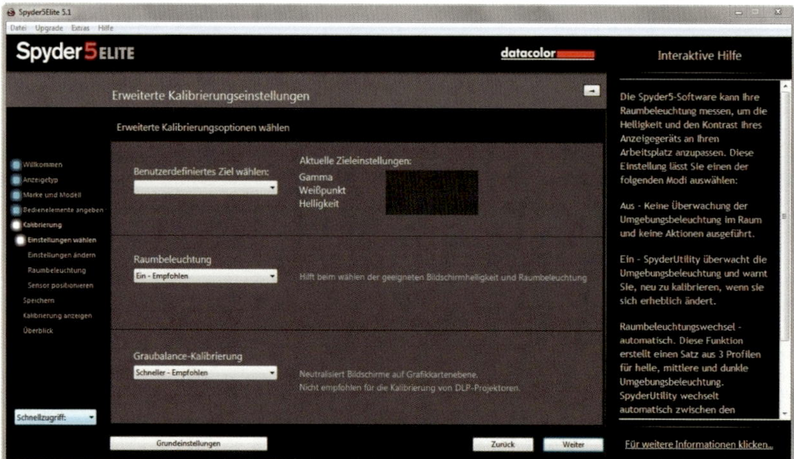

In den ERWEITERTEN KALIBRIERUNGSEINSTELLUNGEN können Sie Ihr Ziel im oberen Dropdown noch ändern. Unter RAUMBELEUCHTUNG können Sie eine Überwachung mit den Folgen einer stetigen Monitoranpassung bei angeschlossenem Messgerät, einer Kalibrierungswarnung bei sich stark änderndem Umgebungslicht oder der Hinterlegung drei verschiedener Profile für unterschiedliche Umgebungslichthelligkeiten einschalten. Dies empfehle ich grundsätzlich nicht. Es ist weitaus sinnvoller, konstante Bedingungen am

Bildschirmarbeitsplatz zu halten und mit festeingestellten Werten am Monitor und beim Umgebungslicht zu arbeiten. Die GRAUBALANCE-KALIBRIERUNG, nicht zu verwechseln mit einer ähnlich benannten Einstellung im ColorNavigator 6 von Eizo, sollten Sie wie empfohlen auf SCHNELLER stellen.

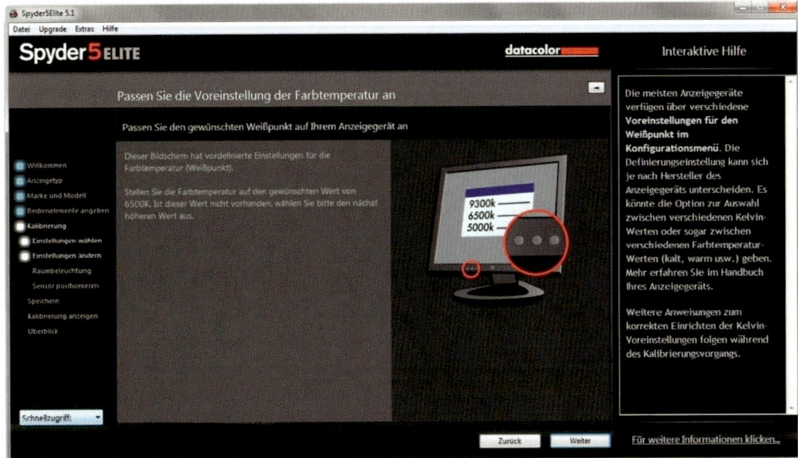

Mit einem Klick auf WEITER kommen Sie zur Voreinstellung der Farbtemperatur; falls Sie dies oben in den Einstellungen gewählt hatten, ändern Sie nun die Voreinstellungen an Ihrem Monitor auf den gewünschten oder auf den nächsthöheren Wert. Sollten Sie die Raumbeleuchtung oben doch aktiviert haben, kommen Sie nach einem Klick auf WEITER ins folgende Fenster:

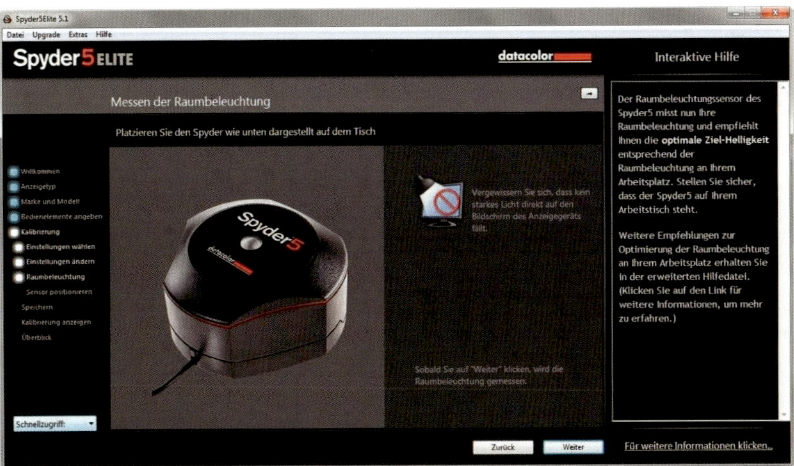

Da der Spyder5 mit einer Messzelle für das Umgebungslicht ausgestattet ist, können Sie dieses messen. Dazu legen Sie das Messgerät zwischen sich und Ihrem Monitor auf den Tisch. Sie sollten darauf achten, dass das Messgerät näher zu Ihrer Person liegt, um mehr Umgebungslicht als Monitorlicht einzufangen. Besser ist es auch, wenn Sie neutralgraue Kleidung tragen, um die Lichtfarbe des Umgebungslichts nicht unnötig zu beeinflussen. Mit einem Klick auf WEITER wird der Messvorgang abgeschlossen und Sie gelangen zum nächsten Fenster.

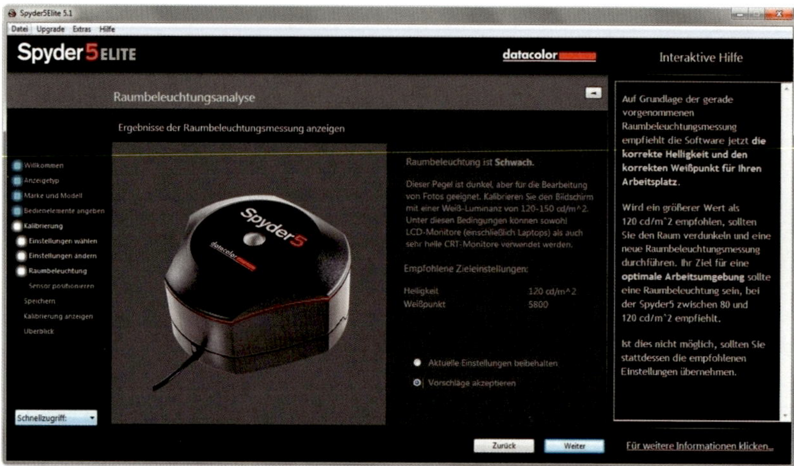

In diesem Fenster werden das Ergebnis Ihrer Messung und eine Empfehlung für die Änderungen der Einstellungen angezeigt. Sie können auf Wunsch die Vorschläge an dieser Stelle auch ignorieren und Ihre vorgewählten Einstellungen beibehalten. Mit WEITER geht's zum Messen.

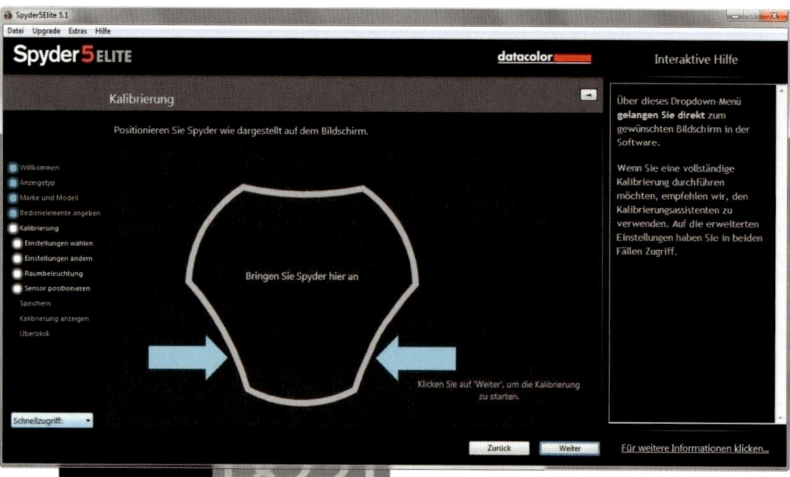

Sie werden aufgefordert, das Messgerät vor dem Monitor anzubringen und auszurichten. Wenn das geschehen ist, klicken Sie auf WEITER. Der Messvorgang startet nun und endet mit dem folgenden Fenster:

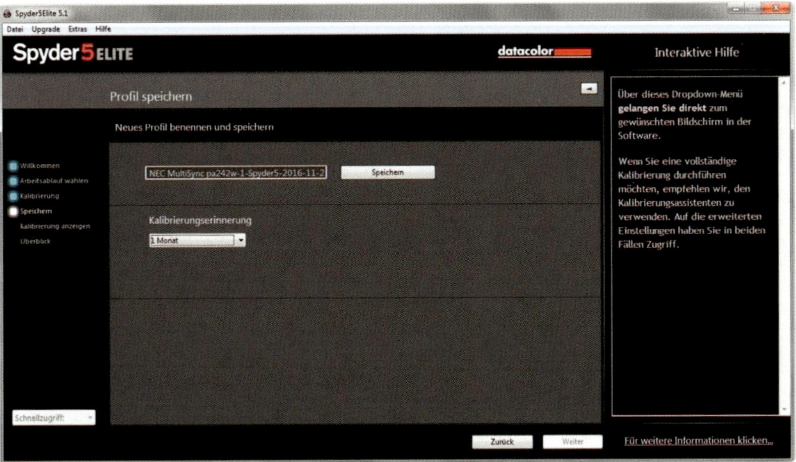

Hier können Sie einen Profilnamen eingeben, der vom Programm vorgeschlagene resultiert aus dem Monitornamen, dem Namen des Messgeräts und dem Datum. Besser, da leichter zu identifizieren, ist ein Name aus Farbtemperatur, Gammawert, Helligkeit und Datum. Sie können noch eine Kalibrierungserinnerung aktivieren und das Profil speichern. Beim Klick auf WEITER kommen Sie zum folgenden Fenster, das Ihnen mitteilt, dass Ihr Profil im Systemprofilordner gespeichert wurde. Sie können das Profil hier auch noch an einem anderen Ort speichern.

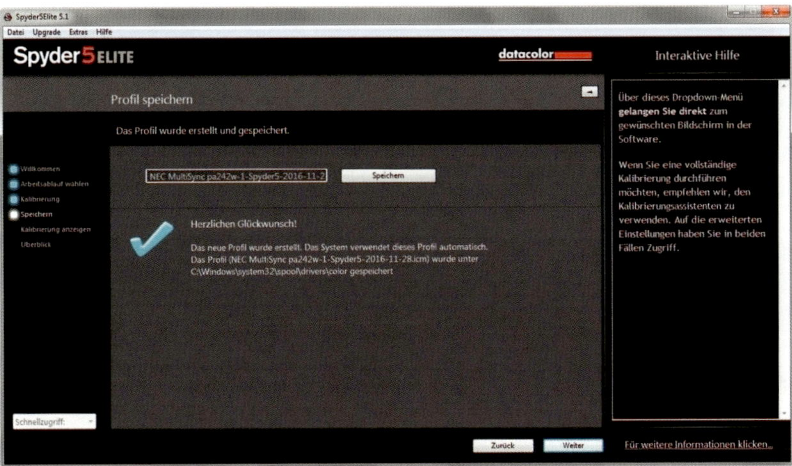

Das visuelle Ergebnis Ihrer Profilierung sehen Sie nach einem Klick auf WEITER. Wie im folgenden Fenster angezeigt, können Sie die Auswirkungen Ihrer Kalibrierung an verschiedenen Fotos begutachten. Durch einen Klick auf die Schaltfläche UMSCHALTEN können Sie den Status vor und nach der Kalibrierung anzeigen lassen. Schön ist, dass Sie über die Schaltfläche

BENUTZERDEFINIERT eigenes Bildmaterial zum Vorher-nachher-Vergleich auswählen können.

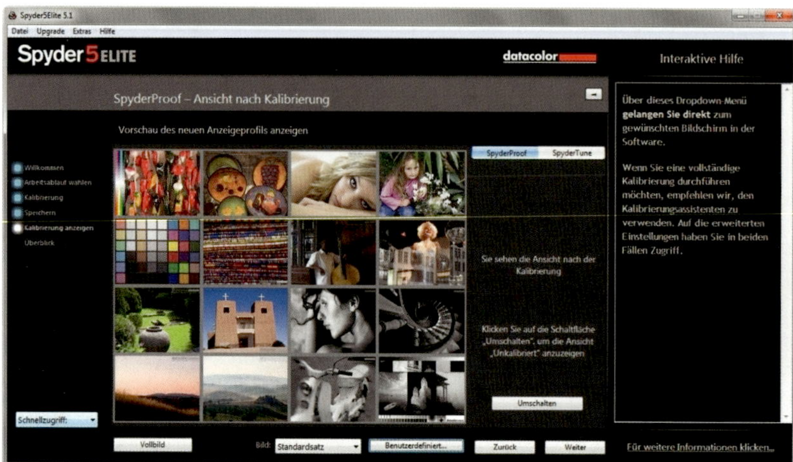

Ein letzter Klick auf WEITER bringt Sie zur Profilübersicht. Es wird der darstellbare Farbraum angezeigt und Sie können ihn mit anderen Profilen vergleichen.

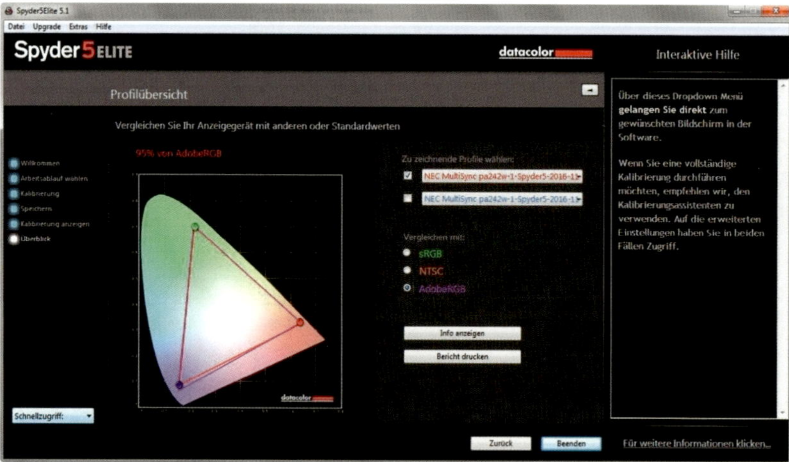

Ein Klick auf die Schaltfläche INFO ANZEIGEN bringt Sie zu den Informationen, in denen die Vorher-nachher-Werte noch einmal numerisch dargestellt werden. Wenn Sie dieses Fenster schließen, kehren Sie zum vorherigen Fenster zurück und können mit BEENDEN den kompletten Kalibrierungsvorgang abschließen.

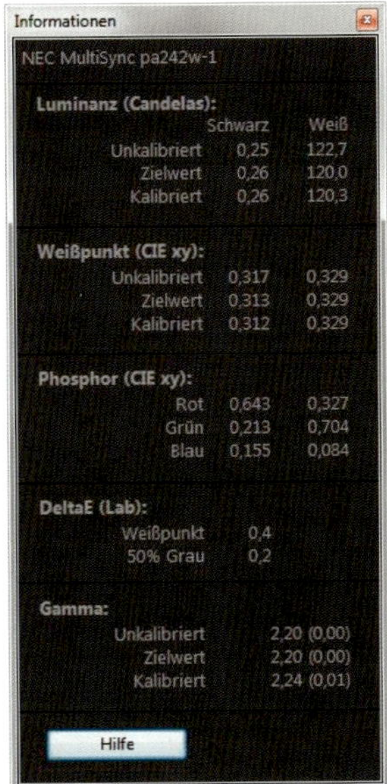

Beamerprofilierung

Beamer sind vom Grundaufbau vergleichbar mit Monitoren, der Projektionsweg ist jedoch logischerweise ein anderer, was keinen allzu großen Einfluss auf die Art der Messung hat. Aus diesem Grund ist der Profilierungsvorgang so gestaltet, als würden Sie einen Monitor profilieren. datacolor unterscheidet zwischen Beamern mit oder ohne DLP-Technik, dies müssen Sie je nach Art Ihres Beamers bei der Graubalance-Kalibrierung berücksichtigen und entsprechend auswählen. Der Spyder5 muss zur Messung 30 cm von der Projektionsfläche entfernt stehen, die Messseite, also der Wabenfilter, zeigt dabei in Richtung Projektionsfläche und ist parallel ausgerichtet. Eine Schattenbildung des Messgeräts auf der Leinwand ist nicht nachteilig.

4.3 DIE PROFILIERUNG MIT X·RITE I1 PROFILER

Monitorprofilierung

Die i1-Profiler-Software hat für alle möglichen Messungen eine BASIC- und eine ERWEITERT-Version. Wir beschäftigen uns hier mit der ERWEITERT-Option, da sie mehr Einstellmöglichkeiten bietet und damit optimal an unsere Bedürfnisse angepasst werden kann. Die BASIC-Optionen sind für den Einsteiger oder aber bei Zeitmangel eine gute Alternative.

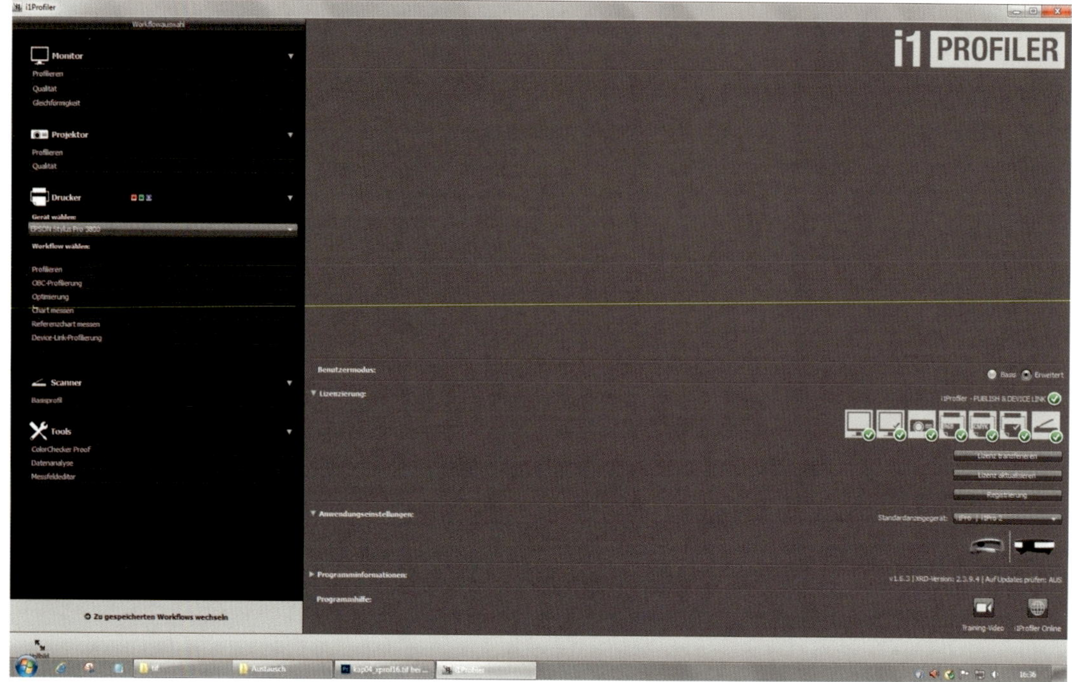

Im Begrüßungsbildschirm von i1 Profiler klicken Sie rechts auf ERWEITERT und sehen dann links die WORKFLOWAUSWAHL. Dort wählen Sie unter MONITOR|PROFILIEREN und kommen direkt in das folgende Fenster:

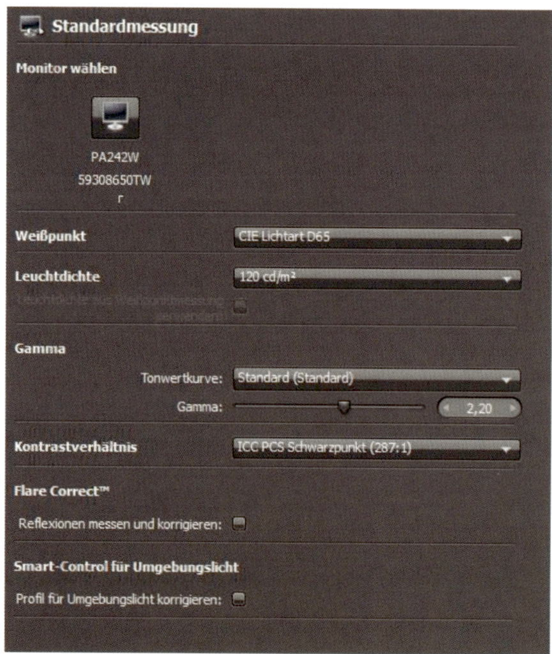

Hier geben Sie unter WEISSPUNKT den gewünschten Weißpunkt ein. Wählen Sie hier den Weißpunkt für Ihren Workflow, der für die Ausgabe von Fotoabzügen bestimmt ist, 6500 Kelvin oder in der Sprachweise der Lichtart angegeben D65. Als Leuchtdichte oder Helligkeit geben Sie 120 cd/m2 und als Gamma wählen Sie, wie für diesen Workflow üblich, einen Wert von 2,2. Die Einstellung des Kontrastverhältnisses lässt immensen Spielraum in den Vorgaben. Ihre Standardwerte sollten NATIV für den größtmöglichen Kontrast sein, da dann der niedrigste Schwarzpunkt, der mit dem Monitor möglich ist, gewählt wird oder ICC PCS, da hier die beste Übereinstimmung zwischen Profilen durch das in den ICC-Spezifikationen festgelegte Kontrastverhältnis gewährleistet ist.

Als zusätzliche Optionen könnten Sie FLARE CORRECT und SMART-CONTROL FÜR UMGEBUNGSLICHT wählen. FLARE CORRECT korrigiert reflektierendes Licht, das durch ungünstige Raumbeleuchtung hervorgerufen wird, und SMART-CONTROL ändert vorrangig die Helligkeit des Monitors. Beide Funktionen lassen Sie außer Acht, da Sie ja ein optimales Raumlicht, das nicht blendet und farbkorrekt ist, an Ihrem Arbeitsplatz haben. Diese beiden Einstellungen sind gute Kompromisse für falsche Grundbedingungen. Bei den umfangreichen Möglichkeiten im Farbmanagement und den damit verbundenen Toleranzen und Fehlerquellen sollte man sich nicht auf Kompromisse in den Grundbedingungen einlassen.

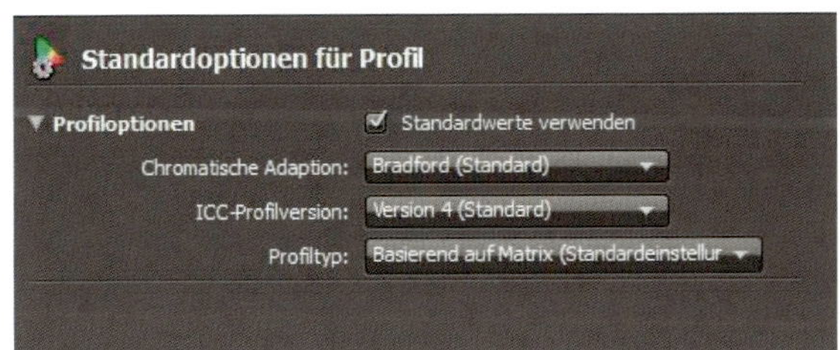

Nach einem Klick auf WEITER geben Sie die Profiloptionen ein. Da die Messtechnik des i1 Pro 2 auf D50 optimiert ist, müssen Sie der Software hier mitteilen, wie die CHROMATISCHE ADAPTION, der automatische Weißabgleich des Auges, berechnet werden soll, um eine dem Sehempfinden nachgebildete Interpolation durchzuführen. BRADFORD ist hier der neueste Algorithmus, der in der Branche anerkannt ist und auch in Photoshop seine Anwendung findet.

Bei der ICC-PROFILVERSION wählen Sie die aktuelle VERSION 4. Als PROFILTYP wählen Sie BASIEREND AUF MATRIX, da ein Matrixprofil für den Gebrauch mit einem Monitor völlig ausreichend ist.

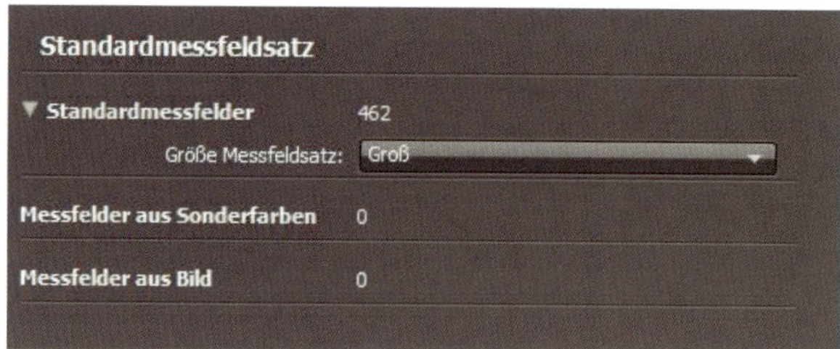

Im nächsten Fenster können Sie die Anzahl der Messfelder festlegen, wobei hier auch schon die Vorgabe Klein mit 118 Feldern ausreichend wäre. Die Präzision steigt aber mit der Zahl der Messfelder, die Zeit des Messvorgangs nimmt aber auch entsprechend zu. Da ich mich für die 462 Felder entschieden hatte, dauerte die Messung ca. 15 Minuten.

Um Messfelder aus Sonderfarben hinzuzufügen, schauen Sie kurz auf den nächsten Screenshot.

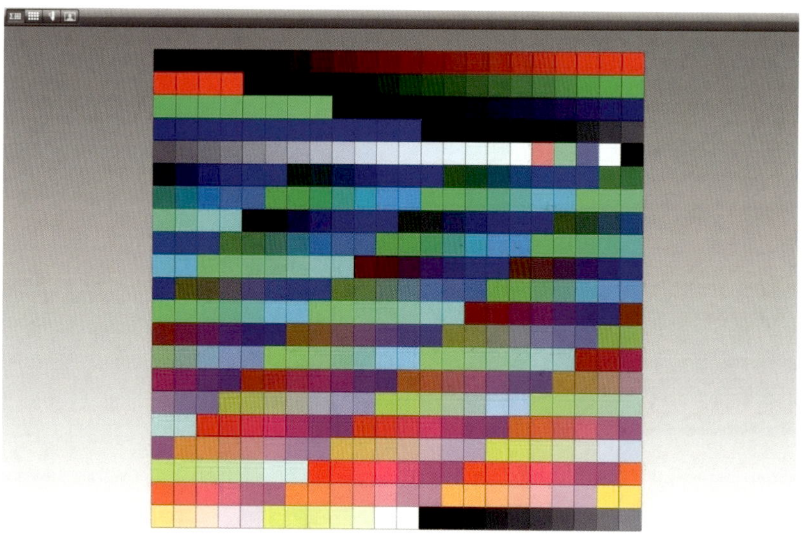

Über den Farbfeldern sehen Sie vier kleine Schaltflächen. Die erste zeigt die gewählten Messfelder an und ist identisch mit der Anzeige beim Klick auf die zweite Schaltfläche, die die Felder, die bei der Optimierung genutzt werden, anzeigt.

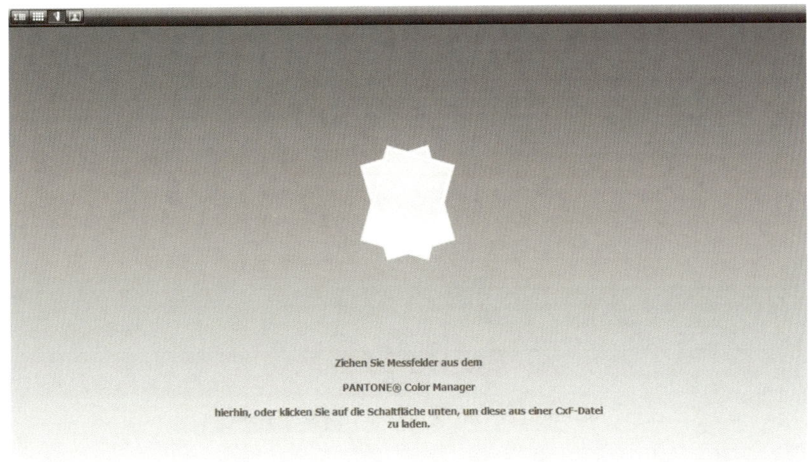

Schaltfläche drei sehen Sie hier und sie dient dem Hinzufügen von Sonderfarben im Drag&Drop-Verfahren aus dem PANTONE ColorManager, der kostenfrei von der x·rite-Seite heruntergeladen werden kann.

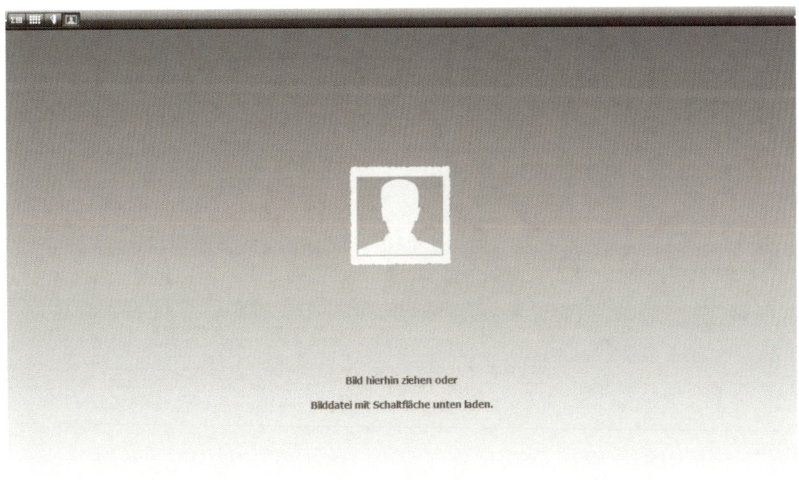

Unter der vierten Schaltfläche sind Sie in der Lage, ein eigenes Digitalfoto zur Berechnung hinzuzuziehen. Denkbar wäre hier z.B. die Studioaufnahme eines ColorChecker-Passports für einen Reproduktionsworkflow.

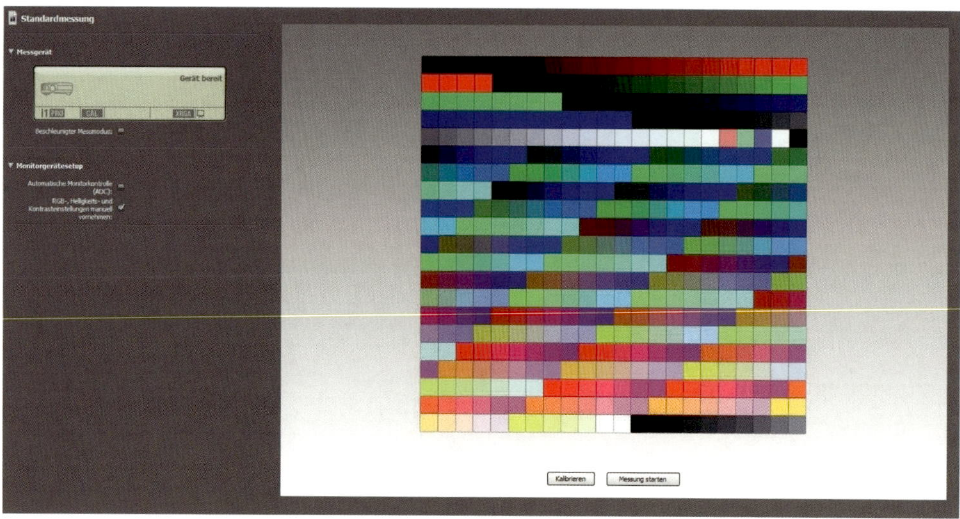

Im nächsten Fenster geht es um die Kalibrierung des Messgeräts. Klicken Sie auf KALIBRIEREN, und wenn das GERÄT BEREIT ist, auf die Schaltfläche MESSUNG STARTEN.

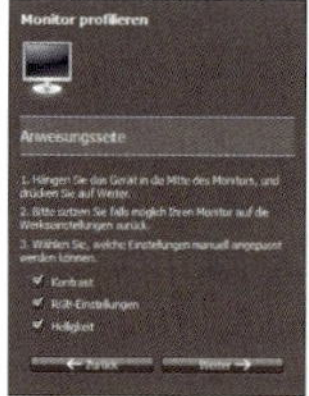

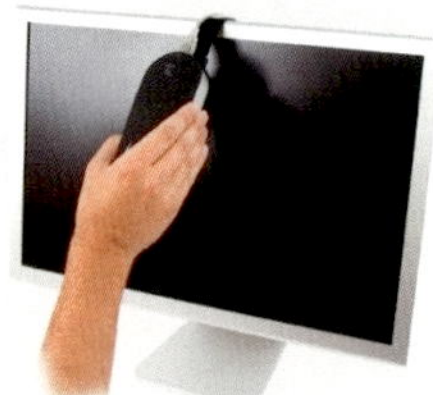

Das folgende Fenster fordert Sie auf, das Messgerät am Monitor anzubringen und gibt Ihnen die Möglichkeit, durch hier stattfindende Vorauswahl manuell während des Messvorgangs KONTRAST, RGB-EINSTELLUNGEN und HELLIGKEIT am Monitor zu optimieren. Alle drei Möglichkeiten sind bei nicht hardwarekalibrierbaren Monitoren eine Routine, die die Profile erheblich verbessern.

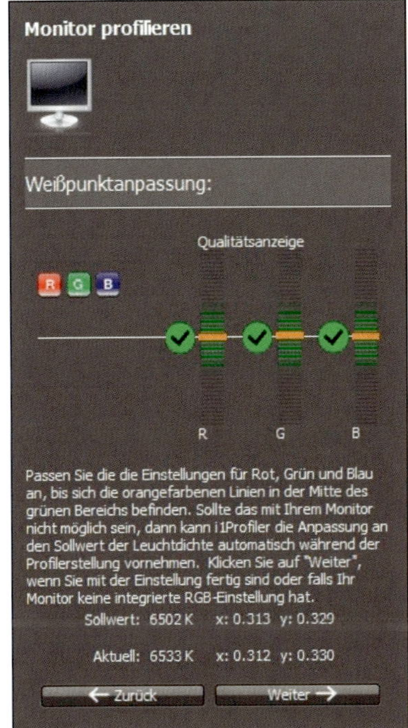

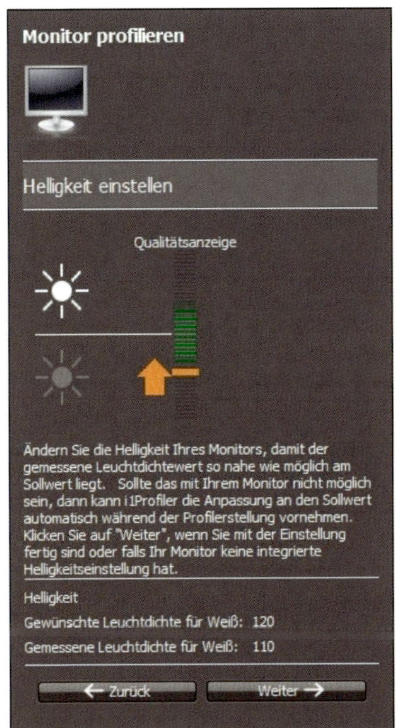

In den Hardwareeinstellungen, die Sie über Ihr Monitormenü erreichen, stellen Sie die Anzeige der optischen Wippe durch Änderung der Kontrast-, RGB- und Helligkeitsregler Ihres Monitors so ein, dass der orangene Balken in der Mitte der grünen Fläche landet und mit einem Häkchen belohnt wird. Beim nächsten Klick auf WEITER beginnt die Messung.

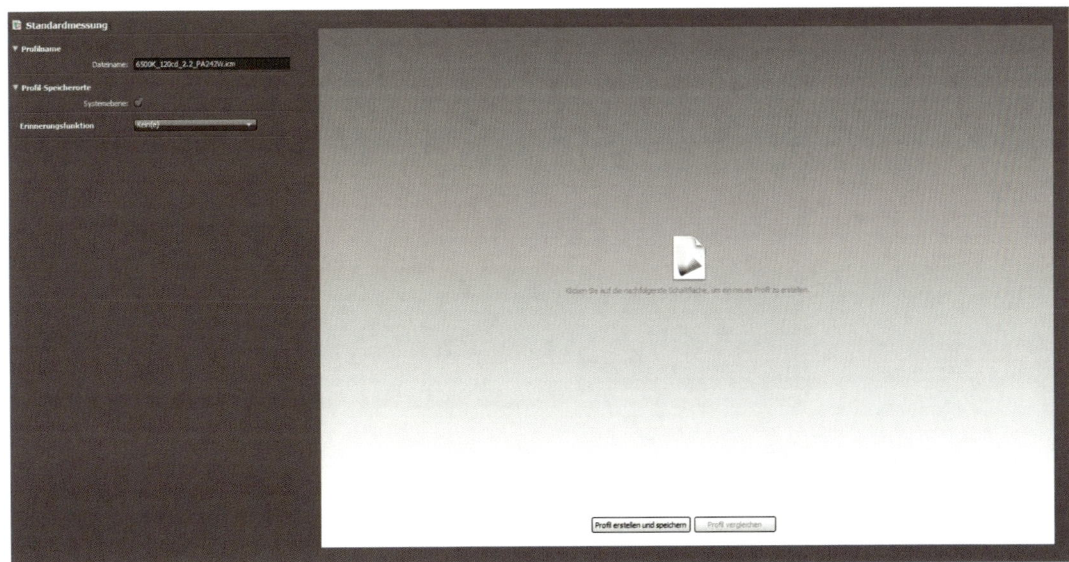

Wenn die Messung beendet ist, können Sie einen Profilnamen wählen; die Vorgabe enthält schon viele Informationen. Sie können sich auf Weißpunkt, Helligkeit, Gammawert und Datum beschränken. Gegebenenfalls können Sie den Namen um Sonderfarben oder Optionen durch ein eigenes Bild (s.o.) erweitern. Darüber hinaus können Sie den Speicherort, falls es nicht wie vorgegeben der Systemordner sein soll, eingeben. In der Erinnerungsfunktion legen Sie fest, wann Sie das System an eine Neuprofilierung erinnern soll. Ein Monat ist hier eine gute Wahl, wenn Sie täglich den Monitor nutzen; hier zählt nicht nur die Bildbearbeitung.

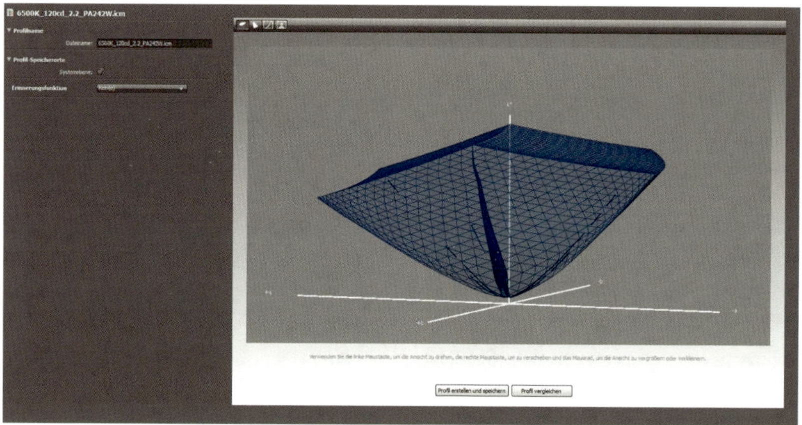

Nachdem das Profil berechnet und gespeichert wurde, können Sie es sich auch in einer 3D-Ansicht anzeigen lassen und Sie können es mit anderen Profilen vergleichen, die den gleichen Standard haben: PROFIL VERGLEICHEN.

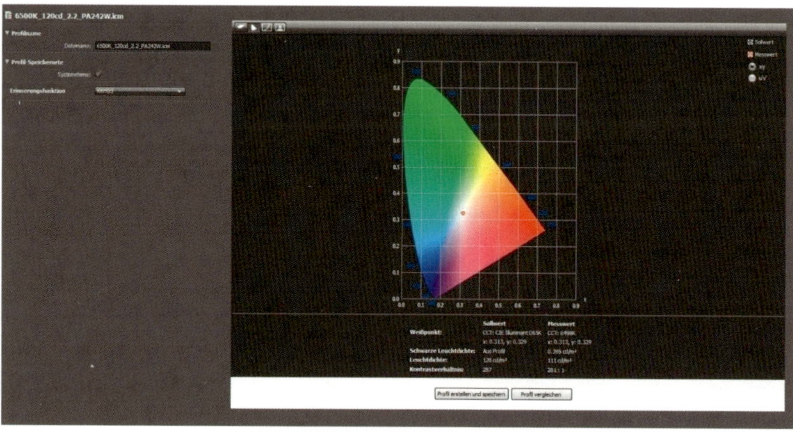

Über die vier kleinen Schaltflächen über der Grafik lassen sich die Grundwerte ...

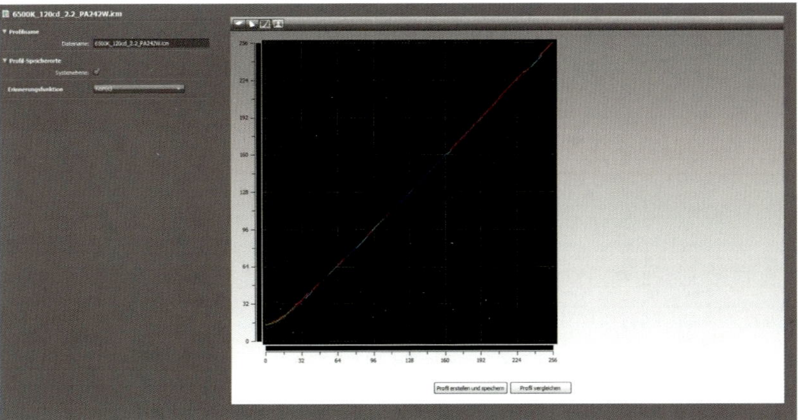

die Gradationskurven ...

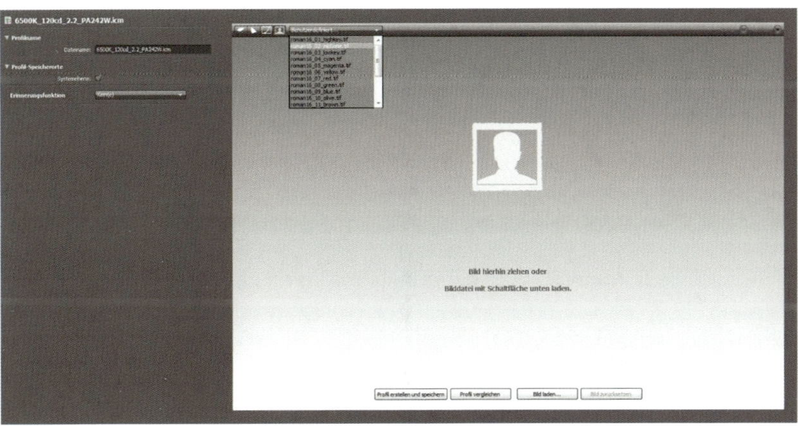

... und die Wiedergabe eines richtigen Fotos, entweder aus der Software oder aus den eigenen Beständen selbst hinzugefügt, auswerten.

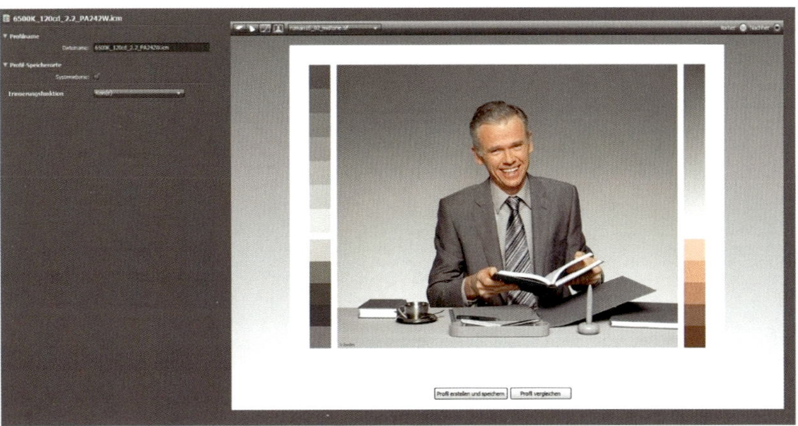

Bei der Auswahl der softwareeigenen Fotos handelt es sich um Fotos mit vielen neutralen Grautönen in High-, Low- und Mid-key-Darstellung oder mit Farbwiedergaben, die dominantes Cyan, Yellow oder Magenta sowie Rot, Grün und Blau oder Schwarz-Weiß ebenfalls in drei Helligkeitsanmutungen beinhalten. Sie haben hier die Möglichkeit, das Ergebnis der Kalibrierung visuell zu prüfen, indem Sie zwischen den Schaltflächen VORHER und NACHHER wechseln.

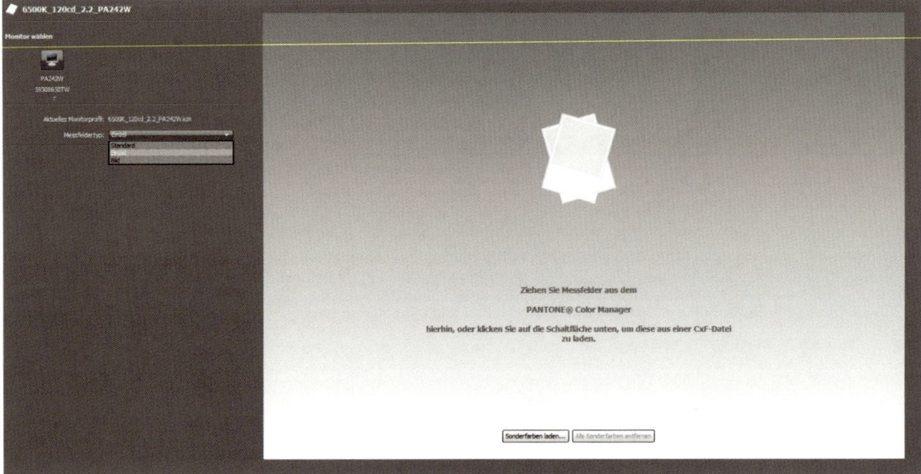

Im Anschluss können Sie die Farbgenauigkeit messtechnisch prüfen. Dieser Vorgang lässt sich auch manuell über die Startseite der Software unter MONITOR|QUALITÄT starten. Hier gibt es wieder die Möglichkeit, einen einzelnen Farbton aus dem PANTONE ColorManager oder ein Bild, das Sie zuvor zugefügt hatten, noch einmal zu checken.

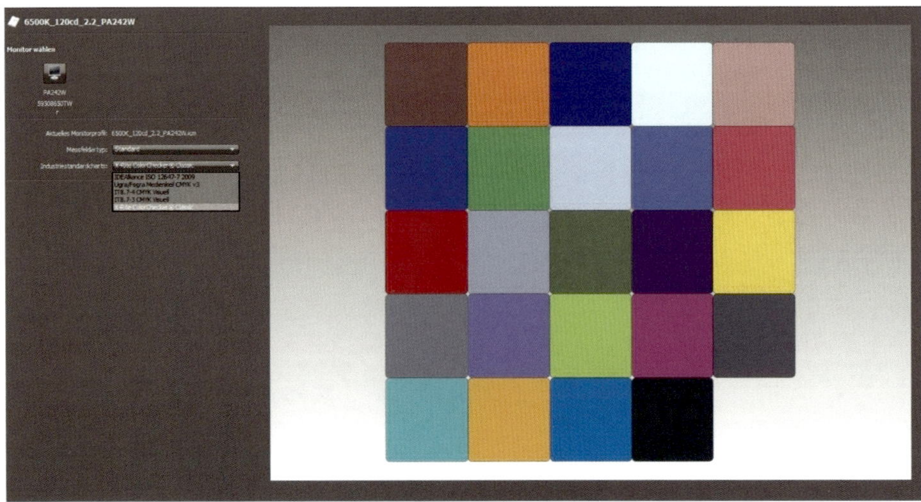

Bei der Einstellung STANDARD sind Sie in der Lage, Druckstandards wie FOGRA, GRACol oder SWOP zu wählen, um z.B. die Wiedergabe des FOGRA-Medienkeils auf Ihrem Monitor zu prüfen.

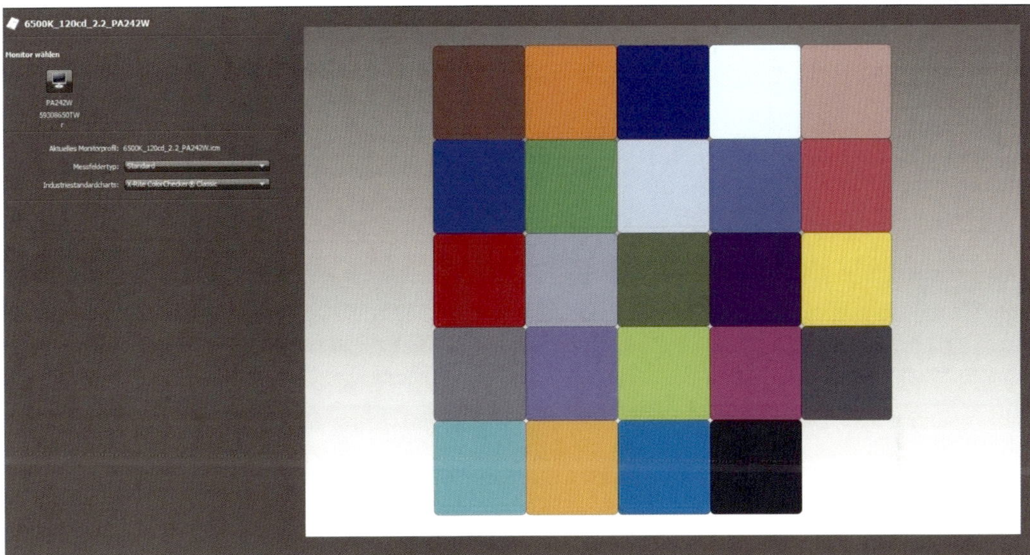

Wählen Sie für eine einfache Überprüfung den x·rite ColorChecker und ...

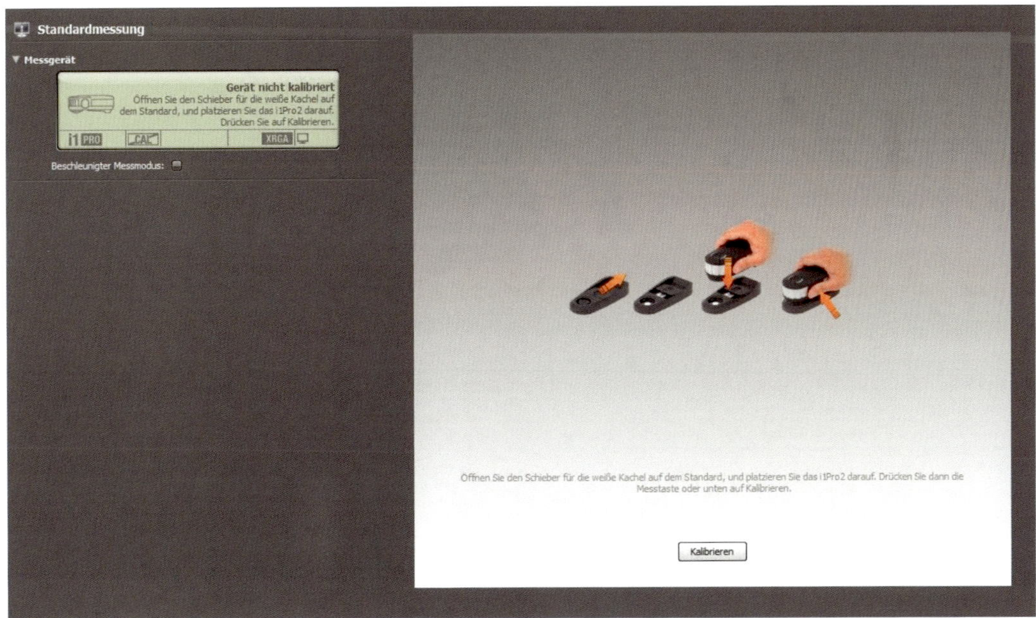

... starten Sie dann erneut das Messgerät mit einem Klick auf KALIBRIEREN.

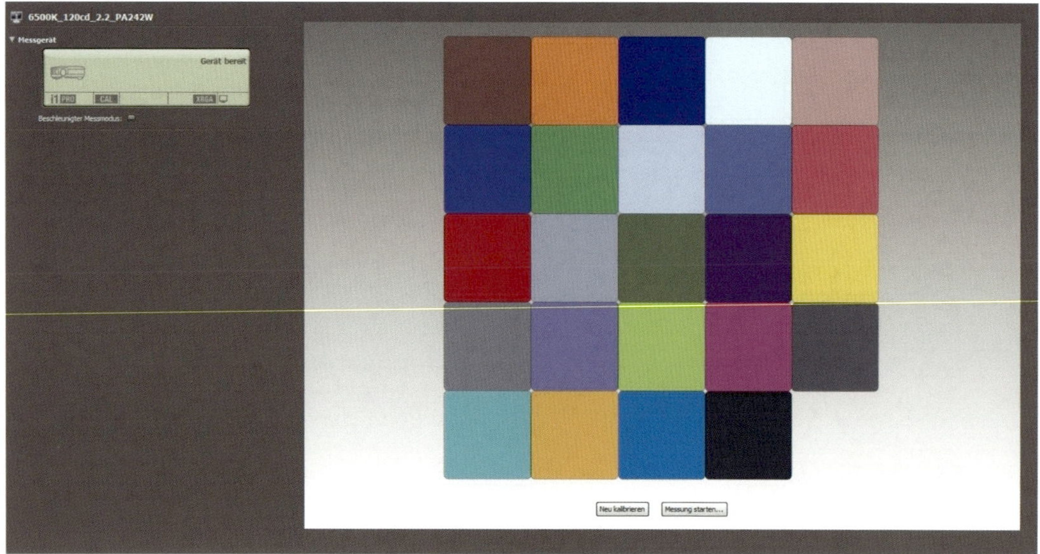

Es erscheint die Meldung GERÄT BEREIT, worauf ...

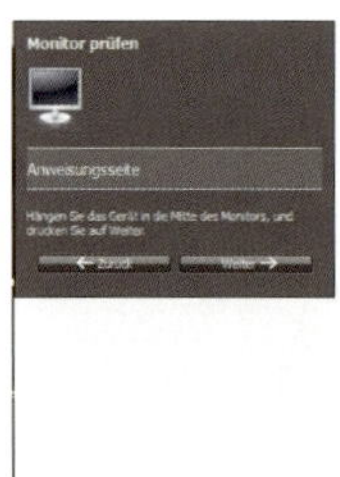

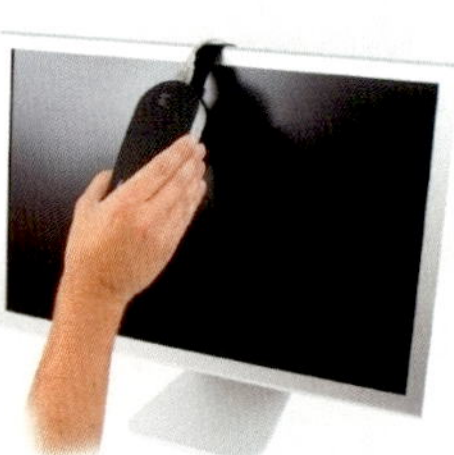

... Sie aufgefordert werden, das Messgerät am Monitor anzubringen.

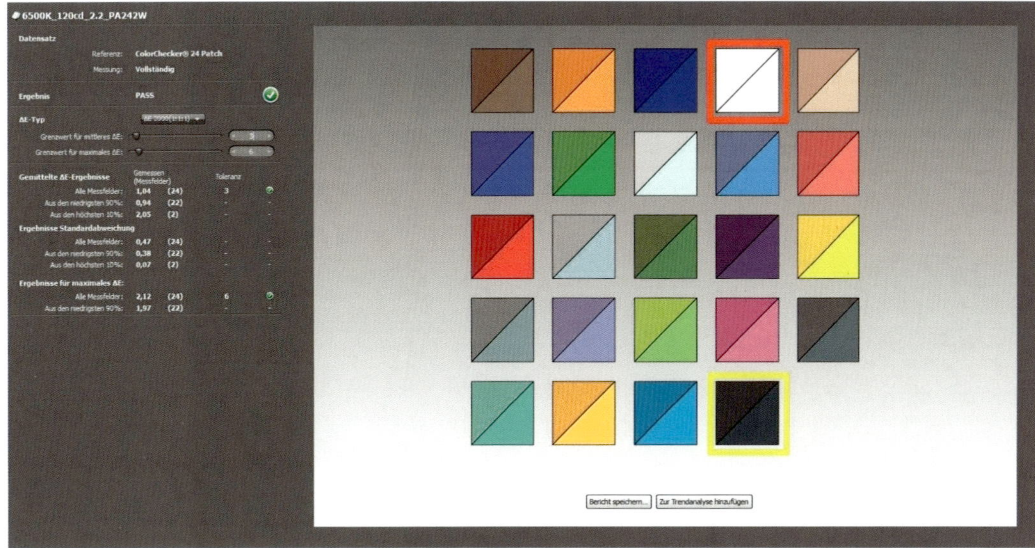

Nach durchgeführter Messung werden die Werte angezeigt und Sie können die Toleranzwerte, die Ihnen richtig erscheinen, an den Schiebereglern einstellen. Als DeltaE(ΔE)-Typ wählen Sie 2000. Sie können das Ergebnis als BERICHT SPEICHERN und ZUR TRENDANALYSE HINZUFÜGEN.

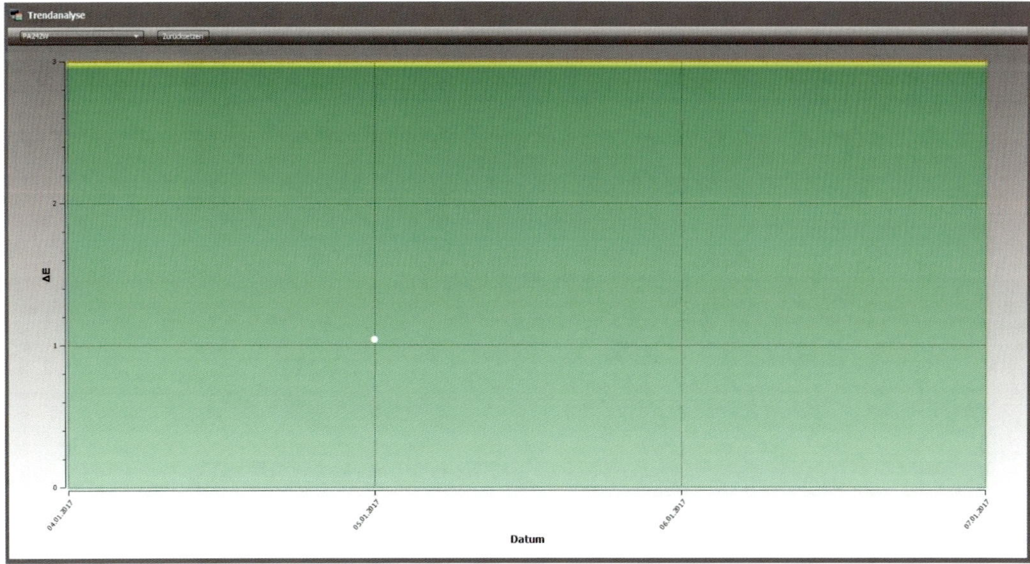

Das ist empfehlenswert, um die Qualität des Monitors über einen längeren Zeitraum zu überprüfen. Hier ist nur ein Messergebnis abgelegt worden, bei regelmäßiger Datenablage wird Ihnen eine Kurve dargestellt, die die Veränderungen des Monitors dokumentiert.

Neben der Kalibrierung und der Überprüfung des Monitors mit i1 Profiler können Sie auch noch eine Homogenitätsprüfung durchführen. Die läuft folgendermaßen ab.

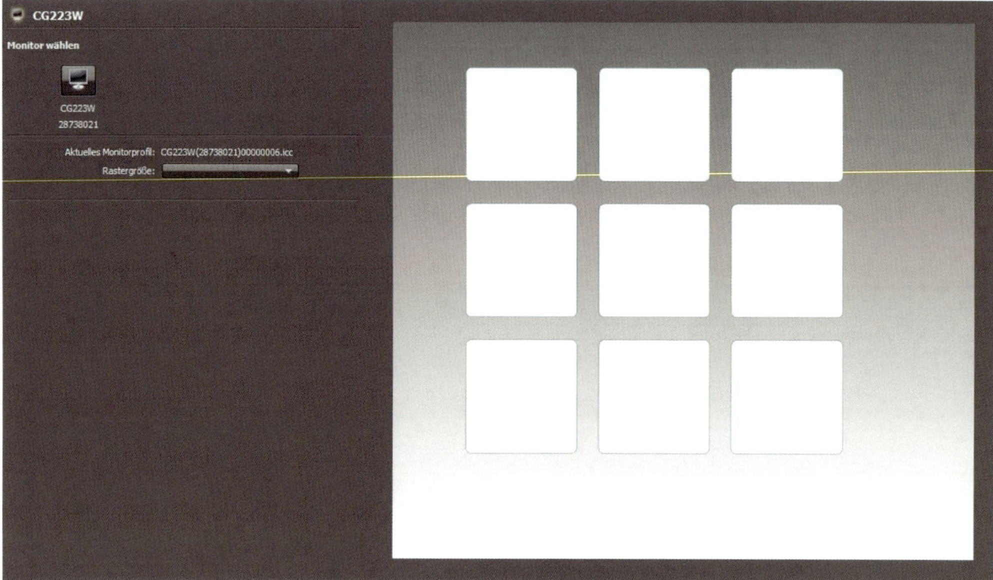

Sie wählen auf der Startseite der Software MONITOR|GLEICHFÖRMIGKEIT und gelangen dadurch in das obige Fenster. Als Rastergröße können Sie nur 3 x 3 wählen.

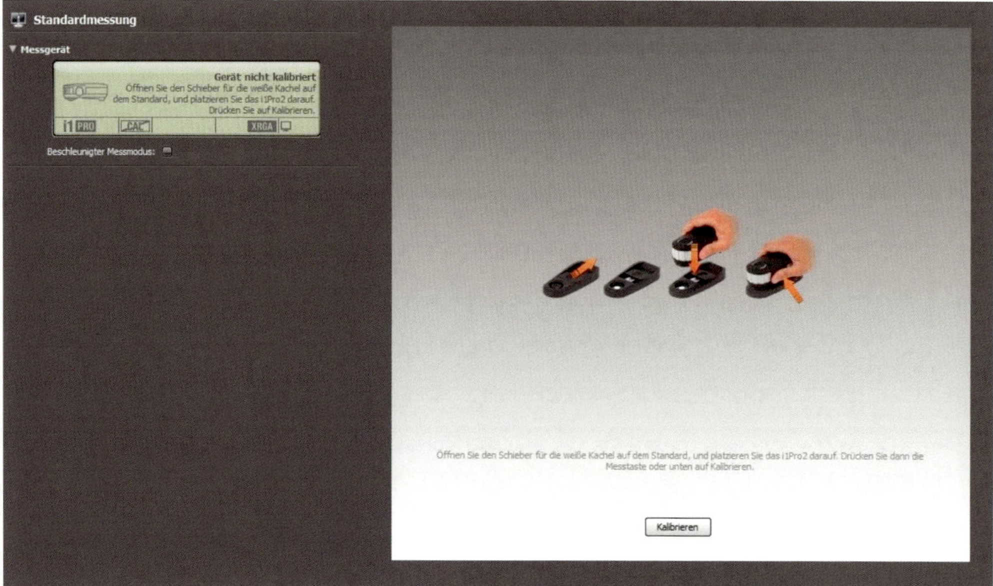

Beim Klick auf WEITER werden Sie aufgefordert, Ihr Messgerät zu kalibrieren, indem Sie es auf die Weißkachel setzen, um anschließend den entsprechenden Knopf am Messgerät zu drücken oder die Schaltfläche KALIBRIEREN anzuklicken.

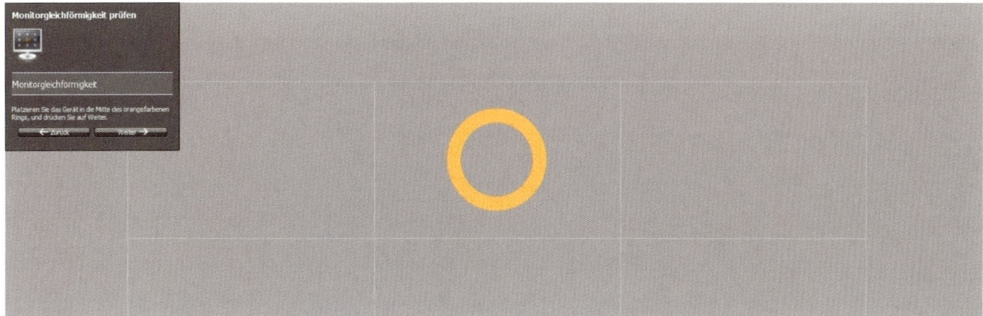

Im nächsten Fenster können Sie schon den Messvorgang starten. Ein orangefarbiger Kreis sagt Ihnen, wo Sie das Messgerät aufsetzen sollen. In diesem Fall verwende ich den Fuß des Geräts, der für die Monitorkalibrierung vorgesehen ist, und nicht den Fuß für die Spotmessung, da mir dieser zu hart ist und eventuell die Monitoroberfläche zerkratzen könnte. Das Gegengewicht, das am Monitorkalibrierfuß angebracht ist, lässt sich aus diesem Grunde abnehmen. Wenn Sie das Messgerät auf den Kreis gesetzt haben, klicken Sie auf WEITER und die Messung des ersten Feldes beginnt. Nachdem der Weißwert, ein mittlerer Grauwert und ein dunkler Grauwert projiziert und gemessen wurden, erscheint der orangefarbige Kreis im nächsten Abschnitt und beim Klick auf WEITER beginnt die nächste Messung.

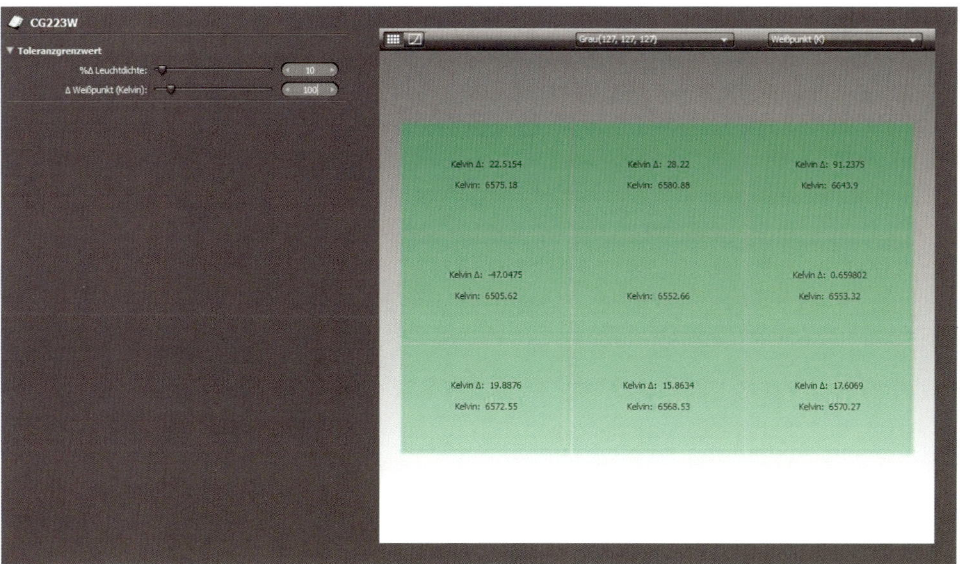

Nachdem Sie alle neun Felder gemessen haben, erscheint das Ergebnis in obiger Form für den Weißpunkt. Ich empfehle für die Auswertung, sich auf die grauen Felder im linken Dropdownfeld zu beschränken. Hier haben Sie einen guten Überblick über den Mitteltonbereich, der letztendlich einen Großteil des Farbeindrucks Ihrer Fotos ausmacht.

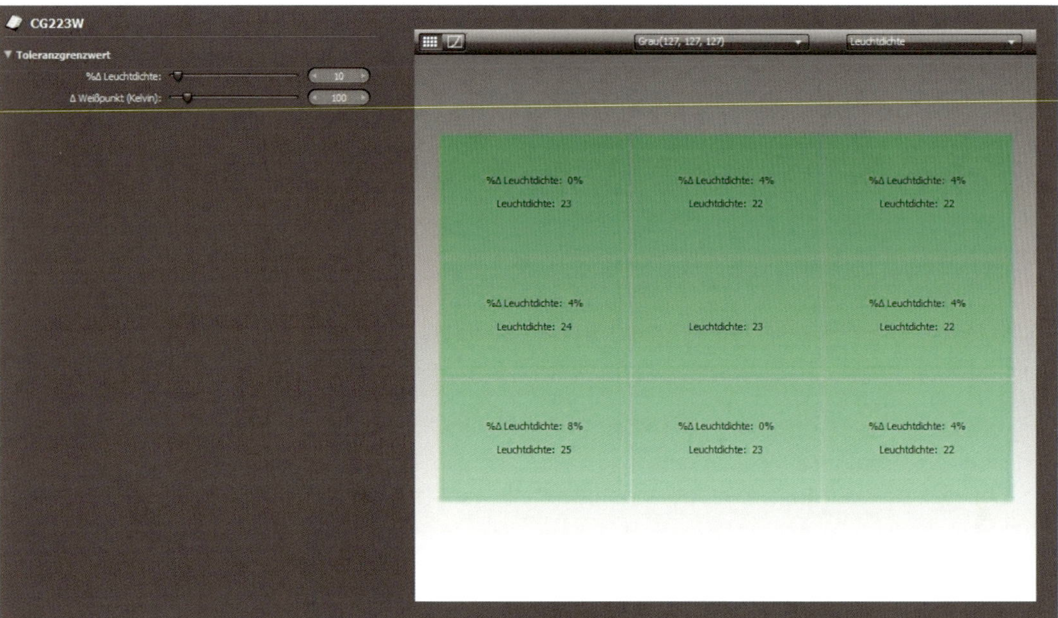

Für die Leuchtdichte wird Ihnen die Homogenität in diesem Fenster angezeigt, nachdem Sie im rechten Dropdown-Menü dieselbe ausgewählt haben. Als Eckwerte für eine einigermaßen praxistaugliche Überprüfung habe ich eine prozentuale Abweichung in der Leuchtdichte von 10 gewählt. Wie Sie vielleicht wissen, dürfen z.B. Blitzanlagen in einer Leistungsstufe bei mehrmaligem Auslösen laut Norm eine Abweichung von zehn Prozent haben, was wiederum einer zehntel Blende entspricht. Die durchschnittliche Fähigkeit unseres Sehsystems, Helligkeitswerte in einer Grauwertskala zu unterscheiden (in den dunklen Tönen schlechter, in den hellen Tönen exzellent), liegt bei einer sechstel Blende. Eine Abweichung von 100 Kelvin ist in den meisten Fällen zu tolerieren. Verstellen Sie einmal in einem Raw-Konverter den Weißpunkt um 100 Kelvin und schalten Sie hin und her. Sie werden ganz leichte Unterschiede feststellen. Sie sehen hier aber eine komplette Umstellung von A nach B und nicht, wie bei einem Monitor, einen fließenden Übergang von 100 Kelvin. Den nehmen Sie höchstens bei der Wiedergabe einer mittelgrauen Fläche wahr.

Beamerprofilierung

Die Profilierung eines Beamers mit dem i1 Pro 2 und der Profiler-Software läuft im Grunde genauso ab, wie die gerade beschriebene Monitorprofilierung. Es lassen sich auch mehrere Sets an Farben, die gemessen werden sollen, auswählen, Weißpunkt und all die anderen Einstellmöglichkeiten sind die gleichen wie bei der Monitorprofilierung. Je nach räumlichen Gegebenheiten empfehle ich hier nicht unbedingt die Anbringung des Messgeräts auf der Grundplatte zum Abstellen auf einem Tisch, sondern es ist viel einfacher, das Messgerät direkt auf ein Stativ zu montieren, um es dann exakt mittig in der Projektionsfläche ausrichten zu können.

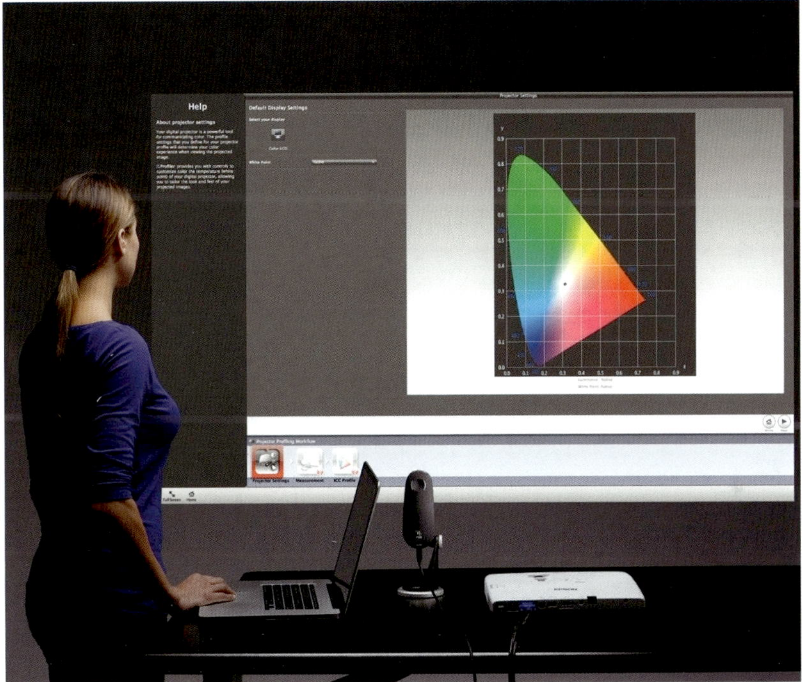

4.4 Die Profilierung mit Eizo ColorNavigator 6

Bevor Sie den ColorNavigator 6 starten, sollten Sie Ihr Messgerät anschließen. Im linken Bereich des geöffneten Fensters sehen Sie unter Ziel an erster Stelle ein aktives Ziel, das von mir erstellt wurde und zu dem es schon ein hinterlegtes Profil gibt. Darunter sehen Sie die drei Ziele Druck, Fotografie und Webdesign, die nicht mehr aktiv sind, da ich sie nicht nutze und deshalb noch nie kalibriert habe.

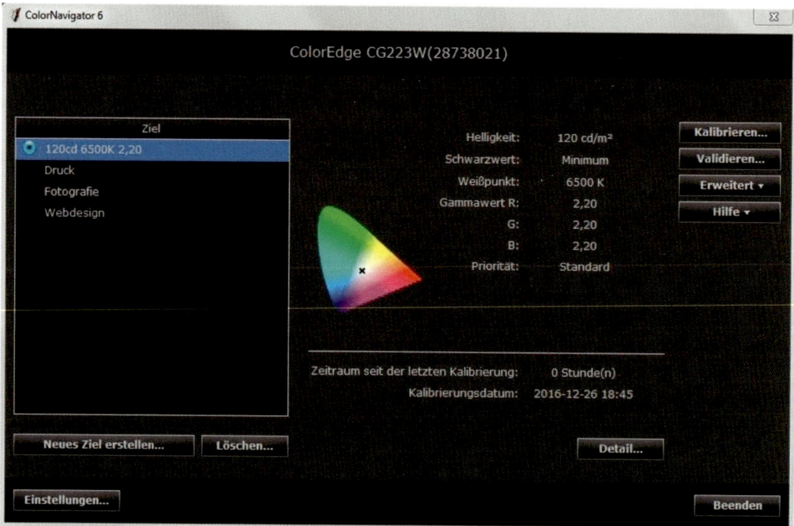

Das Ziel, das hier bereits kalibriert wurde, ist meine Standardeinstellung für meinen Workflow zu allen Ausgaben außer Offsetdruck. Wir werden jetzt ein neues Ziel definieren. Es soll unsere Monitorprofilierung für unseren Workflow zur Ausgabe im Offsetdruck werden. Dazu klicken Sie auf die Schaltfläche NEUES ZIEL ERSTELLEN. Es erscheint folgendes Fenster:

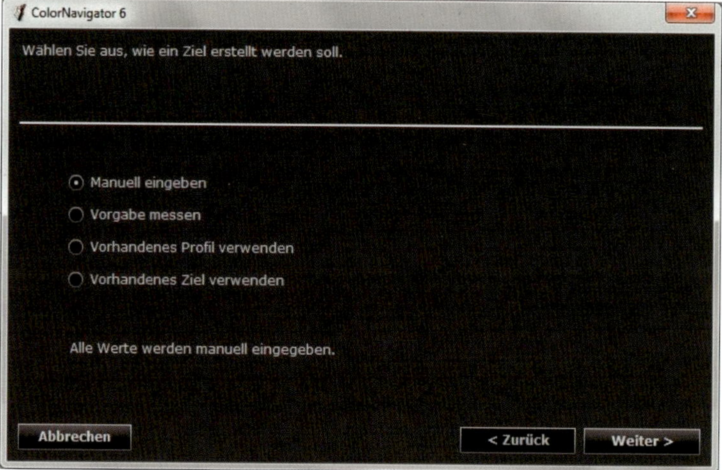

Hier können Sie vorgeben, wie das Ziel erstellt werden soll. Sie werden die Vorgabewerte MANUELL EINGEBEN. Die Wahlmöglichkeit VORGABE MESSEN setzt voraus, dass Sie ein Target, das z.B. zu einem anderen Monitor passt, selbst vorher generiert und in einer anzeigefähigen Form vorliegen haben. Außerdem kann über diesen Weg eine Papierweißmessung erfolgen. Ebenso kann eine Angleichung an Abmusterungskabinen inklusive einer

Umgebungslichtmessung erfolgen. VORHANDENES PROFIL VERWENDEN emuliert ein Profil, das im Systemprofilordner liegt und ausgewählt werden kann. VORHANDENES ZIEL VERWENDEN lässt auch an dieser Stelle ein bereits vorhandenes Ziel zur Kalibrierung auswählen. Das Gleiche erreichen Sie, wenn Sie auf der Startseite ein Ziel auswählen und auf die Schaltfläche KALIBRIEREN... klicken.

Beim Klick auf WEITER> erscheint dann das folgende Fenster:

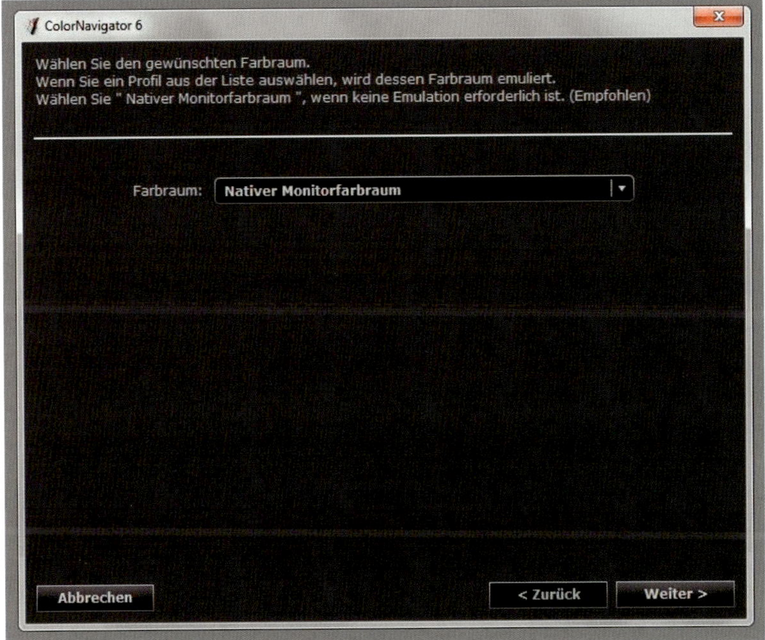

Es lässt sich der Farbraum auswählen, der auf dem Monitor dargestellt werden soll. NATIVER MONITORFARBRAUM ist die empfohlene Einstellung und schöpft das Optimum an darstellbarer Farbraumgröße aus. Mit dem ColorNavigator sind viele Einstellungen möglich, die dann interessant werden, wenn Sie keine Bildbearbeitungssoftware benutzen, mit der Sie z.B. einen Softproof erstellen können. Für diesen Zweck könnten Sie hier einen Farbraum eingeben, der Ihrer Ausgabe entspräche und der natürlich kleiner als die größtmögliche Anzeigefähigkeit sein muss. Belassen Sie es also bei der vorgewählten Einstellung und klicken Sie auf WEITER>, was Sie zum nächsten Fenster führt.

Hier können Sie die Helligkeit Ihres zukünftigen Ziels angeben. Wählen Sie hier einen Wert von 120 cd/m2 und natürlich den im grafischen Gewerbe üblichen Weißpunkt von 5000 Kelvin. Ihr Betrachtungslicht und das Raumlicht sollten ebenfalls ein D50-Licht sein.

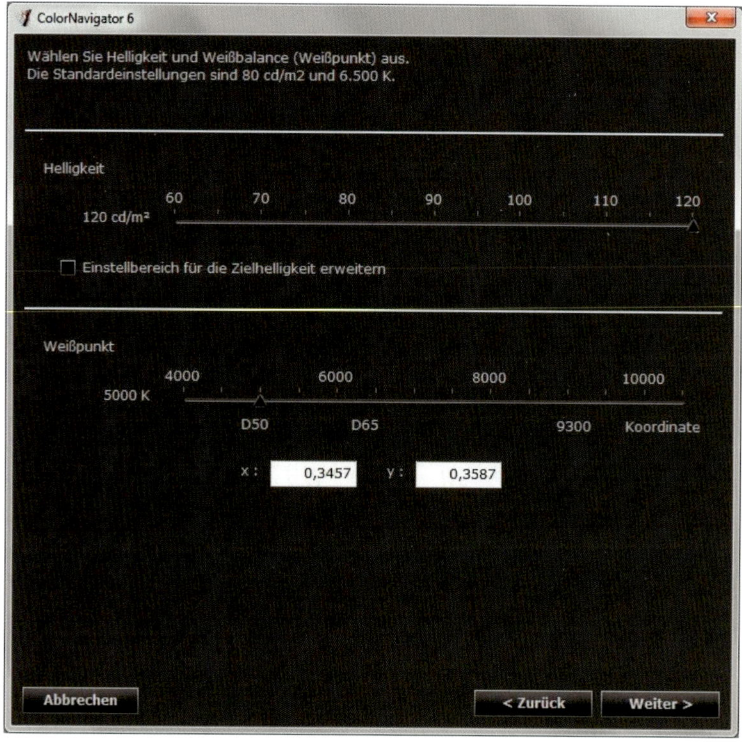

Mit dem Klick auf WEITER> kommen Sie zum nächsten Fenster:

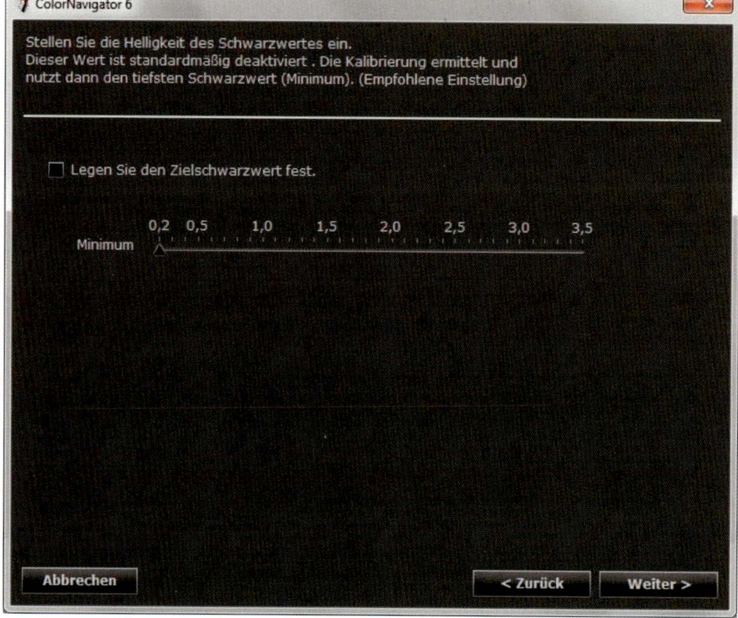

Belassen Sie den Zielschwarzwert auf MINIMUM. Anhand der Skala können Sie sehen, dass sowieso schon eine leichte Schwarzanhebung stattfindet, der unterste Wert lautet 0,2. Dies trägt zu einer besseren Visualisierung der Differenzen in den tiefen Tonwerten bei. Mit WEITER> geht's zum nächsten Fenster:

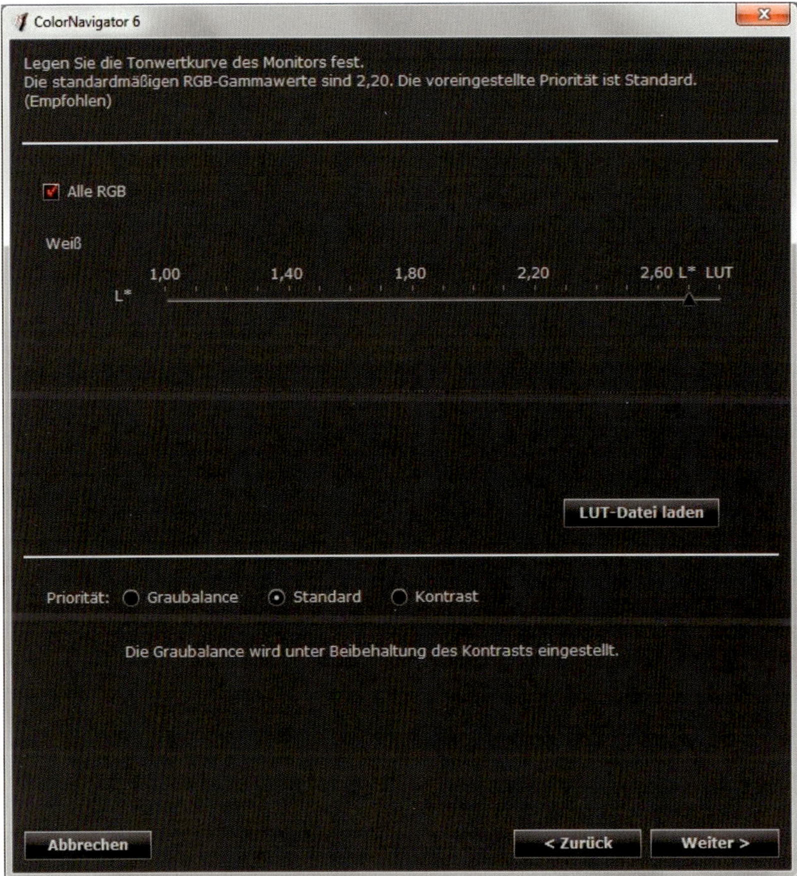

Hier können Sie den Gammawert und die Priorität festlegen. Da Sie sich ein Ziel für den Offsetdruck definieren, ist die L*-Einstellung die einzig sinnvolle. Sie könnten für andere Ziele aber auch einen klassischen Gammawert eingeben bzw. eine vorhandene Look-Up-Tabelle laden.

Bei der PRIORITÄT wird es jetzt interessant. Hier entscheiden Sie, wie viel Einfluss Ihre Messung in den Tiefen, also in den dunklen Tönen hat. Wie ich bereits in der Einleitung zu diesem Kapitel im Abschnitt Software- und Hardwarekalibrierung erwähnt habe, setzt Eizo auf die werksseitig durchgeführte Linearisierung des Monitors. Um Ihnen dennoch in dieser Hinsicht Einflussmöglichkeiten auf die Erstellung eines Profils zu geben. gibt es für diesen Vorgang zwei Look-Up-Tabellen. Eine mit den im Werk erstellten Messergebnissen, die natürlich nicht modifizierbar ist, und eine zweite Look-Up-Tabelle, die sich durch Ihre Messung verändern lässt. Die drei Möglichkeiten der Einstellung unter PRIORITÄT geben im Grunde das Mischungsverhältnis des Einflusses der beiden Tabellen bei der Berechnung des Profils an. Bei der Einstellung GRAUBALANCE fließen auch die dunklen Töne Ihrer Messung in das Profil ein. Da die Tonwerte wegen einer besseren Messfähigkeit in ihrer Darstellung auf dem Monitor angehoben werden müssen, führt dies zu einer leichten Kontrastreduzierung. In der Einstellung STANDARD werden beide Tabellen zur Berechnung des Profils herangezogen, die dunklen Tonwerte werden aber aus den Werkseinstellungen generiert. In der Einstellung KONTRAST wird überwiegend die Werkstabelle herangezogen, einzig der Weißpunkt wird aus der Messung übernommen.

Wenn Sie jetzt auf WEITER> klicken, haben Sie es fast geschafft und Ihr erstes Ziel definiert. Es erscheint folgendes Fenster:

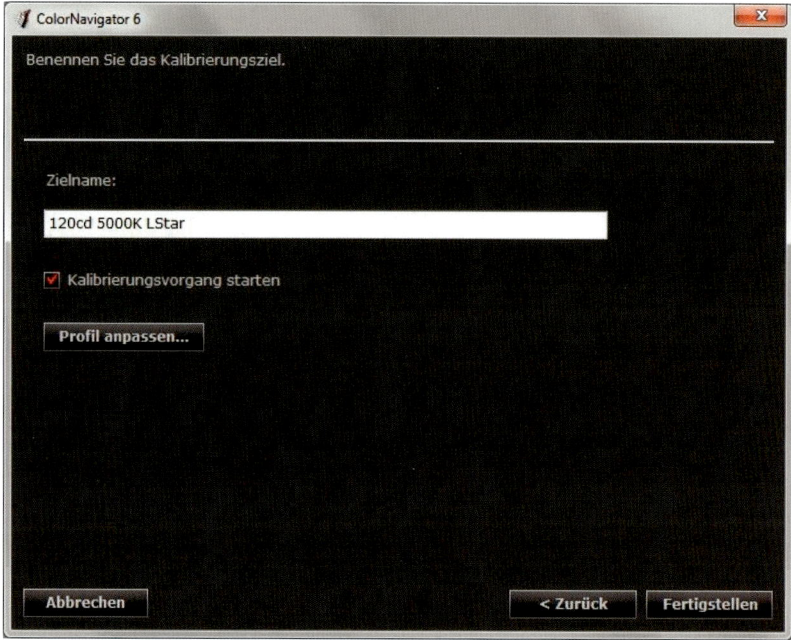

Glücklicherweise wählt die Software schon einen aussagekräftigen Namen vor, aber es gibt hier noch die Möglichkeit, unter PROFIL ANPASSEN verschiedene Einstellungen vorzunehmen. Standardmäßig sollte das Profil BEI JEDER KALIBRIERUNG aktualisiert werden. Unter VERSION sollte beim Mac standardmäßig 2.2 und unter Windows 4.2 vorgewählt sein. Außerdem kann man hier explizit wählen, ob die Farbwiedergabekurve per hinterlegter LUT oder per Gammawert erfolgen soll. Wenn Sie jetzt auf FERTIGSTELLEN klicken, kehren Sie zum Ausgangsfenster zurück und Sie sehen das angelegte Ziel in der Auflistung.

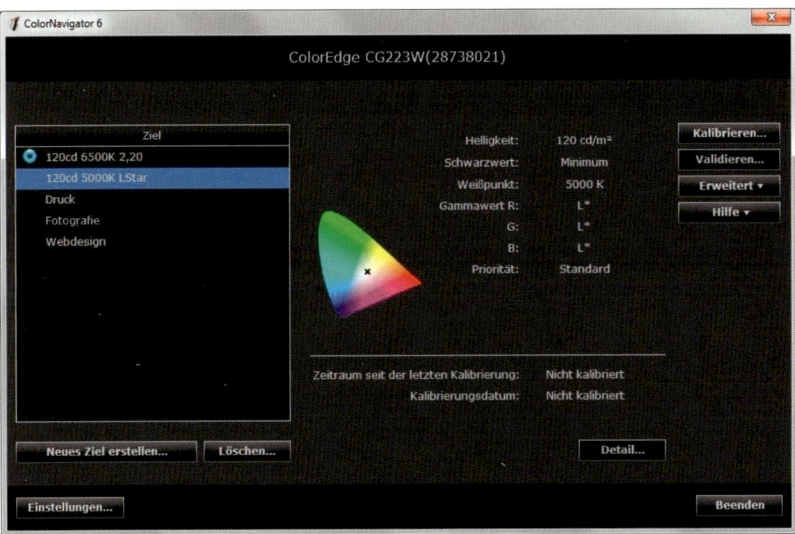

Wenn Sie dieses jetzt auswählen und auf die Schaltfläche KALIBRIEREN klicken, starten Sie den Kalibrierungsvorgang und es öffnet sich folgendes Fenster:

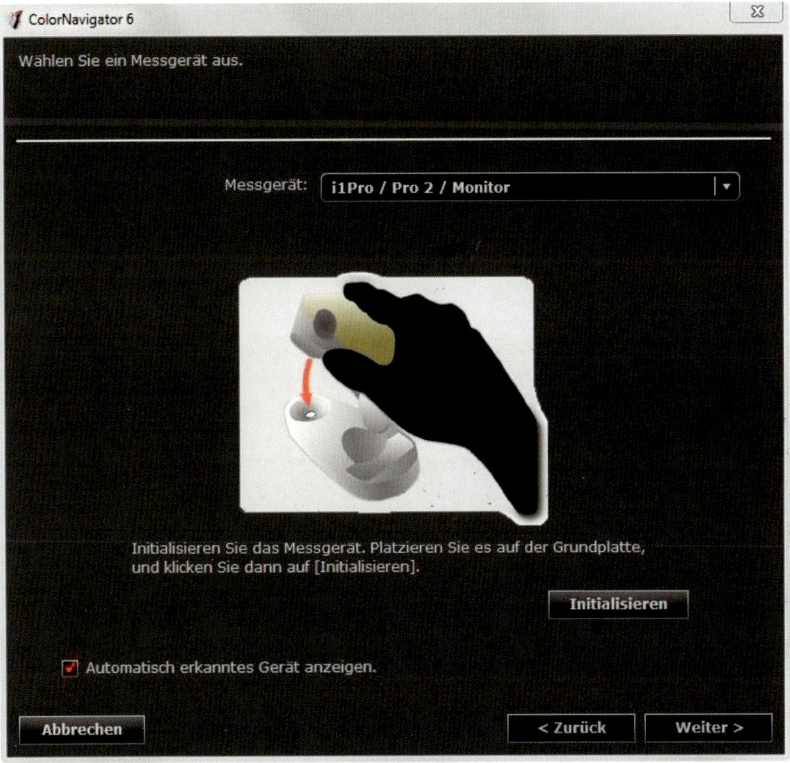

Setzen Sie Ihr Messgerät auf die Weißkachel und INITIALISIEREN Sie es durch einen Klick auf die so benannte Schaltfläche. Dann bringen Sie Ihr Messgerät am Monitor an und klicken auf FORTFAHREN.

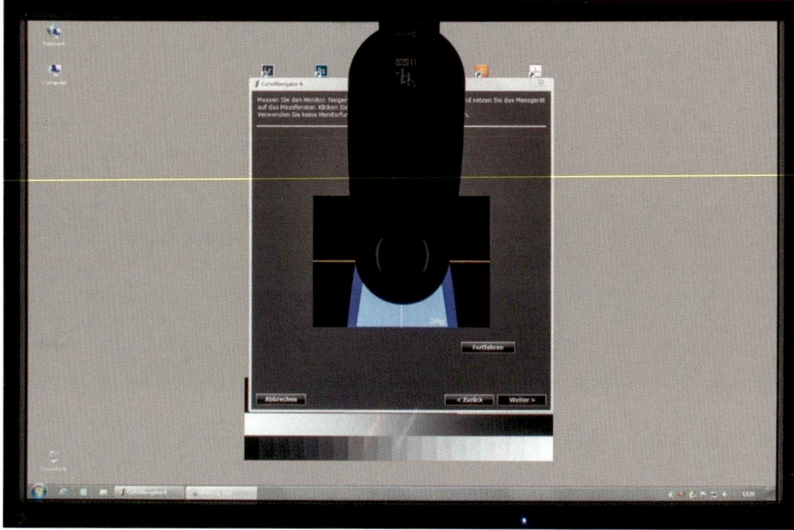

Dann beginnt der Messvorgang und in der unteren rechten Ecke Ihres Monitors können Sie verfolgen, was gerade abgearbeitet wird.

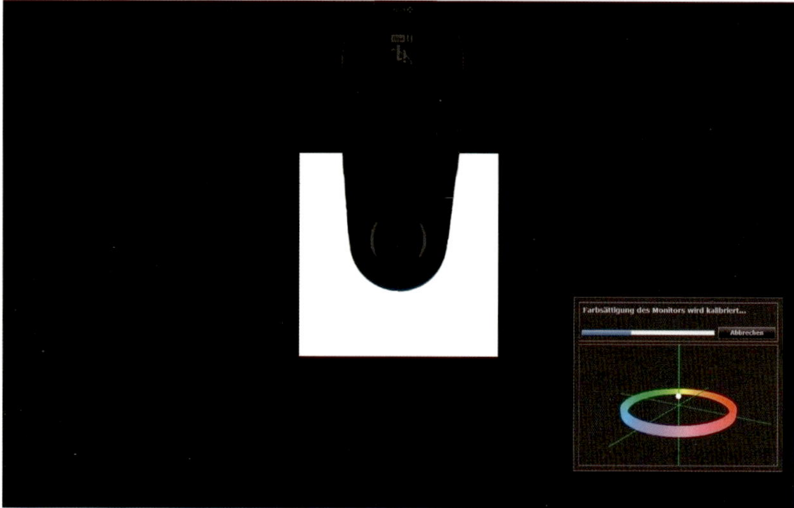

Nach Abschluss der Kalibrierung erscheint das folgende Fenster, und wenn Sie auf FERTIGSTELLEN klicken, starten Sie die Validierung, falls Sie nicht das Häkchen an der entsprechenden Stelle entfernt haben.

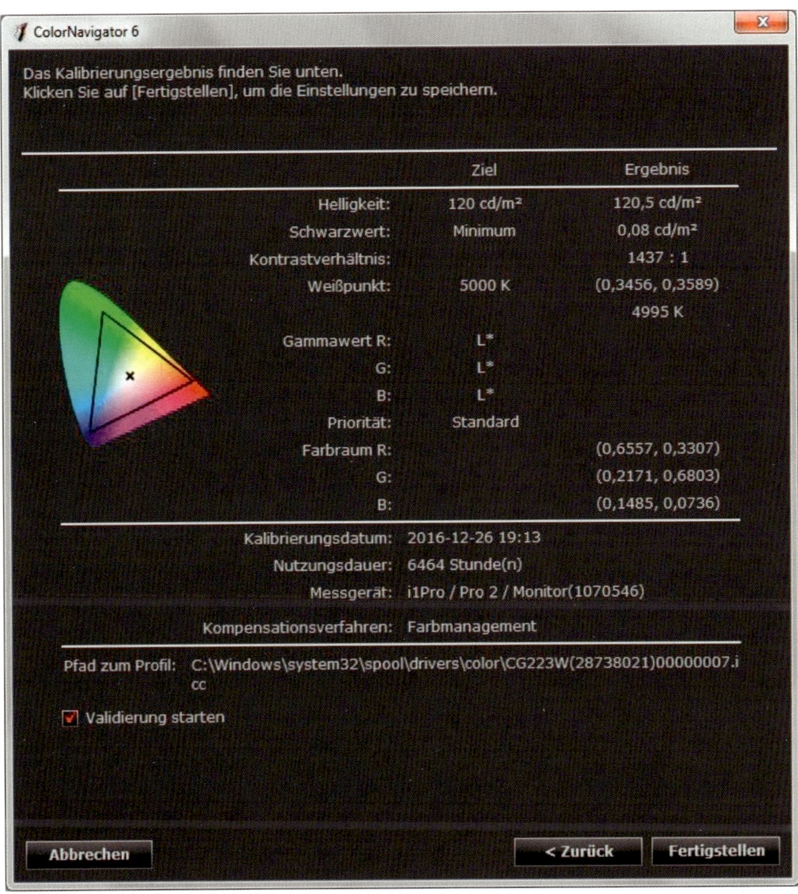

Bei der Validierung können Sie im Hinblick auf ein vorgewähltes Ergebnis Ihre bisherige Arbeit überprüfen. Da ich davon ausgehe, dass Sie alle Simulationen einer zukünftigen Ausgabe mittels eines Softproofs überprüfen wollen, wählen Sie hier die ISO 12646, da dies die Norm für die Darstellung auf Monitoren ist.

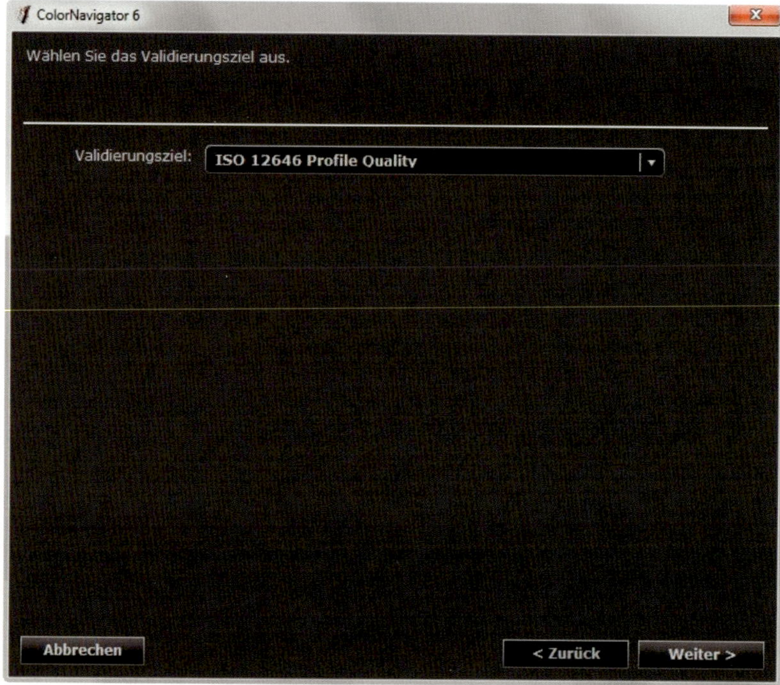

Bei einem Klick auf Weiter> beginnt der Validierungsvorgang mit dem Initialisieren und dem Anbringen des Messgeräts.

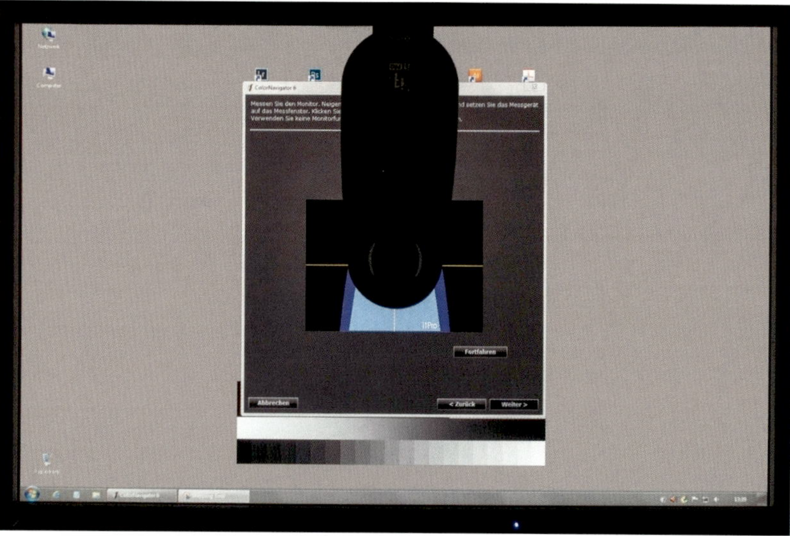

Im nächsten Schritt wird mit dem Klick auf Fortfahren die Validierungsmessung durchgeführt.

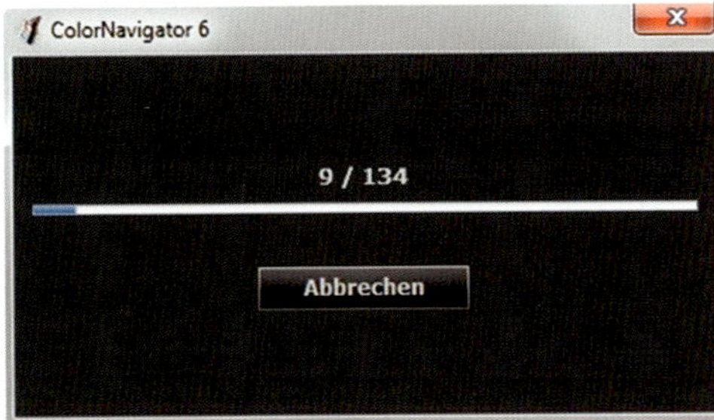

Anhand von 134 Farbfeldern wird die erfolgte Messung überprüft und das Ergebnis auf Wunsch angezeigt:

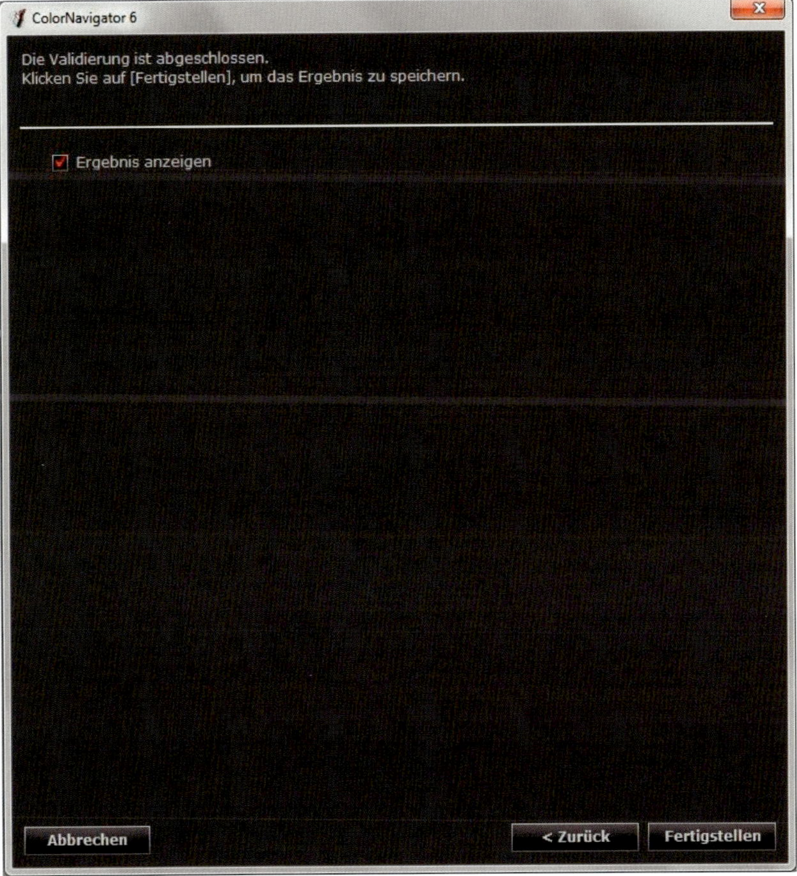

Sie können hier ablesen, wie die DeltaE(ΔE)-Werte , also die Farbdifferenzen sind. In Kapitel 2 können Sie die Bedeutung der Werte für unser Sehsystem nachlesen.

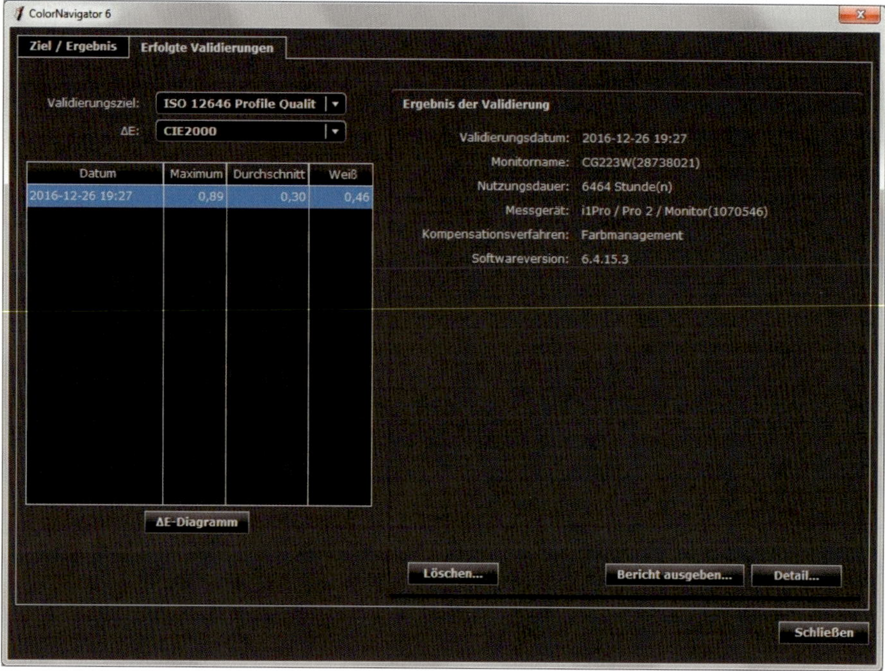

Sie können sich auch noch einmal das Ergebnis Ihrer Messung, die die Basis der Profilbildung war, auf der anderen Registerkarte ansehen.

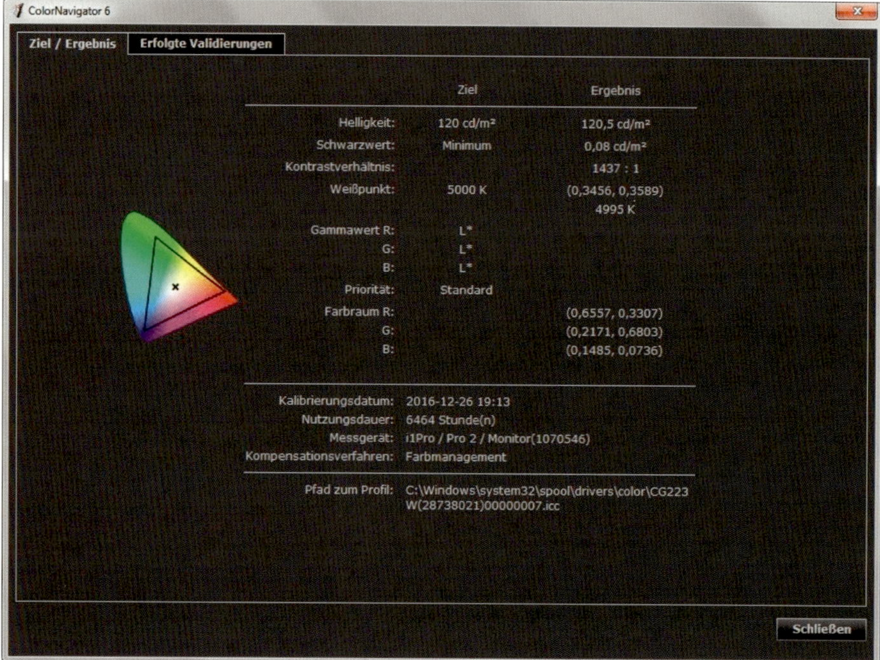

Mit dem Klick auf SCHLIESSEN beenden Sie den kompletten Kalibrierungsprozess, und wenn Sie nach der Installation von ColorNavigator 6 in den Voreinstellungen des Programms nichts geändert haben, dann wird Ihr Profil automatisch im Systemprofilordner abgelegt, der auch im letzten Bild unter ZIEL/ERGEBNIS sichtbar ist.

Color Navigator 6 und Monitore mit integriertem Messgerät

Eizo bietet Monitore mit integriertem Messgerät an. Der Vorteil liegt in der individuellen Abstimmung der Messgeräte auf die Hardware des betroffenen Monitors. Das bedeutet, dass selbst Toleranzen, die durch die Schwankungen in der Produktion von elektronischen Bauteilen hervorgerufen werden, ausgeglichen werden und ein Ergebnis liefern, das in seiner Präzision für eine Monitorkalibrierung nicht zu überbieten ist.

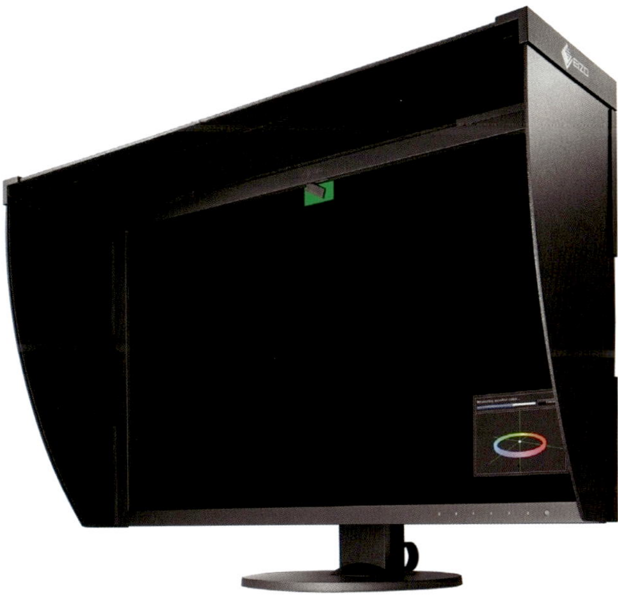

Dieser Eizo-Monitor ist mit einem integrierten Messgerät ausgestattet. Sie sehen dies in ausgeklapptem Zustand beim Messen einer grünen Farbfläche. Der Messvorgang wird über das Monitormenü gestartet und nach den dort erstellten Vorgaben, die sonst in den ColorNavigator eingegeben werden, mit ebendieser Software durchgeführt (siehe unten rechts im Monitor). Durch diese hohe Präzision ist auch eine perfekte Angleichung mehrerer Monitore untereinander möglich.

4.5 DIE PROFILIERUNG MIT NEC SPECTRAVIEW PROFILER 5

Die Software SpectraView Profiler 5 wird den hochwertigen SpectraView-Monitoren der Firma NEC beigefügt und ist identisch mit basICColor display 5. Als Monitorsoftware SpectraView Profiler 5 kann sie allerdings nur den dazugehörigen Monitor hardwarekalibrieren und andere Monitore softwarekalibrieren. Die Software basICColor display 5 kann natürlich universell eingesetzt werden und ist darüber hinaus auch in der Lage, Beamer zu profilieren.

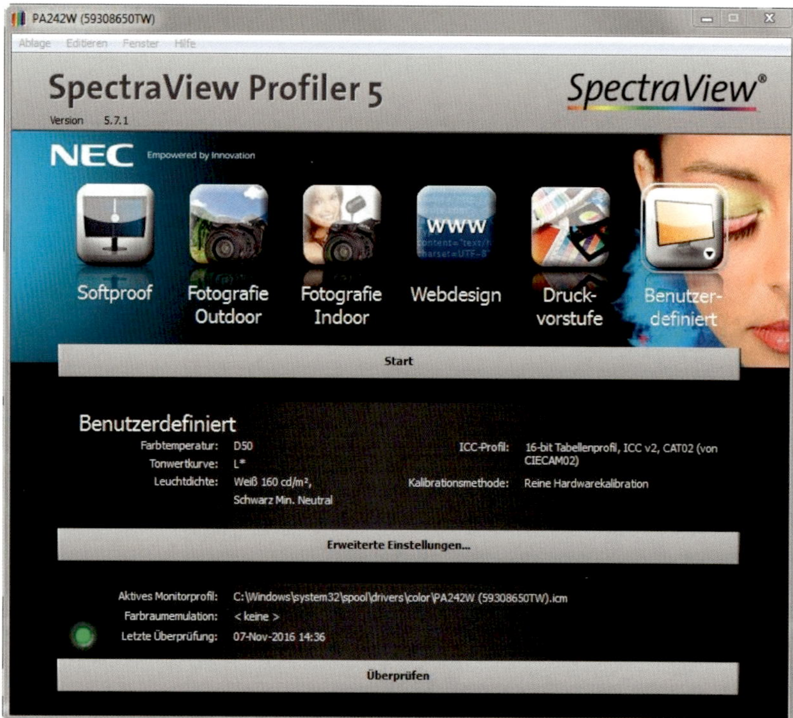

Der SpectraView Profiler 5 bietet Ihnen auf seiner Startseite bereits verschiedene Vorgaben für die Kalibrierung an, wir wollen jedoch auch hier wieder den Weg über die Schaltfläche BENUTZERDEFINIERT und dann auf ERWEITERTE EINSTELLUNGEN gehen, damit Sie die Vorgaben Ihrer Workflows berücksichtigen können.

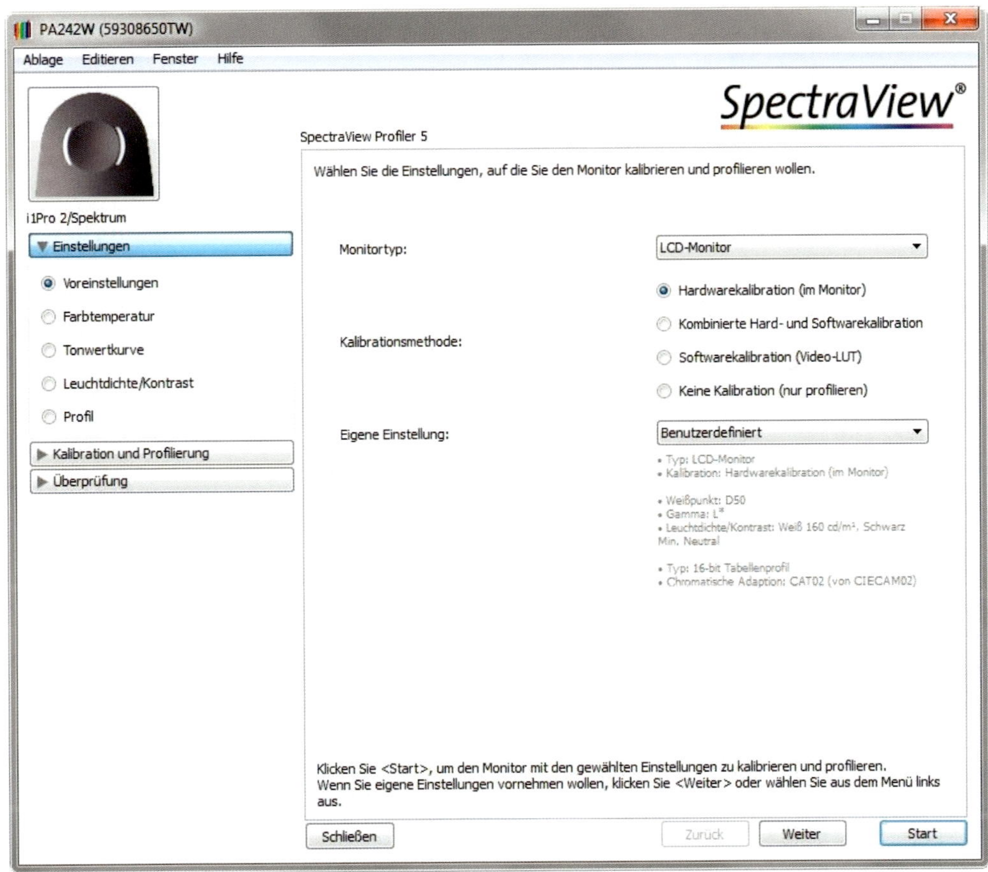

Auch hier werden Sie Schritt für Schritt durch die Menüs geführt, um alle notwendigen Eingaben zu tätigen. Im ersten Eingabefenster können Sie zuerst den MONITORTYP auswählen. LCD-MONITOR ist schon vorgewählt, die KALIBRATIONSMETHODE können Sie ebenfalls auswählen, in unserem Falle ist das eine HARDWAREKALIBRATION und unter EIGENE EINSTELLUNGEN wählen Sie natürlich BENUTZERDEFINIERT.

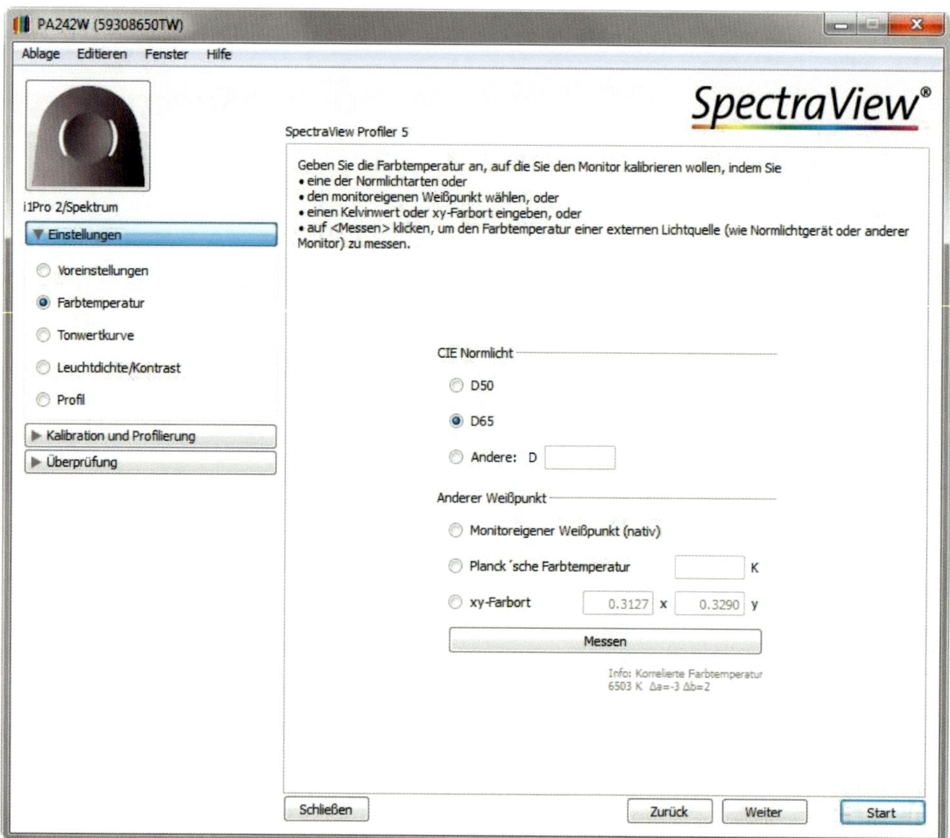

Im zweiten Fenster wählen Sie den Weißpunkt und stellen damit die gewünschte Farbtemperatur des Monitors ein. Auch wenn er hier anders benannt ist, so ist doch immer der Weißpunkt gemeint. Sie können ihn anhand der Normlichtart mit manueller Eingabe in D-Werten nach CIE Normlicht, als reine Kelvinangabe oder per Koordinaten als xy-Farbort eingeben. Es bleibt aber immer der Weißpunkt, den Sie mit D65 wählen.

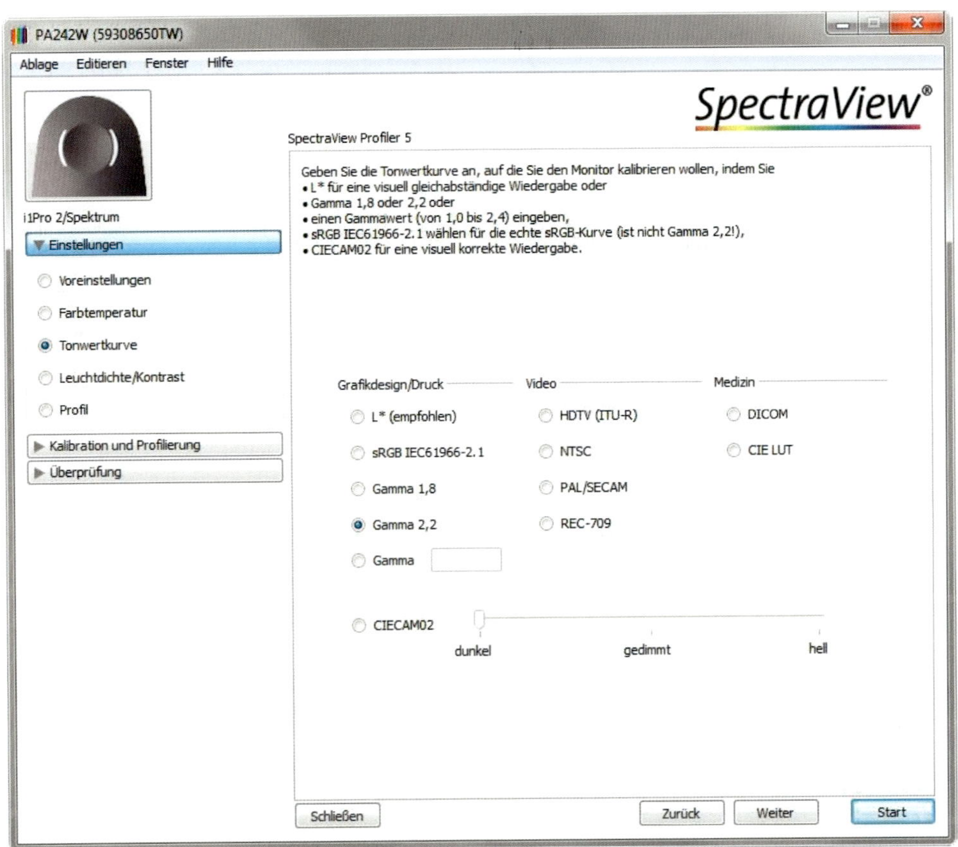

Das führt beim Klick auf WEITER zu den Gammawerten, die hier mit TONWERTKURVE benannt sind, deren Winkel ja als Gammawert ausgedrückt wird. Es gibt hier eine Unterscheidung der Standards in GRAFIKDESIGN/DRUCK, im Bereich VIDEO und in MEDIZIN. Für uns ist der Bereich Fotografie von Bedeutung, der hier unter GRAFIKDESIGN/DRUCK zu finden ist, und dort wählen Sie das dem D65-Workflow entsprechende GAMMA 2,2. CIECAM02 versucht unter anderem, auf die Farbwahrnehmung von gleichen Farben auf unterschiedlichen Hintergründen einzugehen und eine verbesserte, dem Sehempfinden angepasste Wiedergabe zu erreichen. Die chromatische Adaption soll hier ebenfalls berücksichtigt werden. Eine Einstellung im Vorfeld ohne visuelle Hilfestellung erscheint mir schwierig.

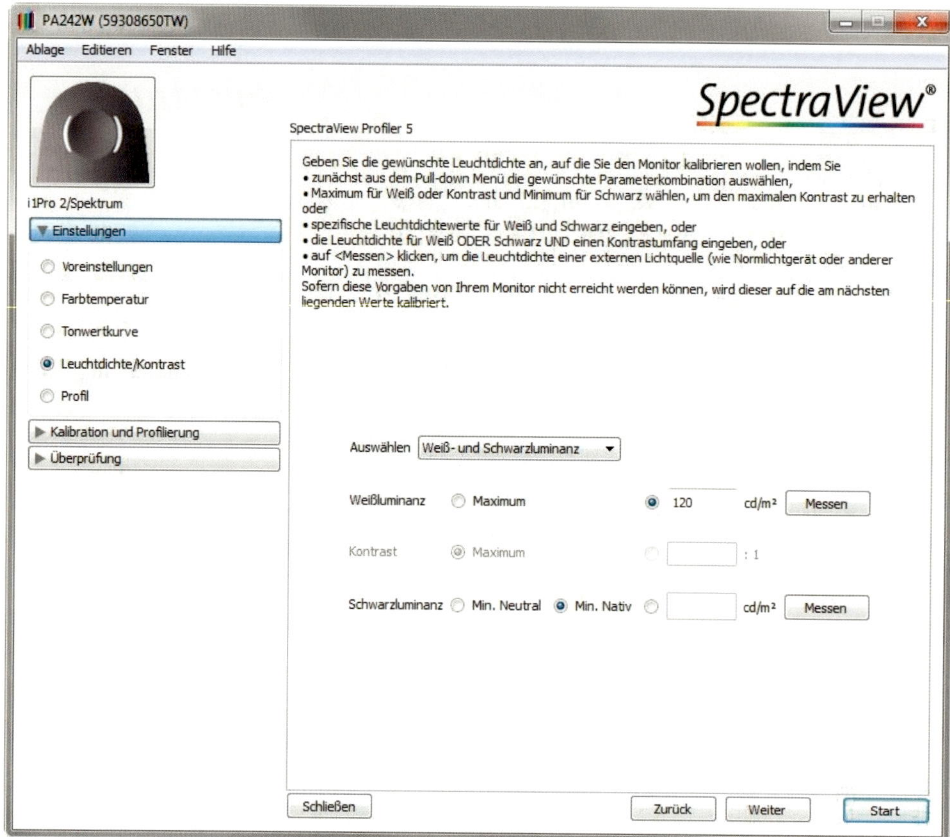

Unter LEUCHTDICHTE/KONTRAST stellen Sie die Helligkeit mit 120 CD/M2 ein. Die SCHWARZLUMINANZ stellen Sie auf MIN. NATIV oder geben unter KONTRAST nach Umstellung im Dropdown AUSWÄHLEN auf WEISSLUMINANZ UND KONTRAST manuell 287:1 ein, wenn Sie die Vorgehensweise wie im i1 Profiler von x·rite (ICC-PCS-Schwarzpunkt) wünschen.

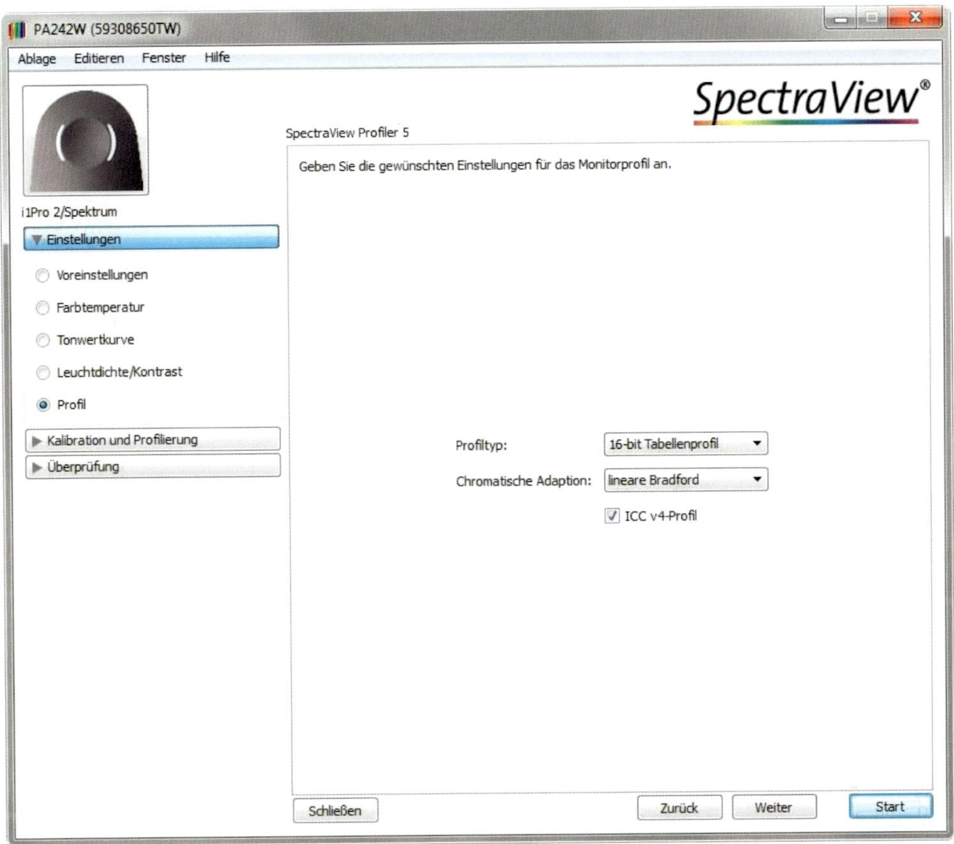

Zum Profil selbst können Sie im nächsten Fenster Angaben machen. Es ist unter PROFILTYP möglich, zwischen einem 16-BIT TABELLENPROFIL oder einem MATRIXPROFIL zu wählen. Darüber hinaus kann unter CHROMATISCHE ADAPTION im Dropdown zwischen KEINE, VON KRIES, BRADFORD und CAT02 (VON CIECAM02) gewählt werden. CAT02 ist schon Bestandteil von CIECAM02, und wenn Sie das als TONWERTKURVE im vorletzten Fenster gewählt haben, stellen Sie hier auf KEINE. Ansonsten ist LINEARE BRADFORD die richtige Wahl. Setzen Sie das Häkchen, sodass ein ICC V4PROFIL geschrieben wird.

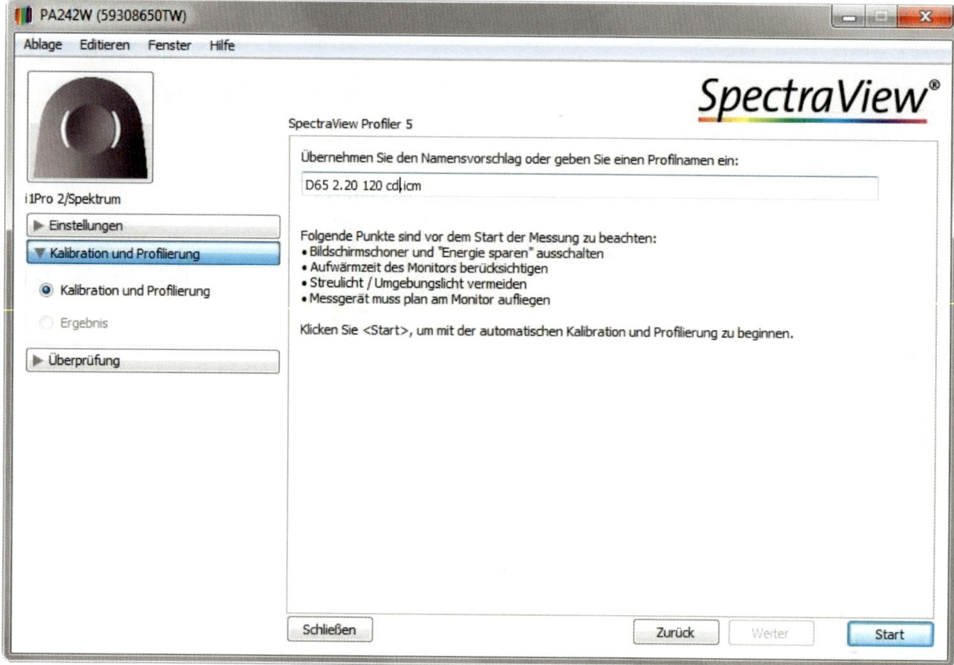

Weiter geht es mit der KALIBRATION UND PROFILIERUNG. Jetzt können Sie einen Namen für das Profil vergeben. Die Konventionen habe ich schon mehrfach beschrieben. Beim Klick auf START geht es mit der Messung los.

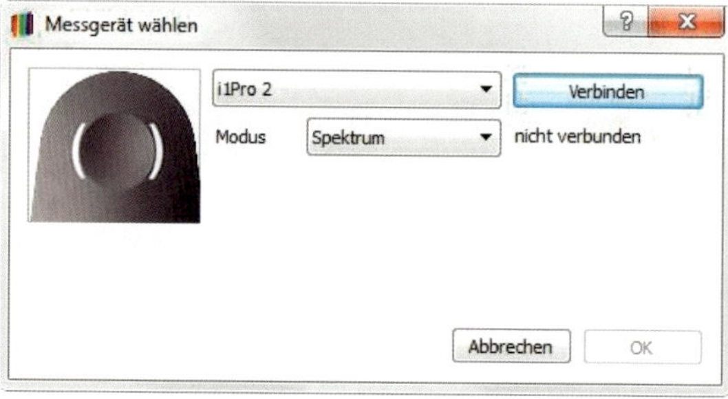

Zunächst muss das Messgerät initialisiert werden. Dazu wählen Sie es im Dropdown aus und klicken auf VERBINDEN.

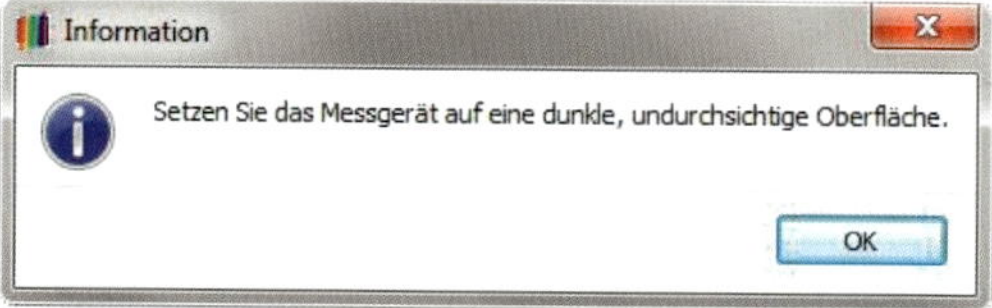

Danach werden Sie aufgefordert, das Messgerät auf die Weißkachel zu setzen, damit es kalibriert werden kann.

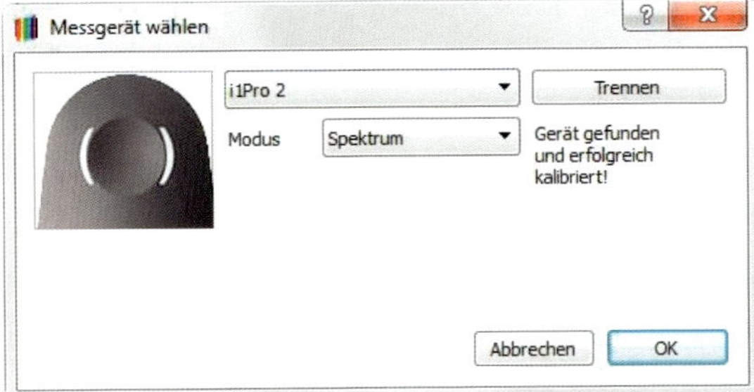

Wenn dies geschehen ist, erhalten Sie dieses Fenster und ...

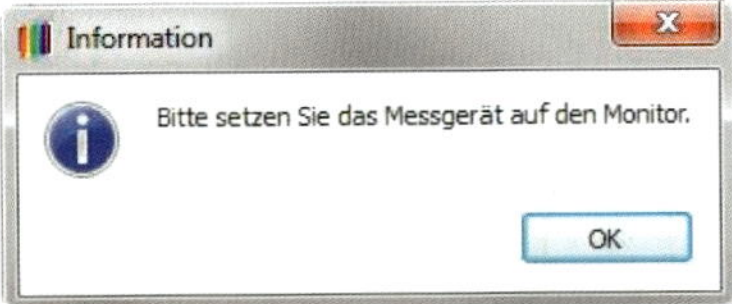

... werden aufgefordert, das Messgerät am Monitor anzubringen.

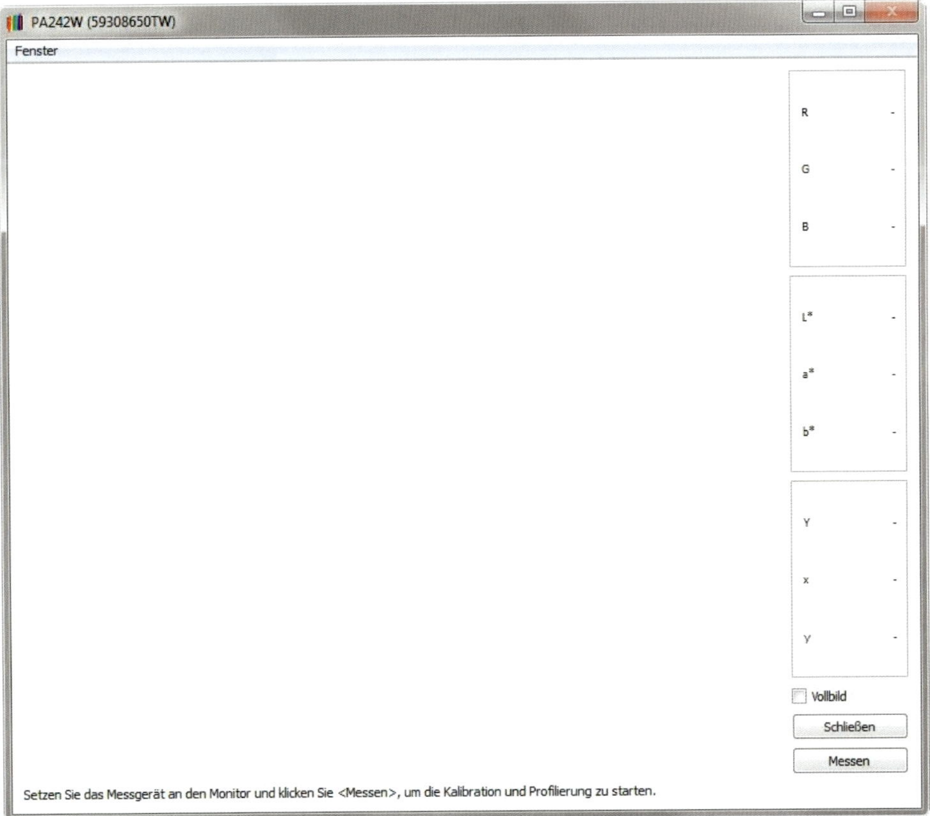

Wenn dann dieses Fenster erscheint, klicken Sie auf MESSEN und der Messvorgang wird gestartet. Auf der rechten Seite können Sie anhand der auftauchenden Zahlenwerte sehr schön erkennen, wie behutsam die Kalibrierung erfolgt. Vielleicht kennen Sie das aus den Gradationskurven von Photoshop, dass durch die Änderung einer Farbkurve im RGB-Farbraum natürlich die anderen beiden Kurven mit beeinflusst werden. Diese müssen dann nachgeregelt werden. Um ein vernünftiges Ergebnis mit hoher Präzision zu erreichen, ist eine Anpassung in kleinen Schritten der beste Weg, und der wird hier zurückgelegt.

Nach dem Messvorgang und dem Speichern des Profils setzt automatisch der Validierungsprozess ein und die dazugehörige Messung beginnt.

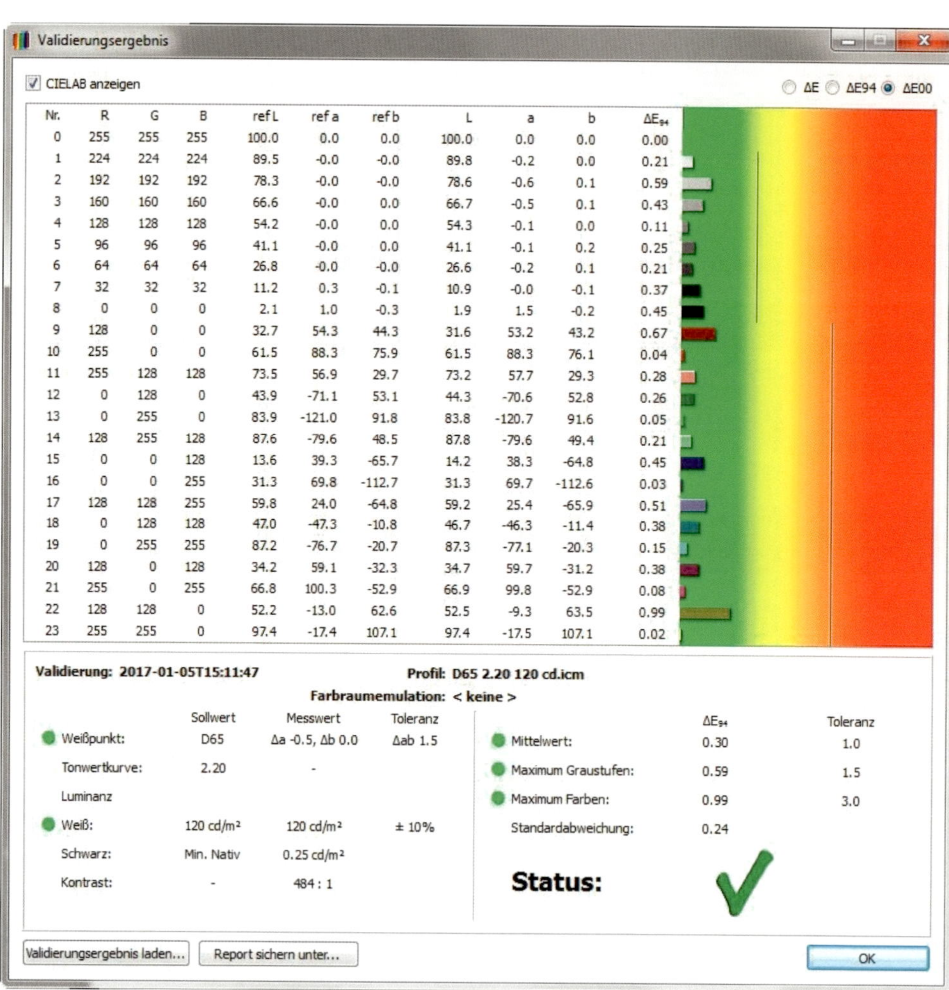

Nr.	R	G	B	ref L	ref a	ref b	L	a	b	ΔE_{94}
0	255	255	255	100.0	0.0	0.0	100.0	0.0	0.0	0.00
1	224	224	224	89.5	-0.0	-0.0	89.8	-0.2	0.0	0.21
2	192	192	192	78.3	-0.0	-0.0	78.6	-0.6	0.1	0.59
3	160	160	160	66.6	-0.0	0.0	66.7	-0.5	0.1	0.43
4	128	128	128	54.2	-0.0	0.0	54.3	-0.1	0.0	0.11
5	96	96	96	41.1	-0.0	0.0	41.1	-0.1	0.2	0.25
6	64	64	64	26.8	-0.0	-0.0	26.6	-0.2	0.1	0.21
7	32	32	32	11.2	0.3	-0.1	10.9	-0.0	-0.1	0.37
8	0	0	0	2.1	1.0	-0.3	1.9	1.5	-0.2	0.45
9	128	0	0	32.7	54.3	44.3	31.6	53.2	43.2	0.67
10	255	0	0	61.5	88.3	75.9	61.5	88.3	76.1	0.04
11	255	128	128	73.5	56.9	29.7	73.2	57.7	29.3	0.28
12	0	128	0	43.9	-71.1	53.1	44.3	-70.6	52.8	0.26
13	0	255	0	83.9	-121.0	91.8	83.8	-120.7	91.6	0.05
14	128	255	128	87.6	-79.6	48.5	87.8	-79.6	49.4	0.21
15	0	0	128	13.6	39.3	-65.7	14.2	38.3	-64.8	0.45
16	0	0	255	31.3	69.8	-112.7	31.3	69.7	-112.6	0.03
17	128	128	255	59.8	24.0	-64.8	59.2	25.4	-65.9	0.51
18	0	128	128	47.0	-47.3	-10.8	46.7	-46.3	-11.4	0.38
19	0	255	255	87.2	-76.7	-20.7	87.3	-77.1	-20.3	0.15
20	128	0	128	34.2	59.1	-32.3	34.7	59.7	-31.2	0.38
21	255	0	255	66.8	100.3	-52.9	66.9	99.8	-52.9	0.08
22	128	128	0	52.2	-13.0	62.6	52.5	-9.3	63.5	0.99
23	255	255	0	97.4	-17.4	107.1	97.4	-17.5	107.1	0.02

Das Ergebnis der Messung sehen Sie in obigem Fenster. Stellen Sie die Anzeige ganz oben rechts auf DELTAE(ΔE) 2000. Hier liegen alle DeltaE(ΔE)-Werte unter 1 und sind hervorragend. Der grüne Haken bestätigt dies.

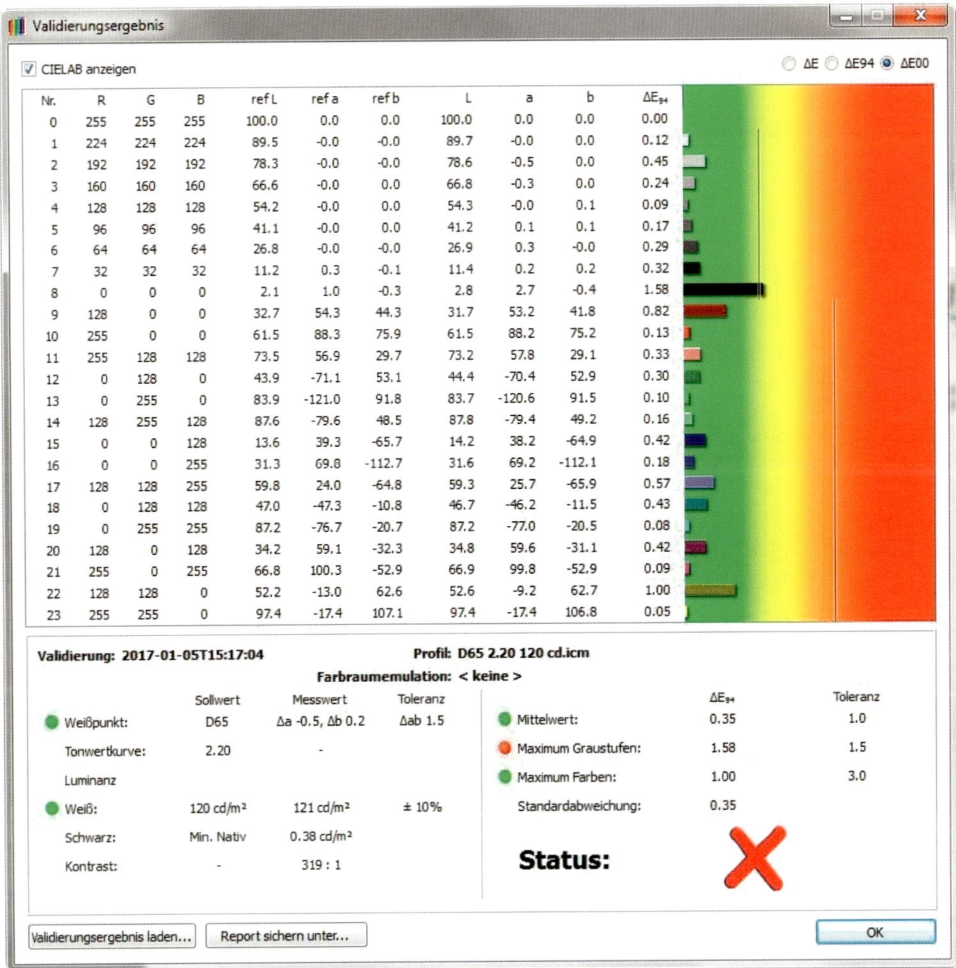

Nr.	R	G	B	ref L	ref a	ref b	L	a	b	ΔE_{94}
0	255	255	255	100.0	0.0	0.0	100.0	0.0	0.0	0.00
1	224	224	224	89.5	-0.0	-0.0	89.7	-0.0	0.0	0.12
2	192	192	192	78.3	-0.0	-0.0	78.6	-0.5	0.0	0.45
3	160	160	160	66.6	-0.0	0.0	66.8	-0.3	0.0	0.24
4	128	128	128	54.2	-0.0	0.0	54.3	-0.0	0.1	0.09
5	96	96	96	41.1	-0.0	0.0	41.2	0.1	0.1	0.17
6	64	64	64	26.8	-0.0	-0.0	26.9	0.3	-0.0	0.29
7	32	32	32	11.2	0.3	-0.1	11.4	0.2	0.2	0.32
8	0	0	0	2.1	1.0	-0.3	2.8	2.7	-0.4	1.58
9	128	0	0	32.7	54.3	44.3	31.7	53.2	41.8	0.82
10	255	0	0	61.5	88.3	75.9	61.5	88.2	75.2	0.13
11	255	128	128	73.5	56.9	29.7	73.2	57.8	29.1	0.33
12	0	128	0	43.9	-71.1	53.1	44.4	-70.4	52.9	0.30
13	0	255	0	83.9	-121.0	91.8	83.7	-120.6	91.5	0.10
14	128	255	128	87.6	-79.6	48.5	87.8	-79.4	49.2	0.16
15	0	0	128	13.6	39.3	-65.7	14.2	38.2	-64.9	0.42
16	0	0	255	31.3	69.8	-112.7	31.6	69.2	-112.1	0.18
17	128	128	255	59.8	24.0	-64.8	59.3	25.7	-65.9	0.57
18	0	128	128	47.0	-47.3	-10.8	46.7	-46.2	-11.5	0.43
19	0	255	255	87.2	-76.7	-20.7	87.2	-77.0	-20.5	0.08
20	128	0	128	34.2	59.1	-32.3	34.8	59.6	-31.1	0.42
21	255	0	255	66.8	100.3	-52.9	66.9	99.8	-52.9	0.09
22	128	128	0	52.2	-13.0	62.6	52.6	-9.2	62.7	1.00
23	255	255	0	97.4	-17.4	107.1	97.4	-17.4	106.8	0.05

Validierung: 2017-01-05T15:17:04 **Profil: D65 2.20 120 cd.icm**

Farbraumemulation: < keine >

	Sollwert	Messwert	Toleranz
Weißpunkt:	D65	Δa -0.5, Δb 0.2	Δab 1.5
Tonwertkurve:	2.20	-	
Luminanz			
Weiß:	120 cd/m²	121 cd/m²	± 10%
Schwarz:	Min. Nativ	0.38 cd/m²	
Kontrast:	-	319 : 1	

	ΔE_{94}	Toleranz
Mittelwert:	0.35	1.0
Maximum Graustufen:	1.58	1.5
Maximum Farben:	1.00	3.0
Standardabweichung:	0.35	

Status:

Wenn der Monitor ein vernünftiges Ergebnis nicht zulässt (wurde von mir hier manipuliert), dann erhalten Sie ein abschließendes Fenster, das mit dem roten Kreuz darstellt, dass kein brauchbares Profil zu erstellen war.

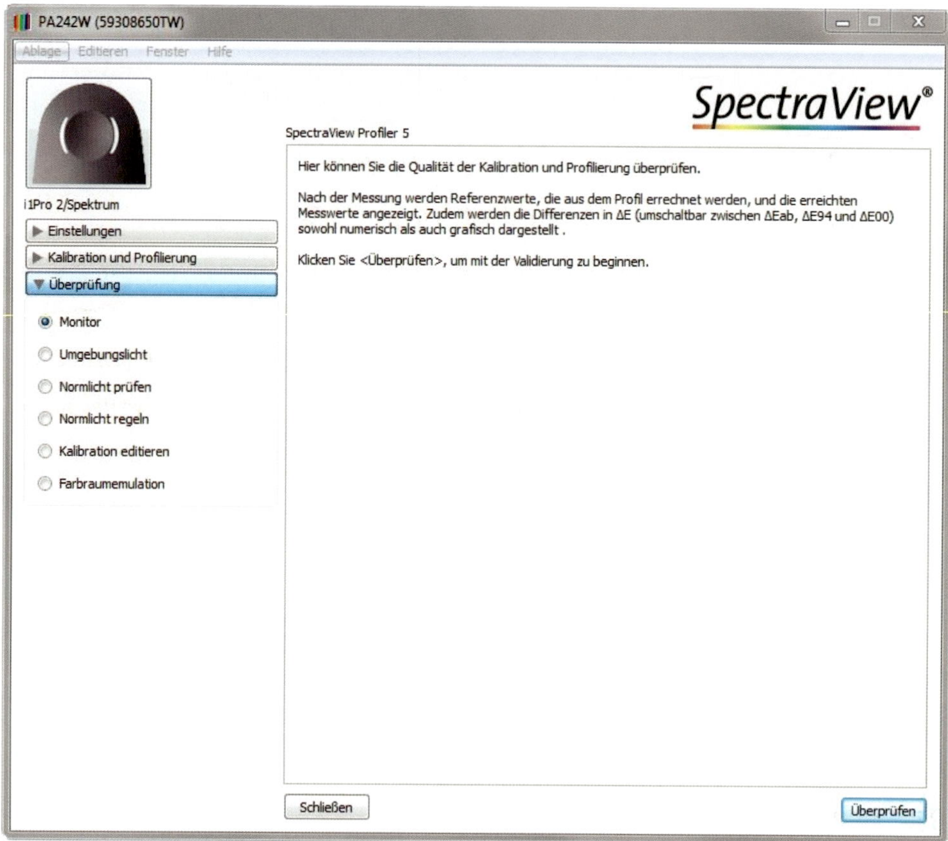

Im Dropdown ÜBERPRÜFUNG stehen in SpectraView 5 mehrere Möglichkeiten zur Verfügung, weitere Bedingungen zu testen. In der Auswahl MONITOR können Sie den gerade durchgeführten Validierungsprozess manuell starten.

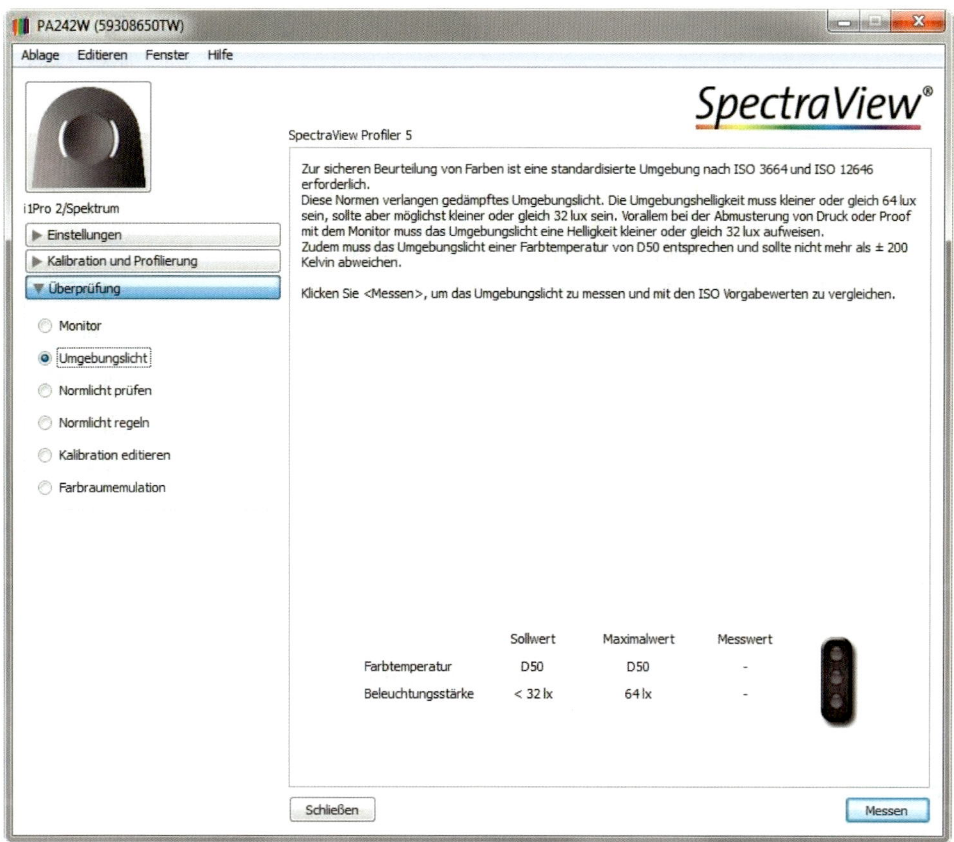

Unter UMGEBUNGSLICHT können Sie das Normlicht D50 testen. Hier zeigt sich einmal mehr, warum in der Auswahlmöglichkeit GRAFIKDESIGN/DRUCK während des Kalibrierungsvorgangs die Fotografie nicht erwähnt war. Diese Überprüfung ist also nur dann sinnvoll, wenn Sie beabsichtigen, Vorlagen für den Offsetdruck zu erstellen und die gelieferten oder eigenen Proofs mit dem Monitor zu vergleichen. Hier gibt es zwei Möglichkeiten. Die beste ist die Nutzung einer Normlichtkabine zur Abmusterung, also dem Vergleich zwischen Monitor und Hard-Proof. Dann sollte das Umgebungslicht gedämpft sein (32–64 lx) und die Normlichtkabine sollte mit dem Monitor abgestimmt sein, sodass in der Betrachtung von Monitorbild und gedrucktem Proof die gleichen Helligkeitswahrnehmungen entstehen.

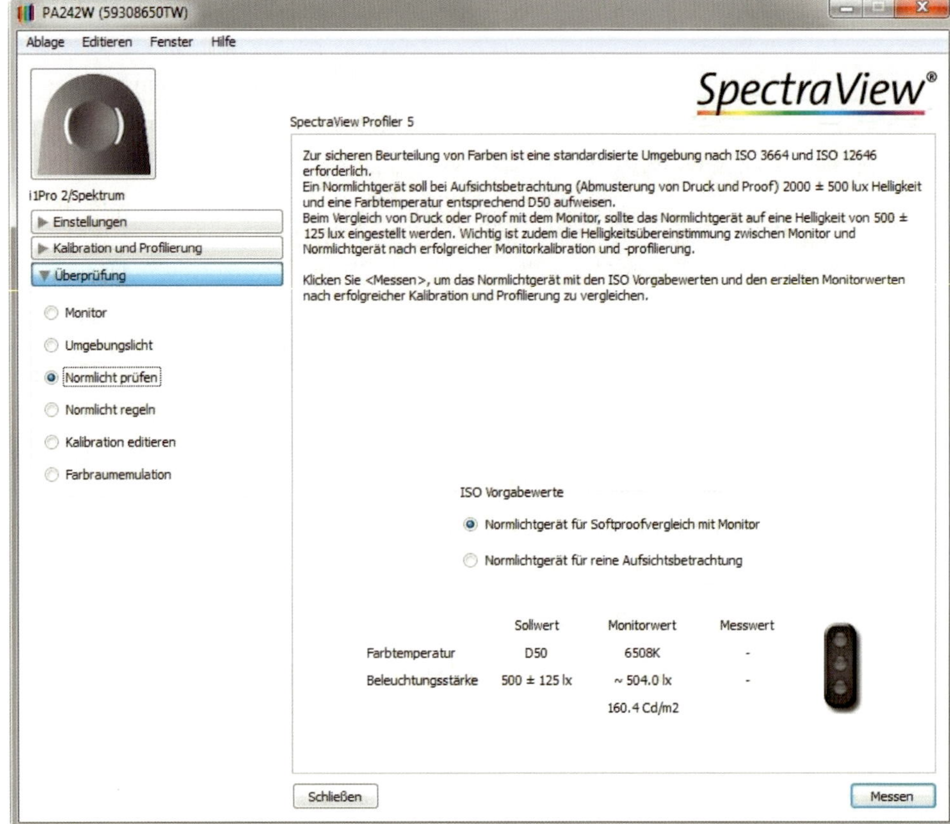

Die zweite Möglichkeit ist, ein Umgebungslicht einzusetzen, das auch gleichzeitig als Betrachtungslicht für den Hard-Proof dient. Dann sollte das Umgebungslicht nicht den Monitor blenden und ebenfalls in seiner Helligkeit mit dem Monitor abgestimmt sein. In der Einstelloption NORMLICHT PRÜFEN können Sie ein Normlichtgerät in seiner Helligkeit messen und je nach Bauart anpassen. Die hier angezeigten Normwerte von ca. 500 lx gelten auch für die Lösung mit normgerechtem Umgebungslicht ohne Normlichtkabine. Bedenken Sie, dass die Lichtstärke einer Beleuchtungseinrichtung bei Abstandsveränderung stark nachlässt und nach dem Abstandsgesetz bei Verdopplung der Entfernung nur noch ein Viertel der ursprünglichen Lichtmenge ankommt. So können Sie sehr gut die Helligkeit auf Ihrer zu vergleichenden Vorlage abstimmen.

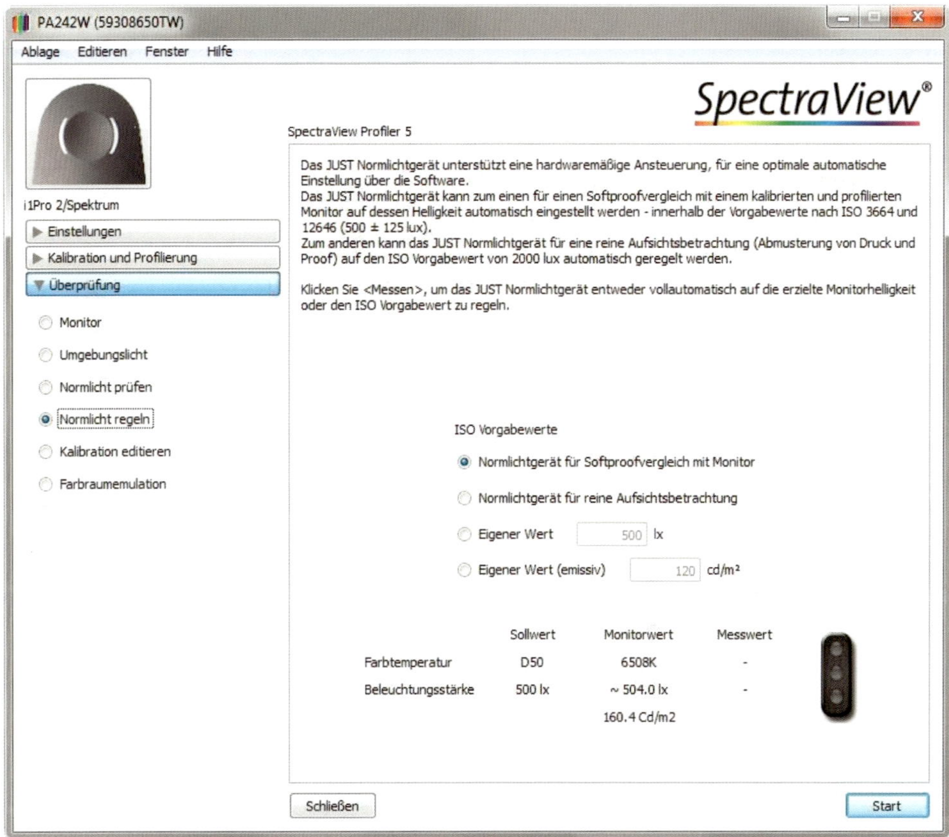

Unter NORMLICHT REGELN geht es um die Ansteuerung bestimmter Just-Normlichtkabinen. Leider kann ich dies wegen fehlender Unterstützung der Firma Just in jeglicher Form nicht demonstrieren.

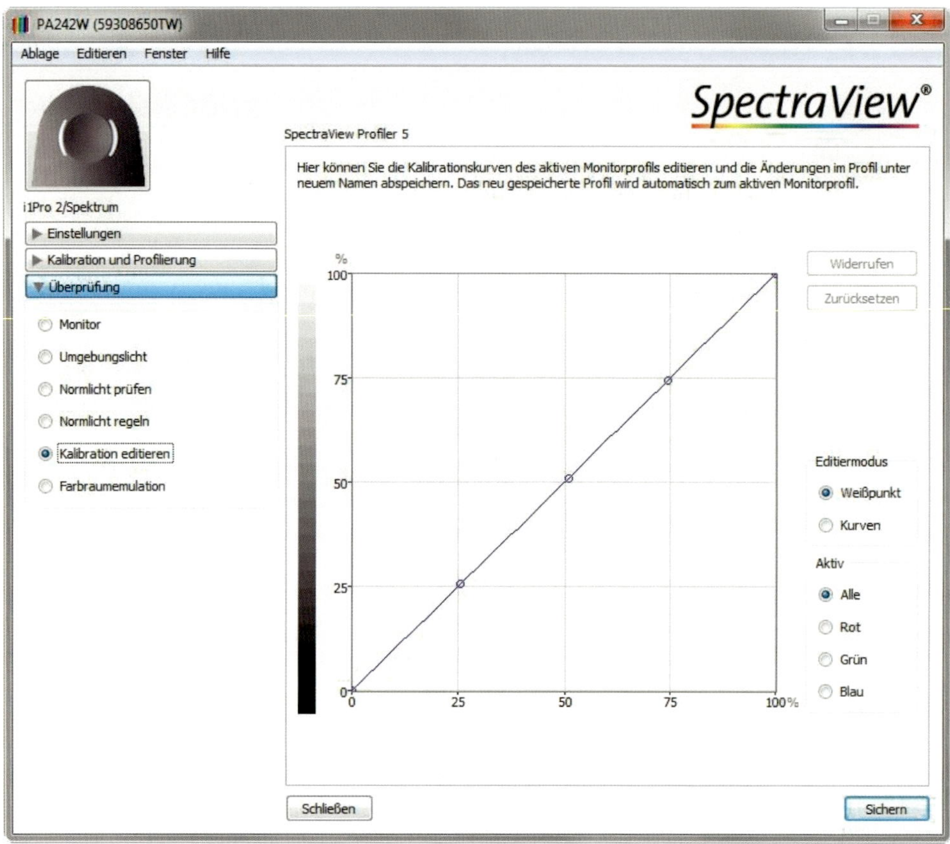

Unter KALIBRATION EDITIEREN ist es möglich, die entstandene Gradationskurve in allen Kanälen oder im Gesamtkanal zu editieren. Hier wäre im Bedarfsfall eine Schattenanhebung möglich, grundsätzlich rate ich eher von der Manipulation der Kurven ab.

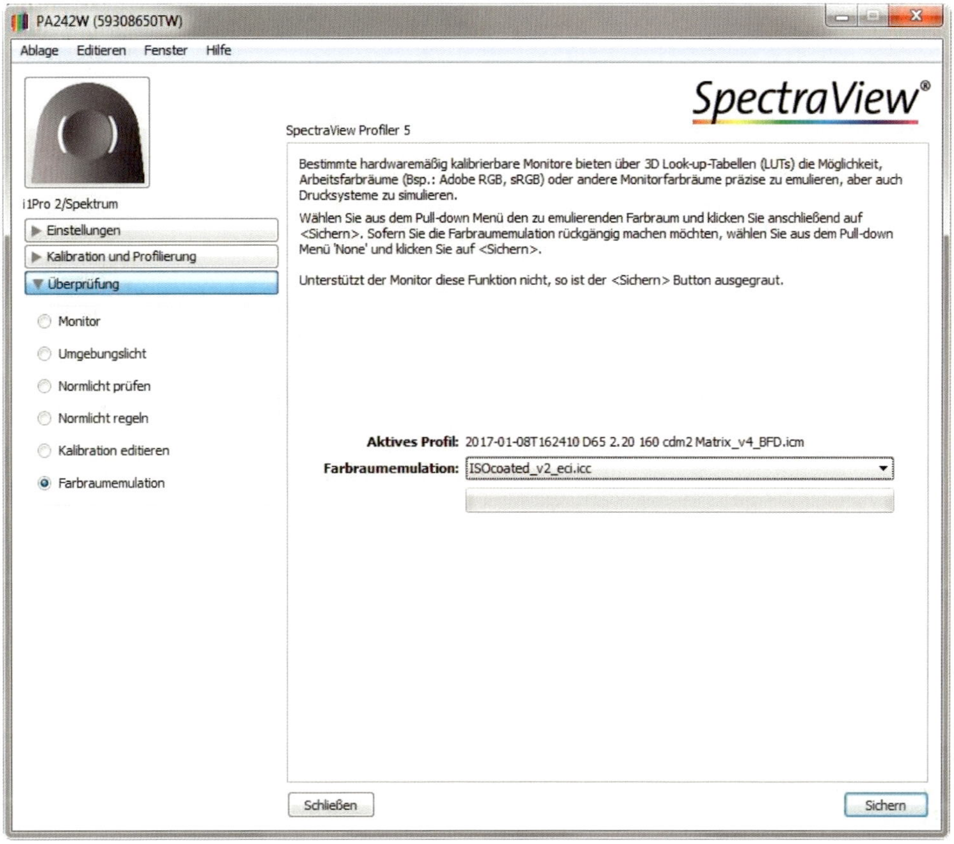

Letztendlich kann unter FARBRAUMEMULATION ein auf dem Rechner existierendes Profil emuliert werden, das heißt, der Monitor stellt alle Farben so dar, wie sie mit entsprechendem Profil in der Ausgabe aussähen. Dazu nutzen wir später in den Kapiteln über die verschiedenen Ausgabeformen den Soft-Proof.

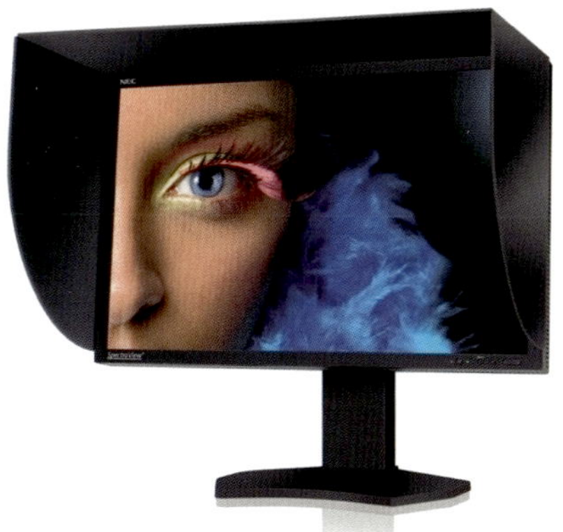

Abbildung 4.3
Wenn die Profilierung richtig läuft, kann sich das Ergebnis sehen lassen.

KAPITEL 5

Eingabegeräte und ihre Profilierung

5.1 DER SCANNER

Archive und hybrider Workflow

Neben dem klassischen Eingabemedium, der Kamera, gibt es als weitere Eingabemedien Scanner und selbst erstellte Dateien wie Grafiken oder Montagen. Die Scanner sind, ähnlich der Kamera, Geräte, die aus tatsächlich existierenden Vorlagen Eingabedaten kreieren, deren Entstehung den Beginn eines Workflows darstellt. Heutzutage hat der Scanner in der Fotografie zwei Aufgaben: Er soll analoge Archive digitalisieren oder in einem hybriden Workflow die Wandlung vom analogen Film zur digitalen Bilddatei vollziehen. Bei vielen Fotografen schlummern noch analoge Archive in Form von Schuhkartonablage bis hin zu archivfesten Negativ- und Diahüllen, die wiederum in archivfesten Ordnern abgeheftet sind und in mit Kalziumkarbonat gepufferten Archivkartons ihr Dasein fristen. Die letztgenannte Form wird wahrscheinlich unsere digitalen Dateien überdauern, trotzdem kann es sinnvoll sein, analoges Filmmaterial zu digitalisieren. Wir können so schnell einen Abzug auf einem Inkjet-Drucker erstellen, eine Datei per E-Mail versenden oder auch noch eine Bildbearbeitung vornehmen, die unter analogen Bedingungen länger gedauert oder unmöglich gewesen wäre. Große Film- und Bildbestände in Museen werden somit genauso digitalisiert wie die der Fotografen. Darüber hinaus gibt es immer noch bzw. wieder Fotografen, die gerade wegen der Archivfestigkeit des Filmmaterials oder wegen der speziellen Anmutung desselben auf die analoge Technik zurückgreifen. Anmutung kann hier eine spezielle Farbgebung, das besondere Korn oder der insgesamt entstehende Bildeindruck des Aufnahmematerials sein. Da der ganz große Boom der Archivaufarbeitung vorbei ist, ist der Markt der Scanner insgesamt kleiner geworden und legendäre Geräte wie der Nikon Coolscan werden leider nicht mehr angeboten. Auf der anderen Seite sind aber ehemals sündhaft teure Trommelscanner aufgrund ihrer Größe und ihres Gewichts manchmal für ein paar Euro zu erwerben. Wer den Platz und eine passende Transportmöglichkeit hat, bekommt hier Topqualität zum Schnäppchenpreis.

Trommel-, Film- und Flachbettscanner

Die gerade schon erwähnten Trommelscanner sind groß, sperrig, aber bedingt durch ihre Konstruktion exzellent in ihrer Auflösung und in ihrem Dichteumfang. Die Vorlage wird auf eine Trommel, die sich beim Scanvorgang dreht, aufgebracht und über einen Arm mit Vorschub, der sich über der Trommel befindet, abgetastet. Die entstehenden elektrischen Signale können softwaregesteuert geräteintern verändert werden und so zum Beispiel direkt gerastert werden. Trommelscanner findet man noch von der Firma Heidelberg.

Bei den Filmscannern handelt es sich um eine Bauform, die in etwa der Durchlichteinheit eines Flachbettscanners entspricht. Eine Ausnahme bilden hier die Hasselblad-Flextight-Scanner, die im Prinzip virtuelle Trommelscanner sind und bei kleinerer Bauform die alten Trommelscanner noch übertreffen. Weitere Filmscanner gibt es noch von Braun, Plustek und Reflecta.

Flachbettscanner sind die heute sicherlich am weitesten verbreiteten Scanner. Sie werden als reine Geräte für Aufsichtsvorlagen oder mit einer Durchlichteinheit auch für Filmmaterial in Form von Negativ- oder Diafilm angeboten. Sie werden von Canon, Epson, Mikrotek und Plustek angeboten.

Scansoftware und Profilierungsgründe

Für alle Scanner gibt es in der Regel eine hauseigene Scansoftware, die mit dem Scannertreiber installiert wird. Normalerweise ist hier keine Möglichkeit für eine Profilierung des Scanners vorgesehen. Arbeiten Scanner mit einer langzeitstabilen LED-Beleuchtung, ist auch die Farbwiedergabe mit den mitgelieferten Profilen schon sehr ordentlich. Wenn Sie höherwertige Ansprüche verfolgen, ist jedoch eine individuelle Scannerprofilierung der richtige Weg. Zwei Gründe sprechen für eine individuelle Profilierung des Scanners. Erstens kann es um exakt farbrichtige Wiedergabe beim Scan gehen, wenn es sich um die Reproduktion von Kunstwerken handelt, wo z.B. auch künstlerisch beabsichtigte Farbstiche oder -verfremdungen originalgetreu wiedergegeben werden sollen. Zweitens ist jede Lichtquelle altersbedingt einer farblichen Verschiebung unterworfen, so auch die Beleuchtungseinrichtung eines Scanners.

Hasselblad-Flextight-Scanner werden mit der Flexcolor-Software betrieben, die eine sogenannte 3F-Datei erstellen, die mit der Raw-Datei einer Kamera zu vergleichen ist. Die 3F-Datei wird nie verändert und aus ihr können unterschiedliche Varianten erstellt werden, die auch jeweils andere Farbumfänge haben können. Für die meisten der anderen Scanner gibt es, oft auch als Bundle angeboten, eine Scansoftware namens SilverFast von der Firma Lasersoft. Diese mehrfach prämierte Software, mit der eine vergleichbare Scanlösung durchführbar ist wie mit den 3F-Dateien der Flexcolor-Software, ist quasi ein Industriestandard und ich stelle hier wegen ihrer großen Verbreitung beispielhaft damit eine Scannerprofilierung an einem Canon-9000-F-Mark-II-Scanner vor. Danach werde ich das Farbmanagement der ebenfalls weit verbreiteten Scansoftware VueScan vorstellen, die auch eine Art Raw-Verarbeitung bietet. Mit der Erstellung eines Masterscans geht es immer um die Speicherung eines Archivscans, der in weitere Farbräume oder Größen, je nach Anforderung, ausgegeben werden kann. Abschließend komme ich auf die Profilierung von Scannern mit der i1 Profiler Software von x·rite und der input 5 Software von basICColor zu sprechen.

Die Profilierung des Scanners mit SilverFast

Nach der Installation des Scanners und der Software ist der Scanner auf die jeweilige Scanart vorzubereiten, das heißt, er muss entweder auf Scannen einer Aufsichtsvorlage oder eines Films eingestellt sein. Normalerweise werden die Aufsichtsvorlagen auf das Scannerglas gelegt und mit einer gepolsterten Andruckplatte im Deckel auf die Glasplatte des Scanners gedrückt. Filme oder gerahmte Dias werden im entsprechenden Filmhalter fixiert, die dann auf der Glasplatte des Scanners abgelegt werden. Natürlich können die Filmstreifen auch direkt auf der Glasplatte fixiert werden. Die Durchlichteinheit des Scanners befindet sich in der Regel im Scannerdeckel. Um einen Zugang zur ihr zu gewährleisten, ist die Andruckplatte für Aufsichtsvorlagen aus dem Deckel zu entfernen.

Scanner werden normalerweise mit einem sogenannten IT8-Target profiliert. Diese Targets gibt es als Aufsichtsvorlage in Form eines Fotoabzugs oder Offset-Drucks und als Durchsichtsvorlage in Form eines Films. Sie werden mit der Scansoftware geliefert oder sind über das Internet oder den Fotofachhandel zu beziehen. Diese Targets werden gescannt und mit einer Referenzdatei, die in der SilverFast-Software hinterlegt ist, verglichen. Diese Referenzdatei enthält die tatsächlichen Farbwerte des Targets. Abweichungen, die sich z.B. durch die Scannerbeleuchtung ergeben und Differenzen zum Ist-Wert des Targets darstellen, werden nun in einem Profil hinterlegt, das durch die Software erstellt wird. Dieses Profil beinhaltet jetzt die Korrekturwerte für diese Scanmethode. Bei jedem weiteren Scan mit diesem Profil werden also die vorhandenen Scanbedingungen berücksichtigt und über das Profil kompensiert, sodass es zu einer farbrichtigen Ausgabe kommt. Um eine möglichst genaue Profilierung zu erreichen, werden die Targets bei der Herstellung mit einer Referenznummer versehen, die dann auf die entsprechende Referenzdatei verweist. Es gibt individuell vermessene Targets und solche, die mit Sammelvermessung entstehen, wobei die Herstellungsabläufe für beide Arten von Targets gleich sind. Einzig die Referenzdateien sind unterschiedlich angefertigt. Die individuell vermessenen Targets enthalten die exakten Werte der zugeordneten und gelieferten Targets; bei der Sammelproduktion werden für die Referenzdateien Durchschnittswerte aus dem Anfang, der Mitte und dem Ende der gesamten Produktion errechnet. Die individuellen Targets bieten somit ein Höchstmaß an Genauigkeit.

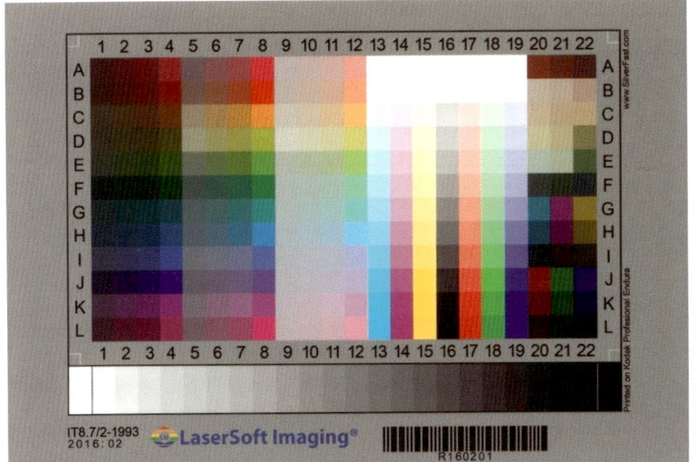

Abbildung 5.1
Ein Aufsichtstarget von LaserSoft Imaging. Der Barcode sagt der Software, um welches Target es sich handelt.

Profilierung für Aufsichtsvorlagen

Die Profilierung mit der SilverFast-Software ist durch die automatisierte Vorgehensweise ein Kinderspiel. Beginnen wir mit der Profilierung für Aufsichtsvorlagen. Legen Sie das IT8-Target auf die Glasplatte des Scanners.

Abbildung 5.2
Das IT8-Target auf der Glasplatte des Scanners

Schließen Sie den Deckel und klicken Sie in der Werkzeugleiste der Software auf die Schaltfläche für die IT8-Profilierung (IT8-KAL.).

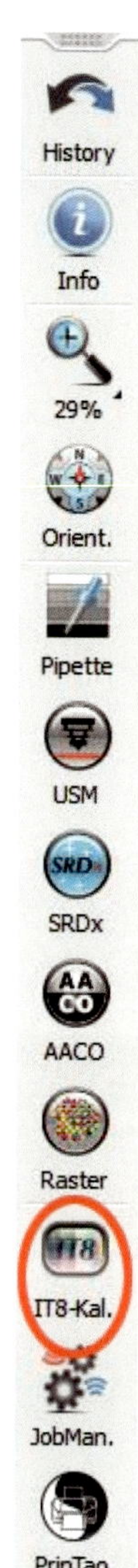

Abbildung 5.3
Die Werkzeugleiste mit der Schaltfläche für die Profilierung

Jetzt startet der automatische Profilierungsvorgang. Der Scanner führt einen Vorschauscan durch und die Software sucht automatisch nach dem IT8-Target. Dann platziert die Software die Maske zur Auslesung der Farbfelder des Targets in der eingezoomten Ansicht.

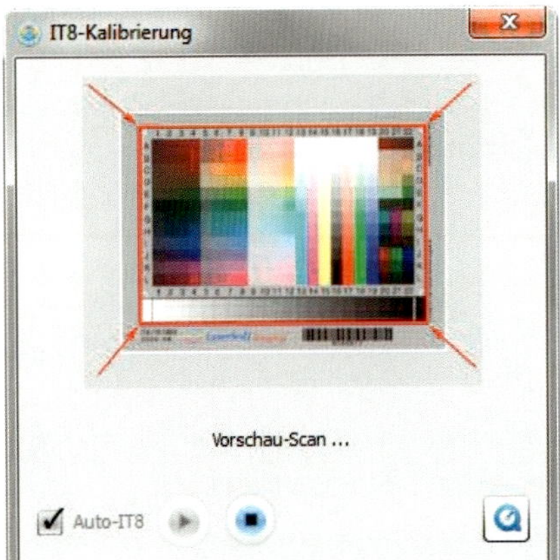

Abbildung 5.4
Die IT8-Profilierung im Falle eines funktionierenden automatisierten Ablaufs

Sie misst die Werte des eingescannten Targets und vergleicht sie mit den Werten der Referenzdatei, die in der Software hinterlegt ist, um daraus abschließend das Profil zu schreiben und dieses im vom Betriebssystem vorgesehenen Profilordner abzulegen. Wenn alles gut gegangen ist, haben Sie die Profilierung für das Aufsichtstarget schon hinter sich gebracht und Sie erhalten folgende Mitteilung, wobei sich der DeltaE(ΔE)-Wert durchaus von dem hier abgebildeten unterscheiden kann (ab einem DeltaE(ΔE)-Wert von 6.0 oder höher wird die Profilierung als fehlerhaft in diesem Fenster dargestellt).

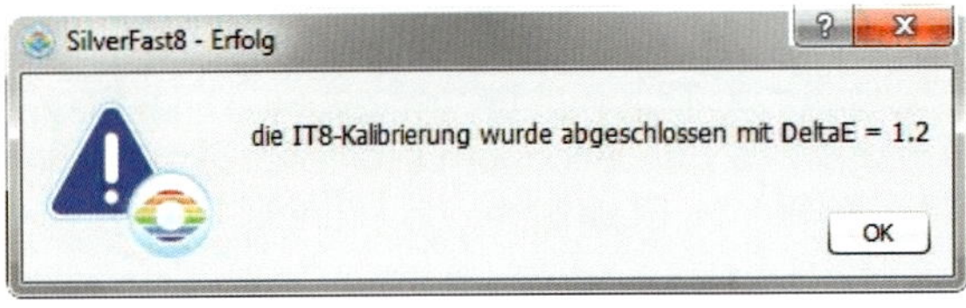

Abbildung 5.5
Die automatische Profilierung wurde mit Erfolg gekrönt.

Mögliche Fehlerquellen bei der Profilierung sind folgende: Die Automatik kann das Target nicht finden; dann erhalten Sie den Hinweis aus Abbildung 5.6.

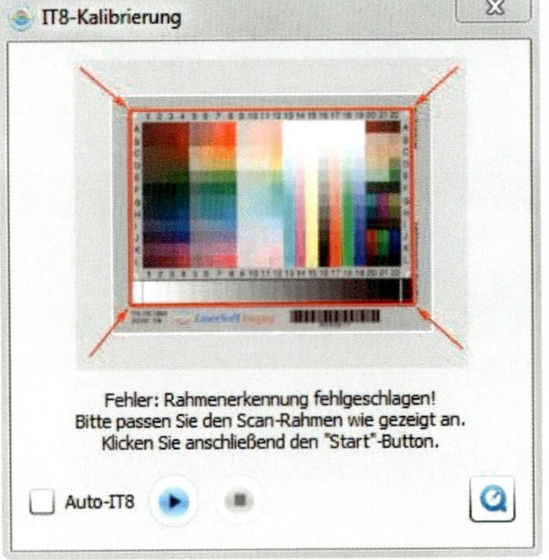

Abbildung 5.6
Wenn Fehler bei der Profilierung auftreten, erhalten Sie diesen Hinweis.

Sie müssen nun den roten Scanrahmen manuell anpassen, sodass ein ordentlich eingezoomtes Bild auf Ihrem Monitor erscheint. Wenn jetzt die Auslesemaske erscheint, müssen Sie diese eventuell noch genau mit den vier Eckanfassern über den Farbfeldern platzieren und den Vorgang abschließen. Alles Weitere läuft dann wieder völlig automatisiert und es erscheint die oben bereits gezeigte Erfolgsmeldung.

Ein weiteres Problem kann sein, dass die Software die Referenzdatei nicht findet, weil sie eventuell den Barcode nicht lesen konnte. Sie fragt dann nach der Quelle und Sie können mit einem Öffnen-Dialog Ihres Betriebssystems, der dann erscheint, zur Referenzdatei innerhalb der Software navigieren. Der Pfad ist im versteckten Ordner Ihrer Startpartition unter

Windows in .../ProgramData/LaserSoft Imaging/SilverFast 8/IT8 Reference Files/LaserSoft Imaging/

oder unter Mac OS in .../Benutzer/Für alle Benutzer/LaserSoft Imaging/SilverFast 8/IT8 Reference Files/LaserSoft Imaging/

und für beide Plattformen dann entweder in Reflective (für Aufsichtsvorlagen) oder in Transparent (für Durchsichtsvorlagen) zu finden.

Sollte die Datei aus irgendeinem Grund dort nicht vorhanden sein, können Sie sie von der Internetseite der Firma LaserSoft unter Downloads|IT8 Referenzdateien herunterladen.

Profilierung für Durchlichtvorlagen

Bei der Erstellung eines Profils für die Durchlichteinheit gehen Sie im Prinzip genauso vor. Nach Einrichtung des Scanners auf Durchlichtfunktion legen Sie das Dia mit dem IT8-Target auf die Glasplatte des Scanners.

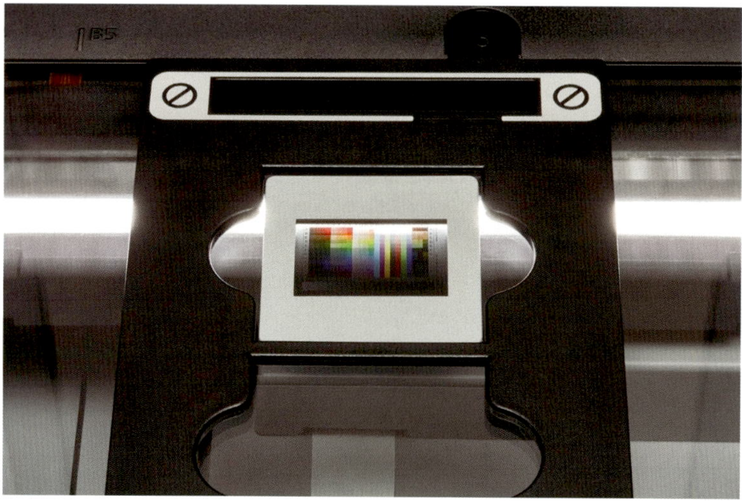

Abbildung 5.7 Das IT8-Target für die Durchlicht- oder Filmprofilierung

Schließen Sie den Deckel und gehen Sie genauso vor wie bei der Profilierung des Aufsichtstargets.

Die Workflows in SilverFast

Eine gute Scansoftware muss zwei Dinge beherrschen: Sie muss durch ein durchgängiges Farbmanagement in der Lage sein, Vorlagen weitestgehend originalgetreu in Farbe, Helligkeit und Kontrastumfang aufzuzeichnen und wie gewünscht auszugeben. Darüber hinaus muss sie die Möglichkeit bieten, die Vorlage, wenn gewünscht, verbessern zu können. SilverFast kann das. Allerdings sollten Sie vorher die entsprechenden Voreinstellungen für Ihren jeweiligen Workflow wählen.

CMYK mit direkter Ausgabe

Wenn Sie für den Offset-Druck scannen und vorher schon wissen, dass Sie mit den Bordmitteln von SilverFast für die Bearbeitung bis zur Ausgabe auskommen, empfehle ich folgenden Workflow:

Stellen Sie in Bearbeiten|Einstellungen|Allgemein das Farbmodell auf CMY und die L-Star-Gradation (L*) ein. Die Software wählt dann als Standardausgabeprofil EciRGB v2. L* hat kein Gamma von 2,20, wie angezeigt, sondern im Grunde ein flexibles Gamma, deshalb sollten Sie die sich nicht ändernde Anzeige unter Gamma-Gradation ignorieren.

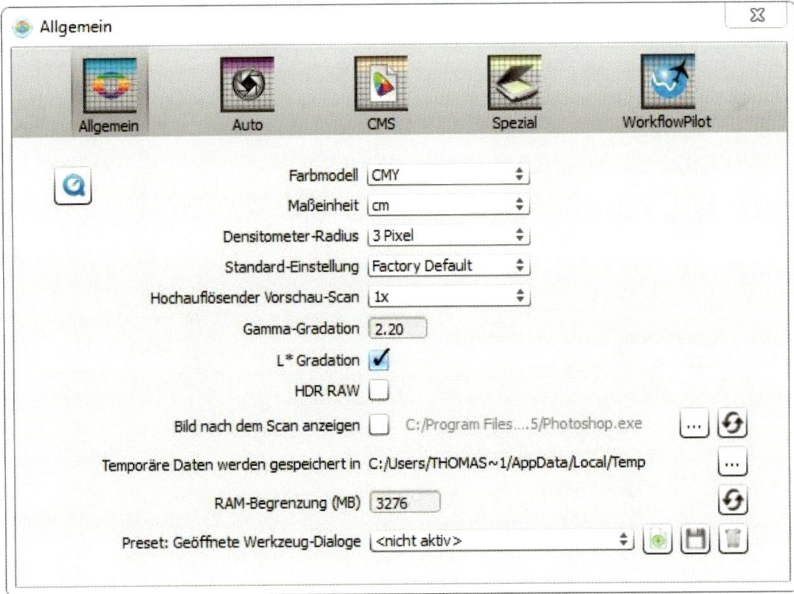

Abbildung 5.8
Die allgemeinen Einstellungen mit L*. Die Anzeige von Gamma-Gradation 2,20 ignorieren Sie einfach.

Wenn Sie die L*-Einstellung angeklickt haben, erscheint folgender Hinweis:

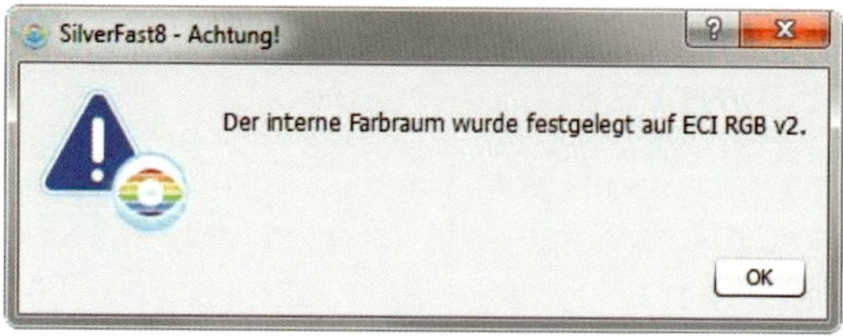

Wenn Sie jetzt in die Registerkarte CMS wechseln, wird Ihnen das komplette Farbmanagement inklusive der Profilvorgaben präsentiert und Sie haben die Möglichkeit, Einstellungen nach Ihren Anforderungen vorzunehmen. In der Abteilung FARBMANAGEMENT wird Ihnen mitgeteilt, dass die EINGABE→INTERN über das Color-Management-Modul IMAGE COLOR MATCHING (ICM) abgewickelt wird. Das Gleiche gilt für die Darstellung der Scans und der gesamten Softwareoberfläche auf Ihrem Monitor, denn von INTERN→MONITOR wird ebenfalls alles vom ICM, dem Windows-Color-Management-Modul, geregelt. Da im Bereich INTERN→AUSGABE ebenfalls ICM eingestellt ist, wird von der internen Bearbeitung zur Ausgabe das ICM verwendet und als Ausgabeprofil jenes in die Datei eingebettet, welches unter AUSGABE/DRUCKER ausgewählt wird. Bei unserem direkten CMYK-Workflow wäre das z.B. das angezeigte ISOCOATED V2 300% (ECI). Bei einem Mac würde in der Abteilung FARBMANAGEMENT immer COLORSYNC anstelle von ICM angezeigt. Mit der Option FARBWIEDERGABE wird Ihnen die Möglichkeit gegeben, den Rendering Intent einzustellen. WAHRNEHMUNGSGETREU steht hier für Perzeptiv.

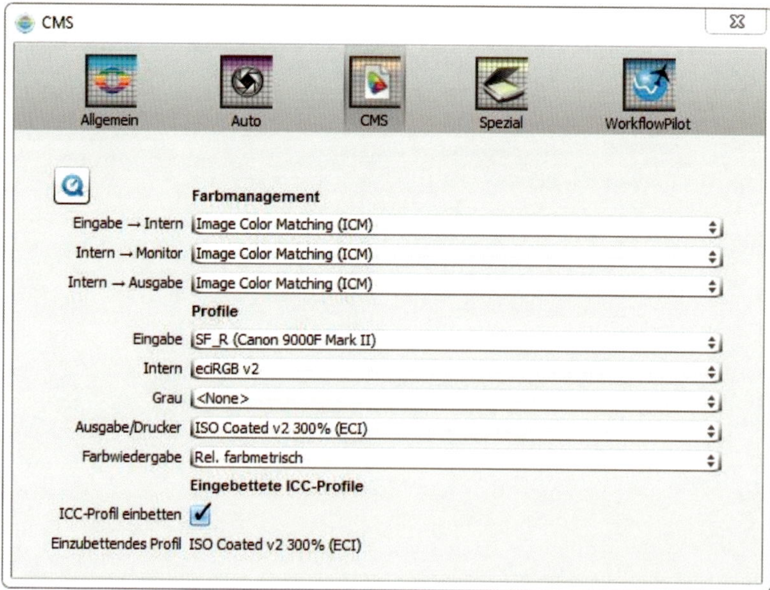

Abbildung 5.9
Die CMS-Einstellungen für den direkten CMYK-Workflow

Wenn Sie jetzt scannen, werden Sie eine Datei erhalten, die Sie direkt in Ihre Layout-Software einbinden können. Sollten Sie in Ihrer zu scannenden Datei für eine CMYK-Verwendung noch Bearbeitungen in Photoshop vornehmen wollen, dann wählen Sie folgenden Workflow.

CMYK-Ausgabe mit vorheriger externer Bearbeitung

In den allgemeinen Voreinstellungen stellen Sie unter FARBMODELL RGB ein. Hier empfehle ich die RGB-Variante und die spätere Konvertierung in CMYK in Photoshop, da eine Bearbeitung in Photoshop mittels einer RGB-Datei effizienter ist, als es im CMYK-Format wäre. Die L*-Einstellung lassen Sie jedoch bestehen, da es sich ja um eine CMYK-Datei handeln wird und wir hier über EciRGB gehen.

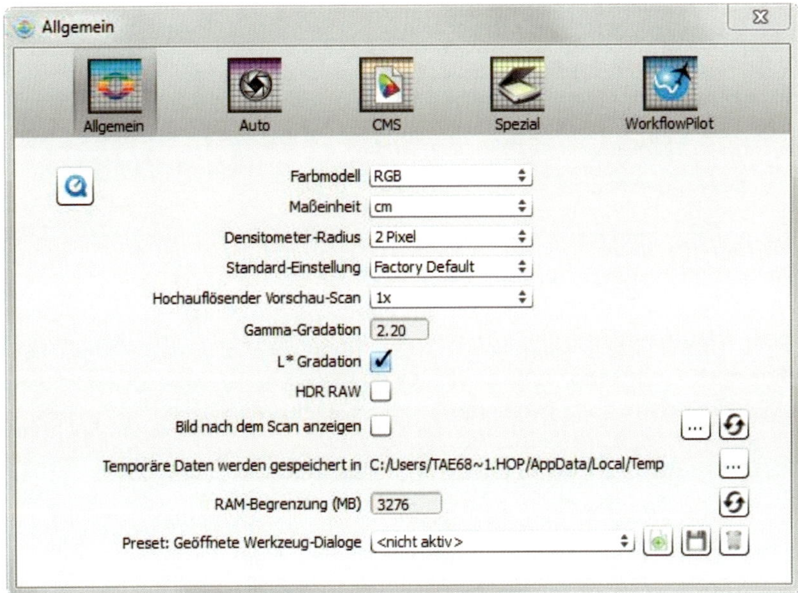

Abbildung 5.10
Die Voreinstellungen für eine gewünschte Folgebearbeitung in RGB mit dem Ziel, abschließend eine CMYK-Datei zu erzeugen

In der Registerkarte CMS stellen Sie die folgenden Bedingungen ein:

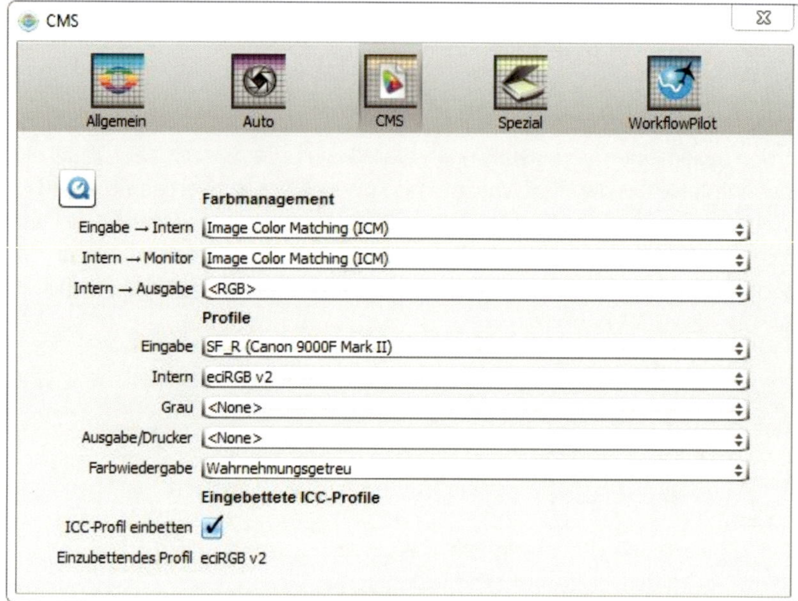

Abbildung 5.11
Hier geht es um die letztendliche Ausgabe in CMYK, wenn Sie vorher noch in Photoshop in RGB bearbeiten wollen.

Sie brauchen nur bei INTERN→AUSGABE von IMAGE COLOR MATCHING auf <RGB> zu stellen und schon wird das eciRGB-v2-Profil in die zu scannende Datei eingebettet. Dies bietet nach der Bearbeitung in Photoshop eine exzellente Grundlage, um die Datei abschließend in den gewünschten CMYK-Farbraum zu konvertieren.

RGB-Ausgabe für Minilab oder Fotobuch

Sollten Ihre Wünsche für eine Ausgabe einer zu scannenden Datei z.B. bei einem Minilab oder Fotobuch liegen, dann hat SilverFast auch dafür einen Workflow vorgesehen. Wählen Sie unter ALLGEMEIN RGB die L*-Markierung ab und es erscheint dann folgender Hinweis:

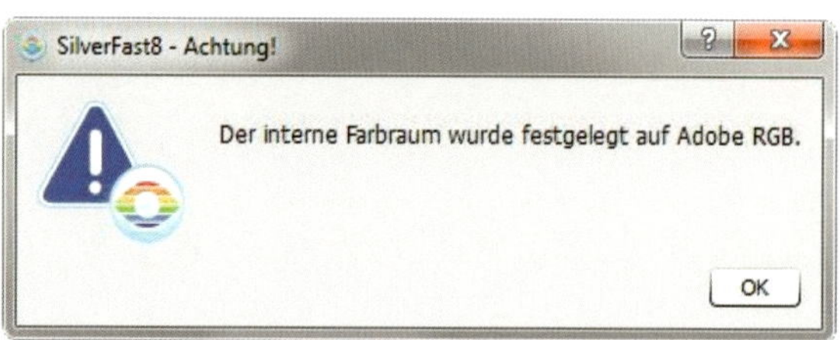

Abbildung 5.12
Die automatische Umstellung bei Abwahl der L*-Einstellung

Bei den Einstellungen auf der Registerkarte CMS brauchen Sie jetzt eigentlich nichts zu ändern, wenn Sie folgende Einstellungen vorfinden:

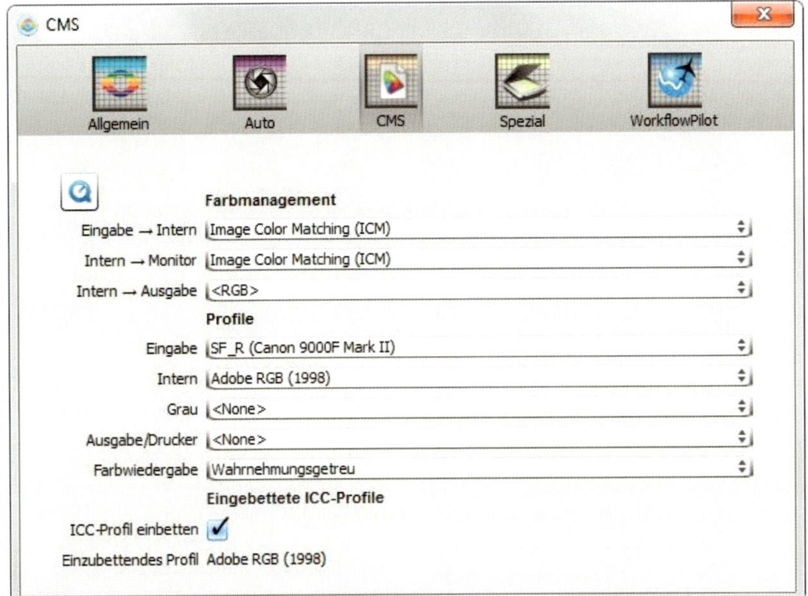

Abbildung 5.13
Die Einstellungen für einen Adobe-RGB-Workflow

INTERN → AUSGABE steht auf <RGB> und das einzubettende Profil ist ADOBE RGB. Nun können Sie die Datei in Photoshop bearbeiten und abschließend in Ihr gewünschtes Ausgabeprofil (z.B. Fuji_Frontier-PD_CA-DPII_v3a für die Ausgabe auf einem Frontier-Minilab) konvertieren.

Bei der Druckausgabe auf einem Inkjetdrucker gibt es wieder den direkten Weg, ohne externe Bearbeitung und einen Ausdruck über den SilverFast-Programmbestandteil PrinTao oder den Weg über Bearbeitung und Druckausgabe in Photoshop.

RGB-Ausgabe für Inkjetdrucker über PrinTao

Wenden wir uns zunächst dem direkten Weg zu. In der Registerkarte ALLGEMEIN wählen Sie unter FARBMODELL RGB ohne L*-Einstellung und stellen dann in der Registerkarte CMS folgende Vorgaben ein:

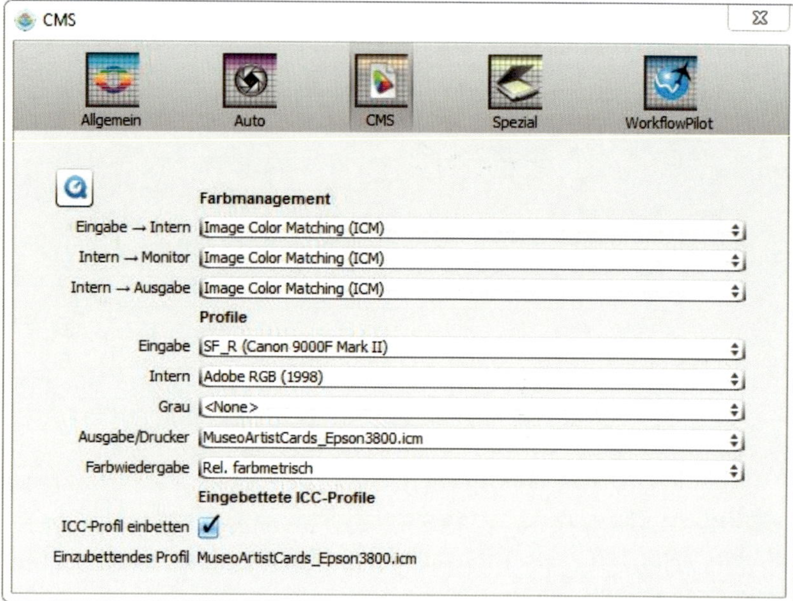

Abbildung 5.14
Die Einstellungen für die direkte Druckausgabe in PrinTao

Unter INTERN→AUSGABE nehmen Sie die Einstellung IMAGE COLOR MATCHING vor und wählen unter AUSGABE/DRUCKER Ihr Profil für die Drucker-Papier-Kombination, die Sie verwenden (z.B: MuseoArtistCards_Epson3800). Wenn Sie große Farbräume im Workflow benötigen, können Sie zusätzlich unter PROFILE→INTERN ProPhotoRGB wählen. Wenn Sie jetzt innerhalb der Scansoftware in PrinTao wechseln, dann ist das entsprechende Profil für die Papier-Drucker-Kombination schon vorgewählt, Sie können die anderen Einstellungen wie Größe etc. vornehmen und direkt drucken.

RGB-Ausgabe für Inkjetdrucker über Photoshop

Sollten Sie noch eine externe Bearbeitung der Scandatei planen, dann stellen Sie in der Registerkarte ALLGEMEIN das Farbmodell auf RGB, wechseln in die Registerkarte CMS und stellen dort INTERN→AUSGABE auf <RGB> und unter PROFILE→INTERN wählen Sie zwischen ADOBERGB oder PROPHOTORGB.

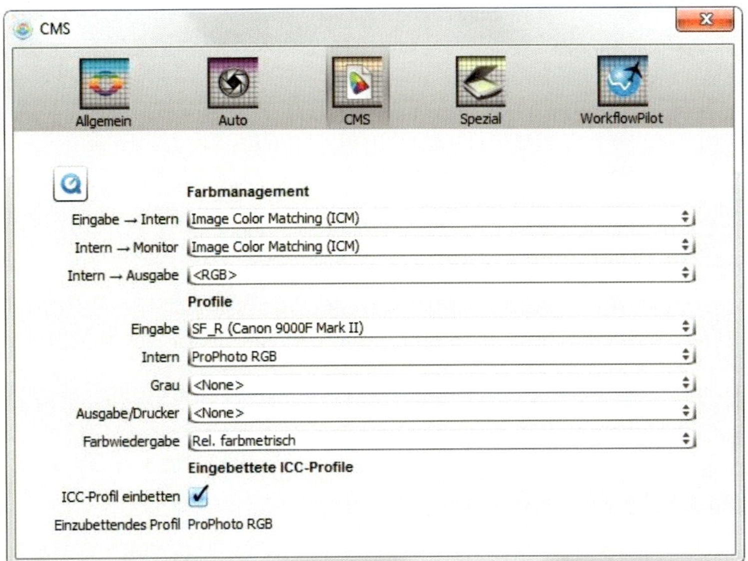

Abbildung 5.15
Die Einstellungen für eine externe Weiterverarbeitung mit dem Ziel der Ausgabe auf einem Inkjetdrucker

Ausgabe in Lab

Abschließend sei noch die Möglichkeit benannt, direkt in Lab auszugeben. Dann wird logischerweise kein Profil an die Datei angehängt. Dies empfehle ich bei der HDR(i)-Verarbeitung mit MultiExposure bei Erstellung eines Masterscans. Es wird mit dem größtmöglichen Farbumfang gescannt und es kann in notwendige Profile in der Weiterverarbeitung in HDR Studio umgewandelt werden. Darauf komme ich später noch zurück. Ihre Registerkarte CMS sähe dann so aus:

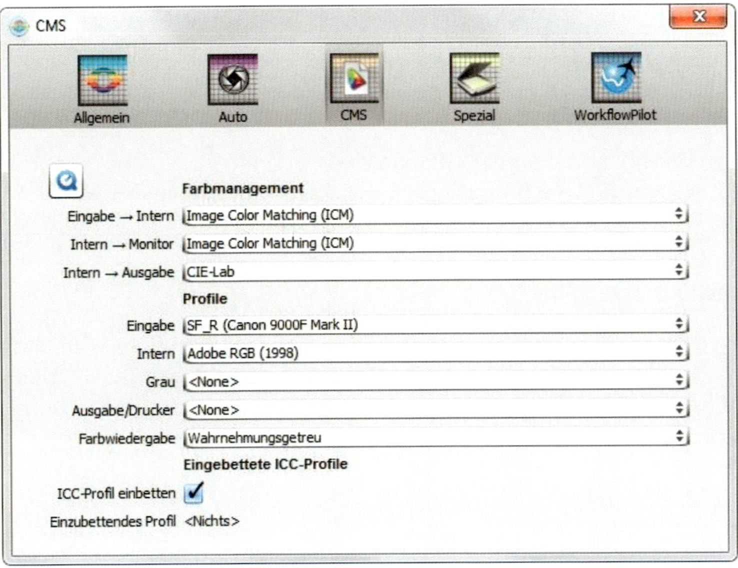

Abbildung 5.16
Da es innerhalb von Lab keine Profile gibt, wird hier auch nichts eingebettet.

Neben der Möglichkeit, Ihre Scans so originalgetreu wie möglich einzulesen, bietet SilverFast einige Bildbearbeitungsfunktionen, die Sie auf einen Vorschauscan visuell anwenden können und die beim endgültigen Scan berücksichtigt werden. Die einzelnen Werkzeuge möchte ich Ihnen nun vorstellen.

Bearbeitung der Scanvorschau

Automatische Bildoptimierung

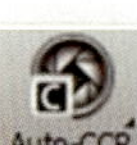

Die automatische Bildoptimierung ist unter EINSTELLUNGEN AUTOMATIK konfigurierbar und lässt sich dann auf die Scanvorschau für den endgültigen Scan anwenden. Oder man nutzt die vorhandenen Presets, deren unterschiedliche Algorithmen, soweit dies im Rahmen einer Automatik möglich ist, zu brauchbaren Ergebnissen führen.

Histogramm/Tonwertkorrektur

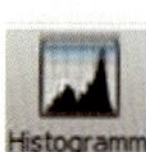

Hier bietet SilverFast eine klassische Tonwertkorrektur mit Histogramm und Einstellungen für die Beschneidung und die Mitteltöne.

Gradation

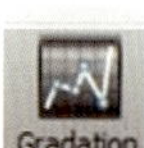

Die klassischen Einstellungsmöglichkeiten einer Gradationskurve werden unter GRADATION angeboten. Natürlich gibt es Verstellmöglichkeiten im Gesamt- und in den einzelnen Farbkanälen.

Auto-Adaptive-Kontrastoptimierung/Schattenanhebung

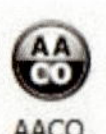

Die Auto-Adaptive-Kontrastoptimierung/Schattenanhebung arbeitet so wie der Tiefen/Lichter-Filter in Photoshop bzw. die Aufhellungsregler in Lightroom oder Capture One.

Globale Farbkorrektur

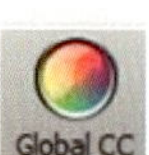

Hier können Farbeinstellungen vorgenommen werden, die den gesamten Scan betreffen, um z.B. Farbstiche zu entfernen.

Selektive Farbkorrektur

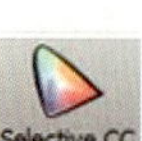

Neben der globalen Farbkorrektur ist hier eine selektive Farbkorrektur über ausgewählte Farbbereiche möglich. Die Vorgehensweise über Farbauswahl und anschließende Einstellung des Farbumfangs ähnelt der Farbjustierung in Capture One.

Filmkorn- und Bildrauschunterdrückung

Um Rauschen und Filmkorn zu unterdrücken, gibt es die GANE-Funktion. Sie ist teilautomatisiert und arbeitet ähnlich wie dFine in der NIK Collection.

Unscharf Maskierung

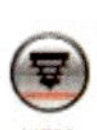

Eine adäquate Schärfung des Scans lässt sich im Vorfeld mit dem integrierten Unscharf-Maskieren-Filter bewerkstelligen. Es sollte hier auf jeden Fall die 100%-Ansicht der Vorschau gewählt werden.

Entrasterung

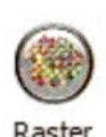

Sollten Sie Scans von Druckvorlagen erstellen, bietet das Werkzeug RASTER die Möglichkeit, zwischen Entrasterung und Matschigkeit eine gute Kompromisslösung zu finden.

Multi-Exposure

Eigentlich ist dies eine Art HDR-Scan, das heißt, dass zwei Scans unterschiedlich belichtet werden und dann zu einem Ergebnis verrechnet werden, um den Kontrastumfang des Scans zu erweitern.

Staub- und Kratzerentfernung

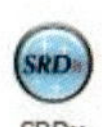

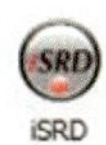

Die Staub- und Kratzerentfernung arbeitet mit oder ohne Einbindung des Infrarotkanals des Scanners. Die Stärke ist konfigurierbar und in der Voransicht des Scans zu beurteilen.

Pipette

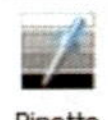

Die Software verfügt über ein Pipettenwerkzeug, das die Möglichkeit bietet, einen Schwarzpunkt oder einen Weißpunkt zu setzen oder mit der Mitteltonpipette einen individuellen Weißabgleich durchzuführen. Die Weißabgleichfunktion lässt sich aber auch mit bis zu vier Mitteltonpipetten durchführen, aus denen dann ein Mittelwert gebildet wird.

Das HDR(i)-Format von SilverFast

Mit dem HDR Studio von SilverFast können Sie HDR(i)-Scans anfertigen, die durch MultiExposure-Technik einen 64-Bit-Scan inklusive Infrarotkanal erstellen, der dann in der Software einzeln oder über den Jobmanager als Stapelverarbeitung so weit angepasst werden kann, dass eine individuelle Bearbeitung jedes Scans möglich ist und eine Ausgabe in allen Variationen erfolgen kann. Sie erstellen also zunächst einen 64-Bit-Masterscan mit größtmöglichem Farb- und Kontrastumfang (unter Einsatz der MultiExposure-Funktion), aus dem Sie dann mit HDR Studio alle benötigten anderen

Ausgabemöglichkeiten für die normale Bilderwelt in 16 oder 8 Bit erstellen können. Ihre Rohdaten in Form des Masterscans bleiben trotzdem für jede weitere Nutzung erhalten.

Die Profilierung des Scanners mit VueScan

Neben SilverFast gibt es eine weitere Scansoftware, die weitverbreitet ist und sich gerade deswegen großer Beliebtheit erfreut, weil mit ihr Scanner betrieben werden können, deren Hersteller keine Treiber für aktuelle Betriebssysteme zur Verfügung stellen. Zurzeit unterstützt VueScan über 3.000 Scanner.

Das Programm, das sehr intuitiv und übersichtlich vom Layout daherkommt, ist in der Lage, mit Farbmanagement zu arbeiten. Neben Kalibrier- und Profiliermöglichkeiten stehen Ausgaben in diversen Profilen zur Verfügung und es kann ebenfalls eine Masterdatei mit 64 Bit gescannt werden, die wiederum geöffnet und in andere Bildformate ausgegeben werden kann.

Der Schwerpunkt des Programms liegt in der Erstellung einer sauberen Scandatei, die dann danach, falls gewünscht, in Photoshop bearbeitet werden kann. Sehen wir uns zunächst die Kalibrierung und dann die Profilierung an.

Manche Scanner bieten eine Kalibrierung an, das heißt, dass die Hardware auf einen Standard gestellt wird, der durch keine Automatik einer Software beeinflusst wird und, so weit es möglich ist, in linearer Form arbeitet. Wenn der Scanner dies anbietet, kann es durch den Aufruf SCANNER|KALIBRIEREN aus der Software gestartet werden. Dieser Schritt sollte auf jeden Fall zuerst durchgeführt werden.

Abbildung 5.17
Das Aufrufen der Kalibrierung in VueScan

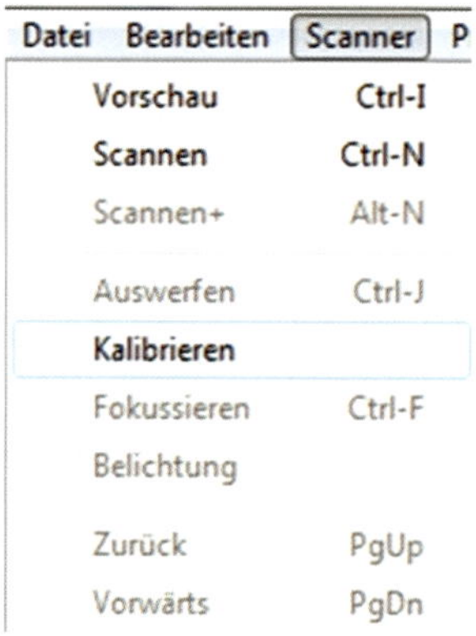

Datei Bearbeiten Scanner P
Vorschau Ctrl-I
Scannen Ctrl-N
Scannen+ Alt-N
Auswerfen Ctrl-J
Kalibrieren
Fokussieren Ctrl-F
Belichtung
Zurück PgUp
Vorwärts PgDn

VueScan wird als Download angeboten. Die Website von Ed Hamrick empfiehlt unter anderem die Targets von Wolf Faust, die z.B. auch in der x·rite-Software I1 PROFILER ausgewählt werden können und die ich in diesem Profilierungsbeispiel genutzt habe. Das Prinzip der Profilierung ist auch hier identisch. Eine von den Farbwerten bekannte Vorlage wird verarbeitet und mit einer Referenzdatei, die die exakten Farbwerte der Vorlage als Textwerte beinhaltet, verglichen. Die Differenzwerte werden in das Profil geschrieben.

Um eine ordentliche Profilierung in VueScan durchzuführen, gehen Sie folgendermaßen vor:

Stellen Sie im Menü QUELLE den Wert bei Funktion auf SCANNER-PROFIL ERSTELLEN. Im Feld MODUS können Sie, wie hier zu sehen, die Einstellung FLACHBETT für Aufsichtsvorlagen oder TRANSPARENZ für Filmvorlagen einstellen. Unten, im Eingabefeld STANDARDORDNER, geben Sie den Systemordner für die Profile an. Wenn Sie das @-Zeichen anklicken, können Sie den Pfad über den Explorer oder den Finder suchen. Den Profilordner findet man unter Windows in: SYSTEMLAUFWERK:\WINDOWS\SYSTEM32\SPOOL\DRIVERS\COLOR oder auf dem Mac unter: /LIBRARY/COLORSYNC/PROFILES oder unter /BENUTZER/[BENUTZERNAME]/LIBRARY/COLORSYNC/PROFILES.

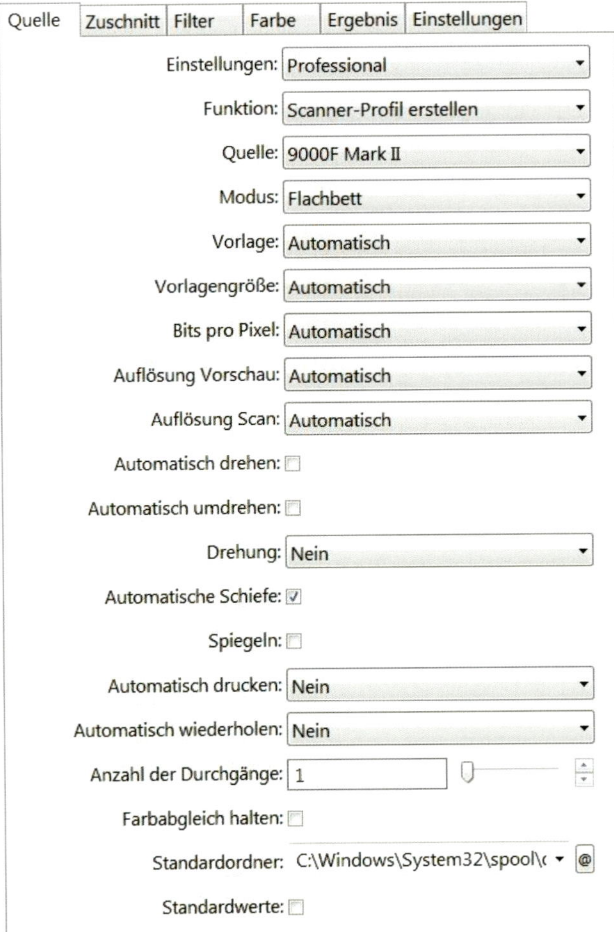

Abbildung 5.18
Die Einstellwerte bei der Profilierung in VueScan auf der Registerkarte QUELLE

Nun wechseln Sie zur Registerkarte FARBE und geben unter FARBRAUM SCANNER den Wert ICC PROFILE ein. Unter ICCPROFIL SCANNER geben Sie den gewünschten Namen für das zu erstellende Profil ein. Eine Berücksichtigung von Geräten, Software und Datum hat sich hier bewährt. Sie sollten bei der Namensvergabe auch kenntlich machen, ob es sich um ein Profil für die Aufsichtsvorlage (Remission = R) oder eine Transparenzvorlage (Transmission = T) handelt. Wenn Sie das Feld leer lassen, wird mit der Standardbezeichnung SCANNER.ICC gearbeitet, die nicht gerade aussagekräftig ist. Unter ICC-BESCHREIBUNG können Sie noch eine Beschreibung für das Profil eingeben; wenn Sie einen aussagekräftigen Profilnamen wählen, ist dies nicht notwendig. Unter IT8-DATEN SCANNER geben Sie über die @-Schaltfläche den Pfad zur passenden Referenzdatei an. Der Referenzdateiname wird dann in diesem Feld angezeigt. Jetzt stellen Sie noch unter FARBRAUM MONITOR den Wert auf ICC PROFILE und wählen mit der @-Schaltfläche Ihr Monitorprofil im Feld MONITOR-ICC-PROFIL aus und stellen den Wert NEUTRAL unter FARBBALANCE ein. Damit ist gewährleistet, dass Ihr Preview auch die richtige Farbdarstellung auf Ihrem Monitor erfährt. Alle Einstellungen auf der Registerkarte FARBE außer denjenigen, die das Scannerprofil und die dazugehörige Referenzdatei betreffen, haben keinen Einfluss auf die Profilerstellung in VueScan. Jetzt setzen Sie noch bei IT8-KONTUR ANZEIGEN ein Häkchen und führen einen Preview aus. Bei Ihrem Preview sollte sich der Graukeil des Targets unten befinden und die Vorlage sollte seitenrichtig auf dem Monitor erscheinen. Sollte es notwendig sein, drehen Sie den Preview, bis diese Voraussetzungen erfüllt sind, und passen Sie die IT8-Konturmaske in Form und Größe an den Preview an. Gegebenenfalls müssen Sie den Preview erneut erstellen.

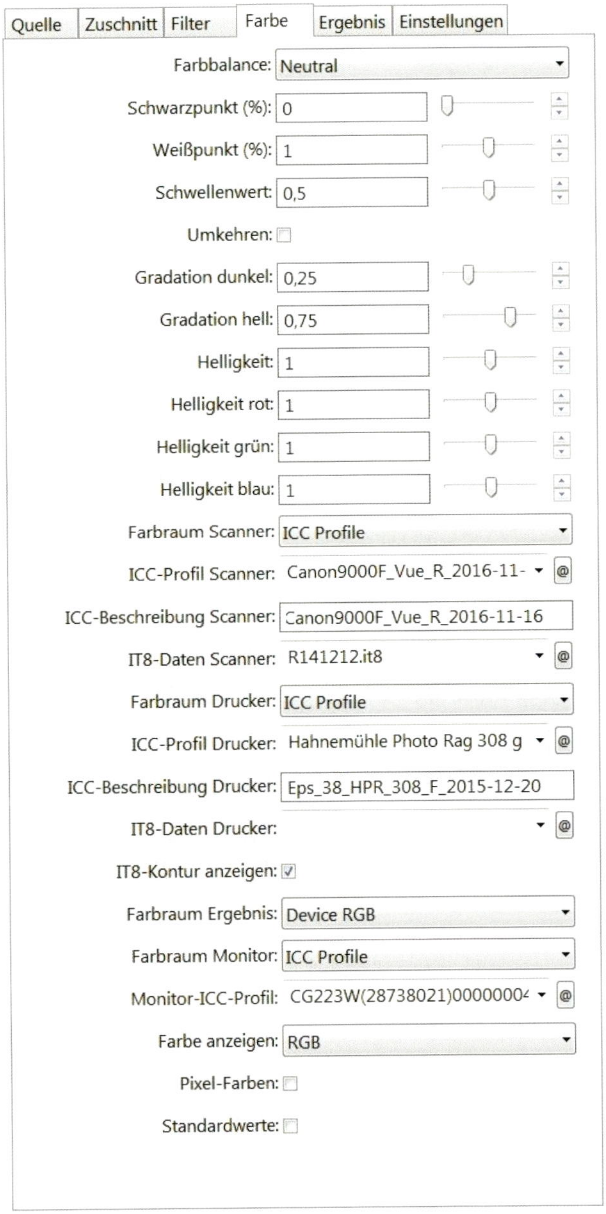

Quelle | Zuschnitt | Filter | Farbe | Ergebnis | Einstellungen

Farbbalance: Neutral
Schwarzpunkt (%): 0
Weißpunkt (%): 1
Schwellenwert: 0,5
Umkehren:
Gradation dunkel: 0,25
Gradation hell: 0,75
Helligkeit: 1
Helligkeit rot: 1
Helligkeit grün: 1
Helligkeit blau: 1
Farbraum Scanner: ICC Profile
ICC-Profil Scanner: Canon9000F_Vue_R_2016-11-
ICC-Beschreibung Scanner: Canon9000F_Vue_R_2016-11-16
IT8-Daten Scanner: R141212.it8
Farbraum Drucker: ICC Profile
ICC-Profil Drucker: Hahnemühle Photo Rag 308 g
ICC-Beschreibung Drucker: Eps_38_HPR_308_F_2015-12-20
IT8-Daten Drucker:
IT8-Kontur anzeigen:
Farbraum Ergebnis: Device RGB
Farbraum Monitor: ICC Profile
Monitor-ICC-Profil: CG223W(28738021)0000000
Farbe anzeigen: RGB
Pixel-Farben:
Standardwerte:

Abbildung 5.19
Die Registerkarte FARBE in VueScan und ihre Einstellungen während der Profilierung

Jetzt wählen Sie im Menü unter PROFIL die Einstellung SCANNER-PROFIL ERSTELLEN.

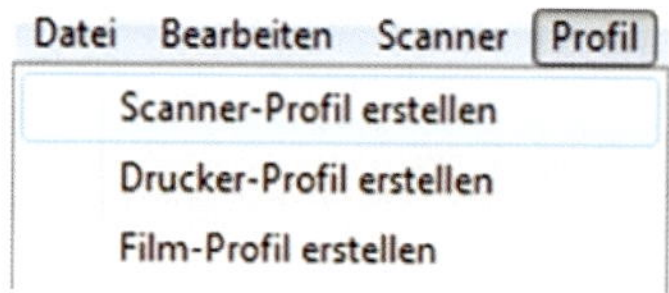

Abbildung 5.20
So starten Sie den Profilierungsvorgang.

Ihr Profil wird automatisch erstellt und in den Farbprofilordner Ihres Systems kopiert, wenn Sie diesen in der Software, wie oben beschrieben, angegeben haben. Da Sie aus VueScan auch direkt drucken können, ist eine Profilierung des Druckers ebenfalls über die Software möglich. Hier empfehle ich allerdings die Profilierung, wie ich sie in Kapitel 6 beschreibe.

Neben den Scanmöglichkeiten und der Ausgabe in neutraler Qualität sind auch Bearbeitungen des Previews möglich, die sich dann natürlich auf das Scanergebnis auswirken. Es können Einstellungen im Rahmen der Gradationskurvenmöglichkeiten vorgenommen werden, das heißt, dass sowohl Helligkeit, Farbe und Kontrast entweder per Schieberegler oder direkt per Zahleneingabe verändert werden können.

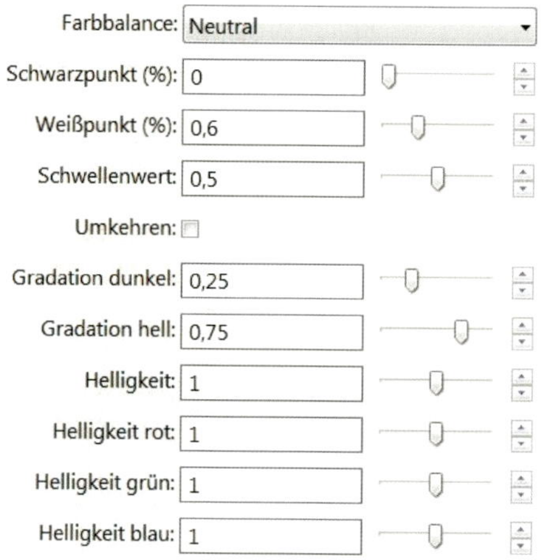

Farbbalance: Neutral
Schwarzpunkt (%): 0
Weißpunkt (%): 0,6
Schwellenwert: 0,5
Umkehren:
Gradation dunkel: 0,25
Gradation hell: 0,75
Helligkeit: 1
Helligkeit rot: 1
Helligkeit grün: 1
Helligkeit blau: 1

Abbildung 5.21
Einstellmöglichkeiten für den Preview und den daraus resultierenden Scan

Zur Visualisierung der Einstellungen ist das Einblenden eines Histogramms ebenfalls möglich.

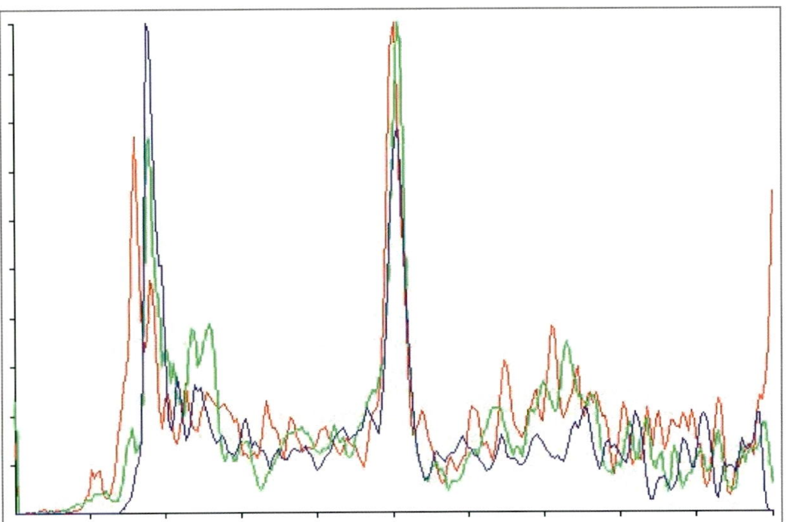

Abbildung 5.22
Das Histogramm in VueScan

Abschließend möchte ich noch auf die Raw-Verarbeitung in VueScan eingehen. Sie wählen im Menü DATEI den Eintrag STANDARDWERTE und auf der Registerkarte QUELLE stellen Sie unter QUELLE Ihren Scanner und unter Modus das Scanverfahren ein. Abschließend stellen Sie hier die VORLAGENGRÖSSE auf MAXIMAL. VueScan scannt jetzt mit der größtmöglichen, nicht interpolierten Scanauflösung.

Quelle | Zuschnitt | Filter | Farbe | Ergebnis | Einstellungen

Einstellungen:	Professional
Funktion:	In Datei scannen
Quelle:	9000F Mark II
Modus:	Flachbett
Vorlage:	Automatisch
Vorlagengröße:	Maximal
Bits pro Pixel:	Automatisch
Auflösung Vorschau:	Automatisch
Auflösung Scan:	Automatisch

Abbildung 5.23
Der erste Schritt zum Raw-Scan

Auf der Registerkarte ERGEBNIS setzen Sie ein Häkchen bei RAW-DATEI und entfernen gegebenenfalls andere Häkchen im oberen Bereich der Registerkarte (siehe Abbildung 5.24).

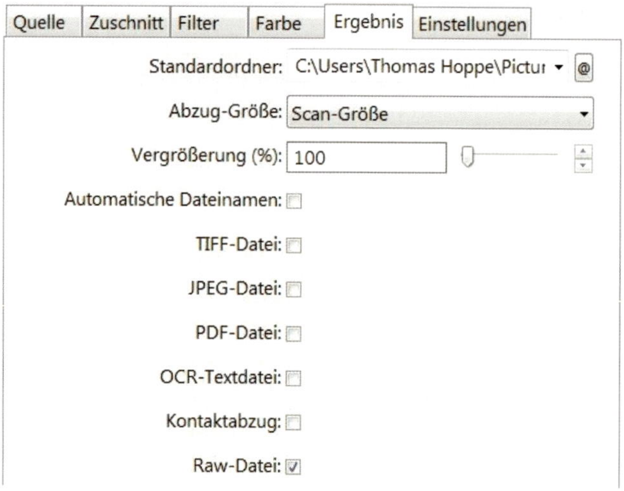

Abbildung 5.24
So müssen die Häkchen beim Raw-Scan gesetzt werden.

Quelle | Zuschnitt | Filter | Farbe | Ergebnis | Einstellungen
Standardordner: C:\Users\Thomas Hoppe\Pictu
Abzug-Größe: Scan-Größe
Vergrößerung (%): 100
Automatische Dateinamen:
TIFF-Datei:
JPEG-Datei:
PDF-Datei:
OCR-Textdatei:
Kontaktabzug:
Raw-Datei:

Jetzt können Sie Ihre Raw-Scans anfertigen und im vorgewählten Ordner als TIF speichern. Wenn Sie die Raw-Scans in anderen Formaten oder Farb-, Kontrast- oder Helligkeitseinstellungen speichern wollen, wählen Sie wieder aus dem Menü DATEI die STANDARDEINSTELLUNGEN und anschließend auf der Registerkarte QUELLE als QUELLE den Eintrag DATEI. Unter DATEIEN wählen Sie per @-Schaltfläche den Ordner Ihrer Raw-Scans und in den anderen Registerkarten die gewünschte Bearbeitung Ihres Raw-Scans und die gewünschte Ausgabe.

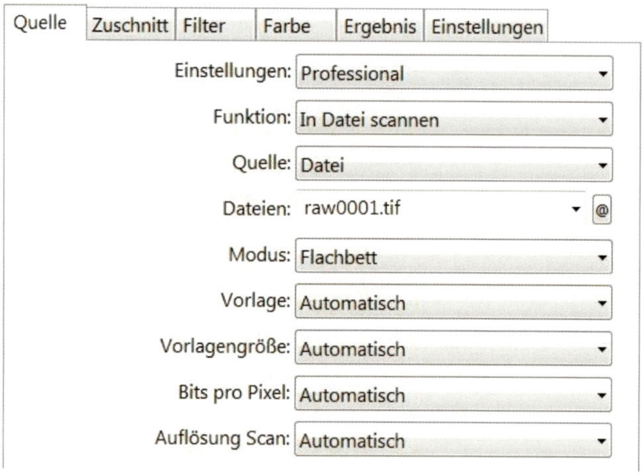

Abbildung 5.25
Die Einstellung der Raw-Weiterverarbeitung in VueScan

Quelle | Zuschnitt | Filter | Farbe | Ergebnis | Einstellungen
Einstellungen: Professional
Funktion: In Datei scannen
Quelle: Datei
Dateien: raw0001.tif
Modus: Flachbett
Vorlage: Automatisch
Vorlagengröße: Automatisch
Bits pro Pixel: Automatisch
Auflösung Scan: Automatisch

Die Profilierung des Scanners mit i1 Profiler

Neben der Profilierung mit SilverFast und VueScan möchte ich Ihnen nun die Profilierung eines Scanners mit der i1-Profiler-Software vorstellen. Die

Software i1 Profiler von x·rite ist die umfangreichste All-in-one-Profilierungssoftware, die am Markt ist. Durch unterschiedliche Mess- und Profilierungsmöglichkeiten, die von dieser Software geboten werden, relativiert sich der Anschaffungspreis und es ergibt sich ein gutes Preis-Leistungs-Verhältnis. Im Laufe des Buches werde ich bei den jeweiligen Profilierungsarten immer wieder darauf zurückkommen. Jetzt wenden wir uns aber der Scannerprofilierung zu.

Die Software benötigt ein gescanntes Target im TIF-Format und akzeptiert Vorlagen von x·rite (neben Durchlicht- und Aufsichtsvorlagen auch ColorChecker und ColorCheckerSG), Kodak, HutchColor, Wolf Faust und LaserSoft. Für die folgende Profilierung werde ich erneut ein Target von Wolf Faust verwenden.

Bevor Sie mit dem Scannen beginnen, ist es wichtig, dass Sie jegliches Farbmanagement im Scanner abstellen und das Gerät in einen Zustand versetzen, bei dem alle Automatikfunktionen ausgeschaltet sind. Nach erfolgter Profilierung betreiben Sie den Scanner wieder genauso, schalten aber das Farbmanagement ein und verwenden das erzeugte Profil.

Da das Target automatisch von der Software gefunden werden soll, empfiehlt x·rite für Aufsichtsvorlagen eine Auflösung von 200 ppi, für Durchlichtvorlagen von 4 x 5 Inch 300 ppi und für 35-mm-Durchlichtvorlagen 800 ppi Auflösung. Zuerst wird der Testcharttyp in der Software unter BENUTZERMODUS ERWEITERT in den VOREINGESTELLTEN WORKFLOWS|SCANNER|BASISPROFIL eingestellt. Die gescannte Datei kann dann entweder in das Softwarefenster gezogen werden oder über die Schaltfläche BILD LADEN... über den Explorer oder Finder geladen werden. Die Software findet das Target und ist für den nächsten Schritt bereit. Sollte das Target nicht gefunden werden, ist seine manuelle Ausrichtung durch vier Klicks auf die Winkel in der Vorlage von links oben nach rechts unten möglich.

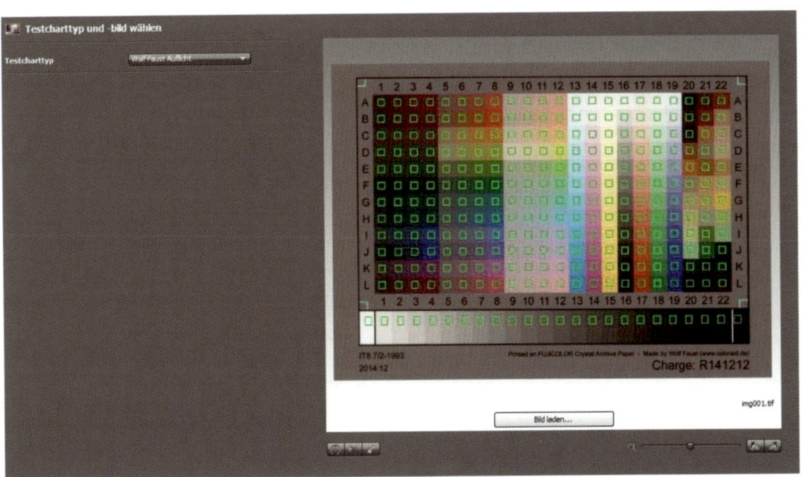

Abbildung 5.26
Im Profiler wurde das Target von der Software gefunden.

Durch einen Klick auf die Schaltfläche WEITER geht's zum nächsten Bearbeitungsschritt.

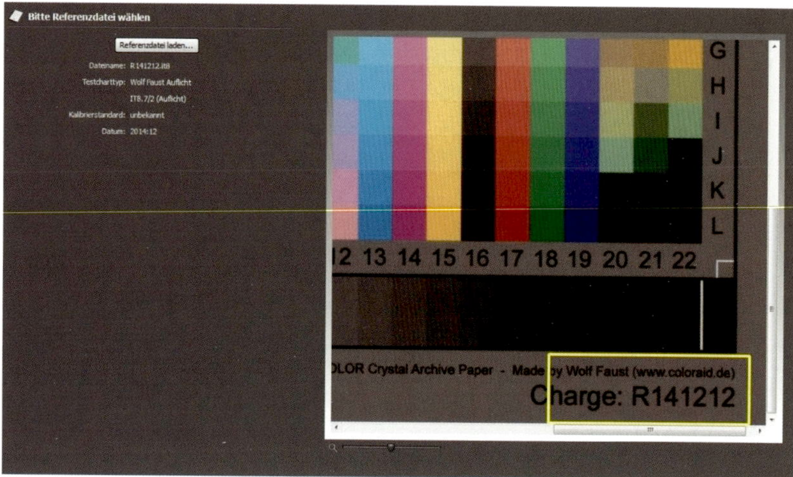

Abbildung 5.27
Die Auswahl der Referenzdatei

Jetzt müssen Sie den Speicherort der zum Target gehörenden Referenzdatei angeben. Die Software wechselt automatisch in ein Programmverzeichnis, in dem schon einige Referenzdateien hinterlegt sind. Sollte die von Ihnen benötigte Referenzdatei dort nicht zu finden sein, wählen Sie das Verzeichnis, in dem Ihre Datei liegt. Dies wird vor allem immer bei individuell vermessenen Targets der Fall sein. Wenn die Software den Speicherort der Referenzdatei erkannt hat, können Sie über die Schaltfläche WEITER zum nächsten Bearbeitungsschritt wechseln.

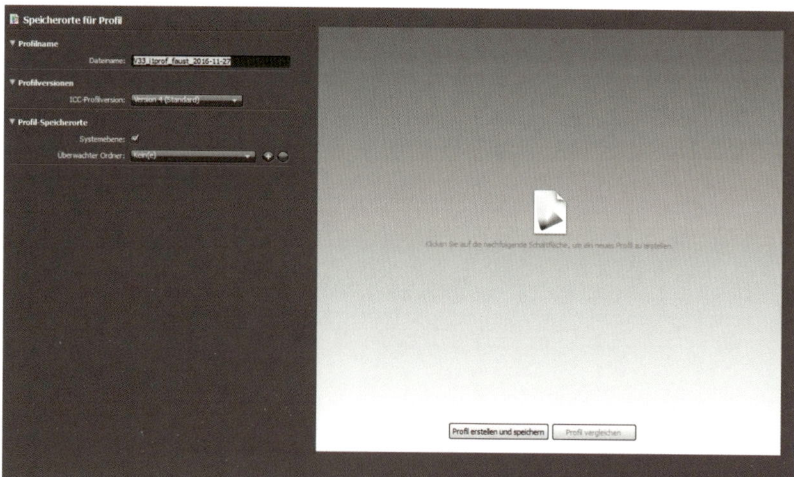

Abbildung 5.28
Kurz vor der Profilerstellung

Hier geben Sie einen eindeutigen Dateinamen ein, wählen die ICC-Profilversion (in der Regel ist der Standard Version 4; wenn Sie das Profil für ältere Software benötigen, lässt sich auch noch Version 2 einstellen) und teilen der Software mit, wo das Profil gespeichert werden soll. SYSTEMEBENE bedeutet, dass das Profil im Systemprofilordner gespeichert wird und allen Benutzern des Rechners zur Verfügung steht. Die Option ÜBERWACHTER ORDNER macht es möglich, einen Ordner festzulegen, in den die Profile entweder als Kopie oder, wenn Sie das Häkchen bei SYSTEMEBENE wegnehmen, nur dort gespeichert werden. Dies kann dann sinnvoll sein, wenn Sie Profile für andere Nutzer erstellen und sich Ihren eigenen Profilordner nicht unnötig füllen wollen. Wenn Sie alles eingestellt haben, klicken Sie auf die Schaltfläche PROFIL ERSTELLEN UND SPEICHERN und das Profil, das dann erzeugt wird, findet seinen Weg zum von Ihnen vordefinierten Speicherort. Nachdem Sie in Ihrer Scansoftware das Farbmanagement wieder eingeschaltet haben, können Sie farbecht scannen.

Die Profilierung des Scanners mit basICColor input 5

basICColor input kommt mit einem neuen Layout daher. Das Layout ist, wie man es von basICColor kennt, anders als das anderer Software. Trotz des anderen Aussehens ist es übersichtlich, leicht verständlich und in jeglicher Weise intuitiv zu bedienen. Die Profilerstellung ist mit wenigen Klicks erledigt und läuft immer ähnlich ab. Zuerst werden ein Target und die entsprechende Referenzdatei gewählt. Es sind schon viele Targets und Referenzdateien in der Software hinterlegt, es lassen sich aber, wie Sie gleich sehen werden, auch weitere hinzufügen. Dann gibt es Einstellungsmöglichkeiten für unterschiedliche Parameter bei der Profilerstellung und schon wird das Profil geschrieben. Alle selbst gewählten Arbeitsschritte, also die individuelle Auswahl von Targets, den entsprechenden Referenzdateien und den gewünschten Profiloptionen lassen sich in sogenannten Jobs speichern und sind dann jederzeit ohne großes Geplänkel abrufbar. Eine Lösung, die mit drei bis vier Klicks zum fertigen Profil führt. Das gescannte Target kann auch direkt per Drag&Drop auf das unten gezeigte Fenster gezogen werden. Aber fangen wir von vorne an und gehen wir gleich davon aus, dass unser Target und die entsprechende Referenzdatei so nicht in der Software hinterlegt sind.

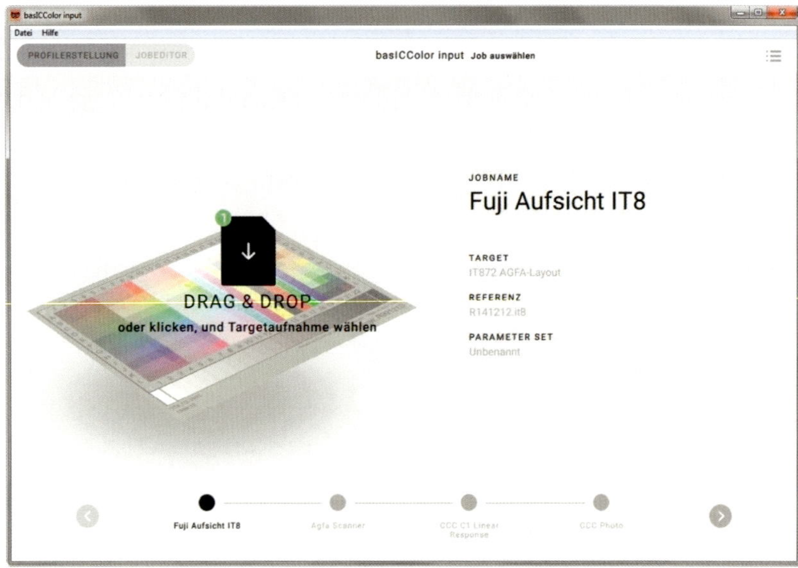

Abbildung 5.29 Der Startbildschirm von basICColor input 5

Wählen Sie die Registerkarte JOBEDITOR und klicken Sie dann auf die Schaltfläche +NEU, um ins Vorlagenarchiv zu wechseln, und fügen Sie die gewünschte Vorlage dem Jobeditor hinzu.

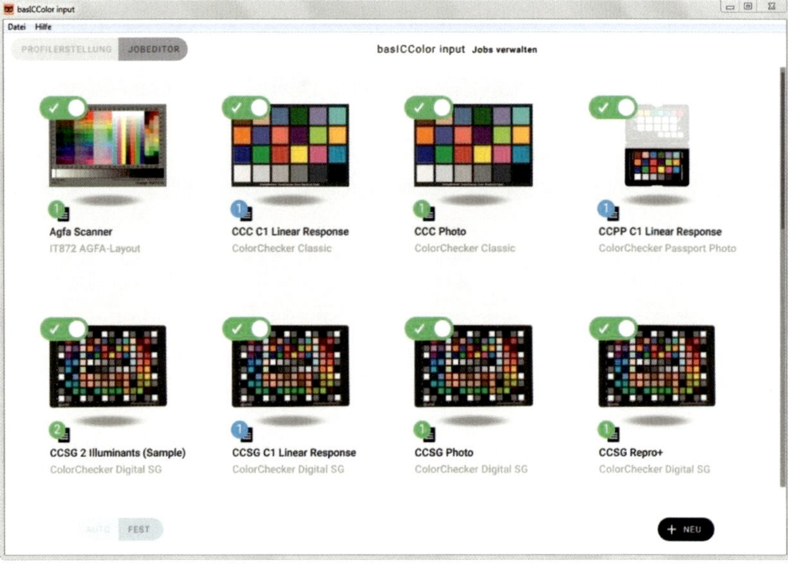

Abbildung 5.30 Der Jobeditor mit den vielen bereits angelegten Jobs

Im Vorlagenarchiv existieren IT8-Targets in der Agfa- und der Kodak-Version (Agfa ist die klassische IT8-Vorlage, Kodak hat oben rechts in der Ecke noch ein Foto eingearbeitet) und andere gängige Targets wie der ColorChecker und der ColorChecker Passport sowie der ColorChecker SG von x·rite, das

HutchColor Target, der SpyderCheckr und SpyderChecckr 24 von datacolor und natürlich die baslCColor-eigenen Targets dcam+, scan und rescan. Darüber hinaus gibt es neben den gängigen noch eine Reihe nicht ganz so gebräuchlicher Targets, zum Teil für Spezialaufgaben wie das Color Build Target der Image Science Associates oder das Next Generation Camera Calibration Target der Library of Congress. Wählen Sie das der vorgegebenen Targets, das dem Ihren entspricht, aus. Wenn Sie jetzt im grünen Feld auf den Namen der Referenzdatei klicken, können Sie eine Referenzdatei auswählen.

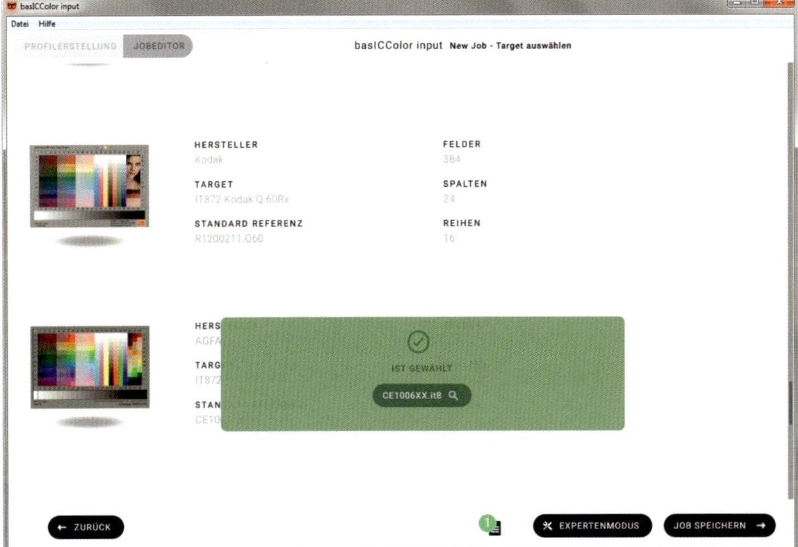

Abbildung 5.31
Das Fenster zur Auswahl des Targets und der Referenzdatei in input 5

Wechseln Sie dazu im folgenden Dialog in das entsprechende Verzeichnis.

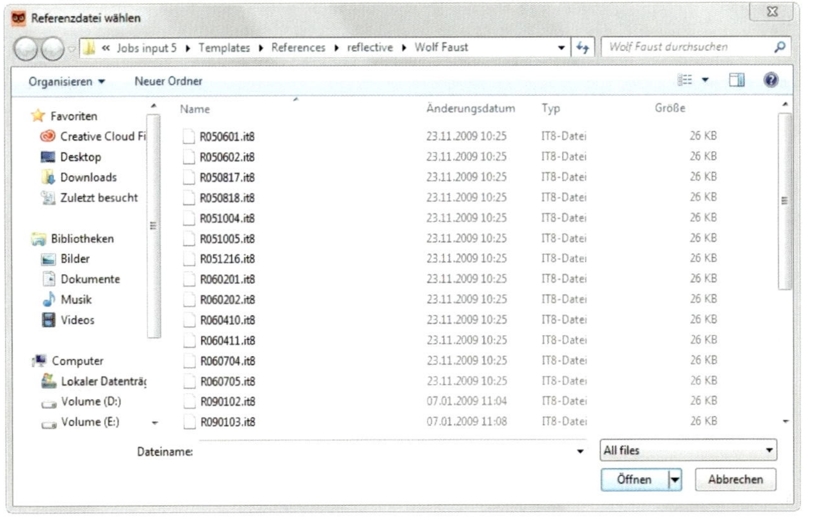

Abbildung 5.32
Nach dem Klick auf den Referenzdateinamen öffnet sich der Öffnen-Dialog des Systems.

Sollte Ihre Referenzdatei nicht in der Software hinterlegt sein, können Sie sie in die jeweiligen Verzeichnisse

für Windows .../Benutzert → Öffentlich/Öffentliche Dokumente/basICColor Jobs/Jobs input 5/Templates/References

oder für Mac OS .../Benutzer/Für alle Benutzer/basICColor Jobs/basICColor input 5/Templates/References

und dann in die entsprechenden Unterverzeichnisse der Verzeichnisse reflective oder transmissive kopieren.

Wenn die Referenzdatei ausgewählt wurde, klicken Sie auf die Schaltfläche Expertenmodus. Dort haben Sie folgende Auswahlmöglichkeiten.

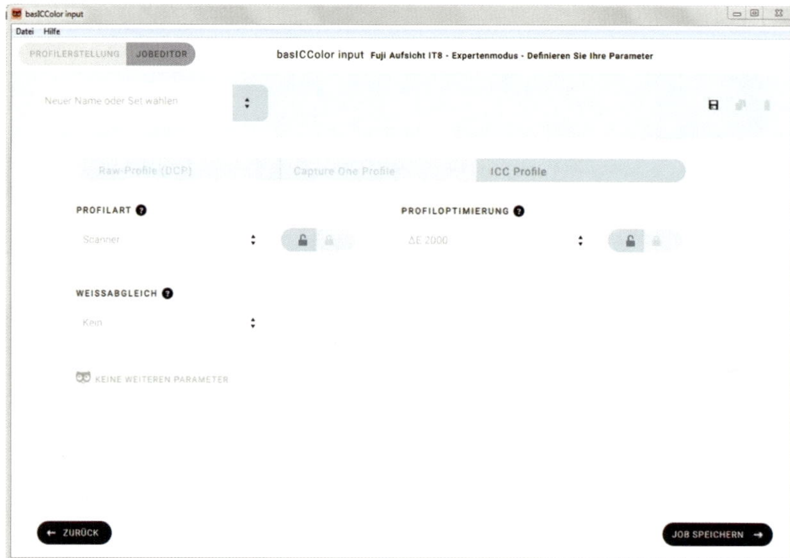

Abbildung 5.33
Der Expertenmodus von basICColor input 5

Zunächst wählen Sie ICC Profile aus, da Sie für den Scanner ja ein ICC-Profil benötigen. Unter Profilart wählen Sie Scanner, unter Weissabgleich wählen Sie Kein, da Sie ja nur die Beleuchtungseinrichtung des Scanners haben, die Sie nicht verändern können, und das Target soll durch das Profil mit diesem Licht optimiert werden.

Die letzte Einstellmöglichkeit betrifft die Profiloptimierung. Immer wieder wird der Farbabstand im Lab-Farbraum durch neue Formeln korrekter an die Sehweise des menschlichen Farbempfindens angepasst. Neuere Formeln ergeben meist einen noch besseren Farbabstand. Die Einstellung DeltaE(ΔE) 2000 hat sich bewährt und kann empfohlen werden.

Wenn Sie jetzt auf JOB SPEICHERN klicken, können Sie einen Namen für den Job vergeben und den gesamten Vorgang abschließen. Sie finden sich im Jobeditor wieder. Wechseln Sie nun auf die Registerkarte PROFILERSTELLUNG und Ihr gerade erstellter Job wird angezeigt. Sollte dies nicht der Fall sein, können Sie ihn unten im Fenster mit der Scrollfunktion finden und auswählen.

Mit Ihrer Scansoftware müssen Sie jetzt einen Scan des Targets erstellen, der durch eine neutrale Einstellung in der Software und ohne jegliches Farbmanagement zu erfolgen hat. Wir wollen die unbeeinflussten Scannerdaten. Alle Automatikfunktionen sollten ausgeschaltet werden. Wenn Sie Ihren Scanner profiliert haben, betreiben Sie ihn wieder mit den gleichen Einstellungen, doch Sie schalten das Farbmanagement ein und verwenden das erzeugte Profil.

Ihr gescanntes Target ziehen Sie entweder auf den Pfeil der Startseite oder starten Sie den Öffnen-Vorgang Ihres Systems mit dem Klick auf den Pfeil und Sie können zur gescannten Datei navigieren. Nachdem die Software die Datei initiiert hat, öffnet sich folgendes Fenster.

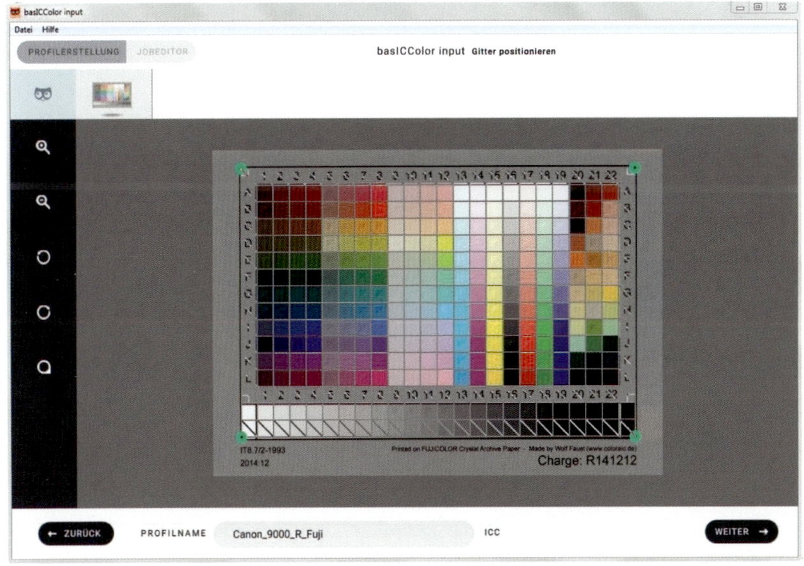

Abbildung 5.34
Die Ansicht nach Laden des Targets

In der Regel ist das Raster zum Einlesen der Daten richtig ausgerichtet, Sie können es aber bei Bedarf mit den Eckanfassern manuell korrigieren. Mit einem Klick auf WEITER öffnet sich der Dialog PROFIL SPEICHERN und Sie können unten einen Profilnamen eingeben. Mit einem Klick auf PROFIL ERSTELLEN starten Sie den Berechnungsvorgang und ...

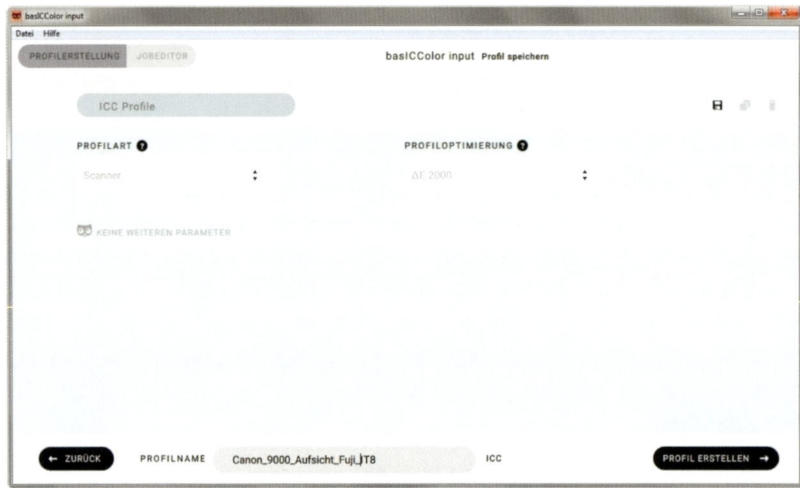

Abbildung 5.35
Hier können Sie einen Profilnamen eingeben.

... schon nach kurzer Zeit wird das Profil erstellt, Sie können einen Namen vergeben und das Profil wird im Profilsystemordner abgelegt. Dann erscheint die Qualitätskontrolle.

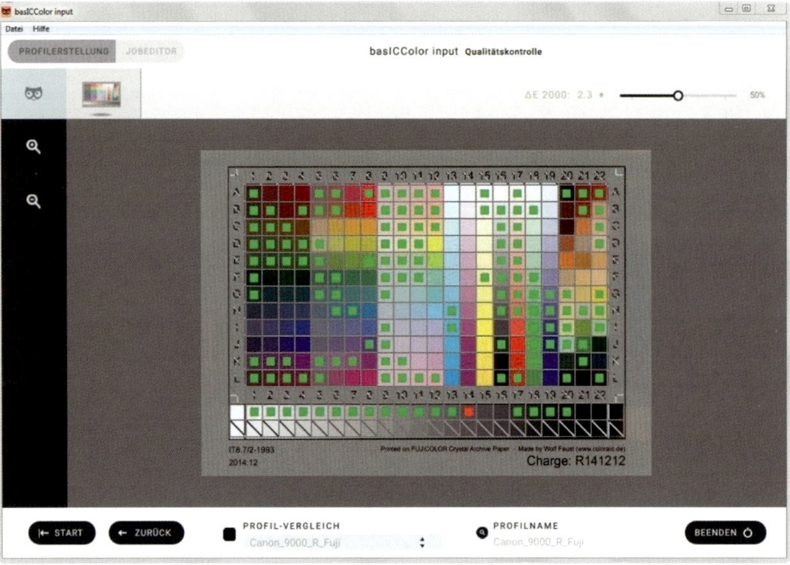

Abbildung 5.36
Die Qualitätskontrolle in basICColor input 5

Mit dem Schieberegler in der oberen rechten Ecke können Sie die für die Auswertung berücksichtigte Menge der Felder angeben. Es wird Ihnen der Farbabstand per DeltaE(ΔE) zwischen den gewählten Feldern und der Referenzdatei links neben dem Schieberegler angegeben. Gleichzeitig können Sie das gerade erstellte Profil mit anderen Profilen, vielleicht solchen, die Sie mit anderer Software oder anderen Einstellungen erstellt haben, vergleichen.

5.2 DIE KAMERA

Die Kamera ist in der heutigen Zeit das Eingangsmedium Nummer 1. Auch wenn computergenerierte Abbildungen in manchen Bereichen auf dem Vormarsch sind, so wird die dokumentarische und authentische Abbildung immer der Kamera vorbehalten sein. So wie wir heute wissen, dass eine Langspielplatte einen wärmeren und realistischeren Ton produziert als eine CD, so wird zukünftig selbst das Foto einer Digitalkamera authentischer und realistischer sein als eine computergenerierte Grafik.

Wenn es um die Einbeziehung von Farbmanagement in der Aufnahmetechnik geht, dann reden wir von der Profilierung von Kameras. Gleich zu Beginn möchte ich hier den Unterschied zwischen einer Profilierung und einem Weißabgleich deutlich machen. Die Profilierung korrigiert den Farbton, die Sättigung und die Helligkeit jeder einzelnen Farbe und legt somit die Verhältnisse der Farben untereinander fest, der Weißabgleich verschiebt alle Farben auf der Kelvin-Skala und macht sie im Gesamteindruck wärmer oder kälter. Ergänzt wird dies durch eine Verschiebung auf der Achse Magenta/Grün, um eine Feinabstimmung bezüglich eventueller Farbstiche in diesen Bereichen zu gewährleisten. Im Klartext und auf die praktische Fotografie bezogen bedeutet dies, dass die Mischfarben z.B. eines Sonnenuntergangs exakt in ihrem Verhältnis von Rot- und Gelbtönen wiedergegeben werden, sie bezüglich der Kelvin-Skala in den richtigen Wärmebereich geschoben werden und dadurch auch nicht neutral wirken und ein Farbstich im Grün-Magentabereich vermieden wird.

Immer wieder wird die Meinung vertreten, dass die Profilierung einer Kamera nur dann notwendig ist, wenn eine möglichst exakte Farbwiedergabe bei der Aufnahme erreicht werden soll. Im Laufe dieses Abschnitts werden Sie jedoch lernen, dass Sie mit den Profilen Ergebnisse erreichen können, die ohne ihre Existenz und deren Beeinflussung so nicht erzielt werden können. Wir werden also Farbmanagement und kreative Aufnahmetechniken zusammenführen. Doch beginnen wir mit der Profilierung.

DCP oder ICC

Im Rahmen des gesamten Farbmanagements werden bei Monitoren, Druckern, Minilabs etc. stets ICC-Profile eingesetzt. Die Firma Adobe hat mit Einführung des DNG-Dateiformats, das sämtliche Raw-Formate unterschiedlicher Kamerahersteller unter einen Hut bringen sollte, im Rahmen der hauseigenen Farbmanagementphilosophie für dieses Format eine eigene Profilform geschaffen, die mit der Dateiendung DCP den Namen Digital Camera Profile trägt.

DCP kann zwischen zwei Farbtemperaturen interpolieren, wenn ein Target in zwei Aufnahmen mit zwei unterschiedlichen Lichtquellen beleuchtet wird und beide Aufnahmen zur Erstellung des Profils verwendet werden. Adobe-Programme nutzen DNG-Profile, Capture One Pro verwendet ICC-Profile.

Egal, ob Sie DCP- oder ICC-Kameraprofile erstellen, eine gleichmäßige Ausleuchtung ohne Reflexe und das Aufstellen des Targets in einem farbig neutralen Umfeld sind für eine Grundprofilierung unvermeidbar. Wenn Sie ein derartiges Profil erstellen, ist dies für die meisten Tageslicht- und Blitzlichtsituationen geeignet, da sich Tageslicht in seiner spektralen Zusammensetzung gar nicht so dramatisch ändert. Die Ausnahmen bilden hier Sonnenauf- und -untergang. Werden Sie nicht zum Profilsammler, sondern erstellen Sie sich hochwertige Profile, die auf verschiedene Lichtsituationen abgestimmt sind.

Hinweis

Die Erstellung von individuellen Profilen bei außergewöhnlichen Beleuchtungssituationen, z.B. Leuchtstoffröhren, ist nur mit genau diesem Licht zu realisieren, um eine natürliche Farbgebung mit dem Profil zu erreichen.

Die Kameraprofilierung mit dem SpyderCHECKR

Die Profilierung mit dem SpyderCHECKR ist genau genommen keine Profilierung, da kein Profil im DCP- oder im ICC-Format erstellt wird. Die Software kreiert Presets in Lightroom oder ACR (Adobe Camera Raw, der Raw-Konverter in Bridge und Photoshop), die auf die HSL-Regler zugreifen und diese in ihrer Position so verändern, dass das Verhältnis der Farben untereinander entsprechend eines Profils eingestellt wird. Der Weg ist anders, das Ziel identisch.

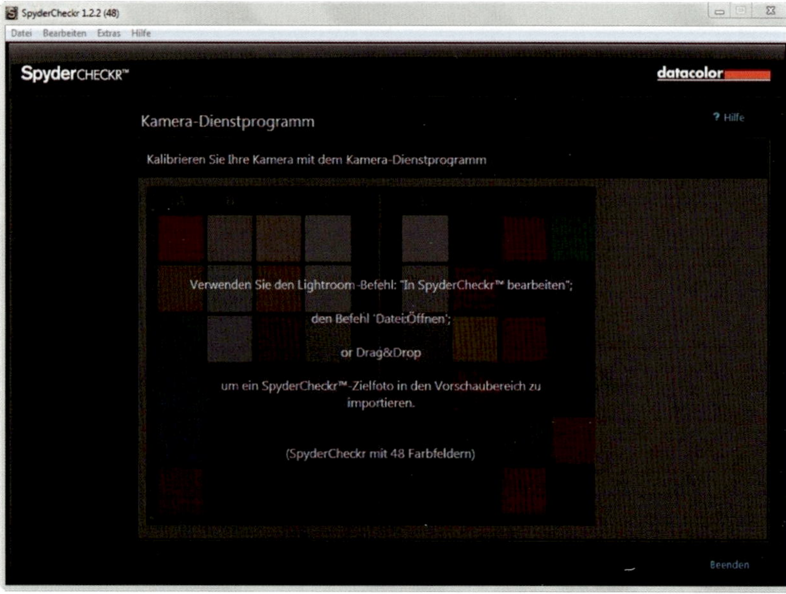

Im Startbildschirm der SpyderCHECKR-Software werden Sie aufgefordert, eine Datei zu öffnen, den Prozess aus Lightroom oder einer anderen Anwendung zu starten oder die Datei per Drag&Drop in das Startfenster zu ziehen. Es muss eine JPG- oder eine TIF-Datei sein. Der SpyderCHECKR muss in seinem Format beschnitten sein, das heißt, dass kein unnötiges Beiwerk auf dem Bild zu sehen sein darf.

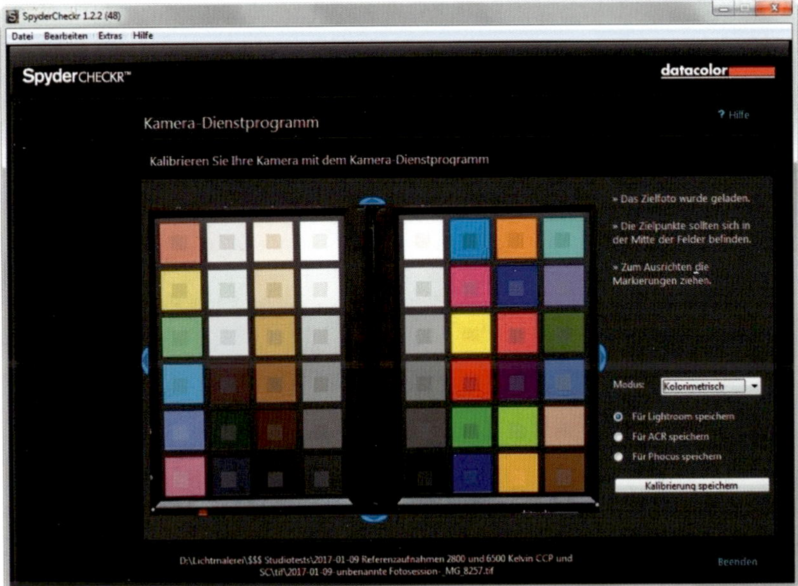

Die Software findet die einzelnen Felder und legt quadratische Messpunkte mittig in den quadratischen Feldern des Targets ab. Sollten diese nicht mittig liegen, können Sie alle gleichzeitig mit der Maus verschieben, wenn Sie die Maus in der Mitte des Targets platzieren. Es erscheint dann ein Vierfachpfeil. Am Rande des Targets erhalten Sie einen Doppelpfeil, der Ihnen sagt, dass Sie die Messpunkte exponentiell verschieben können, und zwar umso stärker in die Richtung, in der sich der Mauszeiger befindet.

Es gibt noch die Möglichkeiten, die Presets in unterschiedlicher Form erstellen zu lassen. Im Dropdown-Modus gibt es die Varianten KOLORIMETRISCH, SÄTTIGUNG und PORTRÄT. KOLORIMETRISCH bedeutet, dass die Farbwiedergabe über diesen Weg neutral erfolgt. SÄTTIGUNG ist wohl ein Tribut an die nativen Nutzer der amerikanischen Firma datacolor, die es ja kulturkreisbezogen etwas kräftiger von den Farben her lieben. Die Wahlmöglichkeit PORTRÄT mindert die roten und die rotorangenen Töne, um Hautfarben zu optimieren. Abschließend können Sie noch auswählen, ob das Ergebnis für Lightroom, ACR oder Hasselblad Phocus gespeichert werden soll.

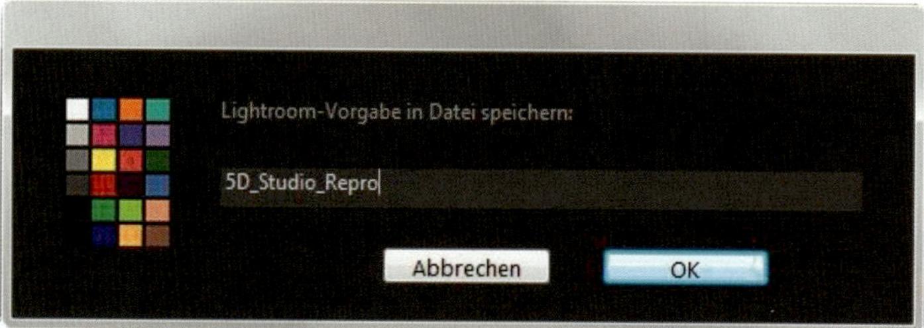

Der Klick auf KALIBRIERUNG SPEICHERN gibt Ihnen die Möglichkeit, einen Namen für das Preset zu vergeben und ...

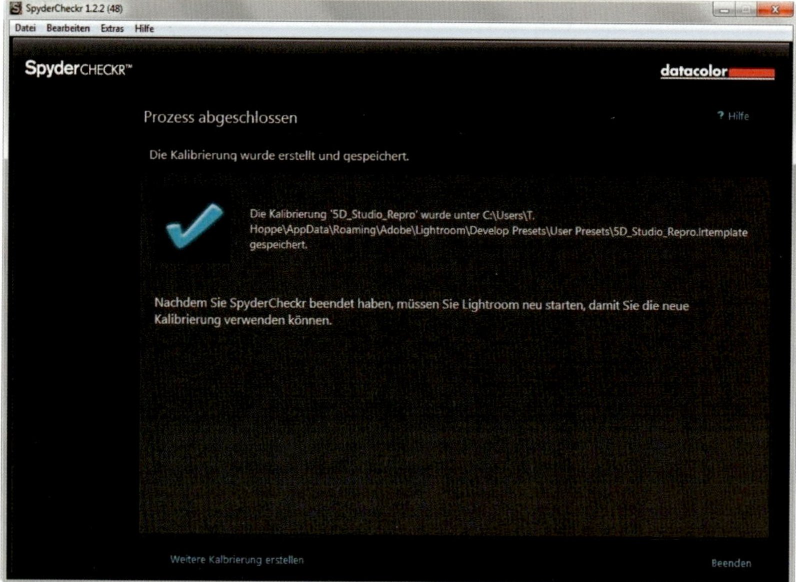

... führt Sie auch schon zum Schlussbildschirm, in dem Sie den Vorgang BEENDEN können oder über die Schaltfläche WEITERE KALIBRIERUNG ERSTELLEN mit einem neuen Preset von vorne beginnen können.

Dies ist insofern interessant, weil Sie hier über eine zweite Aufnahme des Targets unter anderen Lichtverhältnissen eine zweite Preset-Datei erstellen können, die dann mit der ersten Datei zur Berechnung eines Durchschnittswerts herangezogen werden kann.

Achtung

Bei der Erstellung der Presets müssen Sie unbedingt darauf achten, dass Sie die gleichen Standardeinstellungen im Modul ENTWICKELN unter KAMERAKALIBRIERUNG verwenden, die Sie nachher auch zur Bildbearbeitung nutzen.

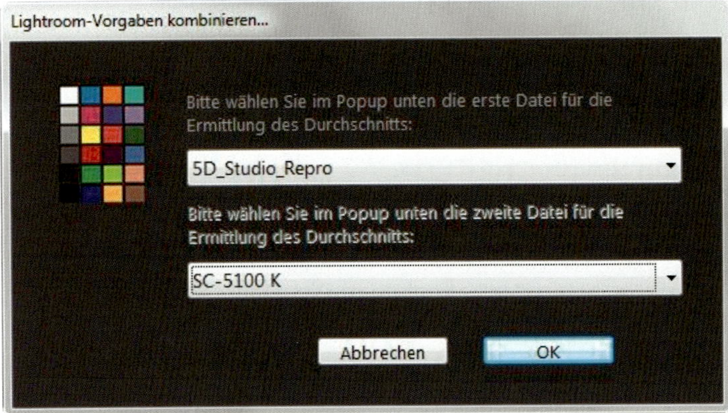

Unter EXTRAS|LIGHTROOM VORGABEN KOMBINIEREN... können Sie zur Durchschnittsberechnung zwei Presets auswählen.

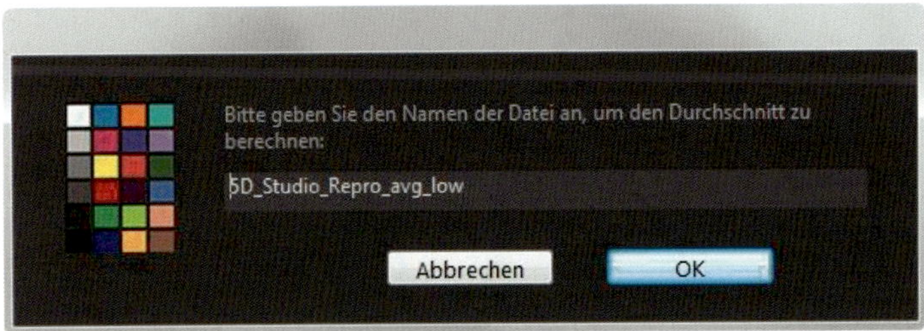

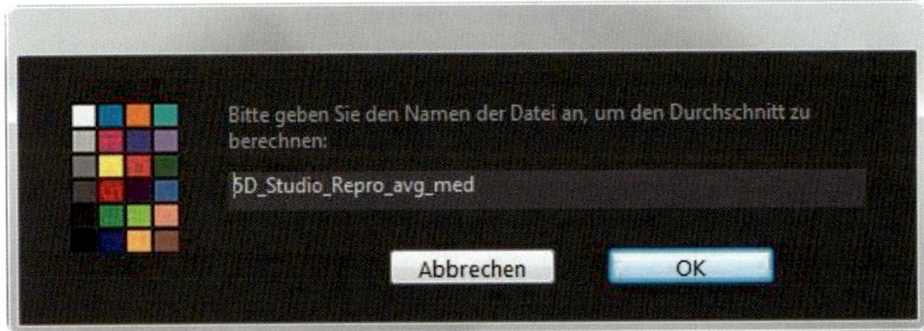

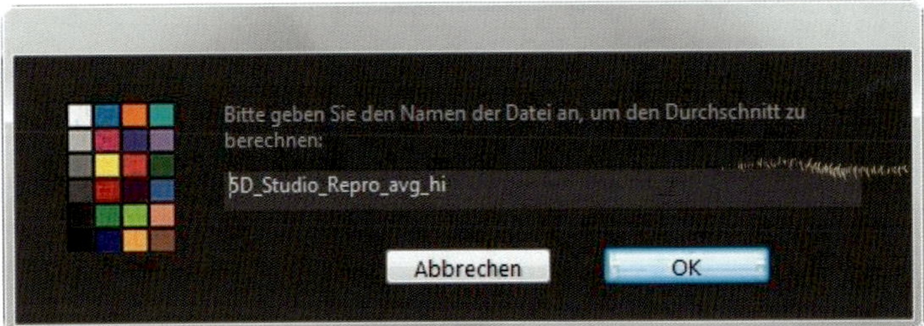

Es werden gleich drei neue Presets kreiert, die in der Namensbezeichnung die Angaben LOW, MED und HI vorschlagen. Diese drei Presets unterscheiden sich in der Mischung der beiden vorausgewählten Presets. MED bedeutet, dass beide Presets bei der Berechnung gleich stark berücksichtigt wurden. LOW und HI legen den Schwerpunkt der Berechnung auf einen der zwei Presets.

Lightroom und SpyderCHECKR

Natürlich können Sie auch direkt aus Lightroom, ACR oder Phocus die SpyderCHECKR-Software starten. Auch hier muss das Foto des Targets als JPG oder TIF vorliegen und Sie wählen im Kontextmenü einfach BEARBEITEN IN...|SPYDERCHECKR. Es öffnet sich ein Dialog, in dem Sie KOPIE MIT DEN LIGHTROOM-ANPASSUNGEN BEARBEITEN wählen, vor allem, wenn Sie vorher Kontrast und Helligkeit angepasst haben, und dann klicken Sie auf BEARBEITEN. Es öffnet sich die SpyderCHECKR-Software und der Vorgang nimmt genauso wie oben seinen Lauf.

Achtung

Wenn Sie in Lightroom in den Voreinstellungen die Option VORGABEN MIT KATALOG SPEICHERN angeklickt haben, müssen Sie den Pfad in SpyderCHECKR ändern.

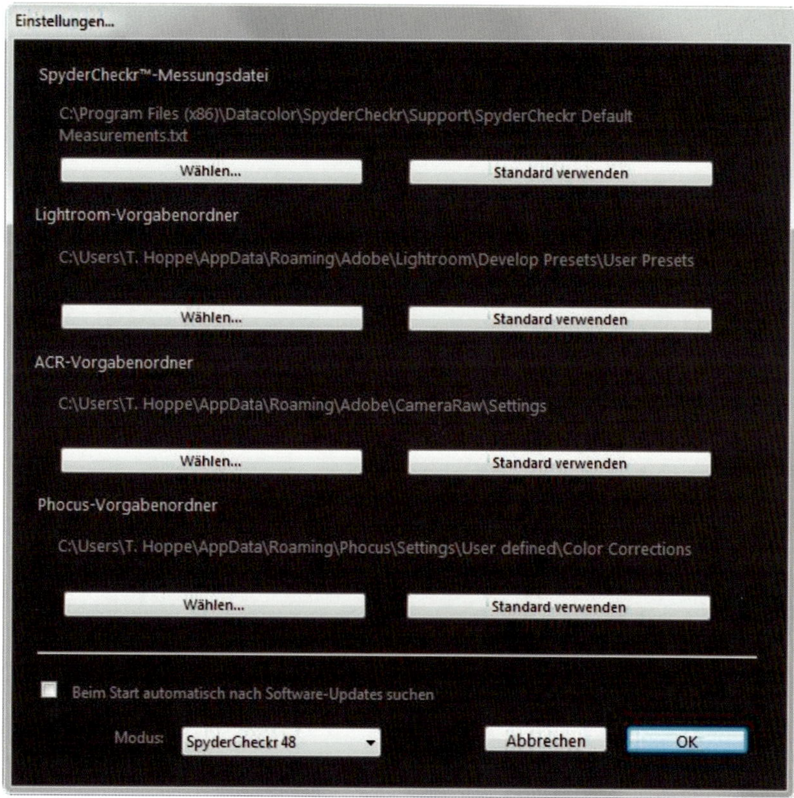

Wenn Sie Ihre Vorgaben in Lightroom im Katalog speichern und dies in den Voreinstellungen so angeklickt haben, dann müssen Sie in der Spyder-CHECKR-Software unter BEARBEITEN|EINSTELLUNGEN... den Pfad vom Lightroom-Vorgabenordner zu Ihrem persönlichen Vorgabenordner im Katalog ändern. Dieser liegt unter Windows und Mac OS im Ordner KATALOGORDNER/LIGHTROOM-EINSTELLUNGEN/DEVELOP PRESETS/USER PRESETS.

ACR

Wenn Sie mit ACR Ihre Raw-Entwicklung durchführen, müssen Sie die dort generierte TIF- oder JPG-Datei des Targets in die gestartete Spyder-CHECKR-Software ziehen oder von dort über den DATEI|BILD ÖFFNEN-Dialog starten. Die weitere Vorgehensweise ist oben beschrieben.

Die Kameraprofilierung mit der ColorCheckerPassport-Software

Alle hier beschriebenen Verfahren können natürlich auch mit einer Lichtart durchgeführt werden. In der Praxis haben sich die Profile mit zwei Lichtarten für den allgemeinen fotografischen Gebrauch mehr als bewährt. Bei Sonderlichtarten kann dann ein individuelles Profil erstellt werden.

Einfacher geht's nicht. Zuerst fotografieren Sie den ColorChecker Passport mit zwei Lichtarten von ca. 2800 K und 6500 K in Raw und wandeln diese Dateien dann in DNG-Dateien um. Dann öffnen Sie das Programm.

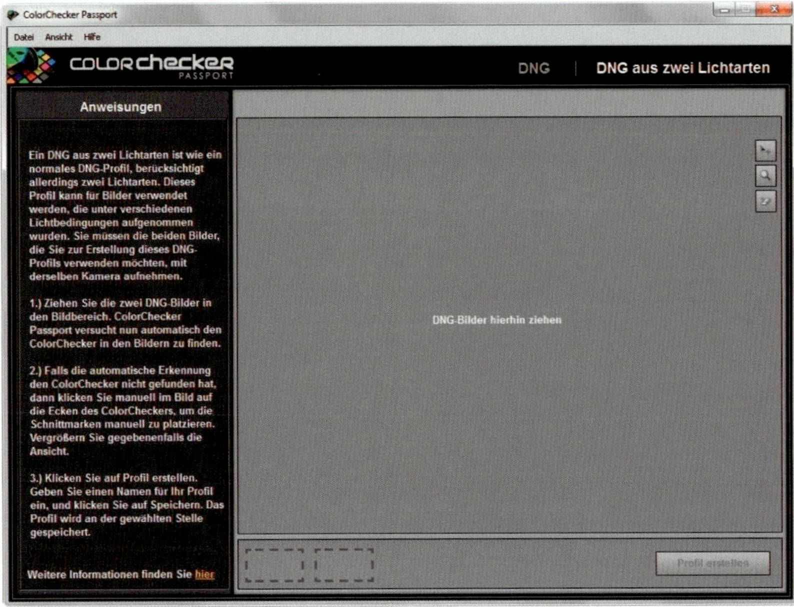

Die beiden DNG-Dateien ziehen Sie nacheinander auf die große, graue Fläche im Fenster.

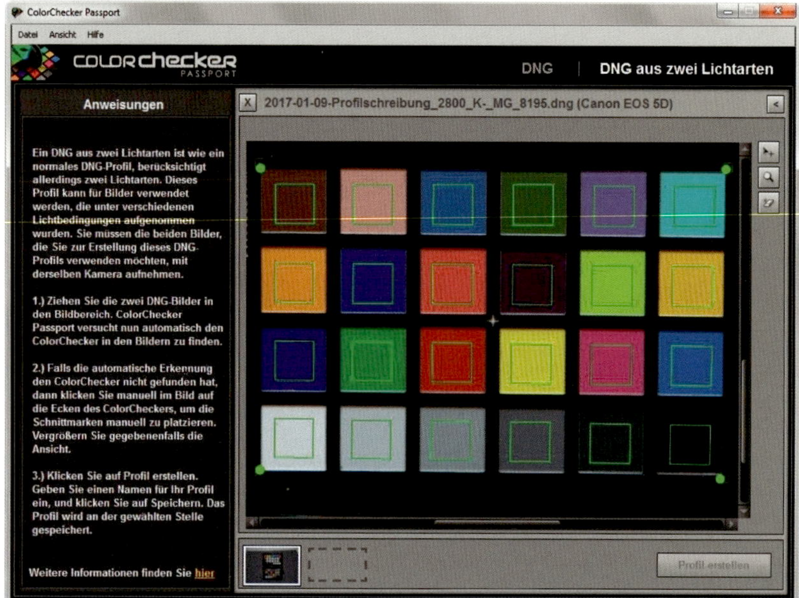

Das Ausleseraster können Sie noch korrigieren, in den meisten Fällen liegt es aber gut über dem fotografierten ColorChecker. Nach Einfügen der zweiten Datei wird die Schaltfläche PROFIL ERSTELLEN aktiv, Sie klicken darauf und das sofort geschriebene Profil wird im Systemordner für Kameraprofile der Adobe-Programme hinterlegt, sodass es in Lightroom bzw. Photoshop benutzt werden kann. Das ist der schnellste Weg, mit dieser Softwarekombination ein Profil für Lightroom und Photoshop aus zwei Lichtarten zu erstellen. Lightroom oder Photoshop müssen neu gestartet werden, damit die neuen Profile eingelesen und in den Menüs angezeigt werden.

Lightroom

Aus Lightroom heraus funktioniert das Ganze auch. Erst exportieren Sie beide RAWs zu DNGs ...

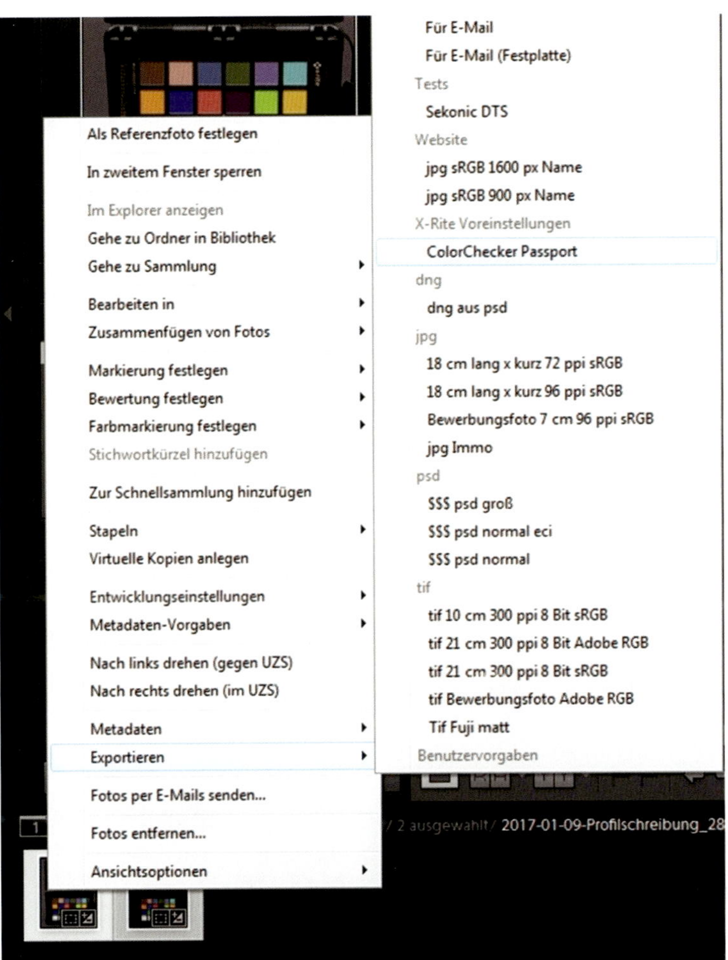

... dann markieren Sie beide Fotos und über einen Rechtsklick gehen Sie auf EXPORTIEREN und klicken dann im Untermenü auf COLORCHECKER PASSPORT. Das Profil wird umgehend erstellt und Sie müssen Lightroom und gegebenenfalls Photoshop neu starten, damit das neue Profil eingelesen und in den Menüs verwendet werden kann.

ACR

Wenn Sie mit Adobe Camera Raw arbeiten, dem Raw-Konverter aus Photoshop oder der Bridge, exportieren Sie in ACR zwei DNG-Dateien und führen dann die Profilierung mit der ColorChecker-Software, wie oben beschrieben, durch.

Die Kameraprofilierung mit dem DNG Profile Editor

Der DNG Profile Editor ist ein kleines Programm, das Sie kostenfrei von der AdobeLabs-Seite herunterladen können und das ohne Installation lauffähig ist. Sie können damit Profile erstellen und auch modifizieren. Ich werde mit Ihnen eine Profilierung mit zwei Beleuchtungsarten durchführen, die einfache Profilierung erklärt sich daraus von selbst. Die Software ist in Englisch, sollte aber mit den folgenden Erklärungen auch für einen nicht Englisch sprechenden Menschen zu bedienen sein.

Dual Illuminant

Die klassische Auswahl für die Erstellung eines Profils mit zwei Beleuchtungsarten erstreckt sich auf die Nutzung der Beleuchtungsart A mit 2850 K und der Beleuchtungsart D65 mit 6500 K. Fotografieren Sie Ihren x·rite ColorChecker in Raw, konvertieren Sie die Dateien in DNG und öffnen Sie den DNG Profile Editor.

Sie sehen oben links das Menü und rechts verschiedene Registerkarten. Klicken Sie im Menü auf FILE|OPEN DNG IMAGE... Es erscheint ein ÖFFNEN-Dialog und Sie navigieren zu Ihrer 6500-K-Datei. Dann öffnen Sie auf gleichem Weg die 2850-K-Datei. Der DNG Profile Editor kann mehrere Dateien gleichzeitig öffnen.

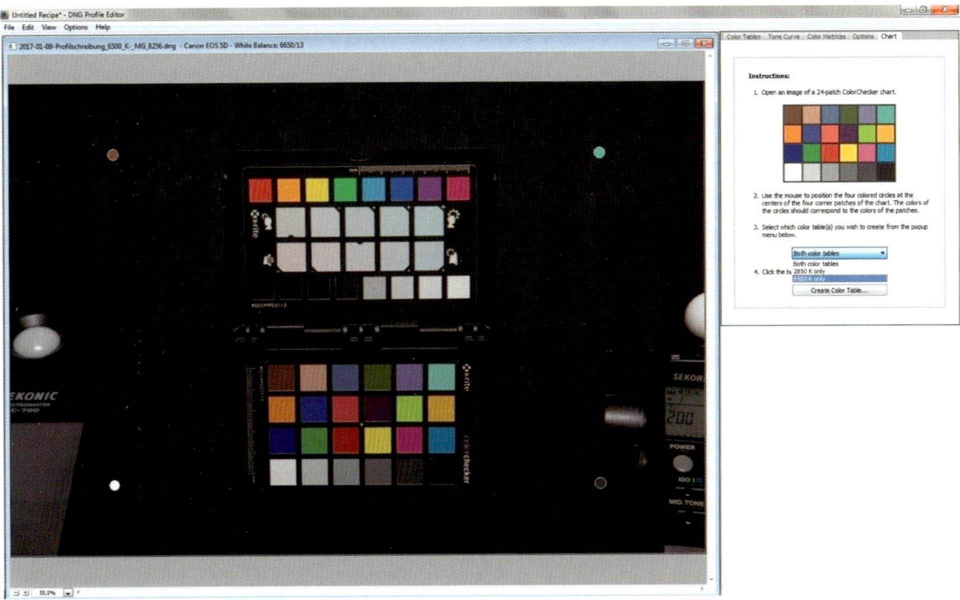

Jetzt wählen Sie bei aktiver 6500 K Datei die Registerkarte CHART aus und wählen im Dropdown 6500 K ONLY. Platzieren Sie die vier farbigen Kreise auf den gleichfarbigen Quadraten des ColorChecker. Jetzt klicken Sie auf CREATE COLOR TABLE. Das Gleiche machen Sie nun mit der 2850-K-Datei: 2850 K Datei aktivieren, im Dropdown 2850 K ONLY wählen, die vier Kreise platzieren und auf CREATE COLOR TABLE klicken. Der DNG Profile Editor hat die beiden Fotos jetzt zu einem Profil verrechnet.

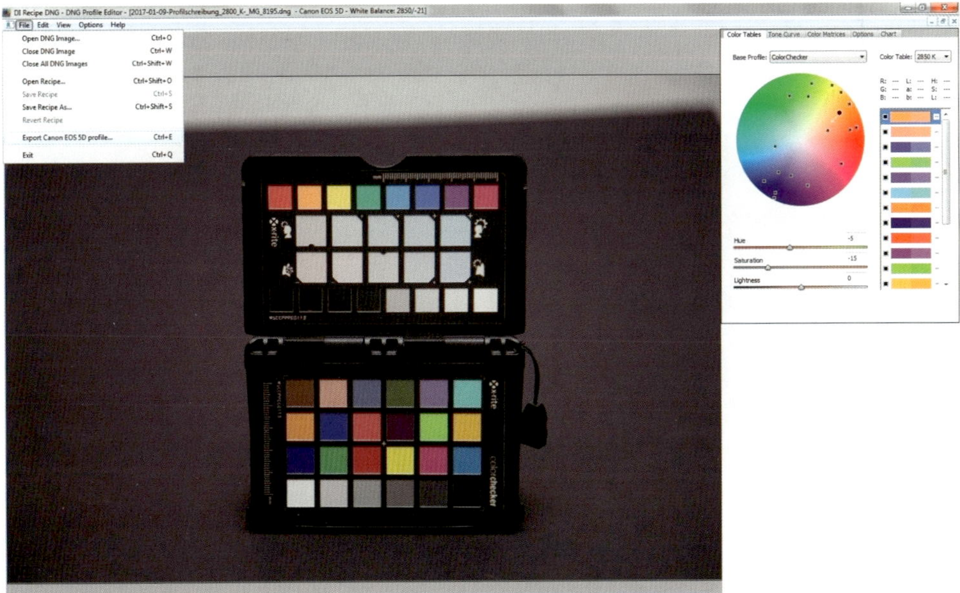

Sie wählen FILE|SAVE RECIPE, um das Rezept zu speichern. Als Speicherort wählen Sie Ihren Kameraprofilordner von z.B. Lightroom (BENUTZER/BENUTZERNAME/APPDATA/ROAMING/ADOBE/CAMERARAW/CAMERAPROFILES) und dann FILE|EXPORT KAMERANAME PROFILE, um Ihr Profil in den gleichen Ordner zu exportieren.

Wenn Sie ein Profil mit nur einer Beleuchtung erstellen wollen, dann wählen Sie im Dropdown auf der Registerkarte CHART den Eintrag BOTH COLOR TABLES, um dann das Rezept zu speichern und das Profil zu exportieren.

Profile mit dem DNG Profile Editor optimieren

Ein überaus sensibles Thema in der Farbwiedergabe sind Hauttöne. Dazu habe ich mir ein Profil geschrieben, dass ich mithilfe vieler verschiedener Hauttöne generiert habe. Aus den unzähligen Porträtfotos, die ich fotografiert habe, erstellte ich mir zunächst in Photoshop eine Datei mit Hautmustern. Als Ausgangsdateien wählte ich die jeweiligen Raw-Dateien, die ich im Studio aufgenommen und mit meinem Standardprofil Dual Illuminant aus der x-rite-ColorChecker-Software versehen hatte. Sie sehen hier in der oberen Reihe von links nach rechts folgende Hauttöne aus unterschiedlichen Kulturen: Mitteleuropäisch hell, mittel und dunkel; Südeuropäisch hell mittel und dunkel. In der unteren Reihe von links nach rechts sehen Sie: Afrikanisch; Asiatisch hell und dunkel; Indisch hell, mittel und dunkel. Ihre Auswahl von Hauttönen muss nicht so international sein, Sie sollten aber viele Hauttöne sammeln.

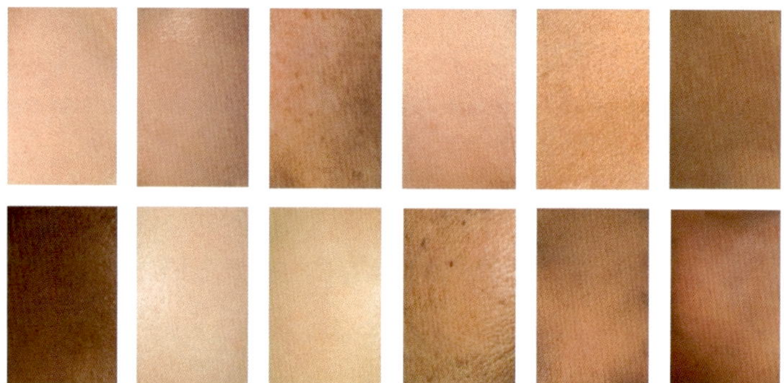

Nachdem ich die Dateien in Photoshop zusammengestellt hatte, reduzierte ich das Bild auf die Hintergrundebene und exportierte es in Lightroom als DNG. Jetzt konnte ich die Datei im DNG Profile Editor mit FILE|OPEN DNG IMAGE... öffnen.

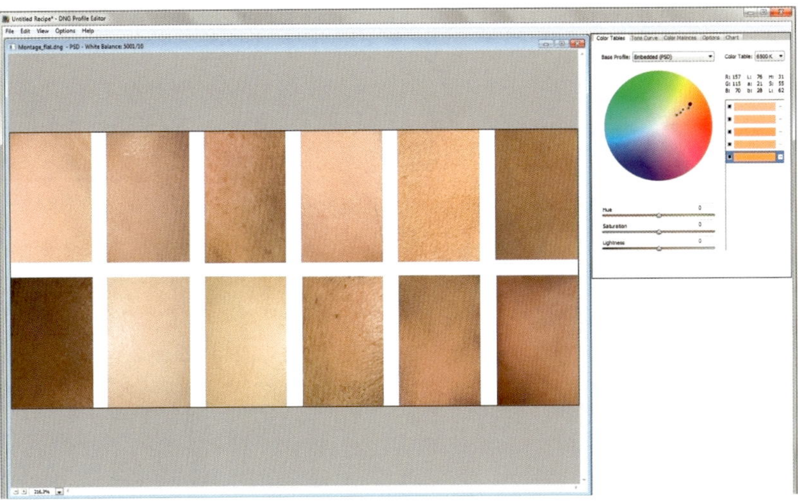

Der Mauszeiger wird über dem geöffneten Foto zur Pipette und ich konnte die verschiedenen Hauttöne anklicken, worauf sie in der Registerkarte COLOR TABLES im rechten Bereich erschienen. Jetzt war ich in der Lage, dort jede einzelne gesampelte Farbe einzeln anzuwählen (blau unterlegt), um am Regler HUE behutsam so wie am Regler SATURATION noch behutsamer die einzelnen Farben zu verändern. Um zu sehen, welcher Hautton bei welchem Regler welcher Voreinstellung einer Farbe reagiert, ist es ratsam, die Regler auch mal extremer zu bewegen. Die letztendliche Einstellung sollte sensibel vorgenommen werden, da man keinen Vorher-nachher-Vergleich hat. Die kleinen schwarzen Quadrate vor den Farbbalken können zumindest die Verstellung des entsprechenden Farbbalkens vorübergehend ausblenden.

Tipp

Ein Doppelklick auf die Regler setzt sie wieder auf 0.

Nachdem ich meine Einstellungen getätigt hatte, speicherte ich das Rezept unter FILE|SAVE RECIPE in meinem Kameraprofilordner. Hier das Profil zu exportieren, führt zu nichts, da es sich zwar um eine DNG-Datei handelt, aber da diese aus einem Photoshop-Dokument generiert wurde, kann der DNG Profile Editor auch nur ein PSD PROFILE exportieren. Ich wollte das Profil aber auf Raw-Dateien der Kamera anwenden. Das funktionierte dann dadurch, dass ich irgendeine Raw-Datei, die mit dem gleichen, ursprünglichen Standardprofil versehen war, auswählte und als DNG exportierte.

Dann öffnete ich diese DNG-Datei im DNG Profile Editor und wählte als Base Profile mein Standardprofil aus. Nun lud ich über File|Open Recipe das gespeicherte Rezept und war in der Lage, ein Profil mit neuer Namensvergabe unter File|Export Kameraname profile in den Kameraprofilordner von Lightroom zu exportieren.

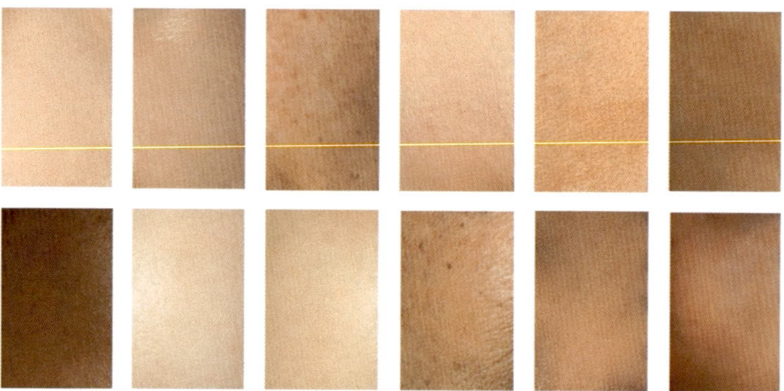

Hinweis

Es ist wichtig, dass das Profil auf einem Basisprofil der Kamera beruht, da es sonst in Lightroom unter der Kamera nicht angezeigt wird.

Überall dort, wo ich normalerweise mein Standardkameraprofil einsetzen würde, kann ich so auch das optimierte Hautprofil einsetzen.

Die Kameraprofilierung mit input 5

Mit input 5 von basICColor kann man DCP- und ICC-Profile erstellen. Die Adobe-Programme verwenden DCP-Profile, Capture One Pro von Phase One verwendet ICC-Profile.

DCP-Profile

Beispielhaft werden wir ein Profil erstellen, das für Reproarbeiten im Studio genutzt werden soll. Ziel ist die Erstellung eines Kunstkatalogs, der im Offsetdruck gefertigt werden soll. Das bedeutet für uns, dass wir den Workflow über eci_RGB_v2 wählen und D50 der Standard des Betrachtungslichts wird. Wichtig bei der Profilerstellung in input 5 im Zusammenhang mit Reproarbeiten ist die Erstellung eines manuellen Weißabgleichs in der Kamera vor der Aufnahme des Targets. In unserem Beispiel habe ich einen ColorChecker Passport als Target gewählt und diesen dort im Licht der Blitzanlage positioniert, wo später die Kunstwerke stehen werden.

Beginnen wir mit dem Startbildschirm.

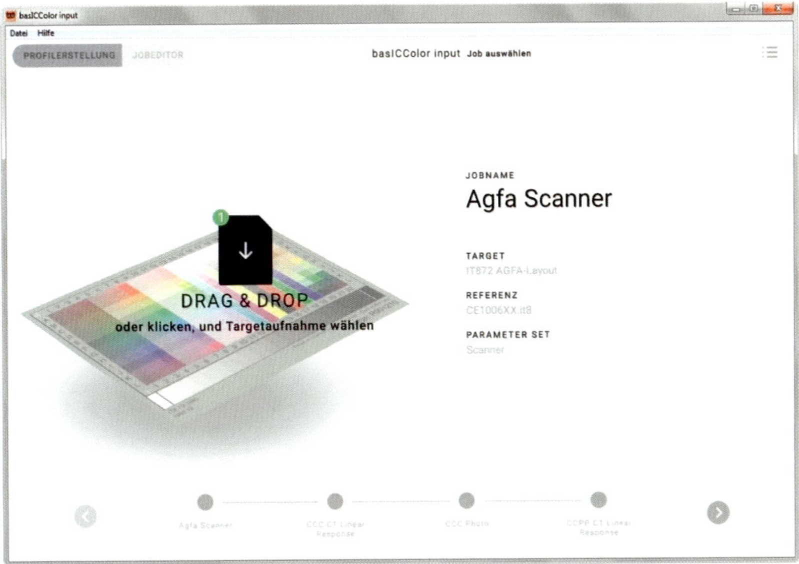

Hier klicken Sie zunächst auf den JOBEDITOR, um sich ein neues Profilierungsziel zu bauen.

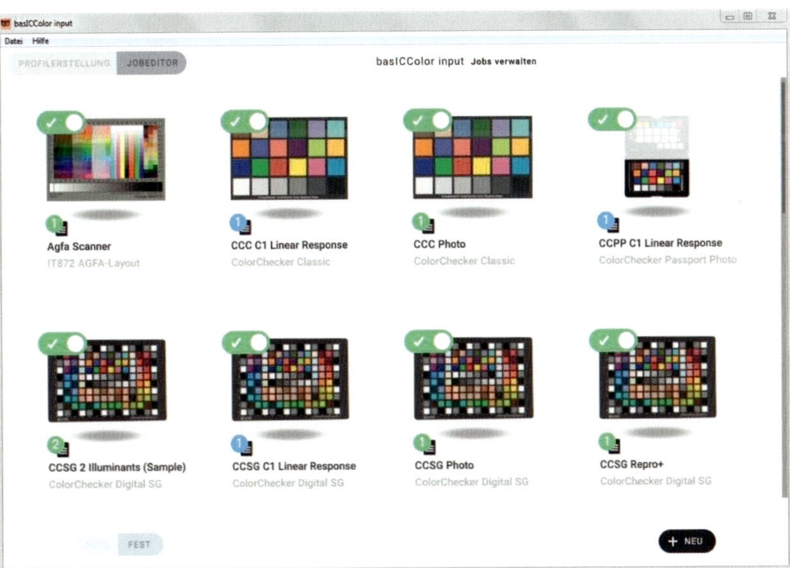

Jetzt klicken Sie auf die Schaltfläche + NEU und kommen in die Targetauswahlliste.

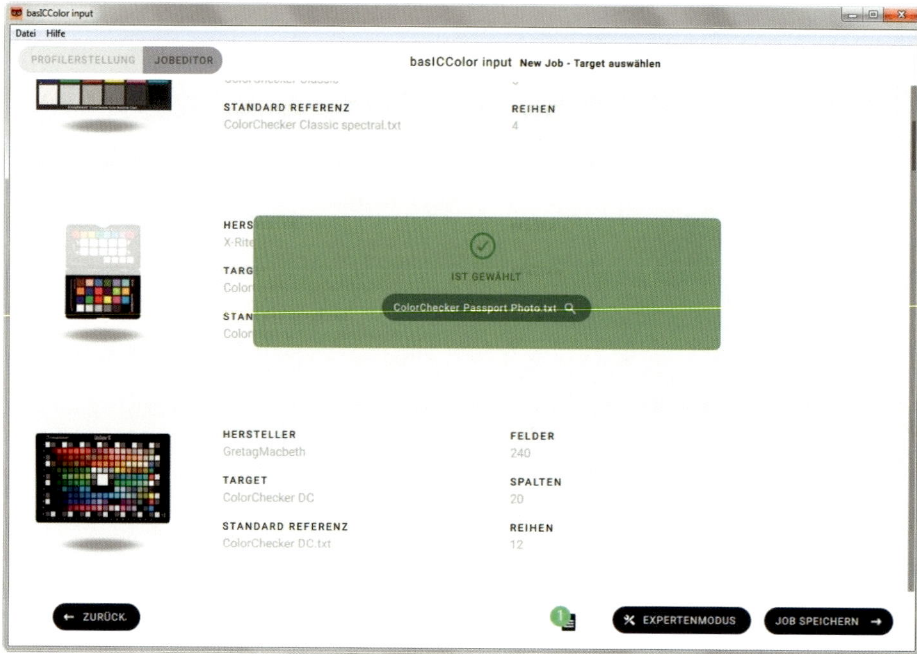

Wählen Sie den ColorChecker Passport und die Software schafft die Verbindung zur hinterlegten Referenzdatei. Dann klicken Sie auf EXPERTENMODUS und kommen zu folgendem Bildschirm.

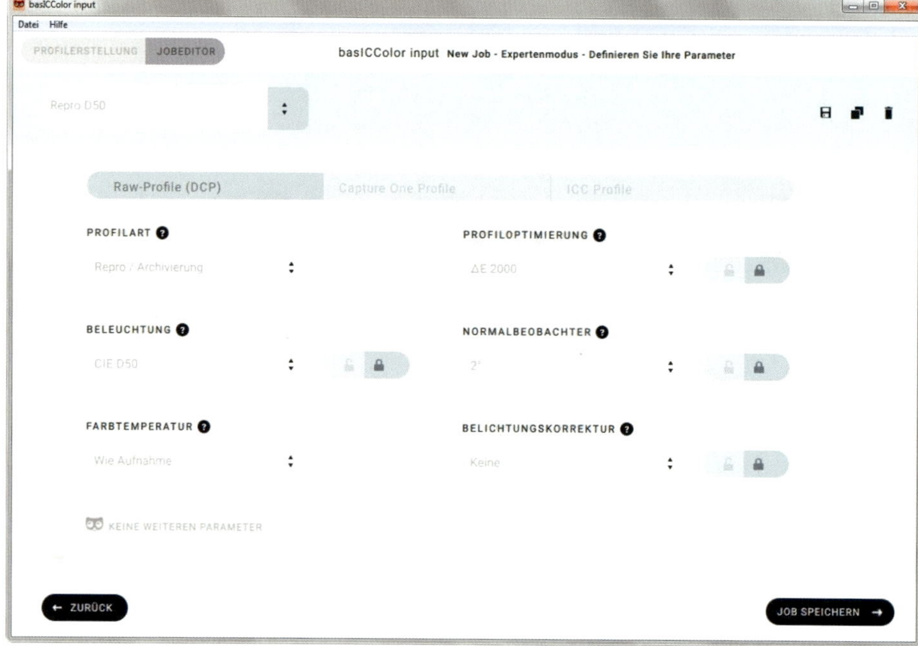

Im Dropdown oben links wählen Sie REPRO D50, was schon die richtigen Voreinstellungen bereitstellt. Repro fügt dem Profil eine Korrekturkurve zu, die eine größere farbmetrische Genauigkeit erbringt. Das hat den Nachteil, dass die Adobe-Programme ihre Belichtungsautomatik nicht mehr ausführen können und die Bilder meist etwas dunkler erscheinen. Wenn dies über den Belichtungsregler ausgeglichen wird, ist das kein Problem, schöner ist es allerdings, wenn Sie sich für Ihre Bedingungen eine Belichtungskorrektur ermitteln, dann wird diese ins Profil geschrieben und Sie sehen sofort ein richtig belichtetes Foto. Da die Profilerstellung rasant schnell geht, führen Sie einfach mehrere Korrekturen aus, bis das Ergebnis stimmt. Die Einstellung FOTOGRAFIE unter PROFILART im EXPERTENMODUS, für die meisten fotografischen Anwendungen geeignet, fügt dem Profil keine Korrekturkurve zu und das Ergebnis sieht im Raw-Konverter auch gleich wieder gut aus. Die Einstellung CIE D50 bei BELEUCHTUNG meint das Betrachtungslicht, die FARBTEMPERATUR WIE AUFNAHME ist bei Repros eine logische Schlussfolgerung und muss wie eingangs erwähnt mit einem manuellen Weißabgleich in der Kamera belegt werden. Als PROFILOPTIMIERUNG wählen Sie wie immer DELTAE(ΔE) 2000, ergänzen den 2° NORMALBEOBACHTER, den Sie nur auf 10° wechseln, wenn Sie große Farbflächen in Ihren Aufnahmen haben, und unter BELICHTUNGSKORREKTUR stellen Sie in Folgegängen den entsprechenden Wert in Halbblendenstufen nach Ihren Bedürfnissen ein.

Mit einem Klick auf JOB SPEICHERN werden Sie aufgefordert, einen Jobnamen einzugeben ...

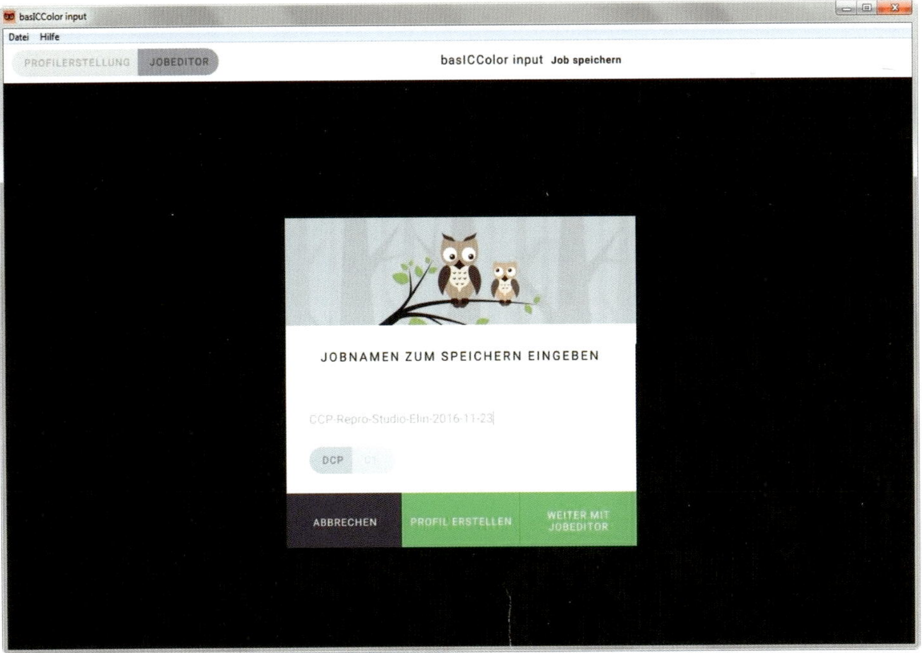

... den Sie so benennen, dass Sie ihn auch zuordnen können. Wenn Sie jetzt auf PROFIL ERSTELLEN klicken, kommen Sie zum Ausgangsbildschirm zurück und ...

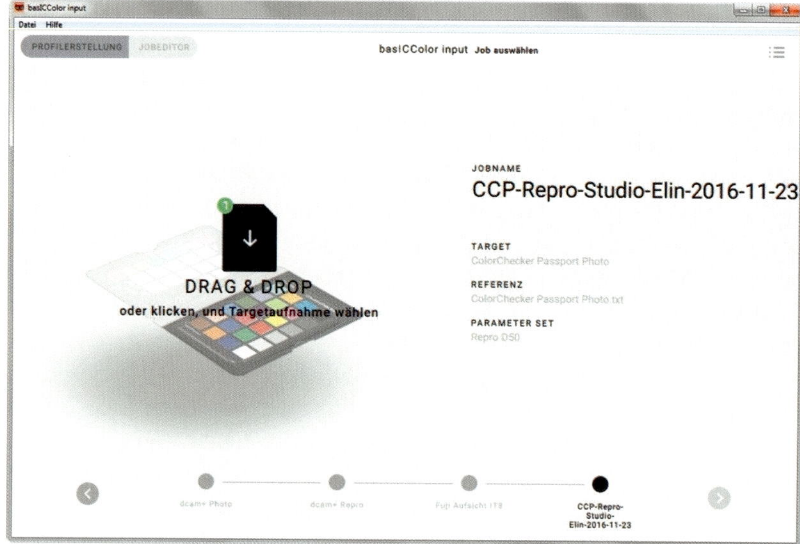

... der gerade erstellte Job wird Ihnen angezeigt. Ziehen Sie Ihre Raw-Datei mit dem Target aus Ihrer Kamera auf die schwarze Fläche mit dem weißen Pfeil und schon ...

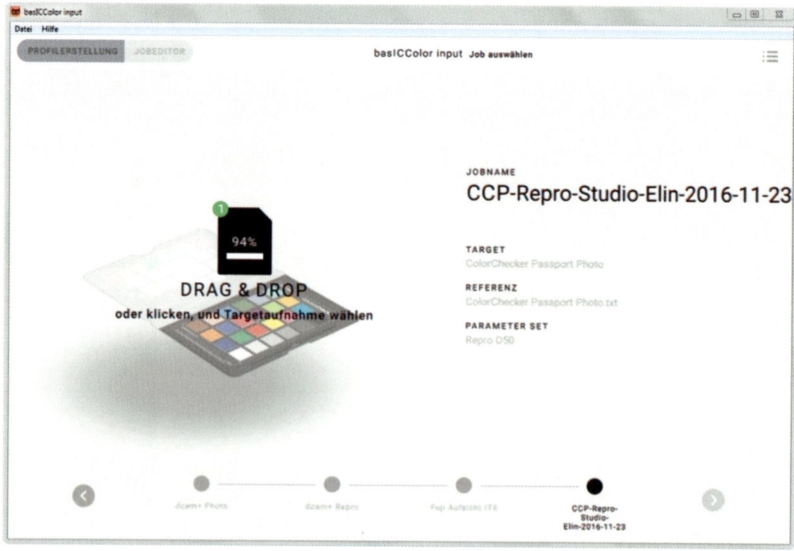

... lädt die Software die Daten und zeigt Ihnen den Fortschritt per Prozentzahl an.

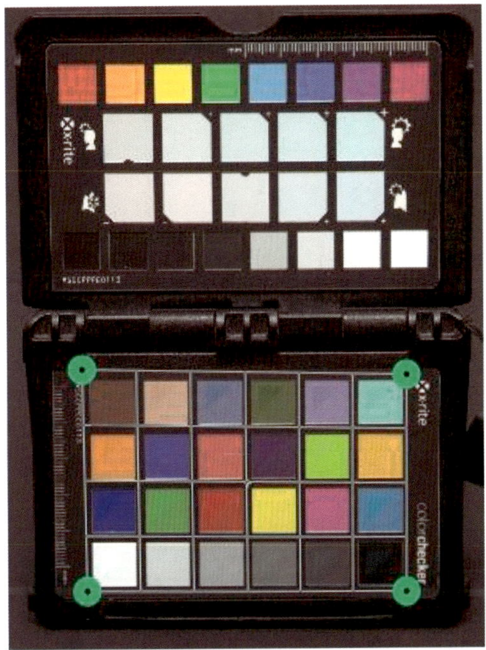

Im nächsten Fenster wird das Target mit dem automatisch zugefügten Ausleseraster angezeigt, das bei Bedarf noch korrigiert werden kann. Unter PROFILNAME können Sie den vom Programm gemachten Vorschlag noch verändern und mit einem Klick auf PROFIL ERSTELLEN kommen Sie ...

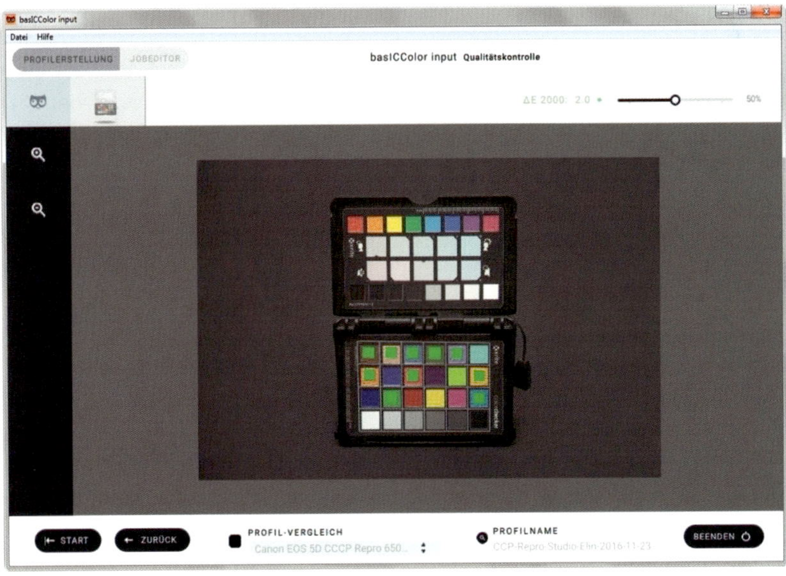

... zur QUALITÄTSKONTROLLE.

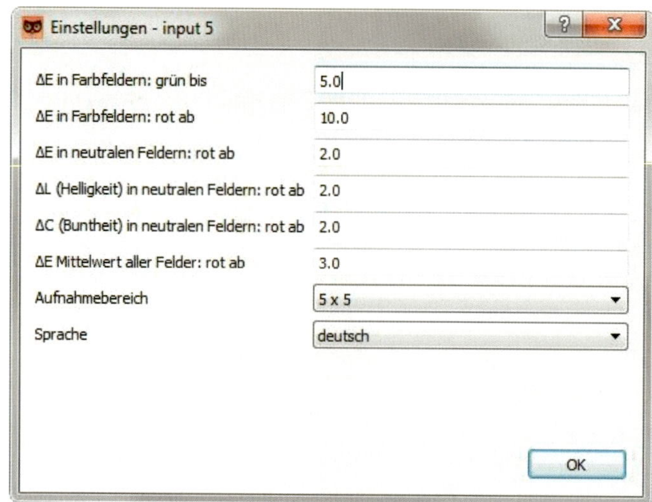

Die Parameter, nach denen bei der Qualitätskontrolle verfahren werden soll, geben Sie unter DATEI|EINSTELLUNGEN... ein. Hier sehen Sie die Standardvorgaben, mit denen das Programm ausgeliefert wird. Die unterschiedlichen DeltaE(ΔE)-Werte kommen dadurch zustande, dass Sie bei unterschiedlichen Farben ein jeweils anderes Empfinden bezüglich der Farbabstände haben.

Wenn Sie auf BEENDEN klicken, wird das Programm geschlossen.

ICC-Profile

Bei den Eingabegeräten werden in den heutigen Workflows ICC-Profile bei Scannern und für Kameras im Zusammenhang mit Capture One Pro von Phase One angewendet. Die Besonderheiten einer Profilierung einer Kamera für den erstklassigen Raw-Konverter Capture One (C1) möchte ich hier vorstellen.

Zur Erstellung benötigen Sie ein TIF in 16 Bit, das Sie aus Ihrer Raw-Datei in C1 erst exportieren müssen. Um sicherzustellen, dass das Kameraprofil mit eingebettet wird, gehen Sie auf die Registerkarte AUSGABE ...

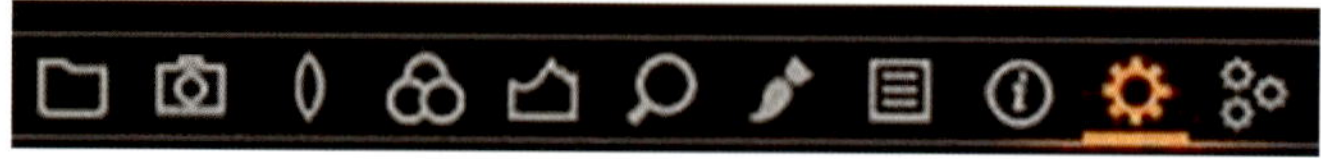

... und erstellen eine neue VERARBEITUNGSVORGABE mit folgenden Werten, die Sie PROFILIERUNG nennen.

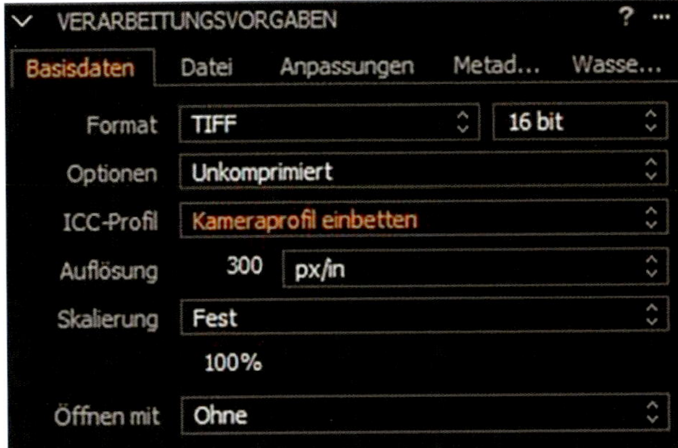

Unter OPTIONEN können Sie bei großen Kameradateien ruhig auch eine ZIP-KOMPRIMIERUNG wählen. Die Datei kann auch beschnitten werden, um bei großen Dateien eine schnellere Verarbeitung zu ermöglichen.

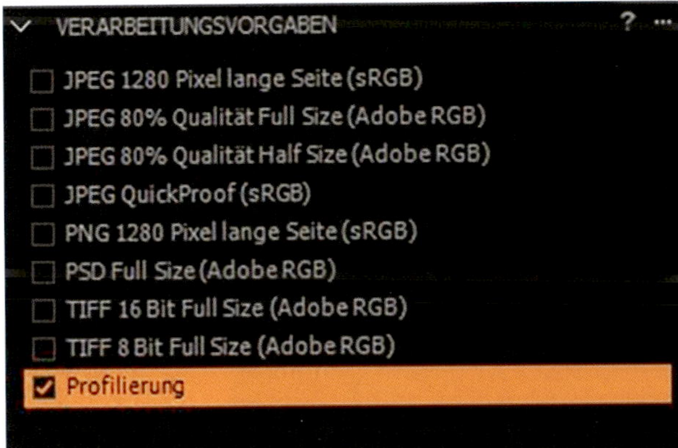

Jetzt markieren Sie per Checkbox und farbiger Unterlegung die Verarbeitungsvorgabe (WICHTIG FÜR DIE FOLGENDE RGB-ANZEIGE!) und stellen die Aufnahme über das Register BELICHTUNG so ein, dass das weiße Feld des ColorCheckers ungefähr einen Wert von 240 +/-5 in allen RGB-Werten hat, und nehmen einen Weißabgleich über das Register FARBE vor. Falls Sie schon einen Weißabgleich bei der Aufnahme durchgeführt haben, können Sie hier darauf verzichten.

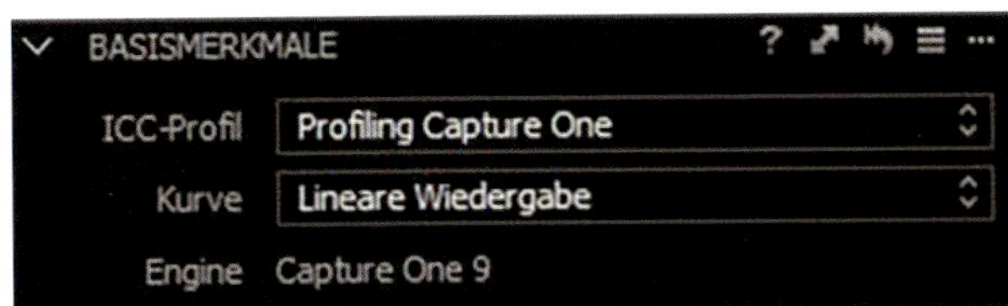

Nun wählen Sie unter KURVE LINEARE WIEDERGABE, da Sie eine möglichst lineare Profilierung wollen, und unter ICC-PROFIL unter SONSTIGE|BASICCOLOR PROFILING CAPTURE ONE. Die Ansicht im Viewer ändert sich, was Sie aber nicht stören sollte.

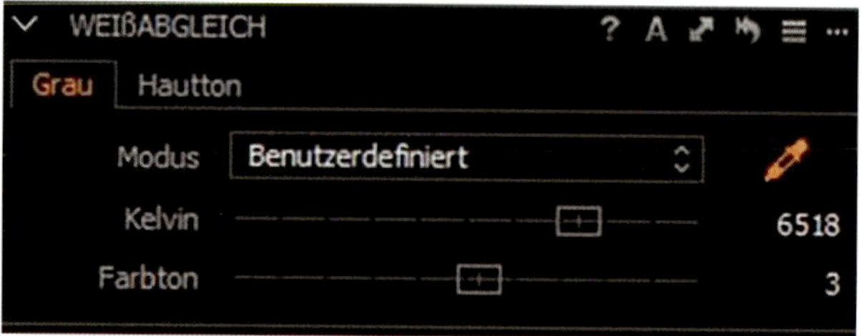

Das Feld MODUS unter WEISSABGLEICH zeigt jetzt BENUTZERDEFINIERT an.

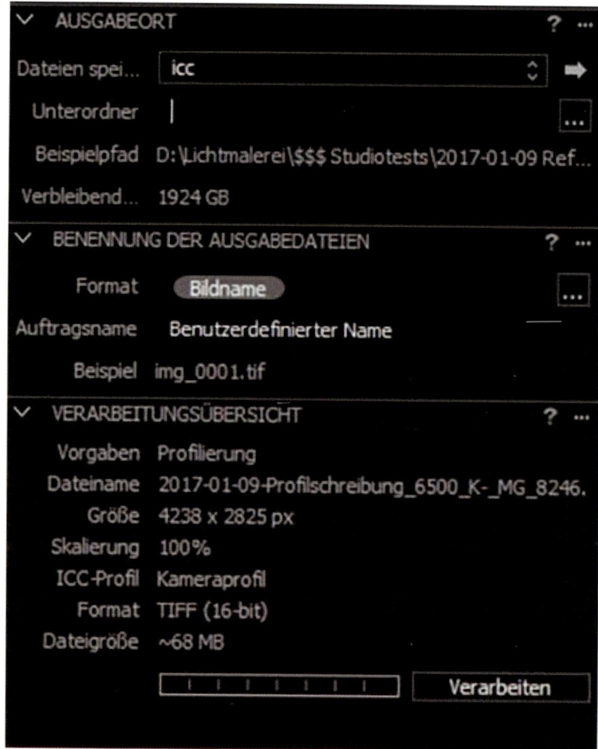

Dann legen Sie, zurück in den Vorgaben, einen Speicherplatz fest, und exportieren die Aufnahme über die Schaltfläche VERARBEITEN.

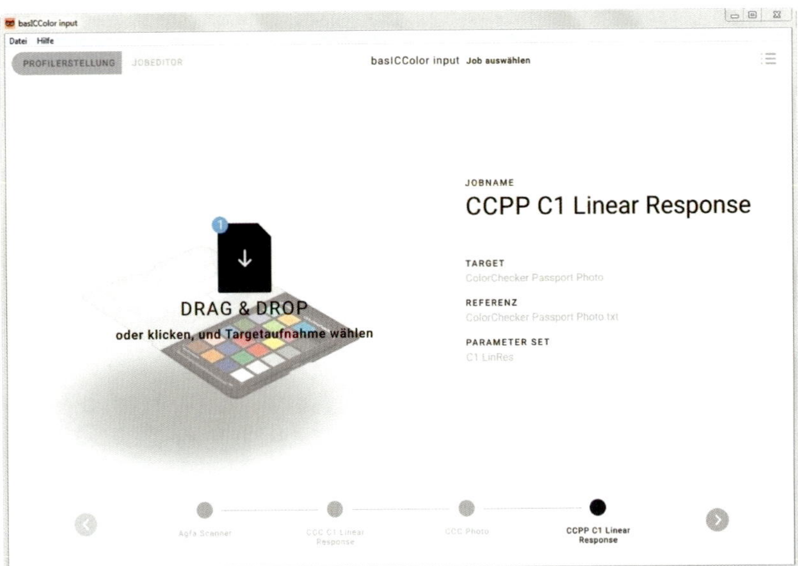

Nachdem Sie input 5 gestartet haben und den Job CCPP C1 Linear Response ausgewählt haben, ziehen Sie Ihre TIF-Datei auf die schwarze Fläche mit dem weißen Pfeil und ...

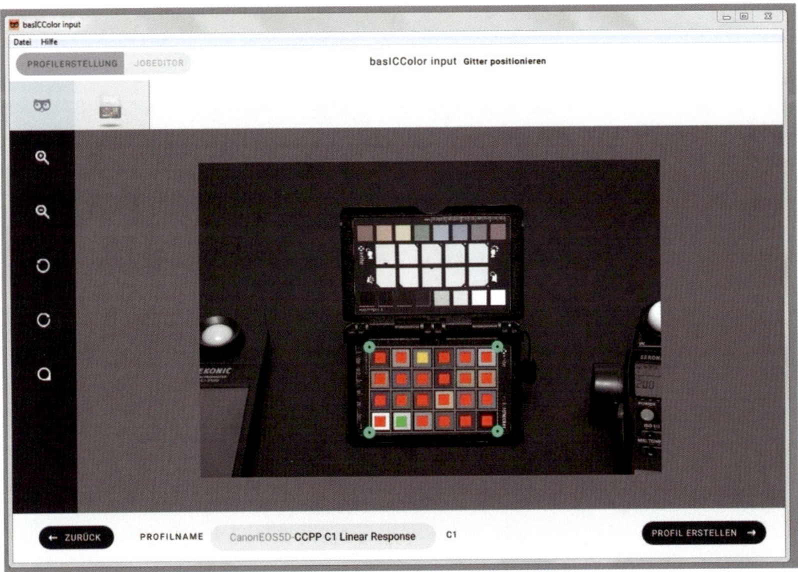

... können dann noch das Gitter zum Auslesen positionieren sowie den zweiten Teil des Profilnamens ändern. Den Beginn des Namens benötigt

C1, um das Profil zu identifizieren und es intern der richtigen Kamera zuzuordnen.

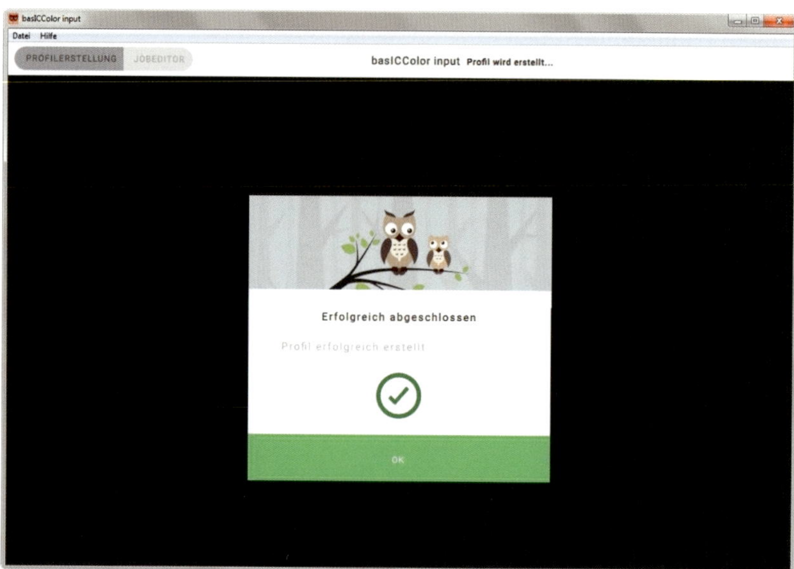

Ein Klick weiter und schon ist das Profil erstellt.

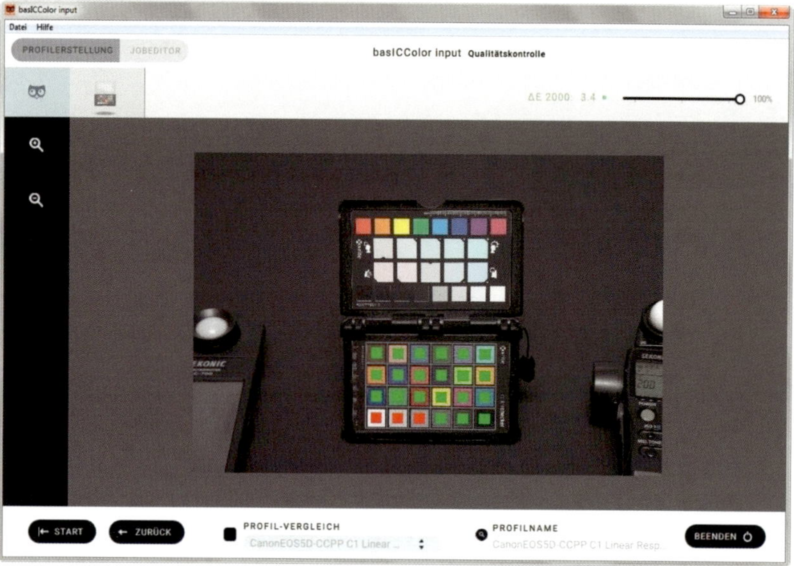

Es folgt auch hier die abschließende Qualitätskontrolle und Sie können das Programm beenden.

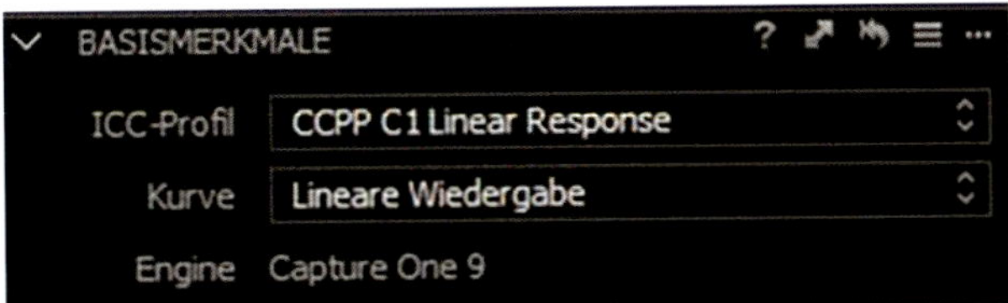

Zurück in C1 können Sie das Profil im Dropdown ICC-PROFIL unter dem Namen Ihrer Kamera finden und auswählen.

Optimierung von Profilen

Die Profilierung von Kameras ist qualitativ noch zu steigern. Die Targets für die Kameraprofilierung sind mit Referenzdateien versehen, deren Daten aus Mittelwertbildung der Produktion entstanden sind. Dann liegt es an den Herstellern, die Targets weiterhin so präzise zu fertigen, damit sie zu ihren einmal erstellten Referenzdateien passen. Es ist ja so, dass die jeweilige Software nur eine Referenzdatei hinterlegt hat, und die wird zur Profilerstellung herangezogen. Schwankungen in der Produktion, die allerdings sehr gering sind, führen zu Abweichungen in der korrekten Farbwiedergabe. Von Technikern der amerikanischen Entwicklungsabteilung von x·rite konnte ich erfahren, dass der ColorChecker in einem aufwendigen Verfahren hergestellt wird. Er wird nicht bedruckt, sondern in einer Art Beschichtungsverfahren, das eher einem Malen entspricht, hergestellt. Damit ist eine gleichbleibende Qualität jedes einzelnen ColorCheckers zu gewährleisten. Für Fotografen, die wissen, dass Genauigkeit in vielen Fällen der sichere Weg ist, sollte deshalb das Erstellen eigener Referenzdateien für Kameratargets, vor allem wenn sie im Bereich der Reproduktion arbeiten, unerlässlich sein. Hier sehen Sie nun, wie das funktioniert.

ColorChecker Passport mit i1 Profiler individuell vermessen

Auf den ersten Blick erscheint es etwas unlogisch, aber eine Spotmessung für Targets ist in i1 Profiler in der Abteilung Druckerprofilierung versteckt.

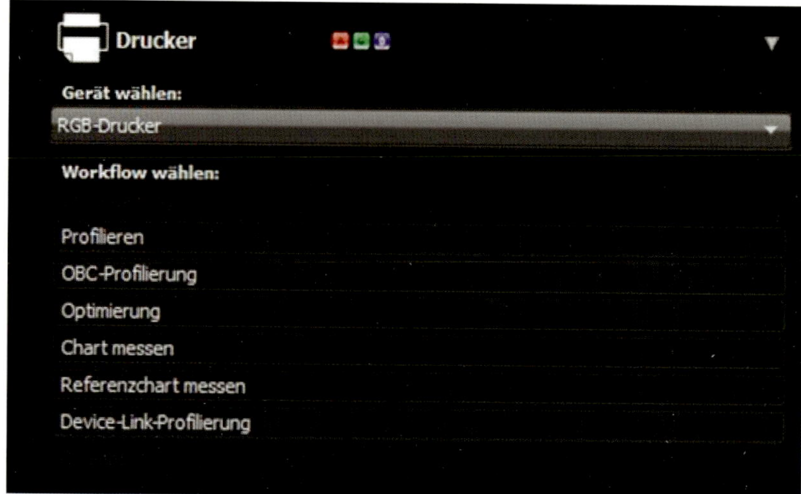

Sie klicken also im Startbildschirm rechts auf den Messmodus ERWEITERT und wählen Sie in der Abteilung DRUCKER CHART MESSEN.

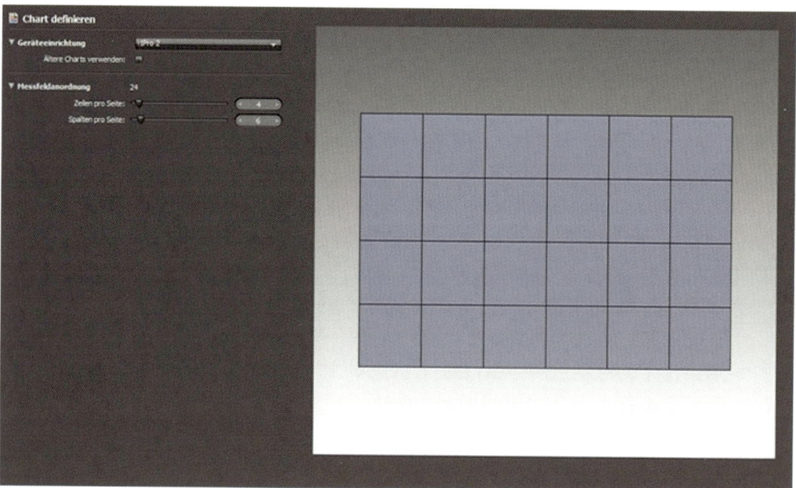

Im sich öffnenden Dialog definieren Sie die Größe des Targets mit 4 ZEILEN und 6 SPALTEN, den Feldanordnungen eines ColorCheckers. Die Wahlmöglichkeit ÄLTERE CHARTS VERWENDEN macht das Messergebnis vergleichbar mit einem i1 Pro im Gegensatz zu dem hier verwendeten i1 Pro 2, das eine verbesserte und erweiterte Messtechnik benutzt.

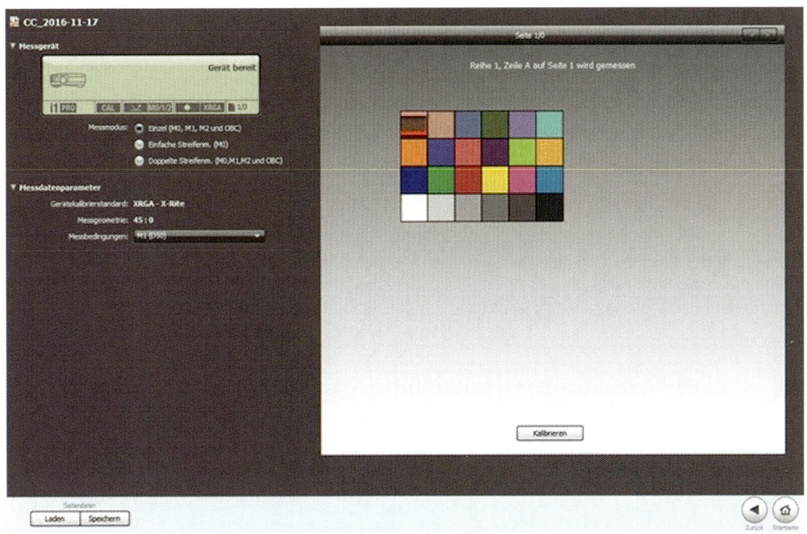

Nach einem Klick auf WEITER kommen Sie zur nächsten Ansicht und KALIBRIEREN zunächst Ihr Messgerät. Jetzt wählen Sie EINZEL, da wir eine Spotmessung durchführen wollen. Nach der Messung jedes Farbfelds erscheint dieses in der Bildschirmansicht, sodass der ColorChecker nach erfolgter Messung, wie im Bild zu sehen, vollständig abgebildet ist. Gleichzeitig werden die Messdatenparameter in der linken Bildschirmhälfte aktiviert. XRGA ist der neue Standard von x·rite, der nach dem Zusammenschluss mit GretagMacBeth geschaffen wurde, um die Messgeräte der ursprünglich zwei Unternehmen vergleichen zu können. Unter MESSBEDINGUNGEN wählen Sie M1 (D50). Die MESSGEOMETRIE des i1 Pro 2 wird mit 45 : 0 ebenfalls angezeigt.

Wenn Sie jetzt auf SPEICHERN klicken, dann ist es sinnvoll, eine CMXF DATEI zu speichern. Damit werden Charts gespeichert, was zur Folge hat, dass Sie unter den KOMPONENTEN in der Abteilung CHART MESSEN eine Vorlage für den ColorChecker erstellen, die Sie bei Bedarf auf CHART DEFINIEREN ziehen können, um sofort mit der Messung zu beginnen.

Wenn Sie das getan haben, klicken Sie erneut auf SPEICHERN und wählen unter DATEITYP diesmal I1 PROFILER CGATS BENUTZERDEF. (TXT) und tragen unter DATEINAME die Bezeichnung COLORCHECKER24_SPECTRAL ein. Ein Klicken auf SPEICHERN im Speicherdialog bringt Sie zu folgendem, sich öffnenden Fenster.

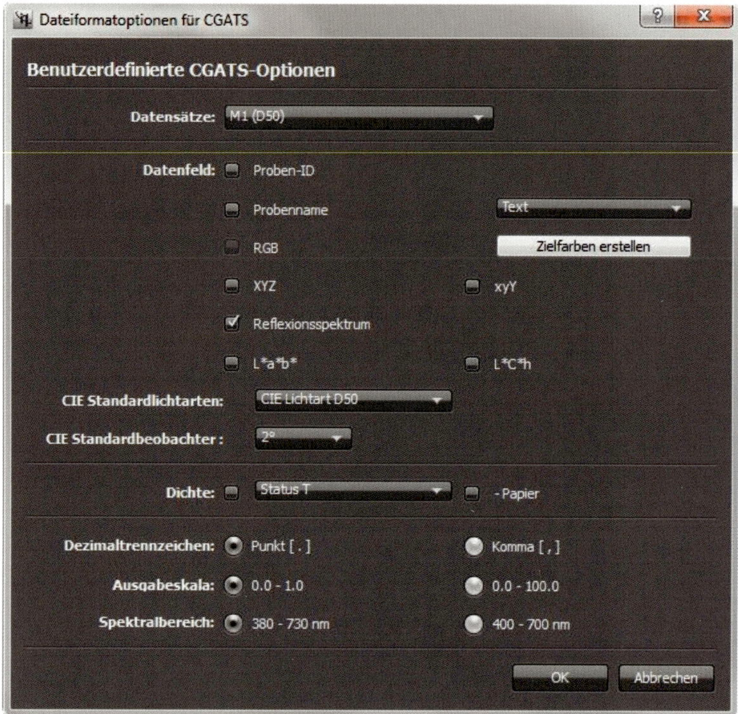

Hier wählen Sie die abgebildeten Einstellungen und klicken auf OK. Die Datei wird im versteckten Verzeichnis ../PROGRAMDATA/X·RITE/I1PROFILER/COLORSPACERGB/MEASURECHARTMEASUREMNTS mit der Ergänzung M1 abgelegt. Kopieren Sie die Datei auf den Desktop und ändern Sie den Namen wieder in COLORCHECKER24_SPECTRAL.

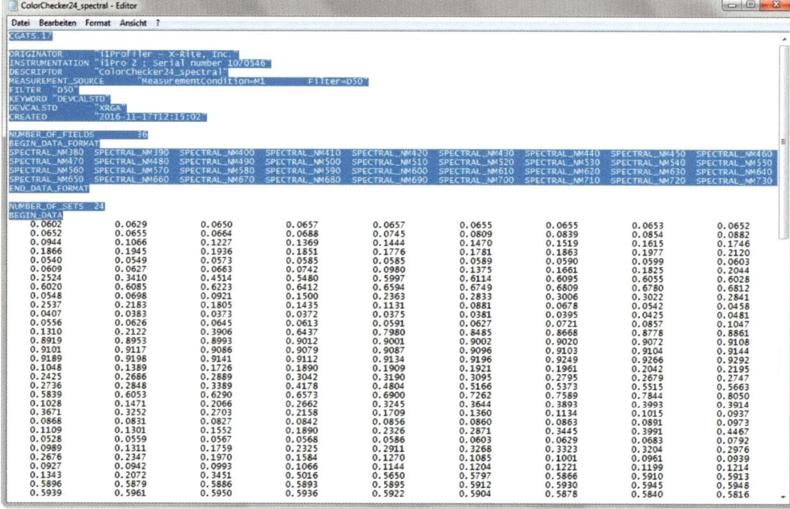


```
CGATS.17

ORIGINATOR	"i1Profiler - X-Rite, Inc."
INSTRUMENTATION "i1Pro 2 ; Serial number 1070546"
DESCRIPTOR	"ColorChecker24_spectral"
MEASUREMENT_SOURCE	"MeasurementCondition=M1	Filter=D50"
FILTER	"D50"
KEYWORD "DEVCALSTD"
DEVCALSTD	"XRGA"
CREATED	"2016-11-17T12:15:02"

NUMBER_OF_FIELDS	36
BEGIN_DATA_FORMAT
SPECTRAL_NM380	SPECTRAL_NM390	SPECTRAL_NM400	SPECTRAL_NM410	SPECTRAL_NM420	SPECTRAL_NM430	SPECTRAL_NM440	SPECTRAL_NM450	SPECTRAL_NM460
SPECTRAL_NM470	SPECTRAL_NM480	SPECTRAL_NM490	SPECTRAL_NM500	SPECTRAL_NM510	SPECTRAL_NM520	SPECTRAL_NM530	SPECTRAL_NM540	SPECTRAL_NM550
SPECTRAL_NM560	SPECTRAL_NM570	SPECTRAL_NM580	SPECTRAL_NM590	SPECTRAL_NM600	SPECTRAL_NM610	SPECTRAL_NM620	SPECTRAL_NM630	SPECTRAL_NM640
SPECTRAL_NM650	SPECTRAL_NM660	SPECTRAL_NM670	SPECTRAL_NM680	SPECTRAL_NM690	SPECTRAL_NM700	SPECTRAL_NM710	SPECTRAL_NM720	SPECTRAL_NM730
END_DATA_FORMAT

NUMBER_OF_SETS	24
BEGIN_DATA
	0.0602	0.0629	0.0650	0.0657	0.0657	0.0655	0.0655	0.0653	0.0652
	0.0652	0.0655	0.0664	0.0688	0.0745	0.0809	0.0839	0.0854	0.0882
	0.0944	0.1066	0.1227	0.1369	0.1444	0.1470	0.1519	0.1615	0.1746
	0.1866	0.1945	0.1936	0.1851	0.1776	0.1781	0.1863	0.1977	0.2120
	0.0540	0.0549	0.0573	0.0585	0.0585	0.0589	0.0590	0.0599	0.0603
	0.0609	0.0627	0.0663	0.0742	0.0980	0.1375	0.1661	0.1825	0.2044
	0.2524	0.3410	0.4514	0.5480	0.5997	0.6114	0.6095	0.6055	0.6028
	0.6020	0.6085	0.6223	0.6412	0.6594	0.6749	0.6809	0.6780	0.6812
	0.0548	0.0698	0.0921	0.1500	0.2363	0.2833	0.3006	0.3022	0.2841
	0.2537	0.2183	0.1805	0.1435	0.1131	0.0881	0.0678	0.0542	0.0458
	0.0407	0.0383	0.0373	0.0372	0.0375	0.0381	0.0395	0.0425	0.0481
	0.0556	0.0626	0.0645	0.0613	0.0591	0.0627	0.0721	0.0857	0.1047
	0.1310	0.2122	0.3906	0.6437	0.7980	0.8485	0.8668	0.8778	0.8861
	0.8919	0.8953	0.8993	0.9012	0.9001	0.9002	0.9020	0.9072	0.9108
	0.9101	0.9117	0.9086	0.9079	0.9087	0.9096	0.9103	0.9104	0.9144
	0.9189	0.9198	0.9141	0.9112	0.9134	0.9196	0.9249	0.9266	0.9292
	0.1048	0.1389	0.1726	0.1890	0.1909	0.1921	0.1961	0.2042	0.2195
	0.2425	0.2686	0.2889	0.3042	0.3190	0.3095	0.2795	0.2679	0.2747
	0.2736	0.2848	0.3389	0.4178	0.4804	0.5166	0.5373	0.5515	0.5663
	0.5839	0.6053	0.6290	0.6573	0.6900	0.7262	0.7589	0.7844	0.8050
	0.1028	0.1471	0.2066	0.2662	0.3245	0.3644	0.3893	0.3993	0.3914
	0.3671	0.3252	0.2703	0.2158	0.1709	0.1360	0.1134	0.1015	0.0937
	0.0868	0.0831	0.0827	0.0842	0.0856	0.0860	0.0863	0.0891	0.0973
	0.1109	0.1301	0.1552	0.1890	0.2326	0.2871	0.3445	0.3991	0.4467
	0.0528	0.0559	0.0567	0.0568	0.0586	0.0603	0.0629	0.0683	0.0792
	0.0989	0.1311	0.1759	0.2325	0.2911	0.3268	0.3323	0.3204	0.2976
	0.2676	0.2347	0.1970	0.1584	0.1270	0.1085	0.1001	0.0961	0.0939
	0.0927	0.0942	0.0993	0.1066	0.1144	0.1204	0.1221	0.1199	0.1214
	0.1343	0.2072	0.3451	0.5016	0.5650	0.5797	0.5866	0.5910	0.5913
	0.5896	0.5879	0.5886	0.5893	0.5895	0.5912	0.5930	0.5945	0.5948
	0.5939	0.5961	0.5950	0.5936	0.5922	0.5904	0.5878	0.5840	0.5816
```

Wenn Sie diese Datei nun mit dem Editor öffnen, sehen Sie neben einem Kopf (hier blau markiert) die spektralen Messdaten Ihres ColorCheckers. 24 Messfelder in 36 Spektraleinheiten ergeben 864 Messergebnisse. Den blau markierten Kopf löschen Sie und drücken dann `Strg` und `Ende` auf Ihrer Tastatur, um mit dem Cursor ans Dateiende zu kommen. Dann betätigen Sie die Rückschritttaste und löschen alle Zeichen und Tabs, bis der Cursor rechts neben dem letzten Messwert steht. Jetzt speichern Sie die Datei. Sie muss den Dateinamen COLORCHECKER24_SPECTRAL tragen.

Nun öffnen Sie das Verzeichnis ../PROGRAMME(X86)/X-RITE/COLORCHECKER PASSPORT/WIN/REFERENCE, in dem Sie die Originalreferenzdatei finden. Sie trägt natürlich ebenfalls den Namen COLORCHECKER24_SPECTRAL. Sichern Sie diese Datei in einem anderen Verzeichnis und ziehen Sie die Datei vom Desktop in das Verzeichnis ../PROGRAMME(X86)/X-RITE/COLORCHECKER PASSPORT/WIN/REFERENCE. Jetzt werden alle zukünftigen Profilerstellungen des ColorChecker Passports, egal ob aus der ColorChecker-Passport-Software, aus Lightroom oder ACR mit der individuellen Referenzdatei erstellt.

Abschließend noch eine Anmerkung zur ColorChecker-Passport-Software und der Änderung der Farben im ColorChecker. Seit November 2014 muss der ColorChecker aus Umweltschutzgründen in einigen Farbfeldern mit chemisch anders zusammengesetzten Farben produziert werden. Das hatte zur Folge, dass die Referenzdatei in der Software geändert werden musste. Die passenden Softwareversionen, deren Referenzdateien die ColorChecker vor November 2014 repräsentieren, lauten 1.0.1 und 1.0.2. Alle ColorChecker, die nach November 2014 produziert wurden, benötigen die Referenzdatei, die in der neuesten ColorChecker-Passport-Software 1.1.0 hinterlegt ist. Nur so nebenbei – das selbst vermessene Target ist eh der bessere Weg.

Der Weißabgleich

Wie schon vorher beschrieben, dient der Weißabgleich dazu, das Foto so zu belichten oder im Raw-Konverter nachträglich zu bearbeiten, dass es mit der Farbtemperatur des Aufnahmelichts wiedergegeben wird. Dies ist vor allem dann umso wichtiger, wenn Sie in JPG, was ich nicht empfehle, arbeiten, weil dort ein nachträglicher Weißabgleich nur sehr eingeschränkt möglich ist. An unseren Kameras befinden sich unterschiedliche Einstellmöglichkeiten für die Durchführung des Weißabgleichs. Die von den meisten Fotografen genutzte Einstellung ist die des automatischen Weißabgleichs (AWB). Auch hier gilt: Automatiken sind gut, solange sich die zu bearbeitenden Gegebenheiten in durchschnittlichen Motiven äußern. Damit meine ich natürlich nicht die Qualität der Bildinhalte, sondern die mengenmäßige Verteilung der bestehenden Farben im Foto. Wenn alle im Foto vorkommenden Farben vermischt ein mittleres Grau ergeben, dann funktioniert der automatische Weißabgleich am besten. Je stärker eine Farbdominante ins Foto kommt, treten Probleme, meist in entsprechender Überkompensation auf. Viel grüne Wiese bei einem Porträt macht purpurne Gesichter. Einzig blaues Meer und blauer Himmel sind gut für die Hauttöne, denn die Kompensation des AWB läuft in Richtung Orange.

Neben der Einstellung AWB gibt es auch Einstellungen wie Tageslicht, Schatten, Bewölkt, Kunstlicht, weißes Leuchtstoffröhrenlicht, Blitz, Manuell und Farbtemperatur (numerische Vorwahl).

Tageslicht funktioniert gut bei Sonnenschein, wenn der UV-Anteil nicht zu hoch ist. Schatten funktioniert gut, wenn die Schatten eine moderate blaue Einfärbung haben, es sei denn, die Einfärbung ist ein wenig stärker etc. Machen wir uns nichts vor, hinter jeder Einstellung steht ein bestimmter Kelvin-Wert, der aber leider nicht immer passen muss. Deshalb ist ein manueller Weißabgleich oder die numerische Eingabe eines Wertes, der mithilfe eines Farbtemperaturmessgeräts ermittelt wurde, die genaueste Vorgehensweise.

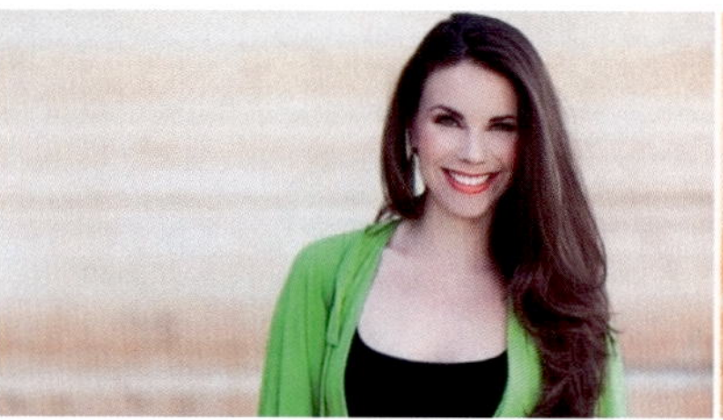
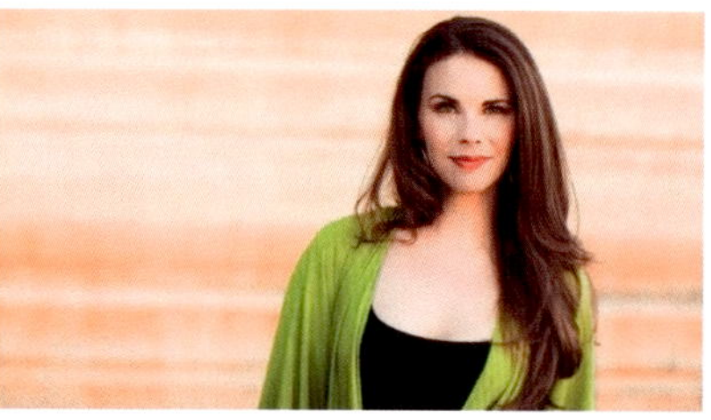

Abbildung 5.37 Der Unterschied zwischen einem automatischen (links) und einem manuellen (rechts) Weißabgleich, hier durchgeführt mit der expodisc. Der farbdominante Orangeanteil führt zu einer übermäßigen Gegensteuerung in der Korrektur und das resultiert in einem Blaustich.

Grau- und Farbkarten

Der Weißabgleich mittels einer Weißabgleich- oder Graukarte kann sowohl bei der Aufnahme als auch in der Nachbearbeitung bewerkstelligt werden. Den manuellen Weißabgleich bei der Aufnahme durchzuführen, ist beim JPG-Format eigentlich Pflicht, da er in der Nachbearbeitung zum Teil nur mit erheblichen Qualitätsverlusten durchgeführt werden kann. Unterschiedliche Kamerahersteller haben unterschiedliche Vorgehensweisen, wie die Einstellungen vorgenommen werden müssen. Im Prinzip ist der Vorgang von der logischen Betrachtung her immer gleich. Der Kamera muss auf irgendeinem Weg mitgeteilt werden, wie das Aufnahmelicht auf dem Weißabgleichhilfsmittel aussieht. Dazu muss man ein Foto der Weißabgleichkarte aufnehmen. Auf unterschiedlichen Wegen wird dann die Vorlage kameraintern auf neutral korrigiert, womit der Weißabgleich vollzogen ist. Einen manuellen Weißabgleich auch bei Raw-Verarbeitung während der Aufnahmen durchzuführen, empfehle ich immer dann, wenn Sie Ihren Kunden während einer Aufnahmesession Fotos zeigen. Sowohl im Kameradisplay als auch im Laptop beim Tethered Shooting erreichen Sie so ein besseres Aussehen der Fotos. Stellen Sie sich hochpreisige Produkte oder Models vor, die Sie Ihrem Kunden mit einem Farbstich präsentieren.

Weißabgleichfilter

Wie man mit einem Weißabgleichfilter vorgeht, möchte ich am Beispiel der expodisc demonstrieren. Zunächst ist es wichtig, die richtige Belichtung für die Testaufnahme zu bestimmen. Hier bietet die expodisc den Vorteil, dass die Stärke der Transmission so gewählt ist, dass sie genau 18 % des einfallenden Lichts durchlässt. Damit erzielen Sie den gleichen Effekt, als würden Sie eine Graukarte zur Belichtungsbestimmung formatfüllend fotografieren. Sie machen aus dem Reflexionsmesser der Kamera mit aufgesteckter oder davorgehaltener expodisc einen Belichtungsmesser mit Lichtmessung. Jede einzelne expodisc ist genau auf die 18%-Transmission eingemessen und zertifiziert. Grundsätzlich ist es ratsam, den Autofokus beim Ansetzen der expodisc abzuschalten, um ihn nicht zu irritieren und dadurch vielleicht eine Auslösung zu verhindern. Sie stellen sich also zunächst so vor Ihr Motiv, dass auf Ihre Kamera das gleiche Licht fällt wie auf Ihr Motiv. Nun halten Sie die Kamera in die Richtung, in der sich Ihr geplanter Aufnahmestandpunkt befindet. Die expodisc befindet sich vor dem Objektiv.

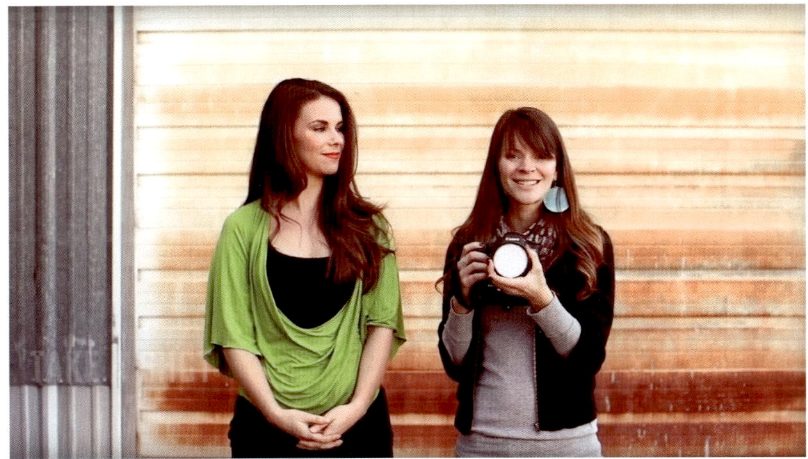

Abbildung 5.38
Aus Richtung des Modells in Richtung des geplanten Aufnahmestandorts wird gemessen.

Stellen Sie die Kamera auf MANUELL und lesen Sie die von ihr ermittelte Belichtung ab und stellen Sie diese an der Kamera ein. Mit dieser Einstellung machen Sie ein Foto in Richtung Ihres geplanten Aufnahmestandorts und überprüfen als Erstes das Histogramm an Ihrer Kamera. Es sollte eine Spitze im mittleren Bereich wie in Abbildung 5.39 zeigen.

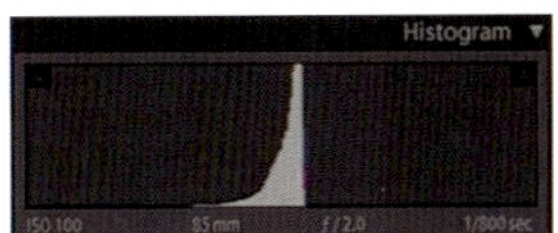

Abbildung 5.39
Das Histogramm mit der Spitze im mittleren Bereich zeigt an, dass die Belichtung korrekt ist.

Nun benutzen Sie diese Aufnahme als Referenzaufnahme für den manuellen Weißabgleich an Ihrer Kamera. Wie Sie eine Referenzaufnahme als Grundlage für einen manuellen Weißabgleich übernehmen, entnehmen Sie bitte der Bedienungsanleitung Ihrer Kamera.

Jetzt gehen Sie zu Ihrem geplanten Aufnahmestandort und fotografieren Ihr Motiv.

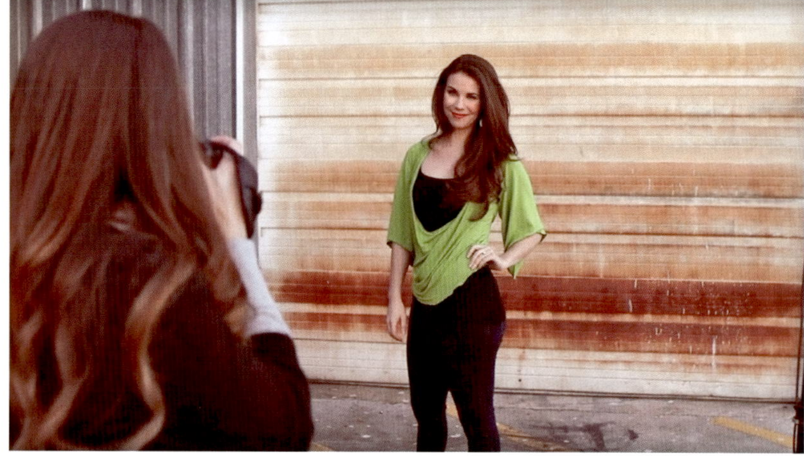

Abbildung 5.40
Das Modell wird aus der Richtung fotografiert, in die Sie Ihre Testaufnahme gemacht haben.

Mit diesen Einstellungen können Sie fotografieren, bis sich die Lichtverhältnisse ändern. Dann sollten Sie, wie auch bei anderen Weißabgleichhilfsmitteln, eine neue Referenzaufnahme erstellen.

Auch zusätzliche Lichtquellen können in den Weißabgleich mit einbezogen werden. Im folgenden Beispiel sehen Sie ergänzend ein externes Blitzgerät.

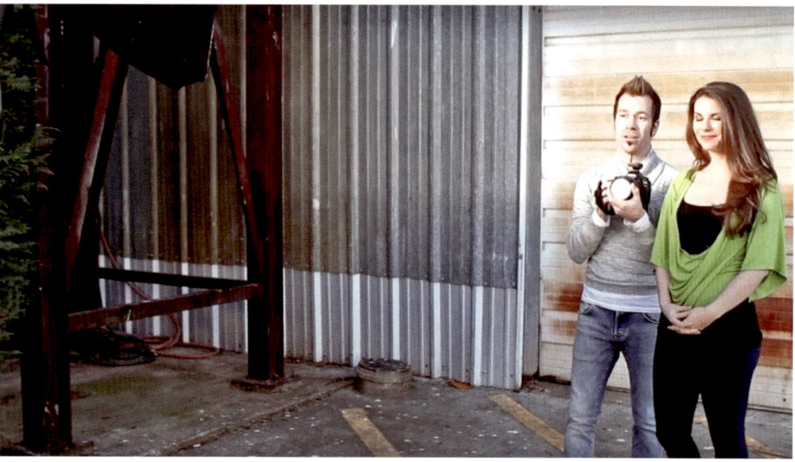

Abbildung 5.41
Ein zusätzliches Blitzgerät zur Aufhellung kann ein Kompaktblitz oder wie hier ein Studioblitz sein.

Da die expodisc ja das vollständige Aufnahmelicht bei der Messung berücksichtigt, wird der Weißabgleich auch bei Mischlichtsituationen optimiert.

Achtung

Der Aktionsradius bei Mischlicht wird natürlich kleiner, da sich die Lichtverhältnisse bei einem derartigen Aufbau schon bei geringer Standortänderung des Modells verändern.

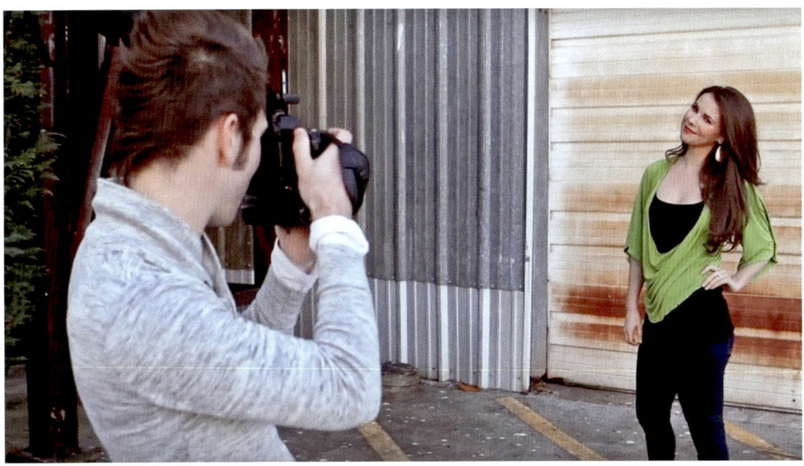

Abbildung 5.42
Ob mit oder ohne Blitz, der Weißabgleich ist exakt.

Eine weitere Einsatzmöglichkeit bietet die expodisc bei indirektem Blitzen mit aufgesetztem Blitzgerät. Es wird nicht nur das Umgebungslicht neutralisiert, sondern es werden auch Farbstiche, die durch farbige Reflexionswände entstehen, eliminiert. Gehen wir von folgender Ausgangssituation aus.

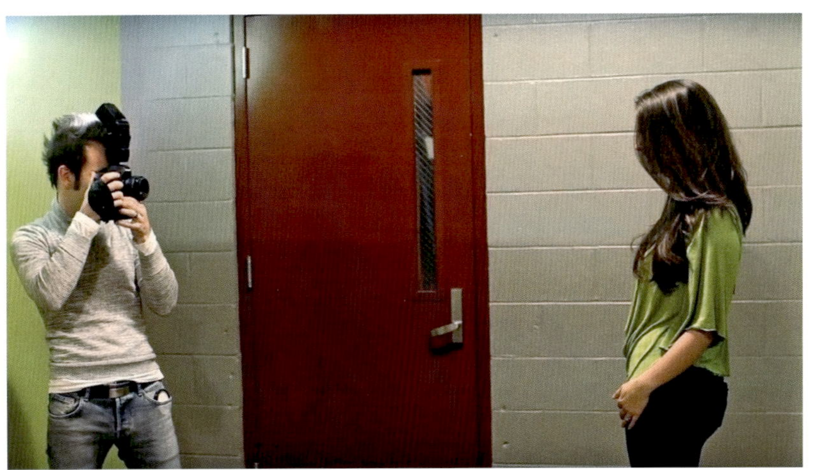

Abbildung 5.43
Der Blitz ist auf die rückwärtige Wand gerichtet und das Blitzlicht wird natürlich grün eingefärbt.

Der Fotograf hat indirektes Blitzen gewählt, um eine weichere Lichtstimmung zu erreichen. Leider ist die zur Verfügung stehende Wand grün eingefärbt und das von ihr reflektierte Licht wird dieses Grün mitnehmen und das Modell nicht nur erhellen, sondern auch grün anlaufen lassen. Aus diesem Grund wird in Richtung des Aufnahmestandorts ein Foto mit der expodisc gemacht und als Referenzaufnahme für den manuellen Weißabgleich verwendet. Wegen der korrekten Belichtung und der zu erwartenden Farbmischung des Lichts sollte der Fotograf den Standort des Modells einnehmen und nicht, wie auf dem Beispielfoto, näher an die Reflexionswand treten.

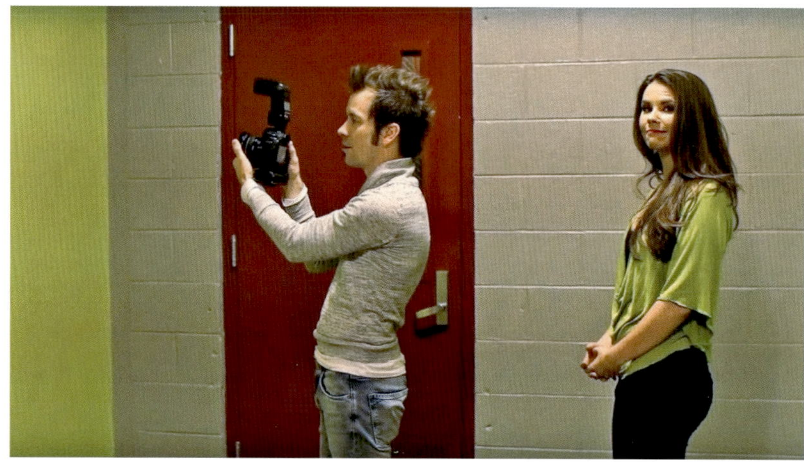

Abbildung 5.44
Die Referenzaufnahme wird erstellt, indem das gleiche Licht, das auf das Modell fallen wird, auf die expodisc fällt.

Den Unterschied zwischen einem automatischen und dem manuellen Weißabgleich mit der expodisc aus der obigen Lichtsituation sehen Sie auf den folgenden Fotos.

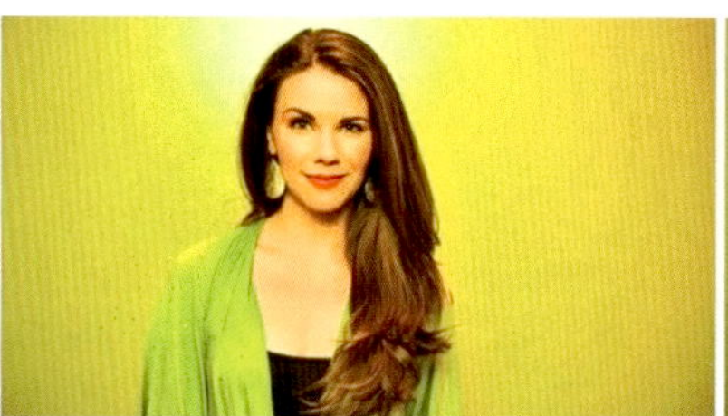

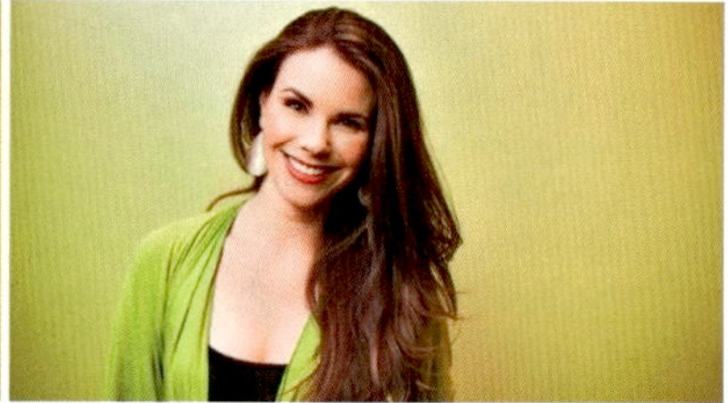

Abbildung 5.45
Es grünt so grün, wenn der Fotograf grüne Reflexionswände verwendet. Mit einem manuellen Weißabgleich lässt sich das Problem beseitigen.

Die expodisc wartet noch mit Zusatzfiltern auf, die Sie vor der Messung für den Weißabgleich an der expodisc anbringen. Die Filter sind bläulich eingefärbt und rufen dadurch eine Verschiebung der Farbtöne in den wärmeren Bereich hervor. Da die 18%-Transmission durch die Zusatzfilter verändert wird, sollte die Belichtungsmessung immer ohne diese Filter erfolgen.

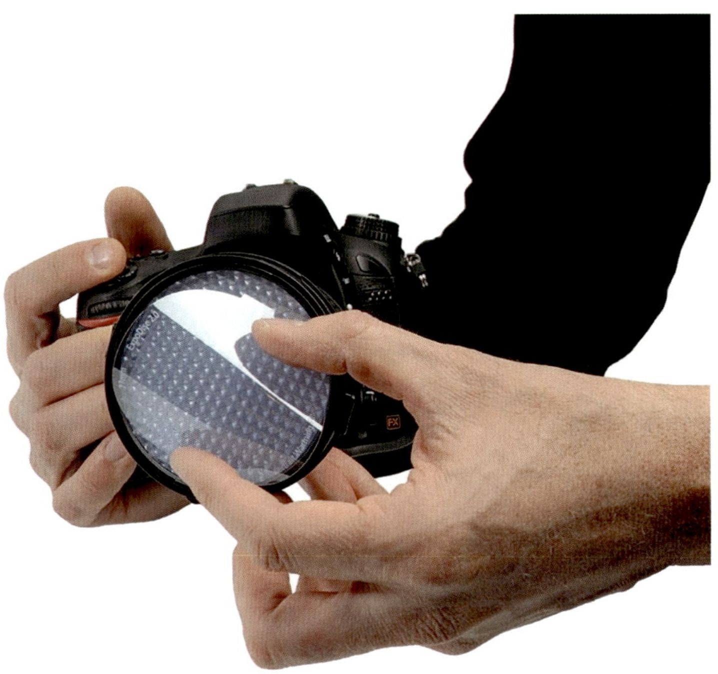

Abbildung 5.46
Die Anbringung des Filters +1 bringt eine Erwärmung von 250 Kelvin, Filter +2 ruft eine Verschiebung von 400 Kelvin hervor.

Weißabgleichfilter liefern gute Ergebnisse, es gibt jedoch eine fotografische Situation, in der Sie mit einem Weißabgleichfilter keine zufriedenstellenden Ergebnisse erzielen können. Da Sie beim Fotografieren mit Blitzgerät an der Kamera zum direkten Blitzen keine Möglichkeit haben, mit aufgesetztem Weißabgleichfilter mit dem Aufnahmelicht, das auf das Motiv gerichtet ist, gleichzeitig in Fotografenrichtung zu fotografieren (Ihr Blitzgerät befindet sich ja auf Ihrer Kamera), ist diese Art der Fotografie zur Nutzung eines Weißabgleichfilters nicht geeignet. Es gäbe die Lösung, den Blitz in Fotografenposition zu belassen und per Fernauslösung zu zünden, dies ist jedoch aufwendig, Ab- und Anbau des Blitzgeräts erfordert zusätzliches Equipment und ist nur für Einsatzgebiete der Fotografie geeignet, die kein schnelles Handeln erfordern.

Der SpyderCUBE

Der SpyderCUBE unterscheidet sich sehr von allen anderen Weißabgleichtools. Er ist, was die Messgeometrie betrifft, ein dreidimensionales Objekt. Bei Weißabgleichkarten messen wir immer nur in der Fläche und damit in eine Lichtrichtung. Beim SpyderCUBE führen wir den Weißabgleich auf der helleren der beiden Grauflächen durch (im Beispielfoto die linke

Seite). Damit nehmen wir das Hauptlicht als Bezugsquelle und damit die Einfärbung, auf die unser Sehsystem auch vorrangig reagieren würde. Der SpyderCUBE lässt sich zusätzlich hervorragend als Hilfsmittel für die Kontrast- und Belichtungseinstellung nutzen.

Abbildung 5.47 Der SpyderCUBE ist eine 3D-Graukarte.

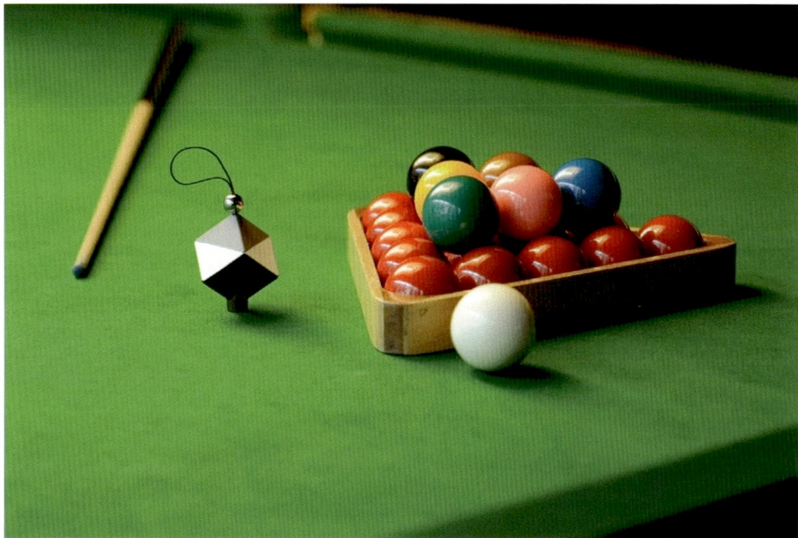

Tipp

Die Einstellung mit dem SpyderCUBE ist anfangs etwas gewöhnungsbedürftig. Machen Sie drei, vier unterschiedliche Aufnahmen mit dem Tool, nehmen Sie die Einstellungen direkt hintereinander vor und Sie bekommen sofort ein sicheres Gefühl für die Vorgehensweise.

Beim Fotografieren von Targets ist dies sehr hilfreich. Zur Einstellung von Belichtung und Kontrast eines Fotos können Sie z.B. im Entwicklungsmodul von Lightroom folgendermaßen vorgehen. Führen Sie zuerst einen Weißabgleich mit der Pipette auf die hellere Graufläche des SpyderCUBE aus. Aktivieren Sie dann die UNTER- UND ÜBERBELICHTUNGSWARNUNG im Histogramm an den beiden Dreiecken. Jetzt stellen Sie die BELICHTUNG so ein, dass sie ausgewogen ist und kein großartiger Beschnitt in Tiefen und Lichtern angezeigt wird, sich das gesamte Histogramm also über den mittleren Bereich erstreckt. Nun führen Sie einen Doppelklick auf die numerische Anzeige des Reglers WEISS aus, bewegen den Cursor über die hellere weiße Fläche des SpyderCUBE und stellen anschließend die RGB-Werte, die unter dem Histogramm angezeigt werden, mit den Pfeiltasten auf ca. 96 %. Die Spitzlichter in der Chromkugel sollten jetzt bei 100 % liegen. Jetzt ziehen Sie den

Regler SCHWARZ so weit nach links, dass die Unterbelichtungswarnung die Lichtfalle im Bild gerade vollständig einfärbt. Der gemessene Wert in der Lichtfalle liegt jetzt bei 0 %. Dann führen Sie mit dem Cursor einen Doppelklick auf die numerische Anzeige des Reglers TIEFEN aus, stellen dann den Cursor über die dunkelste Stelle der schwarzen Fläche, die die Lichtfalle umringt, um dann mit den Pfeiltasten die RGB-Werte unter dem Histogramm auf ca. 4 % einzustellen. Der Regler SCHWARZ muss jetzt eventuell noch mal nachgeregelt werden, falls die Lichtfalle mit der vorherigen Einstellung zu stark unter 0 gerutscht ist. Die graue Fläche sollte jetzt einen Wert von ungefähr 50 % haben. Eine Feinabstimmung nehmen Sie nun mit den Reglern LICHTER und WEISS für die Weißen und mit den Reglern SCHWARZ und TIEFEN für die Tiefen vor.

Der Sekonic-Spektromaster C-700

Der Sekonic C 700 ist als Lichtmessgerät in der Lage, Licht in seiner spektralen Zusammensetzung zu messen. Dies kann im Bereich von Dauerlicht als auch von Blitzlicht geschehen.

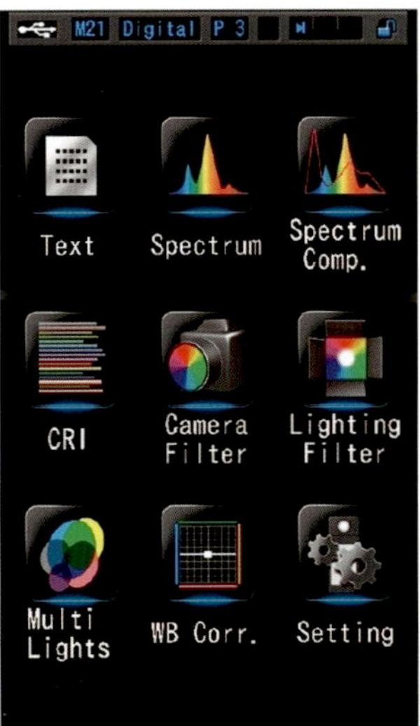

Abbildung 5.48
Das C 700 mit seinem Startdisplay

Es wird, wenn Sie das Gerät einschalten, zunächst eine Schwarzkalibrierung durchgeführt. Das ist im Grunde genommen eine interne Eichung, vergleichbar mit dem Kalibrieren eines Spektralfotometers. Dann kommen Sie zum Startdisplay und sehen sofort, welche Möglichkeiten Ihnen das Gerät bietet. Sie können das Gerät im Textmodus konfigurieren oder im Spektralmodus das Spektrum betrachten.

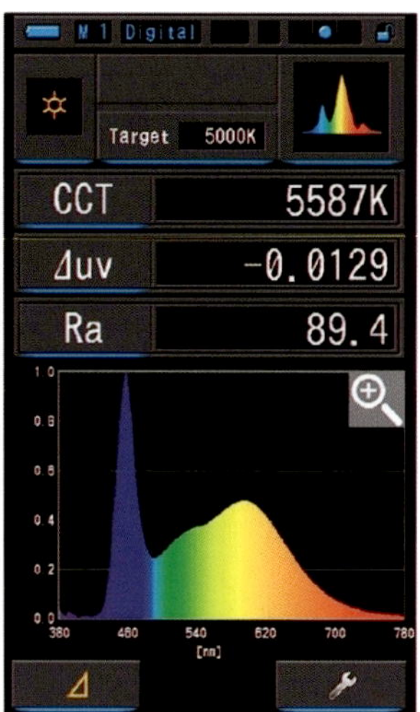

Abbildung 5.49
Die Anzeige per Übersicht der spektralen Verteilung

Da an diesem Gerät alles konfigurierbar ist, kann es auf Ihre individuellen Bedürfnisse angepasst werden. Sie können spektrale Werte miteinander vergleichen und den CRI-Wert, entspricht dem Ra-Wert, anzeigen lassen. Das ist sehr schön für die Überprüfung des Betrachtungslichts in Normlichtkabinen und der Arbeitsplatzbeleuchtung.

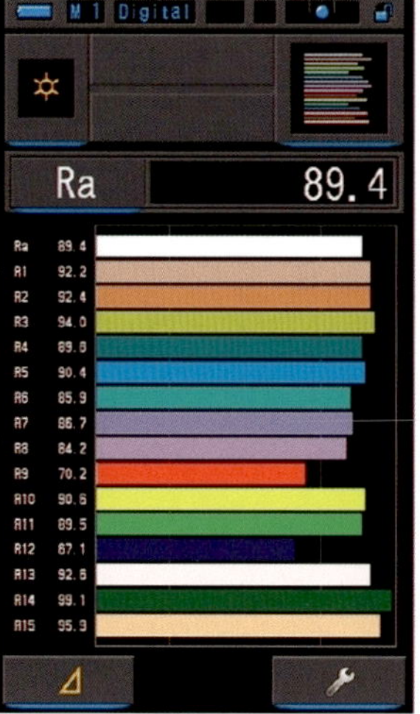

Abbildung 5.50
Der Ra-Wert eines LED-Leuchtmittels für den Haushalt, das mit >90 auf der Verpackung angegeben war

Gleichzeitig sind im Gerät die Kompensationsfaktoren der Kamera- und Lichtfilterhersteller Lee, FujiFilm und Kodak hinterlegt, sodass es möglich ist, zur Umrechnung von einem Kelvin-Wert auf den anderen die entsprechenden Filterwerte des jeweiligen Herstellers anzugeben. Sie können natürlich konfigurieren, welchen Hersteller Sie angezeigt bekommen wollen.

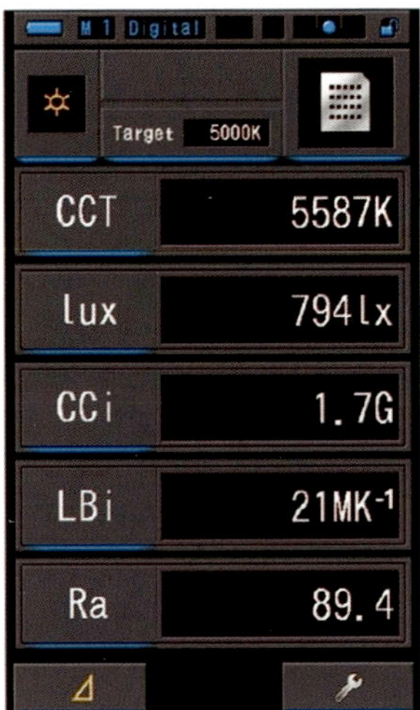

Abbildung 5.51
Im Textmodus können Sie für jede Zeile der Anzeige Ihre gewünschten Messergebnisfelder einrichten.

Darüber hinaus können Sie in den Einstellungen für Kamera- und Lichtfilter die Ergebnisse der Korrektur eines frei vorwählbaren Zielwerts ablesen, Messungen mehrerer Lampen miteinander vergleichen oder von Ihnen gewählte Voreinstellungen in Benutzermenüs speichern, sodass diese schnell wieder abrufbar sind und die Arbeitszeit verkürzen. Natürlich können Sie auch Korrekturwerte für den Weißabgleich, wie sie in Kameras über ein Diagramm verwendet werden, anzeigen lassen und dann entsprechend in Ihrer Kamera einstellen.

Eventfotografie

Um bei Hochzeiten oder anderen Veranstaltungen, bei denen Unmengen von Fotos entstehen, trotzdem mit RAW arbeiten zu können, um ein besseres Ergebnis als mit JPG zu erreichen, empfehle ich Folgendes. Der kritischste Faktor, warum Fotografen sich bei der Eventfotografie sträuben, in Raw zu arbeiten, ist der Zeitfaktor, der bei der anschließenden Bildbearbeitung Einfluss nimmt. Um jedoch in der Nachbearbeitung Zeit zu sparen, fotografiere ich in gleichen Lichtsituationen mit fest eingestellten Kelvin-Werten an der Kamera. Die müssen nicht genau stimmen, ich kann sie ja in der Nachbearbeitung im Raw-Konverter noch korrigieren. Das Schöne dabei ist, dass ich die gleichen Korrekturen auf alle Fotos einer Serie anwenden kann. Zum Teil verfahre ich genauso mit den Belichtungseinstellungen, es muss nur ungefähr stimmen. Nur fest müssen die Werte sein, damit sich gleiche Korrekturen auch gleich auswirken. Damit spare ich in der Nachbearbeitung enorm viel Zeit und kann es mir leisten, alle Möglichkeiten des Raw-Formats auszunutzen. Wenn ich dann noch zwischendurch ab und zu in der Lage bin, mal ein Weißabgleichhilfsmittel zu fotografieren, dann kann gar nichts mehr schiefgehen. Dazu eignet sich dann besonders die Größe des Scheckkartenformats oder des Schlüsselanhängers.

Weißabgleich und Goldreflektor

Am Einsatz eines Goldreflektors kann ich Ihnen eine Möglichkeit vorstellen, wie Sie aus einer Situation unterschiedlich anmutende Ergebnisse erhalten. Hier sind zunächst einmal die Fotos.

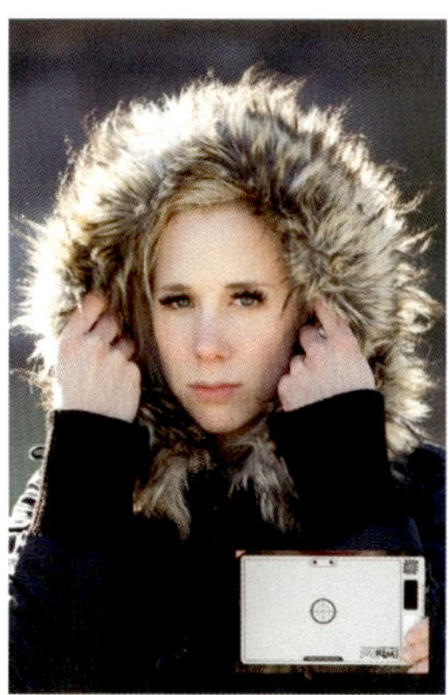
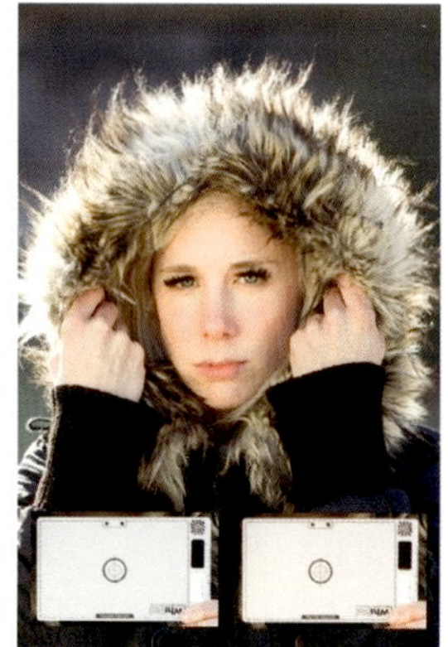
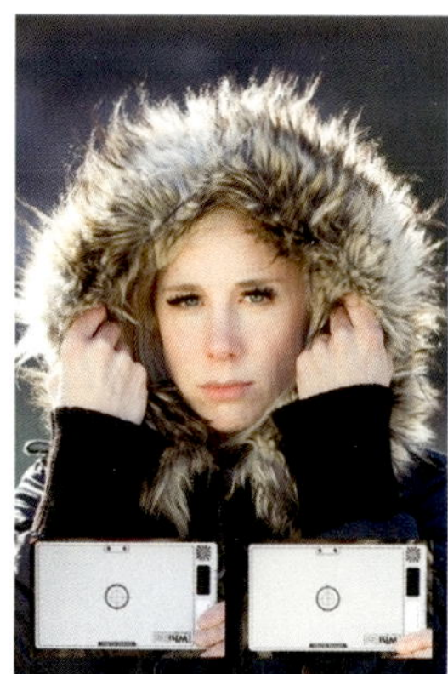

Abbildung 5.52
Nicole und drei Kombinationen von Aufhellung und Weißabgleich

Diese Fotos sind ohne irgendeine Veränderung irgendeiner Einstellung im Raw-Konverter, außer dem Weißabgleich, wiedergegeben. Den Hautton hätte ich noch ein wenig optimiert, mir war es aber wichtig, dass das Ergebnis möglichst unbeeinflusst hier wiedergegeben wird. Das linke Foto wurde im Gegenlicht mit einem weißen Aufheller gemacht. Die Sonne stand links hinter Nicole, der Aufheller kam von vorne links. Die WhiBal, aus einem anderen Foto der Serie, war die Grundlage für den Weißabgleich. Das mittlere Foto wurde auf den gleichen Kelvin-Wert gesetzt, allerdings wurde der weiße Aufheller durch einen Goldreflektor ersetzt. Die linke WhiBal in diesem Foto ist die Alternativaufnahme zum Weißabgleich der ersten Serie. Zum Vergleich sehen Sie die dazugehörige WhiBal der mittleren Serie, die natürlich, wie Nicole auch, warm eingefärbt ist. Das dritte Foto ist identisch mit dem mittleren Foto, jedoch wurde der Weißabgleich auf die WhiBal gemacht, die auch vom Goldreflektor beschienen war. Das Ergebnis ist wieder rechts im Bild in Form von neutralen Grautönen zu sehen. Damit entsteht ein neutraler Hautton, aber ein kühlerer Hintergrund, der zu diesem Motiv mit Fellkapuze auch besser passt. Der Goldreflektor kann natürlich nicht so viel Licht reflektieren, dass auch der Hintergrund eingefärbt wird. Wie stark das gesamte Foto abkühlt und nur auf Nicole mit dem Goldreflektor kompensiert wird, kann man auch an der linken WhiBal im Foto sehen, sie erscheint schon bläulich. Ein ähnliches Ergebnis erreichen Sie natürlich auch, wenn Sie den Reflektor durch einen Blitz ersetzen, aufhellblitzen und ihn für die wärmere Serie mit einem CTO-Filter bestücken. Mit stärkeren Farbfiltern kann man mit dieser Methode auch surreale Bildlooks schaffen.

KAPITEL 6

Die Profilierung des Druckers und anderer Ausgabegeräte

6.1 DRUCKER

Wenn ich an die Anfangszeiten meiner Arbeit mit EDV denke, fallen mir Drucker ein, die heute nur noch selten, z.B. bei Gehaltsabrechnungen verwendet werden. Damals haben sie uns zum Wahnsinn getrieben mit ihrem Geratter, dem Klöppeln und dem Surren – Nadeldrucker. Damals hätte ich nie gedacht, dass es eines Tages möglich sein würde, hochwertige Fine-Art-Drucke auf hochwertigsten Papieren anzufertigen oder Fotodrucke als Gebrauchsgut auf Fotopapieren auszugeben. Als Liebhaber akustischer Musik und mehrstimmigen Gesangs faszinierten mich unter anderem die Langspielplatten von Crosby, Stills, Nash & Young. Nicht nur, dass sich die vielschichtige Tonalität der Musik in der Fotografie in ein Meer an Farben übertragen hat, nein, einer der vier Protagonisten des Satzgesangs war maßgeblich an der Entwicklung hochwertiger Inkjetdrucker beteiligt. Graham Nash hat uns nicht nur seine vorzügliche, klare und schwindelerregende Kopfstimmenhöhe geschenkt, sondern auch mitgeholfen, die Wiedergabe der Tonwerte im Fine-Art-Druck auf die Spitze des Berges zu befördern. Obwohl ich finde, dass mit dem Begriff Fine Art inflationär umgegangen wird, bezeichnete er doch ursprünglich klassisch entwickelte und sorgfältig ausgearbeitete Barytabzüge, wie sie sein Namensgeber Ansel Adams anfertigte, muss ich doch zugestehen, dass selbst der Altmeister der Schwarz-Weiß-Fotografie wahrscheinlich seine wahre Freude an der uns heute zur Verfügung stehenden Technik gehabt hätte. Adams, der Zeit seines Lebens experimentiert hat, um seine Prints zu verbessern, wusste, dass der gesamte Produktionsprozess von der Aufnahme über das Negativ bis zum Abzug perfekt sein musste, wenn man ein erstklassiges Ergebnis erreichen wollte. Mit der Entwicklung des Zonensystems, einer bildlichen Darstellung des Kontraststeuerverfahrens von fotografischen Materialien mittels der Sensitometrie, machte er die physikalischen und chemischen Zusammenhänge bei der Entstehung von Silberbildern deutlich. Immer wieder fertigte er, teilweise von über 40 Jahre alten Negativen, neue Abzüge an, ließ sich einen speziellen Vergrößerer und Belichtungsmesser bauen, experimentierte mit selbst gefertigten Entwicklern und probierte so ziemlich alles an Materialien, die der Fotomarkt hergab. In der heutigen Zeit würde Adams mit hochpräzisen Kameras Fotos auf HDR-Basis anfertigen und er würde ein Verfechter des Farbmanagements sein, um seine Fine Art Prints auf einem Tintenstrahldrucker wie sein Musikerkollege Graham Nash auszugeben. Fine Art eben!

Laserdrucker und Sublimationsdrucker, mit denen man sicherlich auch Fotos auf Papier bringen kann, liefern nicht die Qualität für Fotodrucke, wie sie im Zusammenhang dieses Buches gemeint sind. Für die Laserdrucker möchte ich aber trotzdem eine Lanze brechen, denn sie können Fotos am besten auf ganz normalem unbeschichtetem Druckerpapier wiedergeben. Wenden wir uns aber der Profilierung zu.

6.2 VOREINSTELLUNGEN DES DRUCKERS

Um einen Drucker zu profilieren, muss er zunächst kalibriert werden. Darunter versteht man eigentlich die Linearisierung der Grauachse im Normalmodus des Druckers. Moderne Tintenstrahldrucker haben aber in der Regel keine Möglichkeit, irgendetwas in dieser Richtung einzustellen. Die Firma Epson bietet mit der Software ColorBase ein Tool an, mit dem bestimmte Drucker kalibriert werden können.

Grundsätzlich gilt bei der Profilierung für alle Ausgabegeräte, dass man sie in eine Standardeinstellung versetzt, bei der alle Automatiken und jegliches Farbmanagement im Druckertreiber abgestellt werden. Dann müssen die richtigen Papiereinstellungen gewählt werden. Dies ist auch ein Teil der Kalibrierung. Grundsätzlich werden jedem Tintenstrahldrucker für die Papiere des Herstellers gespeicherte Voreinstellungen mitgeliefert, mit denen entweder so oder auch mit abgewandelten Einstellungen alle Medien bedruckt werden können. Die gespeicherten Voreinstellungen betreffen z.B. die Papierdicke, die Farbaufnahmefähigkeit oder den Vorschub. Hersteller anderer Druckerpapiere haben diese im Vorfeld mit den gängigen Fine-Art-Druckern getestet und geben auf ihren Internetseiten Hinweise, bei welchen Einstellungen im Druckertreiber ihre Papiere bedruckt werden sollen. Diese Einstellungen wählen wir bei der Erstellung eines Profils und müssen sie natürlich hinterher auch beim Ausdruck unserer Fotos unter Verwendung des Profils benutzen. Nur gleiche Einstellungen bringen gleiche Ergebnisse.

Um grundsätzlich Verwechslungen zwischen Medien und Einstellungen auszuschließen, sorge ich zunächst dafür, dass der Druckertreiber richtig konfiguriert ist und die vorgegebenen Einstellungen im Druckertreiber gespeichert sind. Das Prozedere läuft also, gezeigt an einem Epson-Drucker, wie folgt ab:

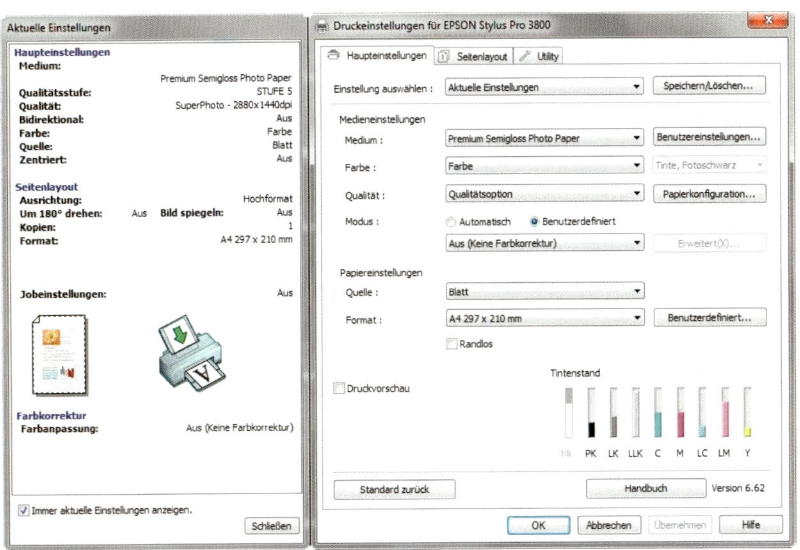

Öffnen Sie die Voreinstellungen des Druckers und wählen Sie zunächst unter Medium das empfohlene Papier aus. In unserem Falle werden wir ein seidenmattes Fotopapier von Sihl profilieren. Die Firma Sihl empfiehlt für dieses Papier die Epson-Einstellung Premium Semigloss Photo Paper. Dies finden Sie unter den Fotopapieren, es hätten aber vom ganz einfachen Normalpapier bis hin zum matten Fine-Art-Papier eine große Anzahl von Auswahlmöglichkeiten zur Verfügung gestanden. Der Hersteller gibt aber Premium Semigloss Photo Paper vor und stellen Sie dies ein. Unter Farbe wählen Sie Farbe, da wir hier keinen speziellen, auf schwarz-weiß abgestimmten Workflow profilieren wollen. Abgeblendet rechts neben dem Eintrag Farbe sehen Sie, dass bei dieser gespeicherten Voreinstellung Tinte, Fotoschwarz ausgewählt ist, da in der Regel seidenmatte oder glänzende Papiere, vor allem aber Fotopapiere mit Fotoschwarz bedruckt werden. Fine-Art-Papiere und matte Papiere werden meist mit Tinte, Mattschwarz bedruckt. Wenn Sie unter Qualität den Dropdown noch einmal öffnen, um erneut auf Qualitätsoption zu klicken, öffnet sich folgendes Fenster:

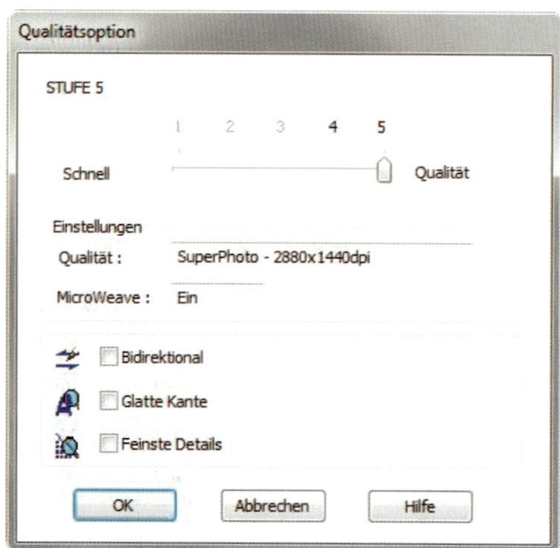

In den Qualitätsoptionen wird zunächst die Druckauflösung eingestellt. Die ist oftmals bei Fotopapieren höher als bei Fine-Art-Papieren. Hier beträgt sie 2880 x 1440 dpi. Bei Fine-Art-Papieren liegt sie in der Regel bei 1440 x 720 dpi, da diese Papiere saugfähiger sind. Die MicroWeave-Einstellung ist fest an die jeweilige Auflösung gekoppelt und nur in den groben Auflösungen abgeschaltet. Vereinfacht dargestellt geht es hier um eine minimale Beeinflussung der Befehle, die vom Drucker intern an den Druckkopf gesendet werden, nachdem er sie vom Rechner empfangen hat, um eine verbesserte Druckqualität hervorzubringen. Für unsere Belange ist das nicht wichtig, da wir sowieso nur über die Auflösung Einfluss nehmen können und die ist ja vom Papierhersteller vorgegeben. Bleiben noch die Auswahlfelder Bidirektional, Glatte Kante und Feinste Details. Bidirektional bedeutet, dass durch ständige Kommunikation zwischen dem Rechner und dem Drucker der Druckprozess beschleunigt wird. Dies hat in der Regel einen negativen Einfluss auf die Druckqualität und sollte deswegen, so wie hier auch empfohlen, abgeschaltet werden. GLATTE KANTE verbessert die Druckqualität bei Fotos mit niedriger Auflösung. Da wir meist hochaufgelöste Fotos drucken, ist auch diese Option für uns nicht von Belang und bleibt unausgewählt. FEINSTE DETAILS verbessert die Kantenschärfe bei Text, den wir in Fotografien auch nicht so oft antreffen. Wenn überhaupt, werden von den Papierherstellern meist Angaben zu BIDIREKTIONAL gemacht und in den meisten Fällen lautet die Angabe, genau wie hier, abstellen. Bestätigen Sie mit OK und klicken Sie auf die Schaltfläche PAPIERKONFIGURATION, womit sich folgendes Fenster öffnet:

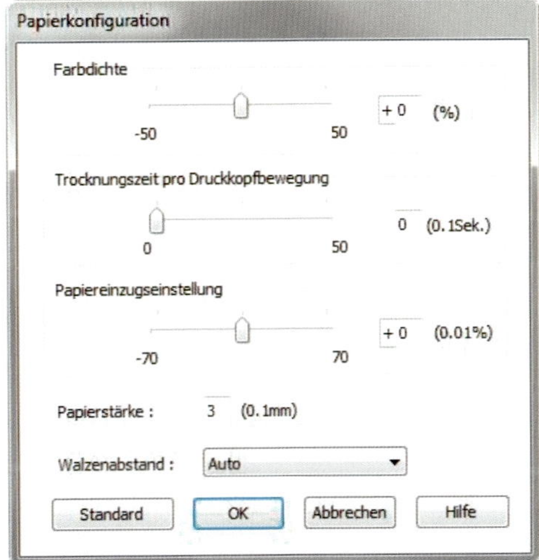

FARBDICHTE steuert den Farbauftrag. Wenn Sie also Trocknungsprobleme haben, sollten Sie hier den Wert reduzieren. TROCKNUNGSZEIT PRO DRUCKKOPFBEWEGUNG kann man erhöhen, wenn sich Farbe an den Transportrollen des Druckers ablagert. PAPIEREINZUGSEINSTELLUNG ändert den Vorschub des Papiers und kann bei hellen Streifen, die parallel zur Druckkopfbewegung laufen, in negative Richtung und bei dunklen Streifen in positive Richtung verschoben werden. Die PAPIERSTÄRKE wird als Faktor zum Wert 0,1 mm eingegeben. Unser Papier soll also mit einer Einstellung von 0,3 mm bedruckt werden. Abschließend wird mit WALZENABSTAND die Entfernung zwischen Papier und Druckkopf eingestellt. Wenn sich Farbreste, die sich an anderen Stellen des Druckkopfs als an den Düsen befinden, lösen und auf dem Papier zusätzlich zum Druckbild Streifen in Druckrichtung hinterlassen, dann hilft eine Einstellung wie BREIT oder BREITER. Eine zu hohe Einstellung führt jedoch wieder zu hellen Streifen von Anschlussproblemen des Druckkopfs, die dann wieder durch eine Korrektur der PAPIEREINZUGSEINSTELLUNG kompensiert werden kann. Eine Reinigung des Druckers ist deshalb sicherlich die sinnvollere Maßnahme.

Wenn Sie mit OK bestätigen, der Papierhersteller hatte hier keine Änderung der Standards vorgesehen, kommen Sie wieder zum Fenster mit den Haupteinstellungen und dort zum MODUS. Wählen Sie die Option BENUTZERDEFINIERT und dann im Dropdown AUS (KEINE FARBKORREKTUR). Damit ist das Farbmanagement im Druckertreiber abgeschaltet.

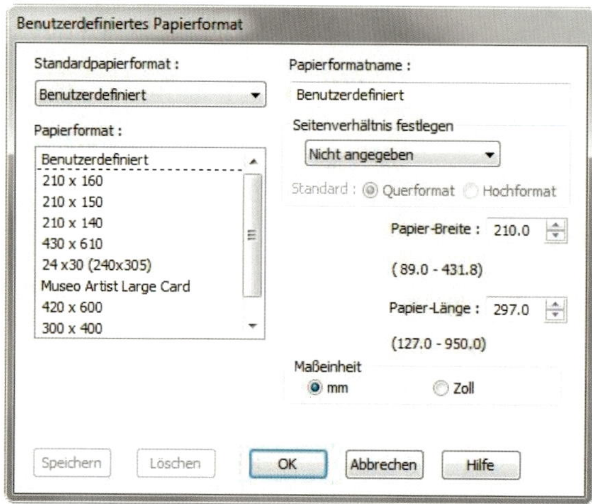

Unter FORMAT wählen Sie noch die richtige Papiergröße aus, die sich unter der Schaltfläche BENUTZERDEFINIERT... bei ungewöhnlichen, nicht bereits vorhandenen Formaten auch abspeichern lässt. Mit OK kommen Sie wieder zum Hauptfenster.

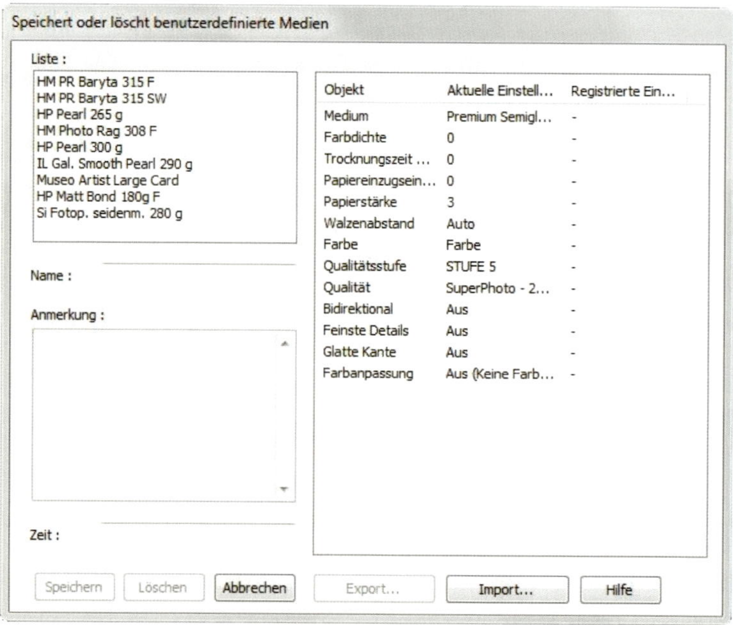

Wenn Sie jetzt auf die Schaltfläche BENUTZEREINSTELLUNGEN... klicken, können Sie Ihre gesamten, bisher getätigten Einstellungen abspeichern. Unter NAME geben Sie einen sinnvollen Namen ein und klicken auf SPEICHERN. Wenn Sie gespeichert haben, taucht der Eintrag oben in der LISTE auf (für unser Papier SI FOTOP. SEIDENM. 280 G). Im Fenster HAUPTEINSTELLUNGEN können Sie jetzt unter MEDIUM im Dropdown die gespeicherte Papiereinstellung auswählen. Um die gespeicherten Einstellungen für die Anzeige im Dropdown wie auch die Papiergrößen zu sortieren, wechseln Sie zu UTILITY|MENÜANORDNUNG und nehmen dort Ihre Sortierungen vor. Ihre gesamten Einstellungen können Sie dort auch ex- und importieren, was eine feine Sache zur Sicherung Ihrer Einstellungen ist.

6.3 DIE PROFILIERUNG MIT DROPRGB

Die Profilierung mit dropRGB ist sehr schnell erledigt. Doch vor die Erstellung des Profils hat die Firma basICColor noch die Generierung der Messdatei gestellt – und die verläuft folgendermaßen.

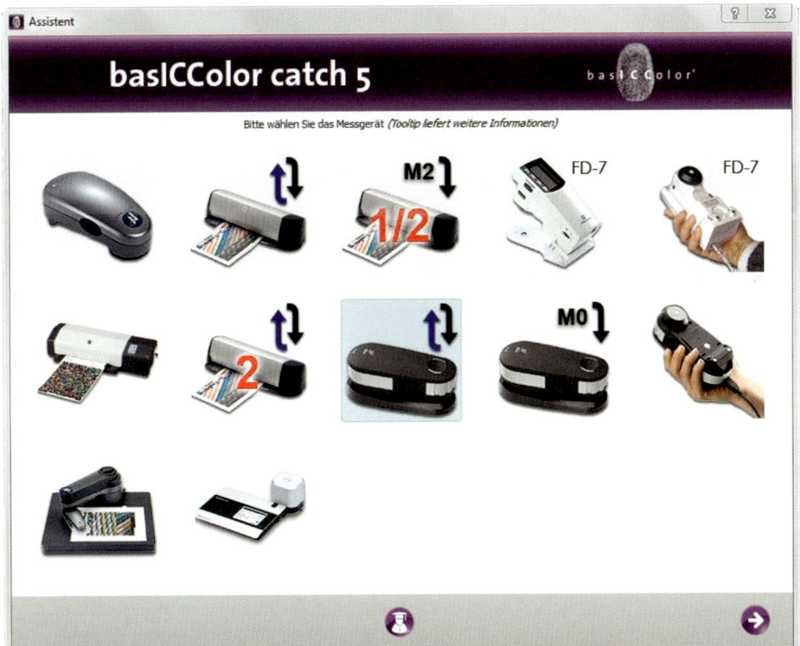

Nach dem Öffnen der Software catch 5, die in eingeschränkter Form auch ein Bestandteil von dropRGB ist und zur Auswahl sowie zum Messen der Targets bereitsteht, befinden Sie sich im ASSISTENTEN und wählen zunächst das Messgerät aus, um dann abschließend auf den Pfeil nach rechts zu klicken.

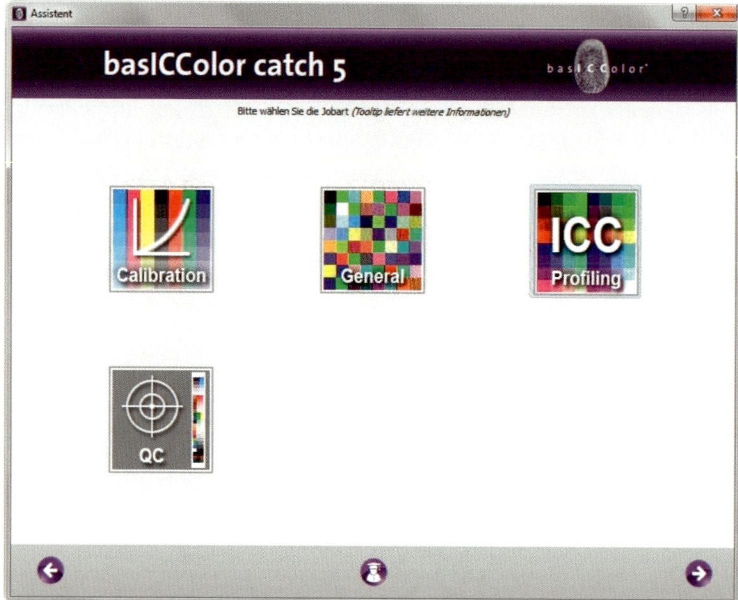

Im nächsten Fenster wählen Sie das ICC PROFILING an und weiter geht's mit dem Pfeil nach rechts.

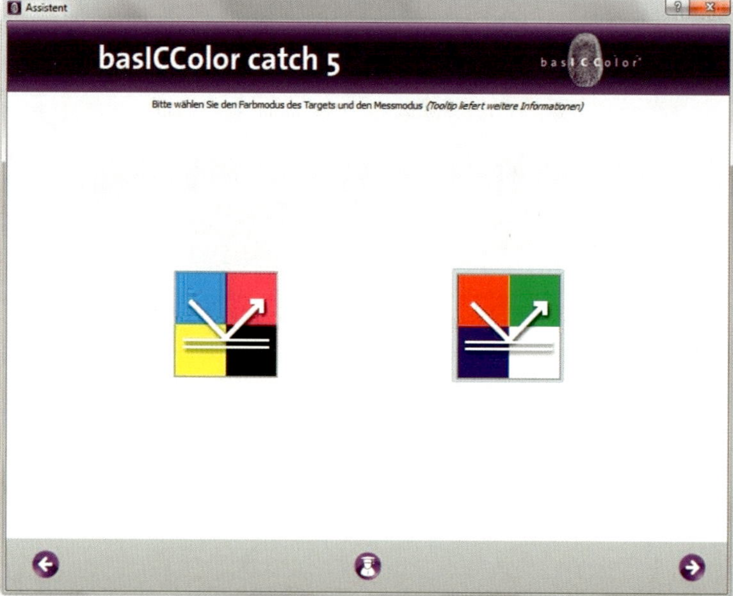

Da Sie einen RGB-Drucker profilieren wollen, wählen Sie das Symbol für RGB an und zum Wechsel den Pfeil nach rechts.

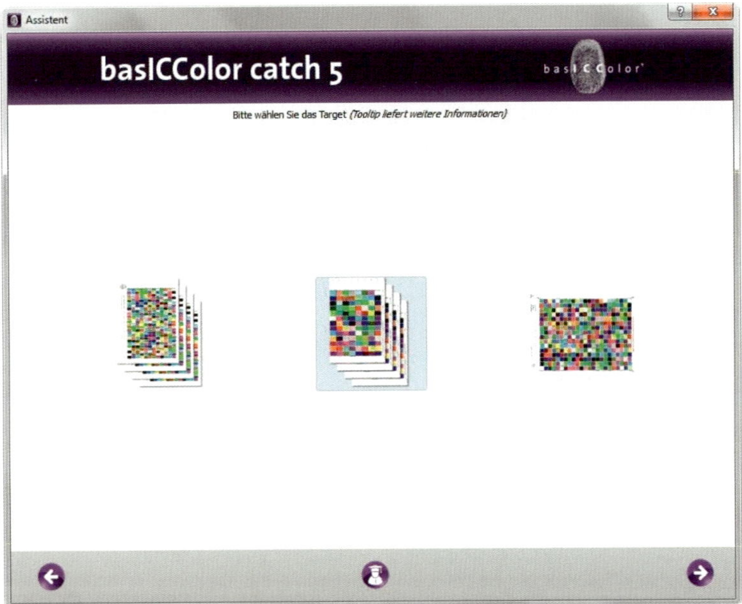

Langsam kommen Sie dem Ziel näher, hier können Sie schon ein Target auswählen. Sie entscheiden sich diesmal für ein 10-x-15-Target auf vier Seiten mit 364 Feldern. Der Klick auf den Pfeil nach rechts führt Sie vom Assistenten in den Job Manager.

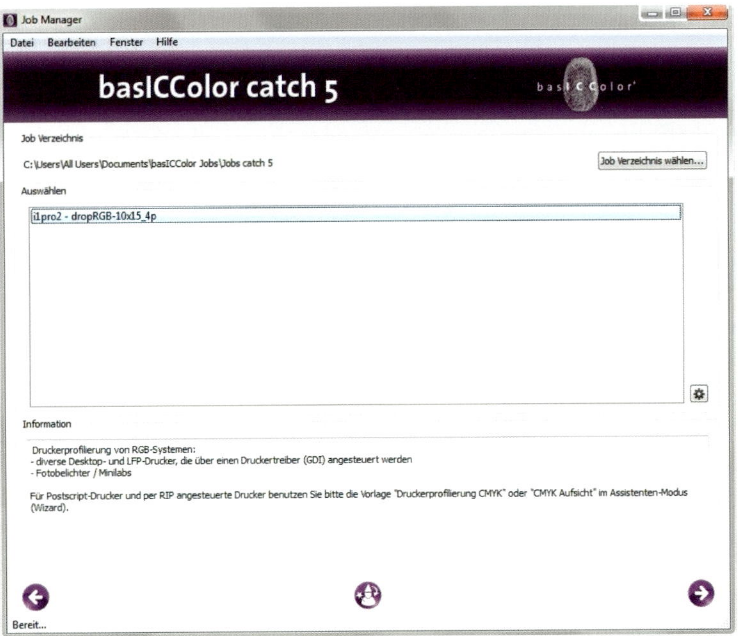

Hier wird der aktuell gewählte Job aufgeführt und Sie klicken wieder auf den Pfeil nach rechts.

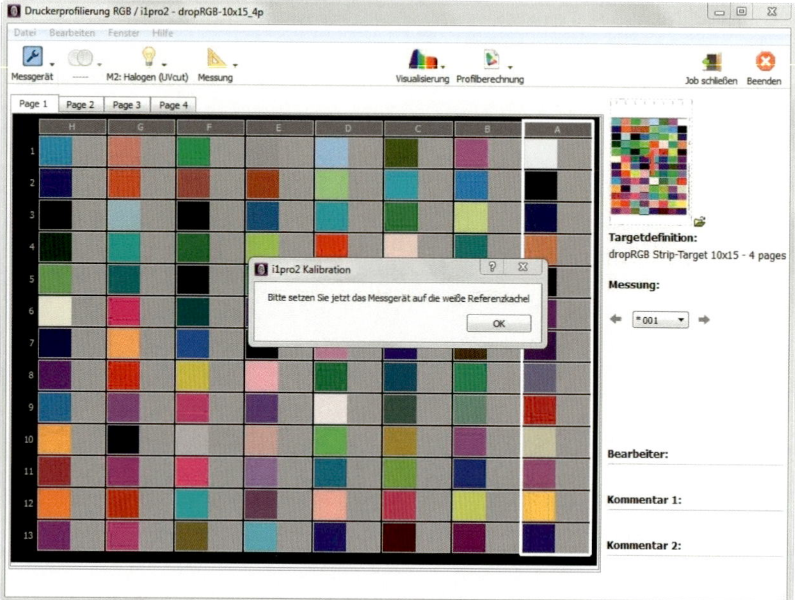

Nun müssen Sie erst einmal das Messgerät kalibrieren ...

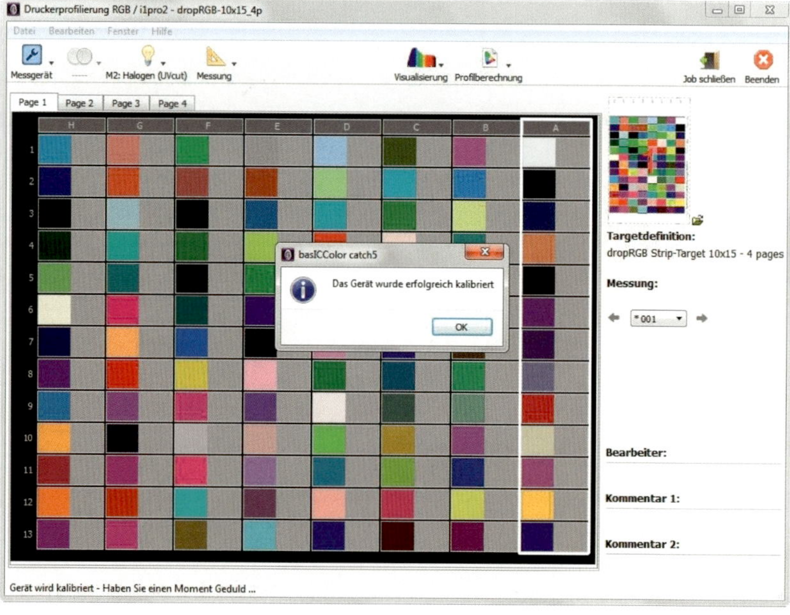

... der positive Verlauf wird Ihnen bestätigt und mit einem Klick auf den kleinen Ordner oben rechts in der Ecke neben der Miniaturdarstellung des Targets wird der Ordner der einzelnen Targetseiten geöffnet. Nun kopieren Sie die vier Dateien auf Ihren Desktop, da der Pfad ein sehr langer ist und Sie ihn viermal aufrufen müssen.

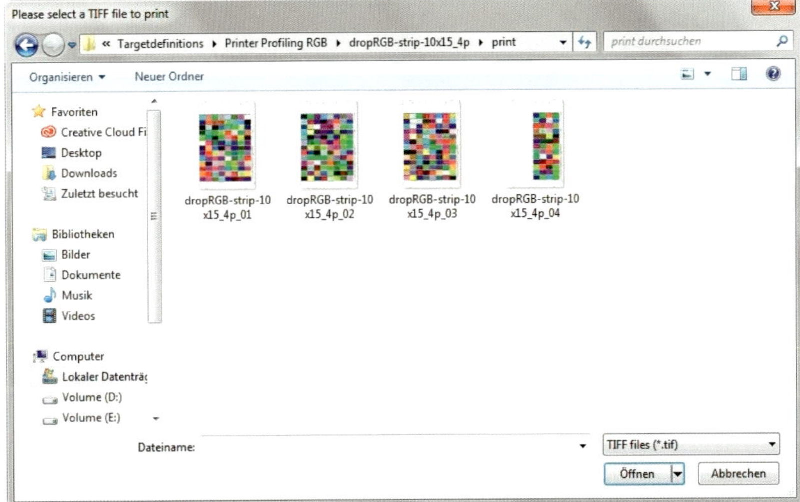

Früher war es möglich, aus Photoshop ohne Farbmanagement zu drucken. Als Adobe diese Funktion entfernt hat, stellte die Firma ein kostenloses Tool zur Verfügung, das es ermöglicht, Bilddateien ohne Farbmanagement zu drucken. Dieses kleine Programm heißt Adobe Color Printer Utility (ACPU), ist eine selbstlaufende EXE-Datei und muss daher nicht installiert werden. Wenn man das Programm startet, wird sofort der oben abgebildete ÖFFNEN-Dialog aufgerufen, damit Sie die erste Druckdatei aufrufen können. Wie Sie in der Pfadzeile des Screenshots sehen und diese Zeile ist noch nicht vollständig, bin ich den langen Weg bis zum Ende des Pfads gegangen, um die Datei aufzurufen, deshalb meine Empfehlung: Kopieren Sie die Dateien auf den Desktop.

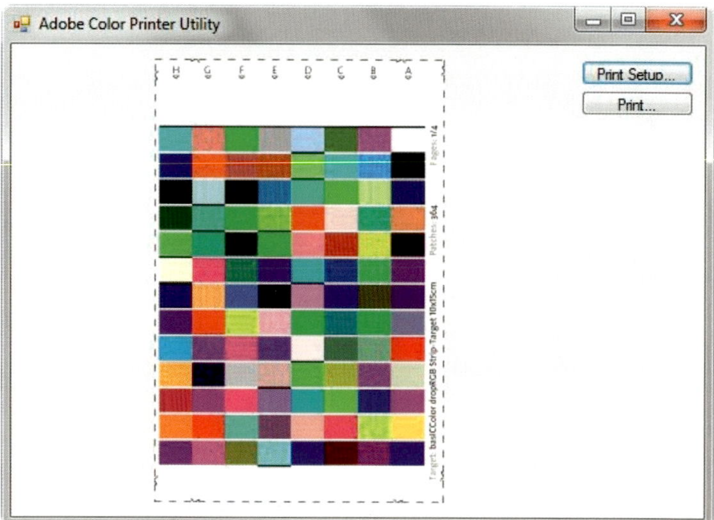

Nach dem Öffnen der ersten Datei erscheint dann auch das eigentliche kleine Programmfenster und Sie klicken auf PRINT.

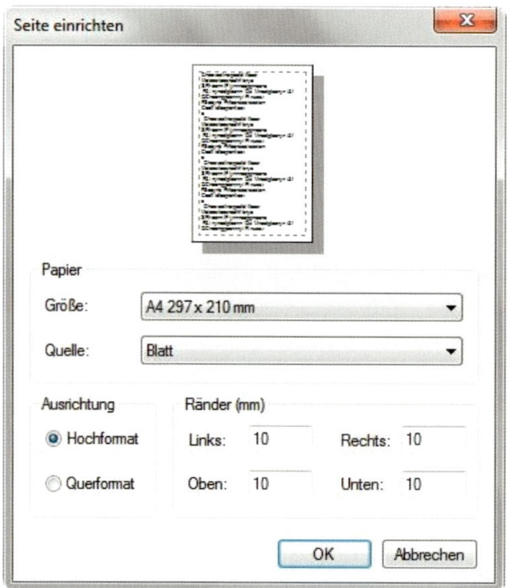

Der Dialog SEITE EINRICHTEN öffnet sich und Sie nehmen gegebenenfalls notwendige Einstellungen vor. In unserem Falle klicken Sie auf OK:

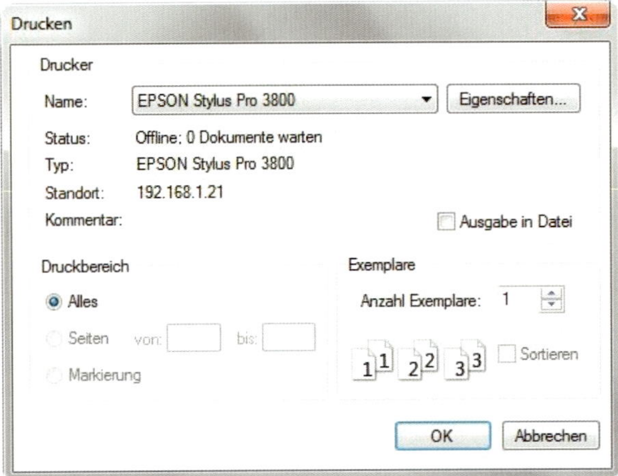

Es öffnet sich das Fenster DRUCKEN und unter EIGENSCHAFTEN kommen Sie zum Druckertreiber, in dem Sie das zu profilierende Papier mit den in den Voreinstellungen gespeicherten Druckeinstellungen auswählen. Der Drucker druckt und Sie wiederholen das Prozedere ab dem Aufruf des Adobe Color Printer Utility noch dreimal. Jetzt wissen Sie, warum Sie die Dateien auf den Desktop kopieren sollten. Dann lassen Sie die Ausdrucke über Nacht trocknen und starten am nächsten Tag catch 5, um die Messdatei zu erstellen.

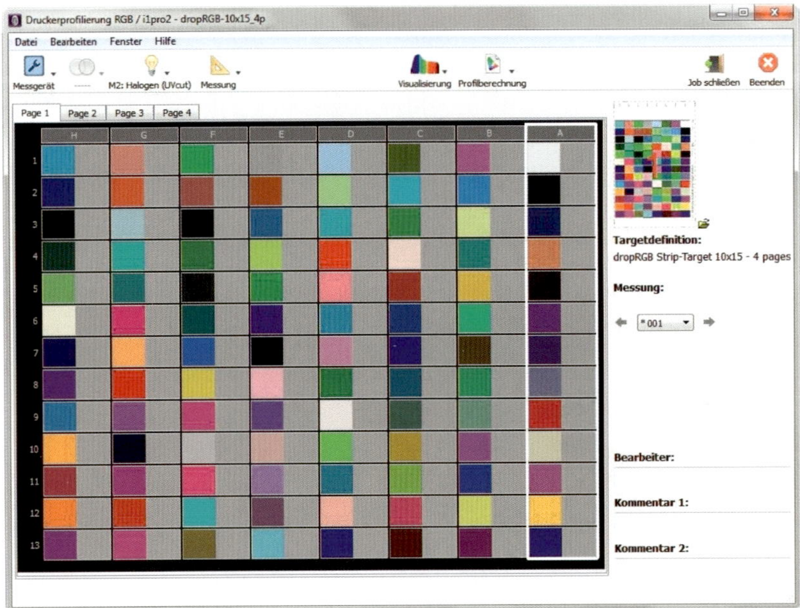

Sie klicken sich, wie zu Beginn des gesamten Profilierungsvorgangs, durch alle Fenster mit den gleichen Auswahlen: MESSGERÄT|ICC PROFILING|RGB DRUCKER|TARGET|JOB MANAGER, bis Sie in obigem Fenster ankommen. Wählen Sie unter dem Icon mit der Glühbirne den Messmodus M2 und starten Ihren Messvorgang durch Drücken des Messknopfes am i1 Pro 2 und dem Abfahren des Targets im Streifenmodus.

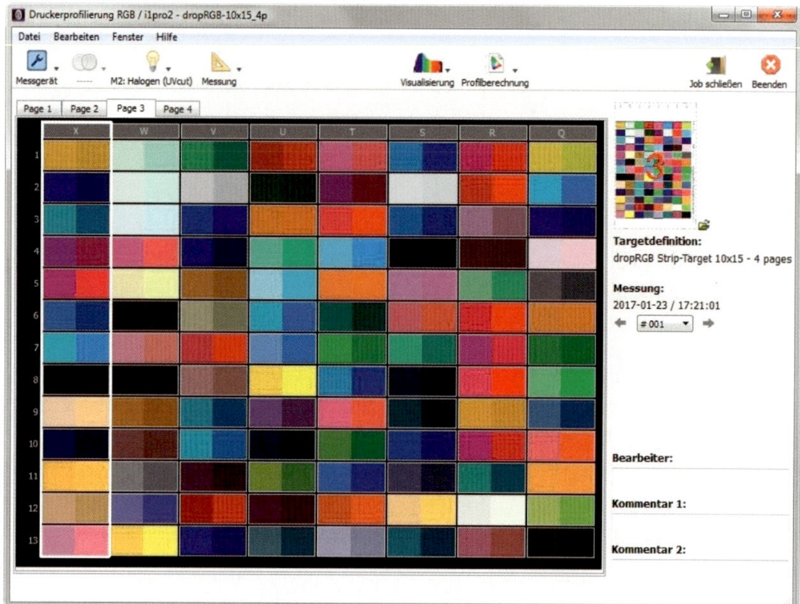

Wenn die Messung beendet ist, wählen Sie zunächst unter dem Menüpunkt DATEI|SPEICHERN UNTER..., um die Messdatei zu speichern. Sie könnten auch ALLE SPEICHERN... wählen, dann würde nicht nur der unter der Glühbirne vorgenommene Messmodus M2, sondern auch M0 und M1 gespeichert, da Sie im doppelten Streifenmodus gemessen haben. Nun stehen Ihnen zwei Wege zur Verfügung. Gehen Sie auf den Menüpunkt PROFILBERECHNUNG|ICC-PROFIL oder schließen Sie das Programm, öffnen dropRGB und ziehen die gespeicherte Messdatei auf das geöffnete Programm.

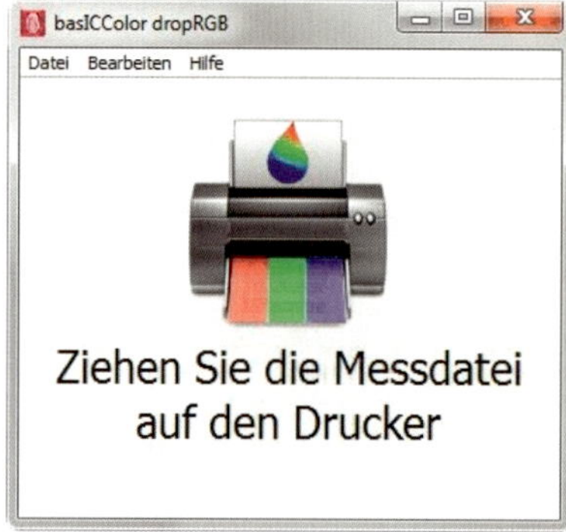

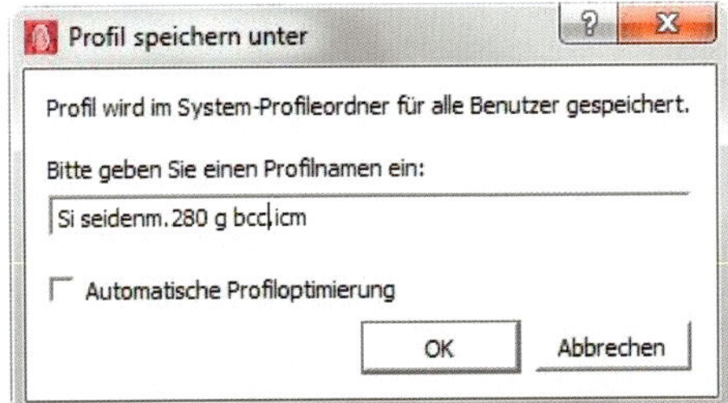

In beiden Fällen wird umgehend ein Profil berechnet und es öffnet sich dieses Fenster. Nach Eingabe eines sinnvollen Namens wird das Profil im Systemordner für Profile gespeichert, was durch das folgende Fenster abschließend bestätigt wird.

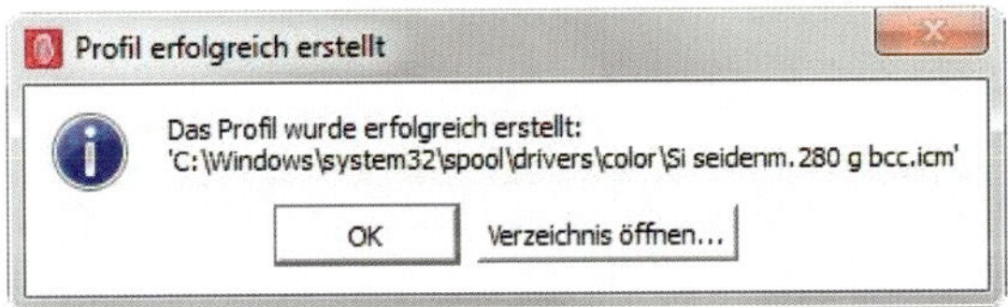

6.4 DIE PROFILIERUNG MIT SPYDER-PRINT

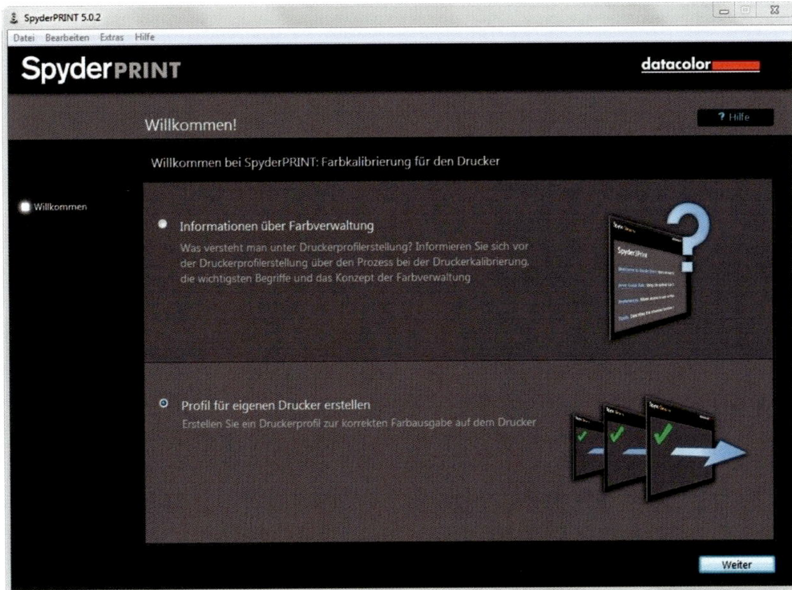

Um einen Drucker mit SpyderPRINT zu profilieren, wird man auch hier softwaregesteuert durch den Profilierungsvorgang geführt. Wählen Sie im ersten Fenster PROFIL FÜR EIGENEN DRUCKER ERSTELLEN und klicken Sie auf WEITER.

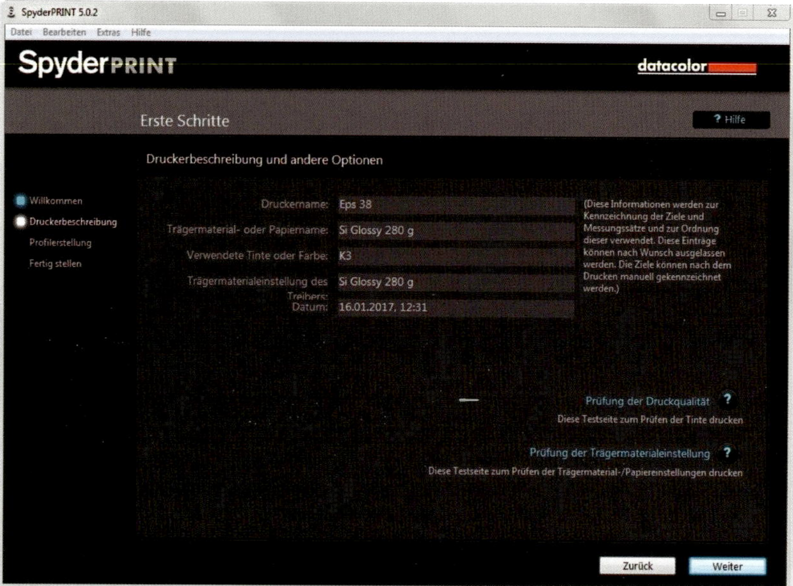

Im nächsten Fenster lassen sich Grundinformationen zur Profilierung wie Druckername, Tinte oder der Name der Voreinstellung im Druckertreiber eingeben. Das ist sehr nützlich, denn diese Infos erscheinen auf den Testausdrucken, die später vermessen werden. Somit kann es nicht zu Verwechslungen führen. Und schon geht's WEITER.

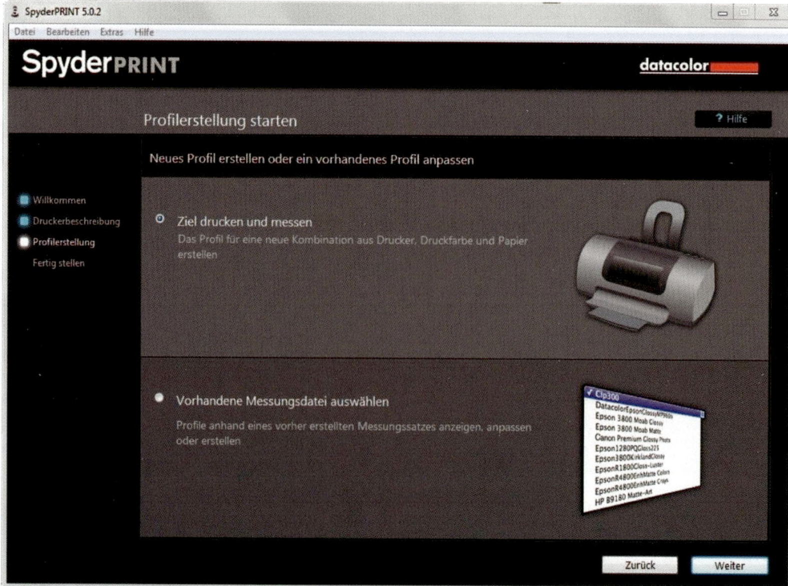

Sie wollen ein ZIEL DRUCKEN UND MESSEN und wählen dies deshalb an. VORHANDENE MESSUNGSDATEI AUSWÄHLEN wäre die Option, die ein bereits bestehendes Profil optimieren könnte.

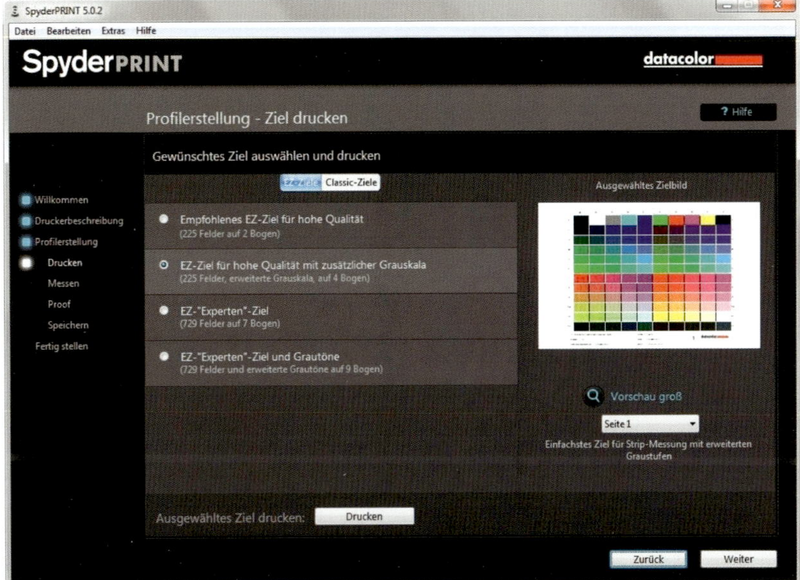

Im nächsten Fenster können Sie Targets auswählen, die bei datacolor erfreulicherweise auch mal Ziele heißen. Es wird zwischen EZ-ZIELE und CLASSIC-ZIELE (diesmal leider zweimal mit »C«) unterschieden, wobei die EZ-Ziele für die Strip-Messung geeignet und die Classic-Ziele für die Spotmessung vorgesehen sind. Es werden unterschiedliche Ziele mit einer verschiedenen Anzahl von Messfeldern angeboten, die auch noch in manchen Zielen durch Skalen von Grautönen erweitert werden. Wählen Sie das EZ-ZIEL FÜR HOHE QUALITÄT MIT ZUSÄTZLICHER GRAUSKALA, da Sie eine hohe Qualität mit zusätzlicher Grauskala berücksichtigt haben wollen.

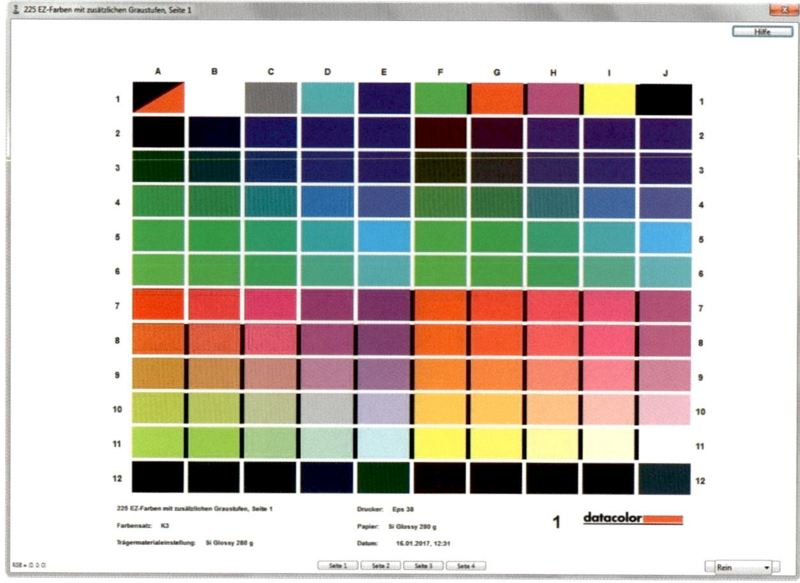

Über die Vorschau können Sie sich die einzelnen Seiten des Targets anzeigen lassen und außerdem sehen Sie die Eintragungen zu den Grundinformationen unten auf jeder Seite. Wenn Sie dieses Fenster schließen, kommen Sie zum vorherigen Fenster zurück. Klicken Sie auf DRUCKEN. Den Druckertreiber haben Sie ja schon im Vorfeld eingerichtet, sodass Sie jetzt nur noch das richtige Medium auswählen müssen. Bei der Erstellung von Drucker-Papier-Profilen lassen Sie die Ausdrucke 24 Stunden trocknen, bevor Sie mit der Messung beginnen. Am nächsten Tag starten Sie die Anwendung erneut und klicken sich auf dem gleichen Weg wie bisher zur folgenden Seite.

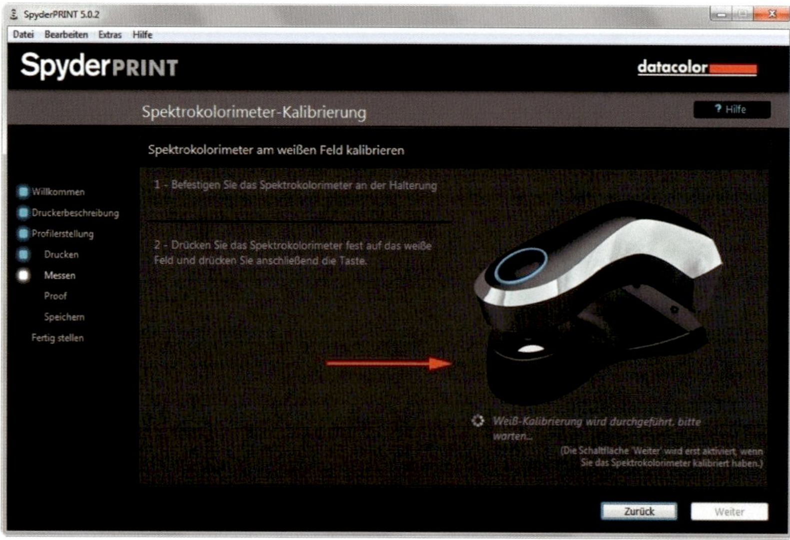

Hier werden Sie aufgefordert, das Messgerät zu kalibrieren, was Sie mit einem Druck auf die Messtaste am Gerät auch machen. Nach erfolgter Kalibrierung klicken Sie auf WEITER.

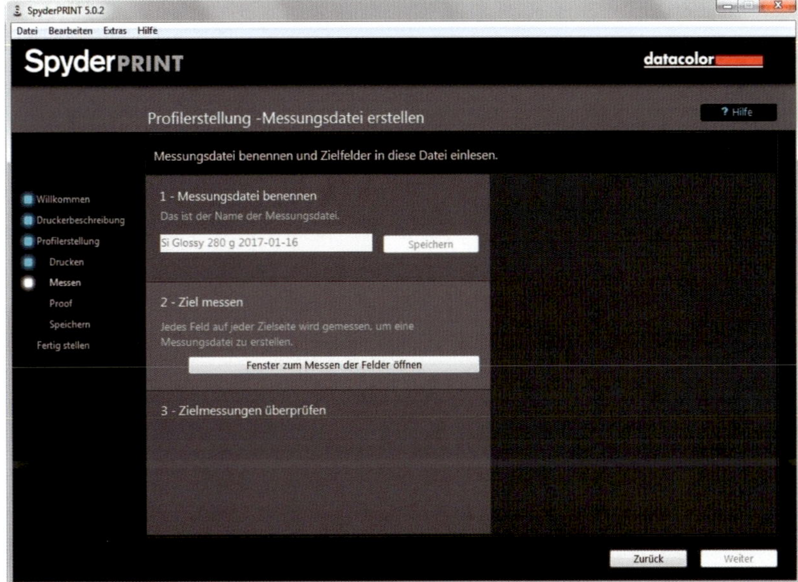

Nun können Sie der Messdatei einen Namen geben und diesen speichern, sodass die Schaltfläche FENSTER ZUM MESSEN DER FELDER ÖFFNEN aktiviert wird, die Sie natürlich anklicken.

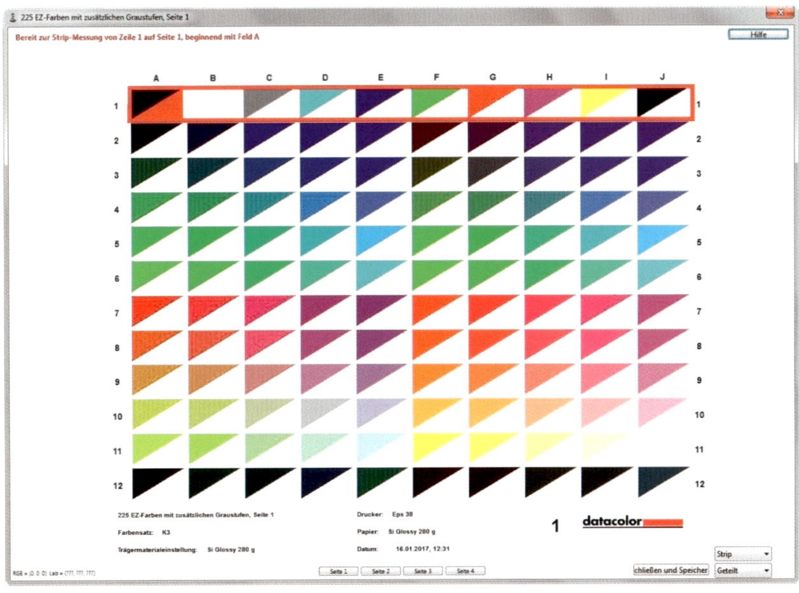

Es wird die Seite 1 des gedruckten Targets angezeigt und Sie können mit der Messung beginnen. Setzen Sie das Lineal auf den Ausdruck, klicken Sie das erste Feld an und fahren Sie dann mit moderater Geschwindigkeit die erste Zeile ab. Ich habe festgestellt, dass schnellere Rechner eine höhere Messgeschwindigkeit verkraften und dass die ganz dunklen Streifen langsamer abgefahren werden sollten. Gut sind die akustischen Signale, die die Messung begleiten. Sie können dadurch sofort Fehler bemerken. Falls ein Fehler in einer Zeile entsteht, könnte man diesen mit einer Einzelmessung nach vollständiger Messung der gesamten Seite ergänzen, einfacher scheint es jedoch zu sein, direkt auf den Anfang der fehlerhaften Zeile zu klicken und diese erneut zu messen.

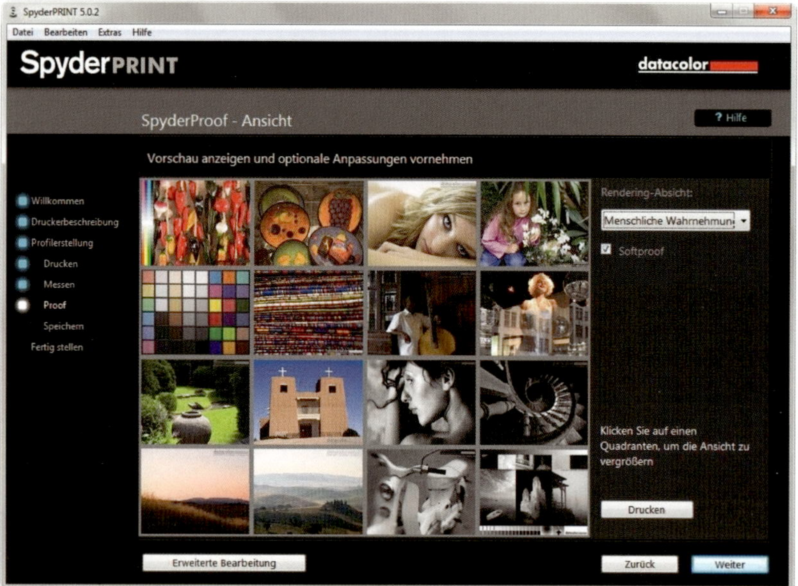

Wenn die Messung beendet ist, kommen Sie in das nächste Fenster, in dem Sie einen Softproof durchführen können. Den Rendering Intent dazu können Sie im Dropdown einstellen, Sie können die Testbilder drucken, sie vorher mit der Lupe zu einer detaillierteren Ansicht vergrößern oder ...

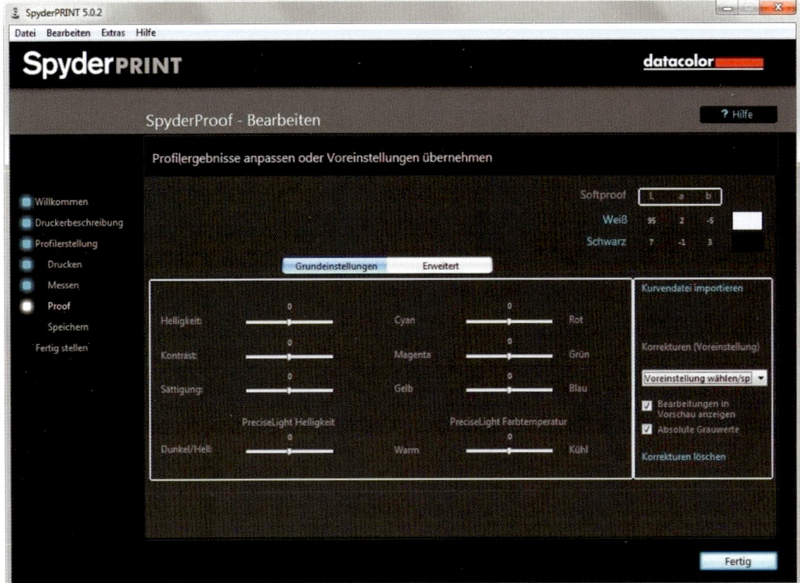

... über die ERWEITERTE BEARBEITUNG noch Korrekturen vornehmen. Dies empfehle ich zunächst nicht, da zuerst ein Druck erfolgen sollte. Über den oben beschriebenen Weg der Profiloptimierung können Sie dies auch noch später erledigen, wenn es wirklich notwendig sein sollte. Die Beschreibungen von HELLIGKEIT, KONTRAST oder FARBWERTEN sind selbsterklärend, die beiden PRECISE-Regler sollten Sie ausprobieren, um das Ergebnis zu betrachten.

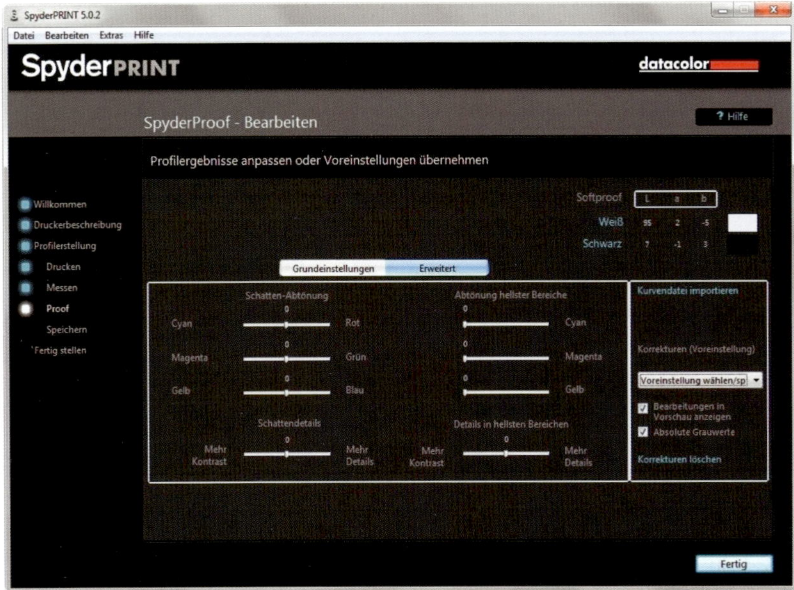

Zur Optimierung gibt es auch noch eine ERWEITERTE Registerkarte. Hier können die Farbwerte explizit in den Lichtern (ABTÖNUNG HELLSTER BEREICHE) und SCHATTEN verändert werden, darüber hinaus gibt es eine Schattenaufhellung in SCHATTENDETAILS und eine Lichterwiederherstellung in DETAILS IN HELLSTEN BEREICHEN. Nach dem Klick auf FERTIG kommen Sie zurück zum Softproof-Fenster und mit WEITER ...

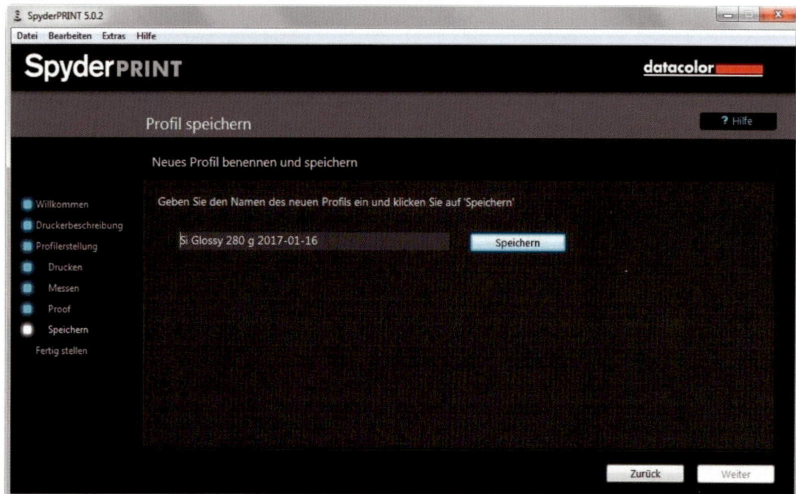

... zum Fenster PROFIL SPEICHERN. Hier können Sie einen Namen für das Profil vergeben und auf SPEICHERN klicken.

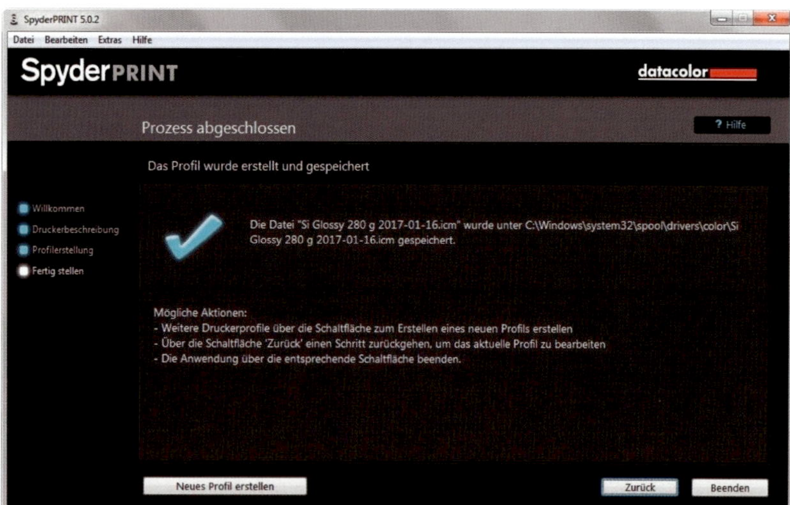

Die Schaltfläche WEITER bringt Sie ins letzte Fenster, das die Ablage des Profils im Systemspeicherort mitteilt und mit BEENDEN ist der Vorgang abgeschlossen.

6.5 DIE PROFILIERUNG MIT I1 PROFILER

In i1 Profiler ist es möglich, nicht nur normale Profile für Papier-Drucker-Kombinationen zu erstellen, sondern auch eine Kompensation der optischen Aufheller, wie sie in manchen Papieren enthalten sind, durchzuführen.

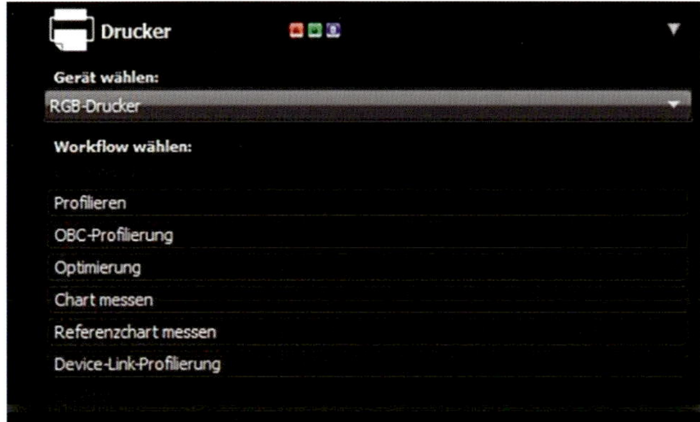

Die Bezeichnung OBC steht für Optical Brightener Compensation und Sie führen die Profilierung mit dieser Kompensation hier durch. Die Erstellung eines normalen Profils erfolgt ohne die Durchführung der mittleren Schritte, somit können Sie in diesem Durchlauf beide Varianten betrachten. Sie klicken also zuerst auf OBC-PROFILIERUNG, für die einfache Profilierung würden Sie auf PROFILIEREN klicken.

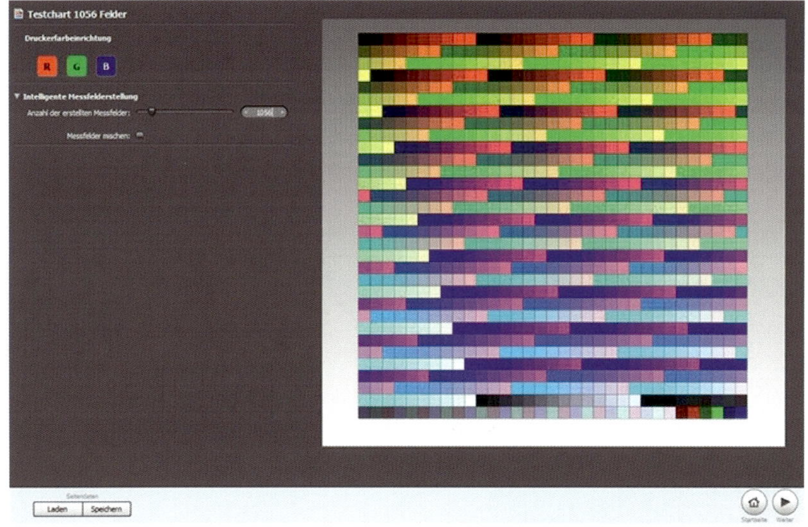

Im ersten Fenster müssen Sie die Anzahl der Messfelder festlegen. Ich habe hier schon einmal 1056 vorgewählt, das sollte für diesen Fall eines einfachen Fotopapiers mit optischen Aufhellern bei Weitem ausreichen. Wenn Sie unten links im Fenster auf SPEICHERN klicken, wird diese Vorlage unter den KOMPONENTEN gespeichert und Sie können sie immer wieder durch einen Doppelklick oder das Ziehen auf das Messfelder-Icon aufrufen.

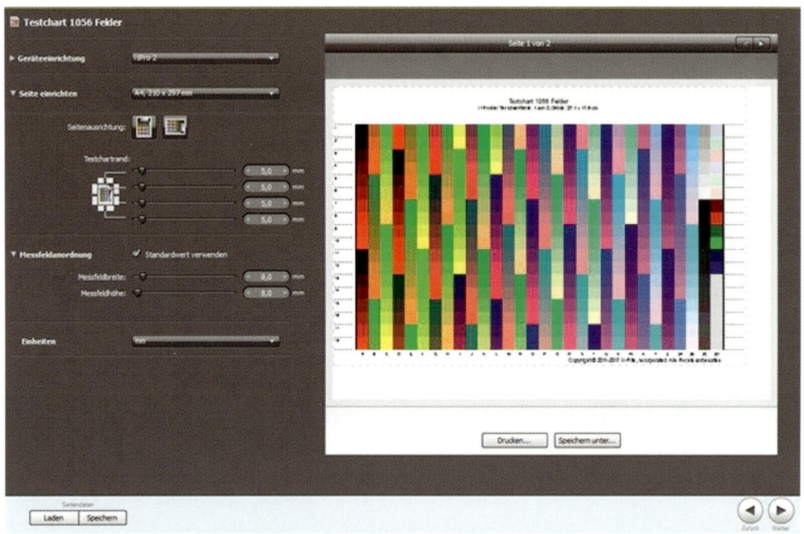

Mit WEITER kommen Sie zum nächsten Fenster, in dem Sie die Seite einrichten können. Es ist zu empfehlen, falls notwendig, nur das Seitenformat zu ändern (hier DIN A4), Ränder und Messfeldgrößen sollten Sie so belassen, damit das Messgerät auf jeden Fall mit den Ausdrucken klarkommt. Eine Vergrößerung der Messfelder ist nie problematisch. Dann klicken Sie auf DRUCKEN und wählen im Druckertreiber das vorher eingerichtete Papier aus. Nach dem Ausdruck lassen Sie diesen bis zum nächsten Tag trocknen.

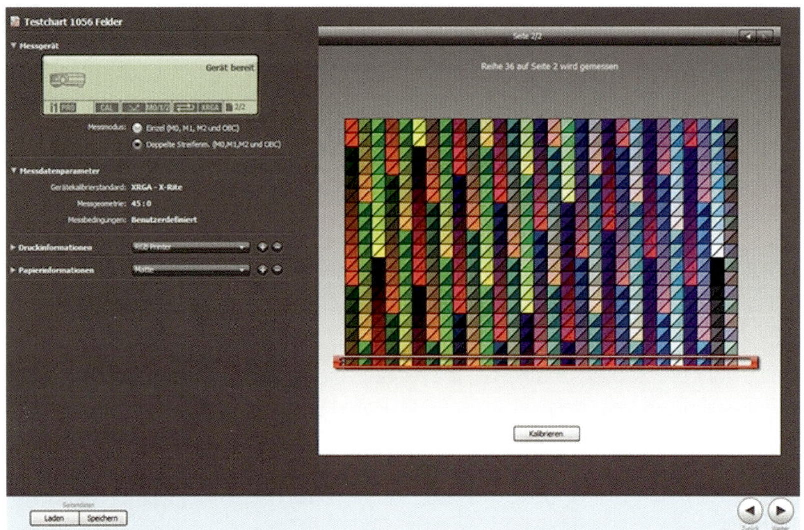

Wenn Sie mit dem Messen beginnen wollen, starten Sie wieder den i1 Profiler, gehen in die OBC-PROFILIERUNG und wählen auf der nächsten Seite in den KOMPONENTEN die gespeicherte Datei aus den Testcharts mit unseren 1056 Feldern. Mit WEITER geht's zum Einrichten der Seite auf DIN A4 und mit dem nächsten WEITER kommen Sie auf die Seite fürs Messen. Jetzt klicken Sie auf KALIBRIEREN, und nachdem das GERÄT BEREIT ist, stellen Sie noch den MESSMODUS auf DOPPELTE STREIFENM. und können mit dem Messen beginnen. In diesem Modus werden beide Lichtquellen, die das Messgerät beherrscht, berücksichtigt und es wird sowohl mit M1 als auch mit M2 gemessen. Die Einstellungen zur DRUCKINFORMATION und zur PAPIERINFORMATION haben keinen Einfluss auf die Messung, sie dienen lediglich der zu speichernden Zusatzinformationen. Der Messvorgang wird durch akustische Signale begleitet und am Ende klicken Sie auf die Schaltfläche SPEICHERN (wichtig!), um das Messergebnis in einer Messdatei in den KOMPONENTEN abzulegen. Dies ist so wichtig, da Sie den anschließend durchzuführenden Vorgang der OBC-Profilierung auch erst nach vernünftiger Trocknung des Ausdrucks, also am nächsten Tag, handhaben werden und Sie dann nicht noch einmal von vorne mit der Messung beginnen wollen.

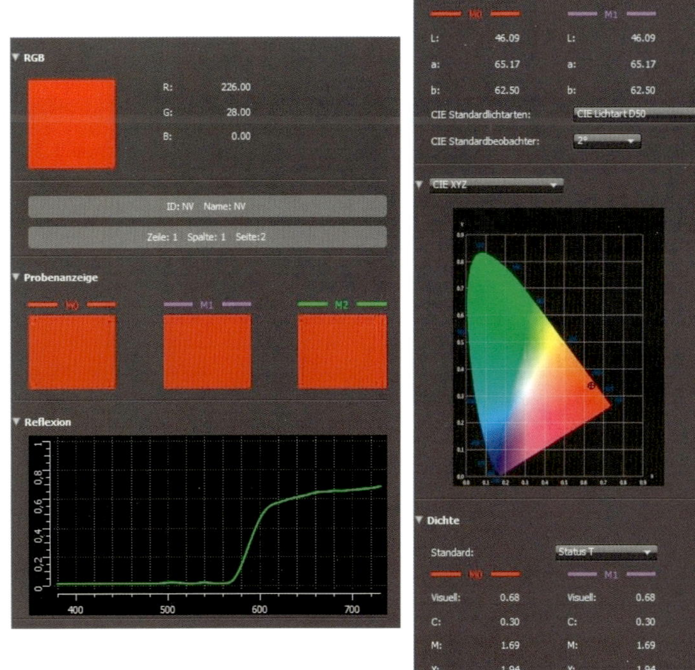

Ergänzend sei noch erwähnt, dass Sie mit einem Doppelklick auf die gemessenen Felder alle möglichen Informationen über die eingelesenen

Daten in der linken Seite des Fensters abrufen können. Interessant ist auch die Darstellung der unterschiedlichen Messmodi M0, M1 und M2.

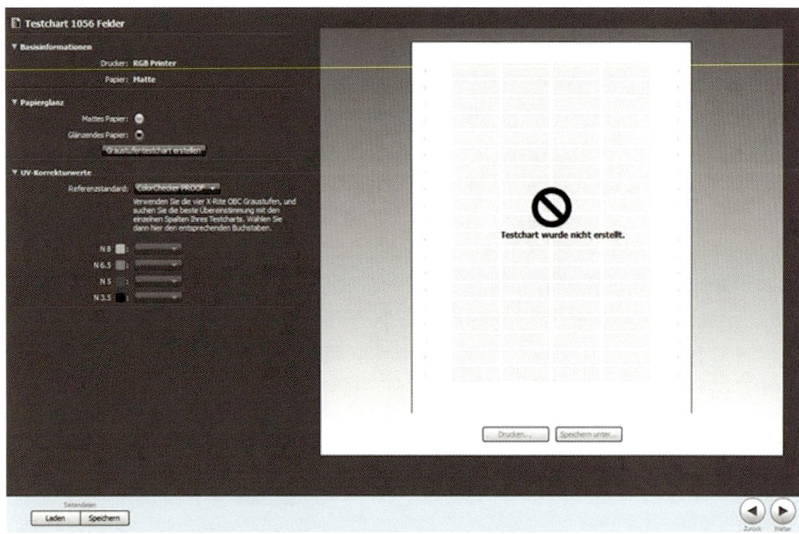

Mit dem Klick auf WEITER kommen Sie ins obige Fenster und klicken dort, nachdem Sie die Art des Papieres vorgewählt haben, auf GRAUSTUFENTEST-CHART ERSTELLEN.

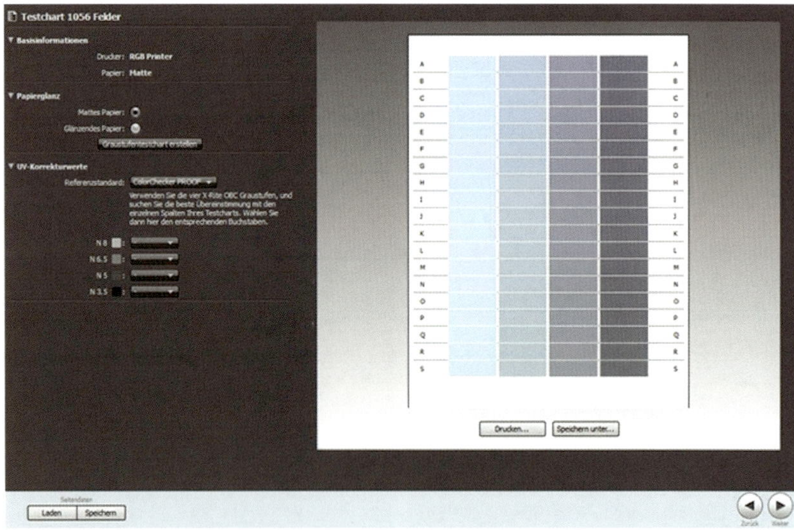

Aus dem Sample-OBC aus den KOMPONENTEN wird die neue Ansicht generiert und Sie klicken auf DRUCKEN. Nachdem Sie auch hier wieder im Druckertreiber die vorher angefertigten Voreinstellungen zum passenden Papier gewählt haben, drucken Sie die Datei aus und lassen sie bis zum nächsten Tag trocknen.

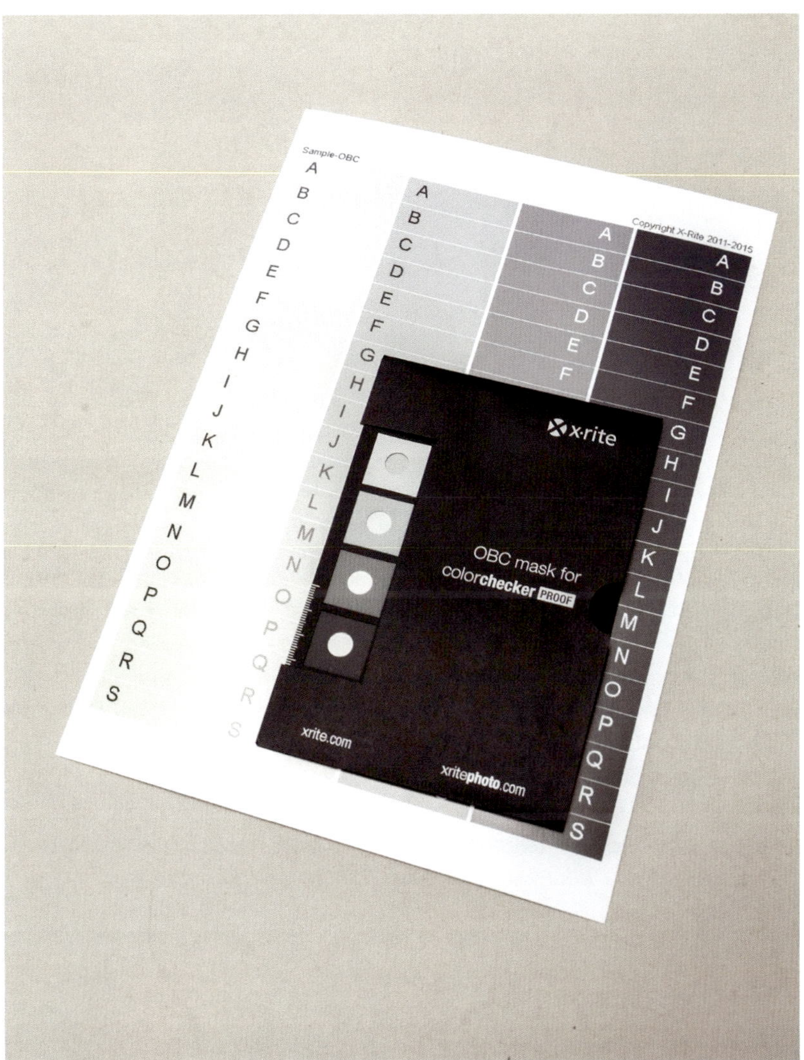

Am nächsten Tag nehmen Sie den ColorChecker Proof zur Hand, stecken ihn in die OBC-Tasche und können so mit dem Hilfsmittel hantieren, ohne auf den empfindlichen Farbfeldern herumzutatschen. Der wichtigere Grund für diese Tasche ist jedoch das Abdecken der Farben, damit sie Sie bei der Beurteilung nicht beeinflussen. Wichtig ist hier auch wieder das Betrachtungslicht; da es ein Fotopapier aus unserem 1. Workflow ist, greifen Sie auf 6500 K zu. Wenn Sie dieses Papier für eine Betrachtung unter speziellen Beleuchtungsbedingungen verwenden möchten, dann sollten Sie hier dieses Betrachtungslicht einstellen. Nun wählen Sie in den vier Spalten die vier Buchstabenfelder aus (einen für jede Helligkeit), die am besten mit dem ColorChecker Proof übereinstimmen, und markieren sie.

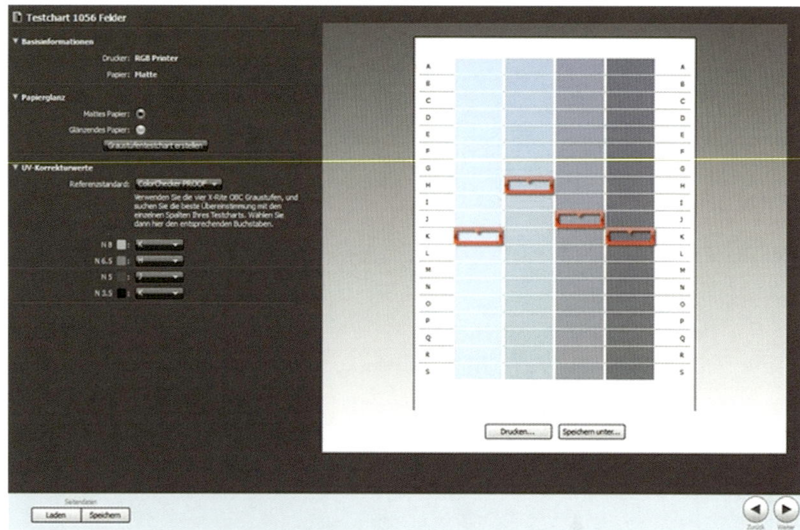

Dann öffnen Sie i1 Profiler, wählen die OBC-PROFILIERUNG, gehen unten auf das Icon MESSUNG und laden unsere Messdatei aus den KOMPONENTEN durch einen Doppelklick. Klicken Sie auf WEITER und landen im obigen Fenster, in dem Sie der Helligkeit entsprechend die vier ermittelten Feldwerte entweder über die Dropdowns auswählen oder direkt in der Grafik auf die entsprechenden Felder klicken. Nun weiß die Software, dass diese Felder die Grauwiedergabe des Papiers spiegeln und kann sie mit den bisher erstellten Daten des einfachen Profils kombinieren. Das bedeutet, dass Sie jederzeit eine OBC-Erweiterung anhängen und daraus ein neues Profil schreiben können, wenn Sie kompatible Messdateien besitzen.

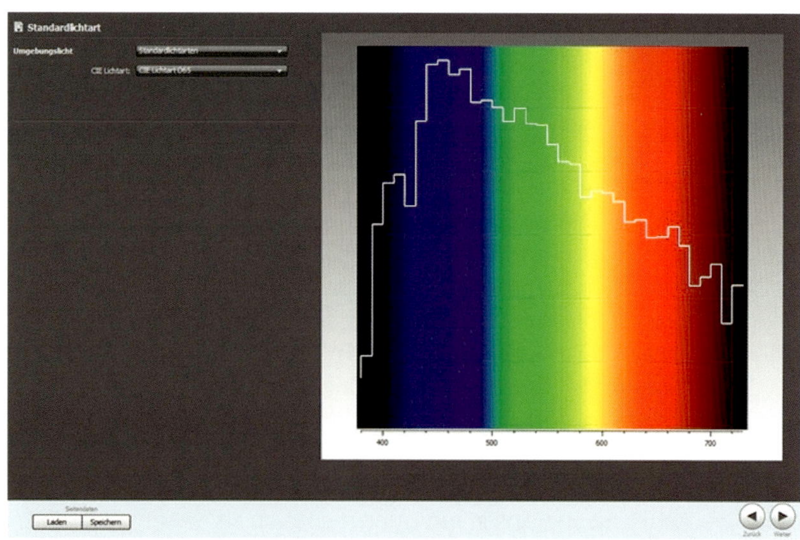

Der Klick auf WEITER bringt Sie ins Fenster fürs Umgebungslicht, nennen wir es Betrachtungslicht. Hier müssen Sie den Kelvin-Wert eingeben, der Ihrem späteren Betrachtungslicht entsprechen soll. Da Sie unter 6500 K abmustern, wählen Sie auch hier diesen Wert.

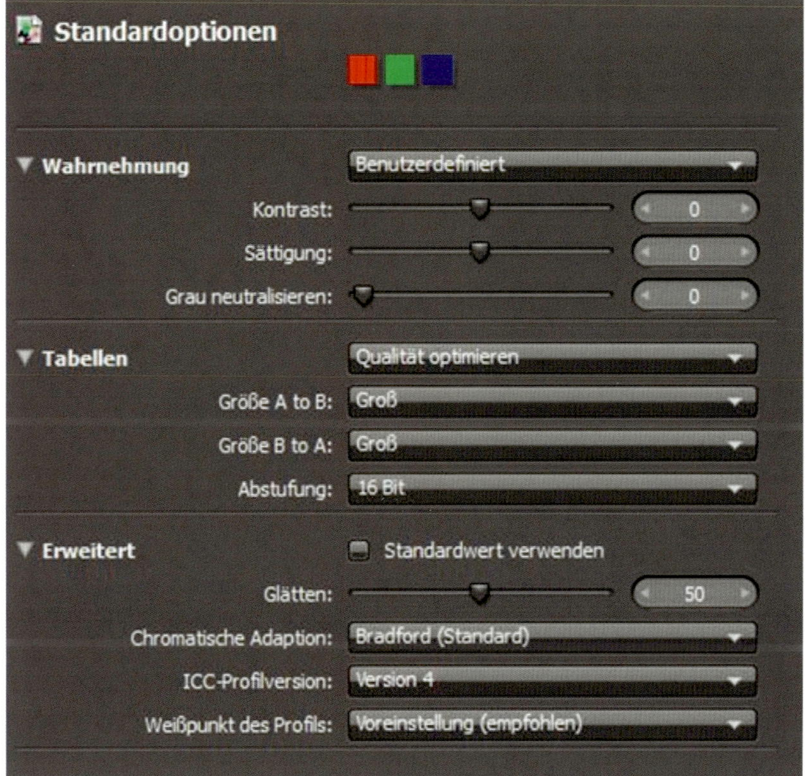

Im nächsten Fenster können Sie noch Angaben zum zu schreibenden Profil machen. Im Bereich WAHRNEHMUNG ist es möglich, KONTRAST und SÄTTIGUNG und GRAU NEUTRALISIEREN zu ändern. Das bedeutet, dass sich die Werte im Profil, die im Softproof für die Anzeige des Monitors verantwortlich sind, hier verändern lassen. Der Grauverlauf wird stärker angepasst, je deutlicher sich die Papiere in gelbliche Richtung bewegen. Das heißt, dass das Grau im Druck normalerweise dem gelblichen Ton des Papiers angepasst wird, um Weißpunkt und Grauverlauf in Einklang zu bringen, damit es keine visuellen Irritationen gibt. Wenn Sie trotzdem eine neutralere Grauwiedergabe wünschen, müssen Sie den Regler nach rechts ziehen.

Im Bereich TABELLEN gibt es eigentlich nur eine logische Einstellung. Wenn Sie sich die Mühe machen, individuelle Profile für Ihre Drucker-Papier-Kombination zu erstellen, dann wollen Sie QUALITÄT. Hier auf die physische Größe des Profils zu optimieren, wäre widersinnig.

Unter ERWEITERT treffen Sie auf alte Bekannte, die Sie so belassen, wie die Standardwerte sind. Der Weißpunkt des Profils kann jedoch dann angepasst werden, wenn Sie Hardproofs erstellen wollen. Dann sollte der Weißpunkt des Proofingpapiers gemessen und hier abgerufen werden.

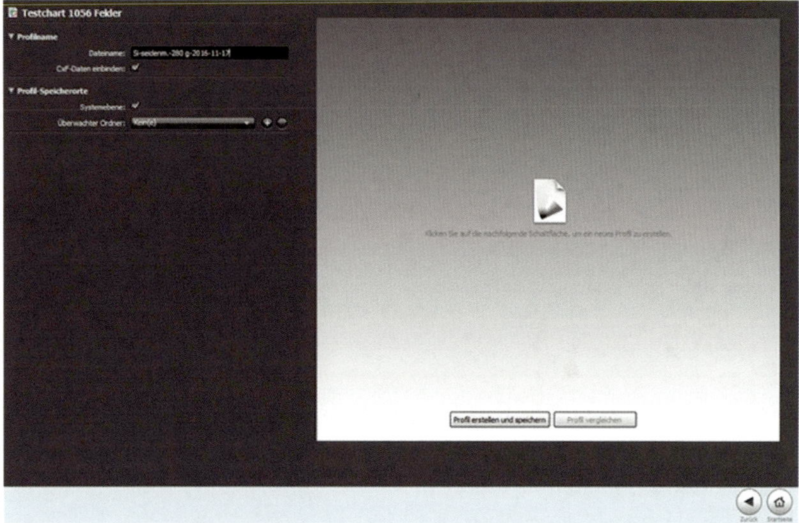

Mit WEITER kommen Sie zum Fenster, in dem Sie den Profilnamen vergeben können. Drucker, Papier und Datum haben sich bewährt. Ein Klick auf PROFIL ERSTELLEN UND SPEICHERN führt den abschließenden Vorgang durch und zeigt anschließend das Profil in einer 3D-Ansicht.

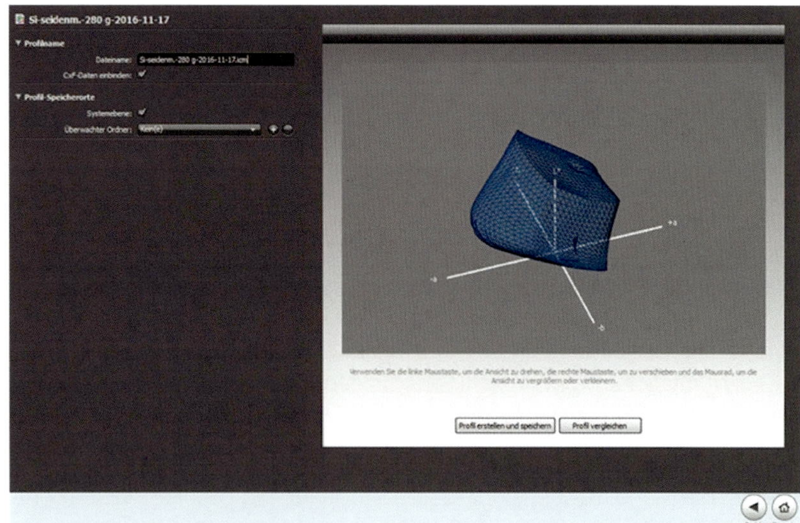

Jetzt können Sie noch das PROFIL VERGLEICHEN. Wenn Sie auf die so benannte Schaltfläche klicken ...

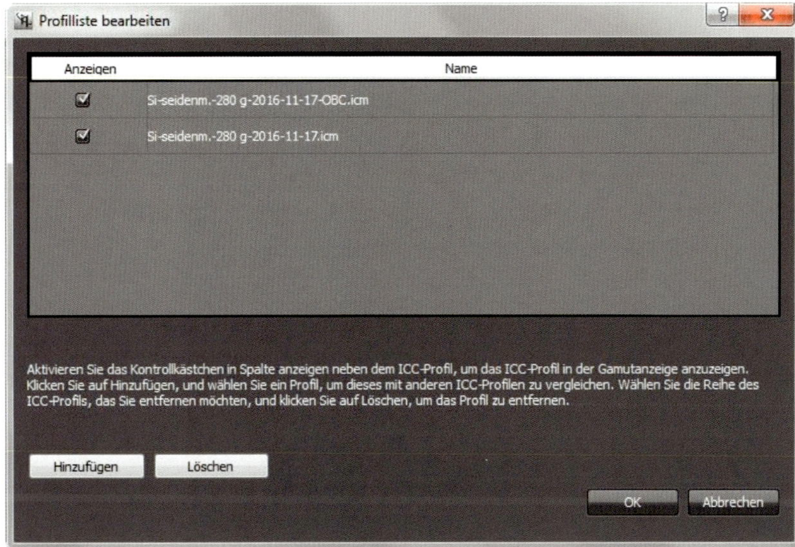

... können Sie mehrere Profile laden und in einem Fenster anzeigen lassen.

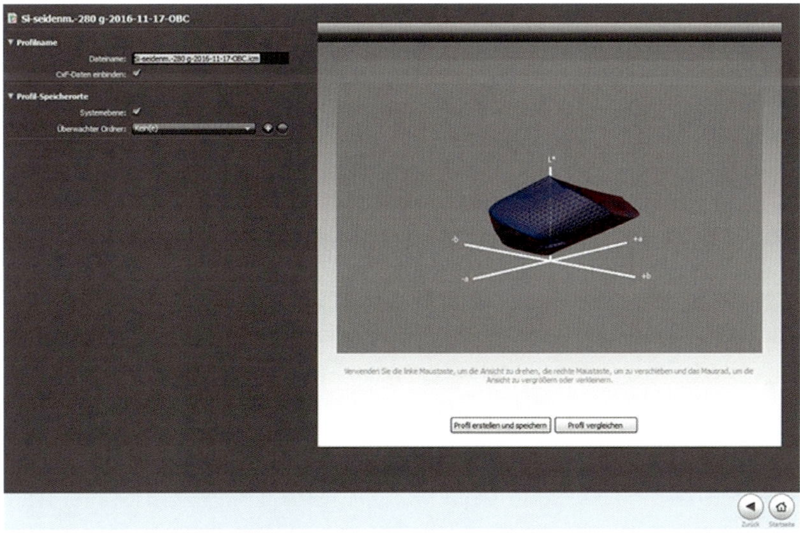

Hier sind das normale und das OBC-optimierte Profil übereinandergelegt und sie sind erfreulicherweise deckungsgleich.

6.6 DIE PROFILIERUNG ANDERER AUSGABEGERÄTE

Nach dieser Betrachtung der drei gängigsten Vertreter von Software für Druckerprofilierung möchte ich Ihnen noch Möglichkeiten bei anderen Ausgabegeräten aufzeigen. Das Prinzip ist immer das Gleiche. Sie lassen eine Ausgabe von Targets, die nicht mit einem Profil versehen sein dürfen, mit Abschaltung jeglicher Automatik der Produktionsgeräte erstellen, messen dann diese Vorlagen und erstellen aus den Messwerten ein Profil. Dieses nutzen Sie für Ihre Softproofs, um im Vorfeld die zukünftige Ausgabe simuliert auf Ihrem profilierten Monitor darzustellen.

Minilabs und andere Entwicklungsmaschinen auf chemischer Basis

In Minilabs, die in der Regel in Fotogeschäften stehen, und größeren Durchlaufentwicklungsmaschinen, wie sie z.B. zur Produktion von Massenware oder echten Fotobüchern benutzt werden, wird auf traditionelle Weise Fotopapier in Chemie entwickelt. Die Papiere haben eine PE-Beschichtung und in der lichtempfindlichen Schicht befinden sich, vereinfacht dargestellt, Silberkristalle und Farbkuppler. Darüber hinaus werden die Papiere mit unterschiedlichen Oberflächen angeboten. Die heute gängigen Bezeichnungen lauten glänzend, matt und Silk (Seidenraster). Das Papier wird in einem standardisierten Prozess namens RA4 entwickelt. Dieser ist mittlerweile, nach über 30 Jahren Existenz, sehr stabil und weitaus umweltschonender als sein Vorgänger EP2. Mit Entwicklungsmaschinen ist es nun leider genauso wie mit Druckmaschinen – sie müssen am besten ständig laufen, um die besten Ergebnisse hervorzubringen. Das hängt damit zusammen, dass die Chemie in einer solchen Maschine regeneriert wird. Auf den Entwickler bezogen bedeutet das z.B., dass die durch die Entwicklung verbrauchte Chemie, die durch Umwandlung der Silbersalze entsteht, dem Entwicklungstank entnommen und frische Chemie wieder zugeführt wird. Damit die Chemie dauernd in einem ständigen Gleichgewicht bleibt, ist ein hoher Durchsatz von Entwicklungen förderlich, da sich die Chemie nicht durch lange Standzeiten und durch unregelmäßige Regenerierung massiv verändern kann. Das erste Auswahlkriterium für ein Labor sollte also von der Menge der entwickelten Bilder abhängen. Ein Minilab im Stadtteil, das vielleicht 200 bis 300 Bilder pro Tag entwickelt, sollte nicht das Labor Ihrer Wahl werden. Es gibt mittlerweile auch Chemie, die für längere Standzeiten geschaffen wurde, eine ständig laufende Maschine ist jedoch immer die bessere Wahl.

Die Maschinen, die in der Produktion eingesetzt werden, durchlaufen nach zum Teil vom Hersteller vorgegebenen Intervallen einen Selbsttest, bei dem im Grunde eine maschineninterne Linearisierung und Kalibrierung stattfindet, die Maschine nordet sich sozusagen selber ein. Dies geschieht durch die Ausgabe von Probeprints, die dann mit einem Messgerät, das mit der Maschinensoftware verbunden ist, geprüft werden. Diese Tests können jederzeit manuell vom Laboranten durchgeführt werden. Besonders bei der Erstellung von Schwarz-Weiß-Fotos auf Farbpapier ist ein solcher Test von Vorteil, da die Grauachse ausgerichtet und neutralisiert wird. Daraus kann man ableiten, dass farbstichige Schwarz-Weiß-Fotos auf Farbpapier aus einem Labor kein gutes Licht auf die dortigen Produktionsbedingungen werfen.

Das letzte und für mich überzeugendste Argument für die Auswahl eines Labors ist die Frage, ob Ihnen das Labor ein Maschinenprofil zur Verfügung stellt. Immer wieder hört man von unwissenden oder lustlosen Laboranten: »Wir arbeiten in sRGB.« Wenn Sie keine Lust haben, lange aufklärerische Arbeit zu leisten, sollten Sie sich ein anderes Labor suchen.

Es gibt jedoch auch noch einen anderen Weg, bessere Fotos aus Ihrem Wunschlabor zu erhalten, wenn nur das gerade genannte, letzte Argument zutrifft, die anderen zuvor genannten Bedingungen aber positiv erfüllt sind. Erstellen Sie sich aus den in der jeweiligen, oben behandelten Software vorhandenen Targets die entsprechende Anzahl von Prints ohne ein Profil und geben dieses mit dem Auftrag in Ihr Labor, die Bilder in der Maschine ohne Korrekturfunktionen zu entwickeln, und wenn die Ausgabe über sRGB erfolgt, dann soll das auch so bei Ihren Prints sein. Vorher müssen Sie allerdings klären, ob die Automatiken, die die Dichte und Farbe beeinflussen, abzuschalten sind. Ist das nicht der Fall, dann funktioniert der gesamte Vorgang nicht. Die Prints, die Sie erhalten, vermessen Sie und erstellen ein Profil. Dieses nutzen Sie per Softproof, um zu entscheiden, ob Farb- und Dichtekorrekturen an Ihrer Datei in der Bildbearbeitung durchgeführt werden müssen. Dieses Verfahren bringt sicherlich nicht das Optimum an Qualität, verbessert aber die Planbarkeit von Ergebnissen und führt zu einer besseren Konsistenz. Natürlich müssen Ihre Bilder im Labor dann immer unter den Bedingungen erstellt werden wie Ihre Targetprints.

Selbst bei der Fotobucherstellung über in Chemie entwickeltem Fotopapier kann man nach diesem Verfahren vorgehen. Voraussetzung ist natürlich, dass der Fotobuchhersteller sich bereit erklärt, Ihnen Ihre Targetprints zu produzieren. Dies im Rahmen eines extra dafür angelegten Musterbuchs zu prüfen, ist sicherlich zu kostenintensiv. Fotografen, die im Hochzeitsgewerbe tätig sind und sowieso meist mehrere Musterbücher zu Präsentationszwecken für neue Kunden erstellen lassen, können gut die letzten Seiten für solche Tests verwenden. Die Ausgabemöglichkeit über PDF wird im nächsten Kapitel beschrieben.

Offsetdruck

Der Offsetdruck ist das meistverbreitete Massendruckverfahren. Hier wird Farbe zunächst auf eine Druckplatte aufgebracht. Diese Druckplatte wird mit Wasser befeuchtet, nimmt aber das Wasser nur an den Stellen an, an denen sich keine Farbe absetzen soll. Wenn die Farbe, die fettig ist, jetzt der Druckplatte zugeführt wird, kann sie sich nur an den Stellen niederschlagen, an denen kein Wasser geführt wird, und somit setzt sich die klare Trennung von Fett und Wasser in Farbauftrag und Farbunterlassung fort. Die Druckplatte, auf der ein positives Druckbild auszumachen ist, sitzt im sich drehenden Druckzylinder und überträgt die Farbe auf ein Gummituch, das im Gummituchzylinder eingespannt ist. Hier ist das Druckbild jetzt negativ. Vom Gummituch, das im Grunde kein Wasser annimmt, wird die Farbe dann auf das Papier übertragen. Dies geschieht im sogenannten Vierfarbdruck viermal in vier Druckwerken, die in einer Maschine hintereinandergeschaltet sind. In den Farbkästen der Druckwerke befinden sich die vier Farben Cyan, Yellow, Magenta und Schwarz. Die Druckplatten sind so gestaltet, dass sie ihre Anteile von Farbe zu Papier, oder besser ausgedrückt zu Gummituch bringen, sodass in der Summe des Farbauftrags der vier Druckplatten die gewünschte Mischfarbe entsteht, mit der eine etwas eingeschränkte, fotorealistische Wiedergabe möglich ist. Der Farbraum, den die oben genannten Druckfarben abbilden können, ist allerdings weitaus kleiner als das, was wir mit unseren Kameras aufzeichnen, an unseren Monitoren sehen oder über Minilabs oder Tintenstrahldrucker ausgeben können. Diese Problematik erkennen Sie besonders, wenn auch in aufwendigen Druckverfahren, die bei der Erstellung von Kunstbüchern angewandt werden, die Leuchtkraft eines Gemäldes von van Gogh oder anderer großer Meister der Malerei nicht erreicht werden kann.

Die Anpassung an den CMYK-Farbraum ist wichtig und auch ein sensibles Thema, hat aber in erster Linie mit den Unzulänglichkeiten des Offsetdrucks zu tun. Sonderfarben können die Druckqualität zwar noch einmal deutlich steigern, sind aber im Vergleich zum Foto noch nicht perfekt. Nicht umsonst heißt es fotorealistische und nicht druckrealistische Darstellung. Trotzdem muss man anerkennen, dass z.B. die Firma Epple Druckfarben mit ihrem aniva-Farbsystem schon sehr nah an eine fotorealistische Darstellung herankommt. Letztendlich geht es darum, das Optimum aufs Papier zu bringen, und das funktioniert auch hier nur mit kooperativem Schaffen und einem durchgängigen Farbmanagement.

In der Entwicklung der Zusammenarbeit seit Einführung digitaler Bilddaten, die vom Fotografen und nicht von einem ausgebildeten Scanneroperator erstellt werden, hat es schon so manche Stolpersteine gegeben. Die Schnittstelle zwischen beiden Bereichen ist der Proof, den die Druckerei aus den vom Fotografen angelieferten Daten erstellt. In den Druckereien, die einen langen Workflow haben, bei dem, wie bei uns Fotografen, alles aufeinander abgestimmt sein muss, wird nach festen Standards gearbeitet. Wenn alle Standards richtig aufeinander abgestimmt sind, kann die Druckerei versichern, dass sie das gleiche Ergebnis an der Druckmaschine erreicht, das sie auch im Proof zutage bringt. Zu Zeiten, als noch mit Andrucken gearbeitet wurde, war der Andruck das Maß aller Dinge, wenn nicht noch im laufenden Druckprozess Druckbogen abgenommen wurden, die dann den Andruck in der Wertigkeit noch übertrumpften. Die Druckabnahme bei laufender Produktion wird heute vorwiegend bei richtig teuren Produktionen, z.B. aufwendigen Broschüren von Firmen, bei denen es um absolut exakte Wiedergabe von Farben geht, wie bei hochwertiger Kleidung, Autos oder Küchen, durchgeführt. Wenn die Einbauküche 80.000 Euro kostet, muss die Farbe im Prospekt auch stimmen.

Das Papier hat im Offset-Druck natürlich, wie in anderen Druckverfahren auch, einen enormen Einfluss auf die Qualität der Wiedergabe. Fotos, die auf Zeitungspapier gedruckt werden, entfachen sicherlich nicht die gleiche Anmutung wie die Ausgabe als Fine-Art-Druck. In den standardisierten Prozessen der Druckereien werden in der Regel Standardprofile der ECI verwendet. Natürlich sind die auf die unterschiedlichen Papiere abgestimmt. So gibt es Profile für gestrichene oder ungestrichene Papiere. In den Druckereien werden die Maschinen kalibriert, um sie in den Prozess-Standard Offsetdruck ISO12647-2 zu versetzen, was in der heutigen Zeit sogar mit einem Aufwand von wenigen Druckbögen geleistet werden kann. basICColor bietet mit seiner Software calibrate 5 die richtige Voraussetzung, um dies zu realisieren und damit den Weg zu einer verlässlichen und reproduzierbaren Ausgabe zu bereiten, die der Proofwiedergabe entspricht.

Digitaldruck

Digitaldrucke werden verschiedene Ausprägungen eines Drucks genannt, bei dem die eigentliche Druckmaschine aus einem Computer angesteuert wird und ohne Erstellung von Druckplatten ein Ergebnis liefert. Hier ist der Digitaldruck gemeint, der die Möglichkeit der Realisierung von Klein- und personalisierten Auflagen hat und im Grunde einem höherwertigen Farbkopierer ähnelt, wobei er vor allem in der Erstellung von Fotobüchern oder Broschüren in geringer Stückzahl populär ist. Natürlich ist die elektrisch aufgeladene Flüssigtinte etwas anderes als die Tonerkartusche in einem Fotokopierer, das Prinzip einer Aufladung und Haftung bleibt aber erhalten. Dieser Digitaldruck hat in den letzten 15 Jahren stetig den Markt weiter erobert. Bezogen auf das Farbmanagement sind wir hier in Bezug auf einen Proof gegenüber dem Offsetdruck im Vorteil, da auf völlig unproblematische Weise ein einzelner Ausdruck erstellt werden kann. Das bedeutet, dass der Ausdruck gleichzeitig unser Proof ist.

Damit das komplette Verfahren auch planbar ist und wir an unseren Monitoren einen vorausschauenden Softproof sehen können, orientieren sich die Digitaldrucker ebenfalls an den Profilen, die im Offsetdruck gebräuchlich sind. Das hat für uns den Vorteil, dass bei der Durchführung eines Druckauftrags, aus welchen Gründen auch immer, die Wahl des Druckverfahrens ohne Probleme geändert werden kann.

KAPITEL 7

Farbmanagement und Software

7.1 CAPTURE ONE PRO

Das Wichtigste vorweg. Capture One lief selbst auf meinem neuen Rechner mit der Version 9 und einem Katalog mit ca. 40.000 Fotos wie ein lahmer Gaul. Jetzt, mit der Version 10, scheinen die Entwickler endlich grundlegende Veränderungen am Kern des Programms vorgenommen zu haben, da aus dem lahmen Gaul endlich ein Pferd geworden ist, das bei uns auf der Trabrennbahn sicherlich zu Ruhm und Ehren gelangen würde. Gut, die Performance-Probleme liegen hinter uns, wir können uns den Farben widmen.

Capture One Pro (c1) arbeitet in Verbindung mit Raw-Dateien, im Gegensatz zu den Adobe-Programmen mit ICC-Profilen. Der Unterschied zu DCP-Profilen liegt in der Festlegung eines ICC-Profils auf eine das Aufnahmelicht betreffende Aufnahmebedingung. Anders als bei DCP-Profilen, die, wenn sie mit zwei Beleuchtungsarten entstanden sind, zwischen diesen auch interpolieren können, sind die selbst generierten ICC-Profile für c1 immer für diese eine bestimmte Aufnahmesituation gedacht, in der sie entstanden sind. Dies hängt mit der Philosophie von Phase One zusammen, in erster Linie Produkte von höchster Qualität für den professionellen Anwender zu schaffen. Die mitgelieferten Standardprofile, die den unterstützten Kameras zugeordnet sind, überzeugen allesamt durch gute Wiedergabe. Sie sind auch dafür verantwortlich, dass der erste Eindruck beim Import eines Fotos erst einmal sehr positiv ist. Wenn man sich etwas länger mit dieser Materie auseinandersetzt, erkennt man, dass die Fotos, unabhängig von den Algorithmen, die hinter der Darstellung stecken, kontrastreich, mit einer guten Schärfung versehen und einer angenehmen Farbwiedergabe daherkommen. Die Welt ist hier schon mal ein bisschen geschönt. Das ist insofern gut, weil wir als Fotografen häufiger idealisierende Fotos aufnehmen als solche, die sehr nah an der Realität sein sollen. Wir, und in der Regel auch unsere Kunden, möchten ja z.B. bei einem Porträt nicht einen schlechteren Hautton in den Fotos als in der Wirklichkeit. Je näher wir an die Wirklichkeit wollen, desto eher müssen wir uns auch mit den Einstellungen unter KURVE im Register FARBE unter BASISMERKMALE beschäftigen oder für die absolut genaue Arbeit eigene Profile generieren. Wie das für c1 funktioniert, konnten Sie bereits in Kapitel 5 erfahren.

Die Darstellung des Fotos in c1 und damit auch die Grundlage für unsere Bearbeitung ist von mehreren Faktoren abhängig, die ich Ihnen im Folgenden vorstellen möchte. Die Voraussetzungen für die Farbwiedergabe auf Ihrem Monitor sind an vier verschiedenen Stellen im Programm zu finden.

- Register FARBE|BASISMERKMALE|ICC-PROFIL und KURVE
- Im Menü BEARBEITEN|VOREINSTELLUNGEN|Registerkarte FARBE
- Register AUSGABE|VERARBEITUNGSVORGABEN
- Im Menü ANSICHT|PROOF-ANZEIGE FÜR PROFIL

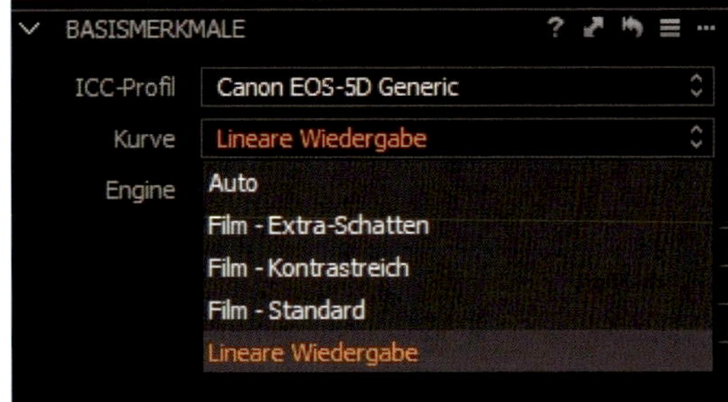

Die erste Einstellungsmöglichkeit bietet Ihnen die Auswahl des Profils unter ICC-Profil. Hier können Sie die von Phase One erstellten Profile zu Ihrer Kamera (das können mehrere oder auch nur eines sein) oder Ihre eigenen Profile auswählen. Unter Kurve bietet c1 die Möglichkeit, unterschiedliche Gradationskurven auf das ICC-Profil anzuwenden. Film – Extra-Schatten hellt die Schatten auf und verflacht die Gradation, Film – Kontrastreich senkt die Schatten und steilt die Lichter geringfügig auf, wodurch das Foto kontrastreicher wird, Film – Standard ist die Standardeinstellung und gibt dem Foto einen Verschönerungskick und Lineare Wiedergabe ist die Kurve, die das beste Ergebnis der Wiedergabe der realen Aufnahmesituation bietet. Wenn Sie kein eigenes Profil erstellen wollen und Reproduktionen machen, wäre das die richtige Einstellung.

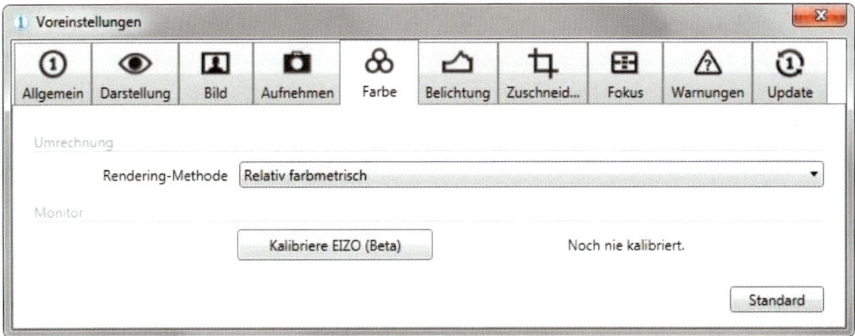

Unter Bearbeiten|Voreinstellungen Registerkarte Farbe können Sie die Rendering-Methode einstellen. Ebenfalls können Sie hier über die Schaltfläche Kalibriere EIZO die Kalibrierung eines Eizo-Monitors mit eingebautem Messgerät starten. Von der Grundidee her sicherlich ein nettes Feature, nachteilig erweist sich jedoch die Tatsache, dass keinerlei Einstellungen vorgenommen werden können, wie der Monitor denn kalibriert werden soll.

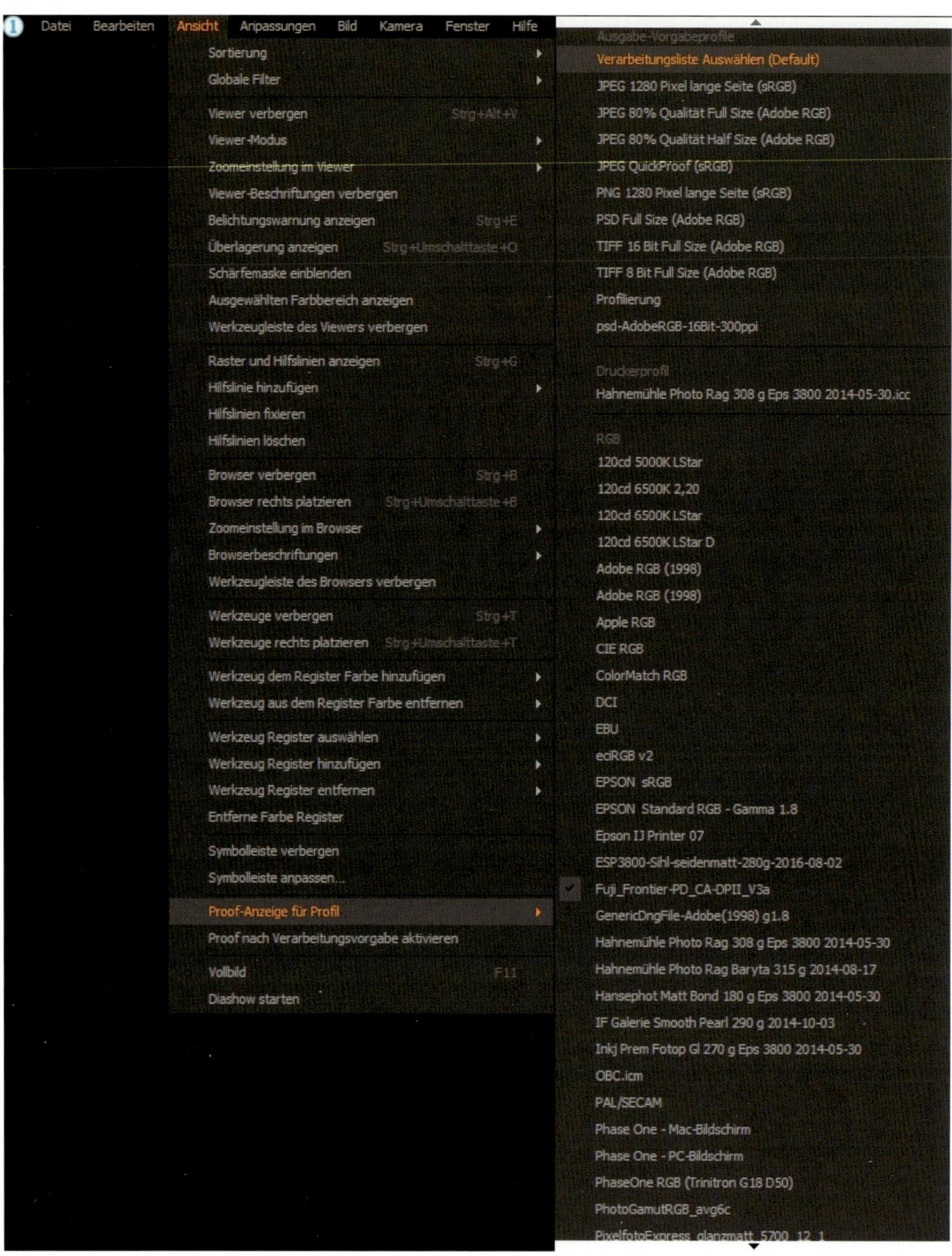

Im Menü ANSICHT|PROOF-ANZEIGE FÜR PROFIL steht der Eintrag standardmäßig in der Voreinstellung (default) auf VERARBEITUNGSLISTE AUSWÄHLEN. Hier können Sie aber auch z.B. ein Profil eines Fine-Art-Papiers vorwählen und …

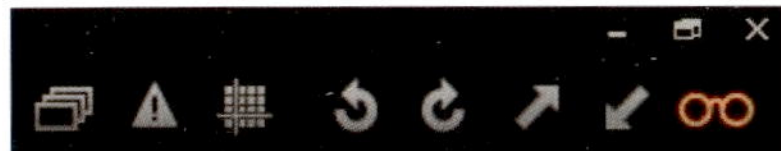

… über die Schaltfläche Proof nach Verarbeitungsvorgabe mit dem Arbeitsfarbraum hin und her schalten.

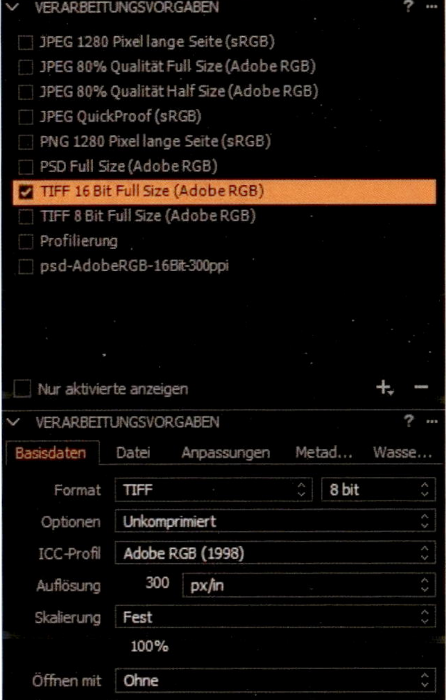

Im Register Ausgabe|Verarbeitungsvorgaben wird der Arbeitsfarbraum ausgewählt, wenn im Menü Ansicht|Proof-Anzeige für Profil der Eintrag Verarbeitungsliste auswählen angewählt ist. Wenn Sie, wie hier, AdobeRGB gewählt haben, unter Ansicht|Proof-Anzeige für Profil jedoch z.B. das Profil eines Hahnemühle-Papiers gewählt haben, können Sie über das Symbol mit der Brille zwischen beiden Profilansichten hin und her schalten. Das entspricht dann einem Strg+Y in Photoshop, zu dem ich noch kommen werde.

Nachdem nun die Darstellung in c1 geklärt ist, wollen wir uns mit den wichtigen Funktionen der Ausgabe beschäftigen. Egal, ob durch Einstellung des mitgelieferten oder eines selbst erstellten Profils in c1, dies ist immer der Ausgangspunkt, der bei der internen Konvertierung in Verbindung mit den oben genannten Einstellungen für Ihren Monitor zur Anzeige kommt. Intern arbeitet c1 mit dem CIEXYZ-Farbraum, der riesig ist, als Profile Connection Space fungiert und in Arbeitsfarbräume sowie in Ausgabefarbräume in Form von Profilen konvertiert. In c1 gibt es vier Ausgabeformen: Bearbeiten mit…, Export, Verarbeitungsvorgaben und Drucken. Von den hier genannten Ausgaben sind für unsere Workflows nur zwei Varianten interessant. VERARBEITUNGSVORGABEN und DRUCKEN.

BEARBEITEN MIT... lässt keine Übergabe an Photoshop als PSD-Datei zu, da c1 das Photoshop-Format nicht zur Anzeige bringen kann und die Philosophie von Phase One beim Dialog BEARBEITEN MIT... soll auch die Rückführung in c1 beinhalten, die aus oben genannten Gründen dann natürlich als TIF stattfinden muss.

EXPORT ist der Weg, den man für den kleinen Export zwischendurch beschreiten kann. Er ist nahezu identisch mit den Verarbeitungsvorgaben, doch bei Weitem nicht so servicefreundlich.

In den VERARBEITUNGSVORGABEN sind Sie in der Lage, Vorgaben zu erstellen, die Sie immer wieder benutzen können, die auch PSD-Ausgaben und im Grunde alle farbmanagementrelevanten Einstellungen ermöglichen.

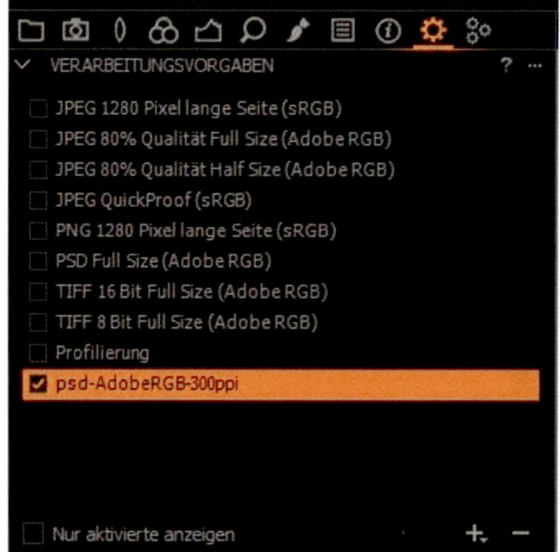

Wechseln Sie in die Registerkarte mit dem Zahnrad, in die VERARBEITUNGSVORGABEN. Klicken Sie dort auf das +-Zeichen unten rechts und benennen Sie die Vorgabe für eine Bearbeitung in Photoshop für eine dortige Weiterbearbeitung wie im Screenshot angezeigt. Wenn Sie eine Ausgabedatei z.B. für ein Minilab generieren wollten, würden Sie eine Vorgabe TIF-Maschinenprofil-8Bit-300ppi erstellen.

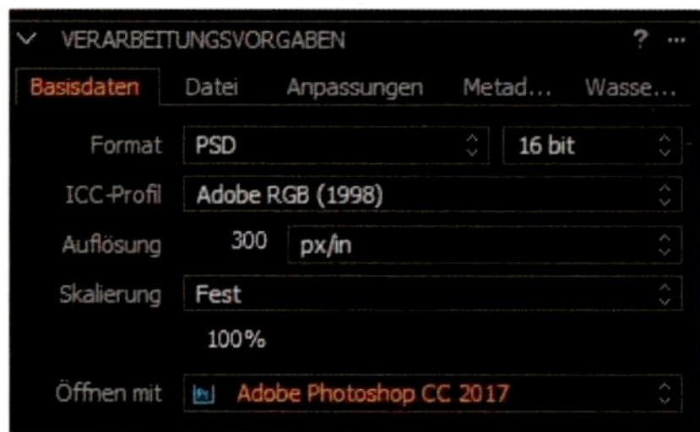

Im Augenblick gehen wir aber von der Weiterbearbeitung in Photoshop aus, und da wir dort noch mit Filtern arbeiten wollen, die auch die Farbgebung des Bildes verändern, wählen Sie eine 16-Bit-Ausgabe. Sie befinden sich auf der Registerkarte Basisdaten und nehmen die angezeigten Einstellungen vor.

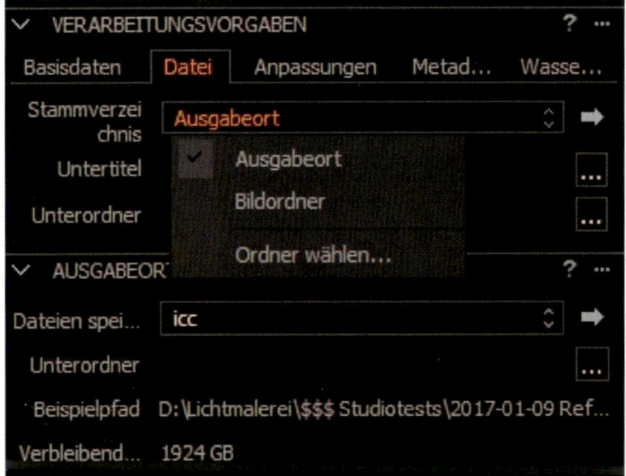

Wechseln Sie zur Registerkarte Datei. Hier legen Sie den Speicherort der Datei fest. Sie können im Dropdown unter Stammverzeichnis Ausgabeort, Bildordner oder Ordner wählen? festlegen. Ausgabeort bedeutet, dass die Ausgabe vom darunter liegenden Werkzeug Ausgabeort verwaltet werden soll. Dies soll der zentralen Verwaltung von Ausgabeorten dienen. Bildordner steht für den Ordner, in dem sich auch das Ursprungsbild befindet. Wir wollen eine gewisse Übersichtlichkeit und deshalb klicken Sie auf Ordner wählen?, worauf sich der Dialog Ordner auswählen öffnet, in dem Sie zum Ordner Ihres Bildes navigieren, einen Unterordner anlegen und diesen auswählen.

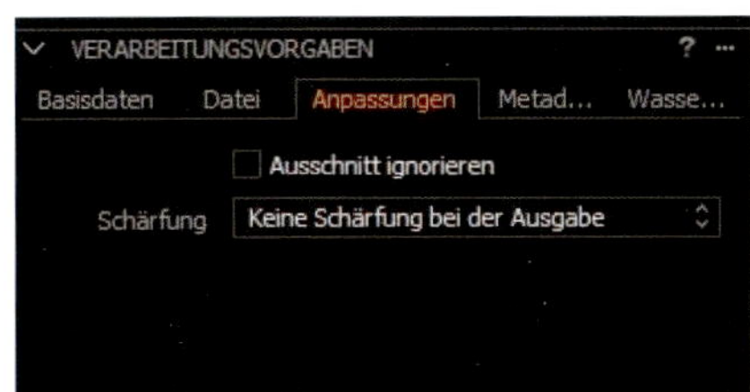

Die Registerkarte Anpassungen bietet die Optionen Ausschnitt ignorieren und Schärfung. Sie wollen das Foto so, wie Sie es in c1 bearbeitet haben, und wenn es einen Ausschnitt gab, so möchte ich den natürlich in Photoshop übernehmen. Da Sie ja noch eine weiterführende Bildbearbeitung durchführen wollen, bleibt es bei Keine Schärfung bei der Ausgabe. Eine Schärfung, die Sie vorher in c1 z.B. in der Registerkarte Lupe durchgeführt hätten, bliebe natürlich bei dieser Einstellung erhalten.

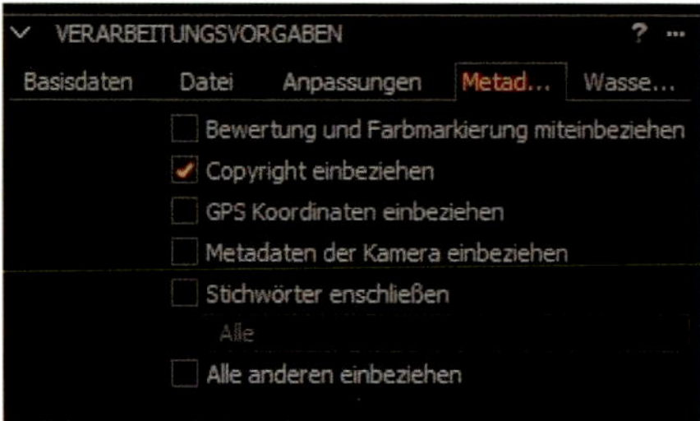

Bei den METADATEN auf der nächsten Registerkarte wählen Sie die Optionen, die für Sie wichtig sind. Da die Datei irgendwann in eine TIF-Ausgabedatei mündet, benötigen Sie keine weiteren Angaben. Wir wollen es den Datensammlern nicht zu einfach machen.

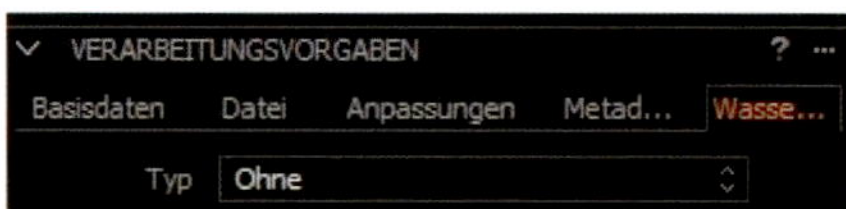

Abschließend kommen Sie auf die Registerkarte WASSERZEICHEN, die den Unterschied zum EXPORT-Dialog darstellt. Hier könnten Sie auf Wunsch noch ein Wasserzeichen in Ihre Datei einarbeiten, was Sie aber nicht wollen, da diese PSD-Datei in Ihrem Workflow ja nur eine Zwischenstation darstellt.

Auf diesem Weg sind Sie, auch mit der Abänderung in eine TIF- oder JPG-Ausgabe, in der Lage, Ihre Dateien in den Formen, wie Sie sie für Ihre Workflows benötigen, auszugeben.

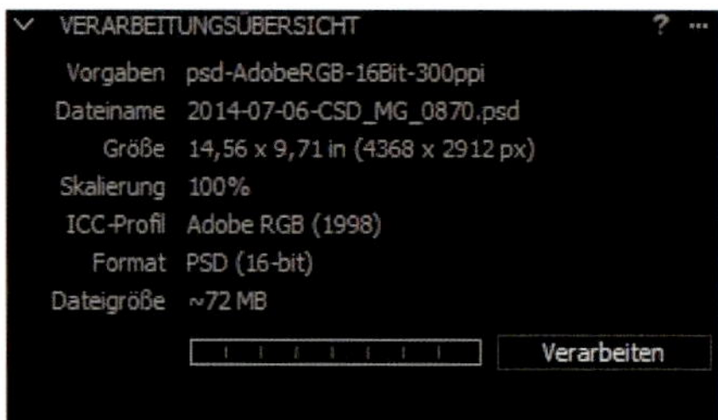

Mit einem Klick auf VERARBEITEN wird Ihre Verarbeitungsvorgabe abgearbeitet und Photoshop öffnet sich mit Ihrer Datei.

Die letzte Ausgabemöglichkeit ist der Druckdialog, Sie finden ihn im Menü unter DATEI|DRUCKEN.

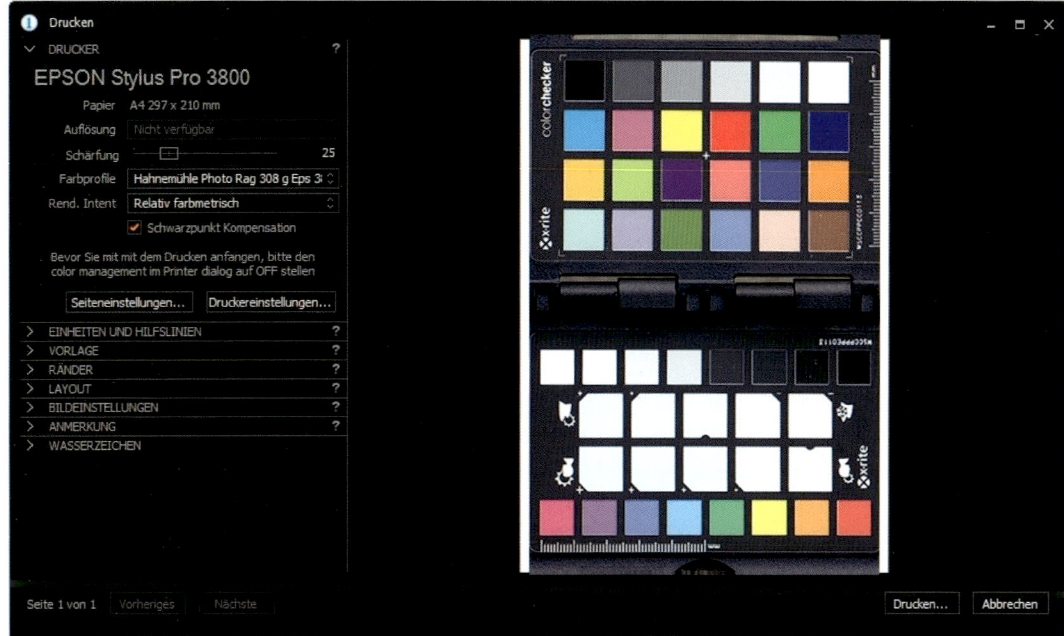

Neben all den anderen Einstellungsmöglichkeiten, die keine Wünsche bezüglich Rand, Layout, Vorlage etc. offenlassen, können Sie hier Ihr Ausgabeprofil und den Rendering Intent einstellen. Näheres zur Papiereinstellung lesen Sie im Kapitel über die Profilierung von Druckern.

7.2 LIGHTROOM UND ADOBE CAMERA RAW (ACR)

Durch die Möglichkeiten während der Eingabe sind Sie in der Lage, beim Import oder später in Lightroom bzw. über die Registerkarte mit der Kamera in ACR den Dateien Kameraprofile, die Sie selbst erstellt haben, zuzuweisen. Das ist die Voraussetzung für einen guten Start in die Bildbearbeitung, die immer in einer Ausgabe endet.

Die Ausgabe in Lightroom ist nicht eindeutig. Es gibt hier vier Wege, wovon zwei nach meinen Vorstellungen das gleiche Ergebnis hervorbringen sollten, dies aber nicht bewerkstelligen.

Der einfachste Weg, in Lightroom eine Datei auszugeben, ist der Export.

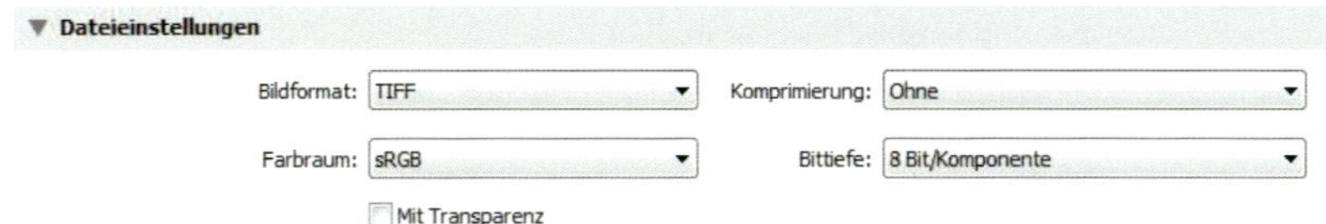

Neben den Einstellungen für Speicherort etc. sind im Rahmen von Farbmanagement die oben abgebildeten Einstellungen von Belang. Wir nehmen beispielhaft an, dass Sie in eine TIF-Datei in sRGB ausgeben wollen. Unter BILDFORMAT wählen Sie den Dateityp, also PSD, TIF oder JPG, in diesem Fall TIF. Im Bereich FARBRAUM können Sie das Ausgabeprofil auswählen. Wird es in der zunächst kleinen Liste nicht angezeigt, können Sie es über ANDERE… hinzufügen. Unter KOMPRIMIERUNG stellen Sie OHNE ein. Mit dem Empfänger der Datei müssen Sie klären, ob auch komprimierte Dateien funktionieren, das spart unter Umständen Zeit beim Upload im Internet. Abschließend stellen Sie die BITTIEFE auf 8 BIT. Wenn Sie jetzt unten im Dialog auf EXPORTIEREN klicken, wird die Datei im Zielverzeichnis abgelegt. Auf diesem Ausgabeweg können Sie keinen Rendering Intent angeben, Adobe sagt, dass der Rendering Intent im Export von Lightroom RELATIV FARBMETRISCH ist. Das bedeutet, dass die Farben, die vom Quellfarbraum in den Zielfarbraum übernommen werden, 1 : 1 abgebildet werden. Die Farben, die außerhalb des Zielfarbraums liegen, werden an den Rand des Zielfarbraums verschoben.

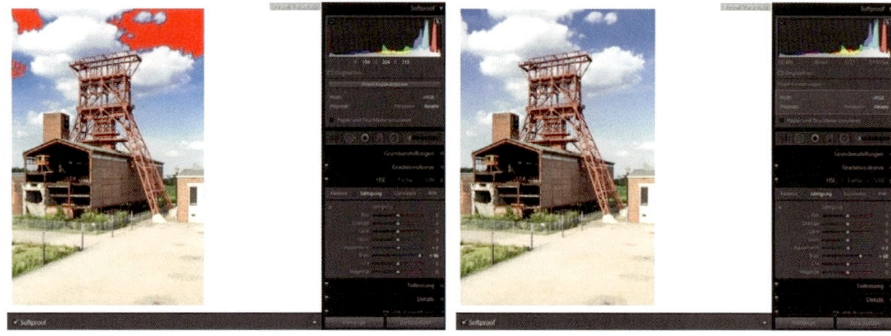

Eine weitere Ausgabe ist der Weg über den Softproof. Das Ursprungsbild hatte ich im Blau des Himmels absichtlich übersättigt, da ich das Verhalten der beiden Ausgaben vergleichen wollte. Die Farbumfangwarnung im Histogramm oben rechts ist eingeschaltet und eindeutig im Blau des Himmels zu erkennen. Im rechten Foto sehen Sie, dass ich die Sättigung im Bereich Blau über die HSL-Regler wieder zurückgenommen habe, als Ausgabevorgabe sehen Sie sRGB und RELATIV FARBMETRISCH ausgewählt. Die gleichen Einstellungen wie in unserem Export oben. Ich rufe noch einmal kurz in Erinnerung. Beim Rendering Intent RELATIV FARBMETRISCH wirkt der kleinere Farbraum (sRGB) sozusagen wie eine Stanze über dem größeren Farbraum (Lab oder XYZ). Alles, was aus Sättigungsgründen außen wegfällt, wird an den Rand des kleineren Farbraums (sRGB) verschoben. Das bedeutet, dass im Sättigungsverhältnis des neuen Farbraums nichts verändert wird, außer dass am Rand des Farbraums neue Farben hinzukommen oder sich über vorhandene legen. Leider funktioniert die Softproof-Ausgabe mit ihren Einstellungen zur Korrektur nicht so, wie ich dachte. Nach Angaben der amerikanischen Adobe-Mitarbeiter wirkt der Sättigungsregler im HSL-Bereich immer auf das gesamte Bild und nicht nur auf die im Softproof-Modus markierten Übersättigungen. Somit ist der Softproof-Modus nur zur Betrachtung der Ausgabe und nicht zur Korrektur vorgesehen. Wenn Sie also keine Sättigung über das gesamte Bild verlieren möchten, wählen Sie den Export-Dialog und überprüfen das Ergebnis im Softproof-Bereich.

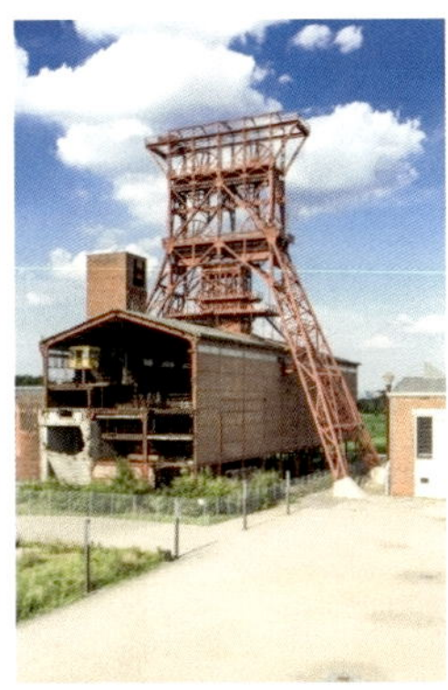

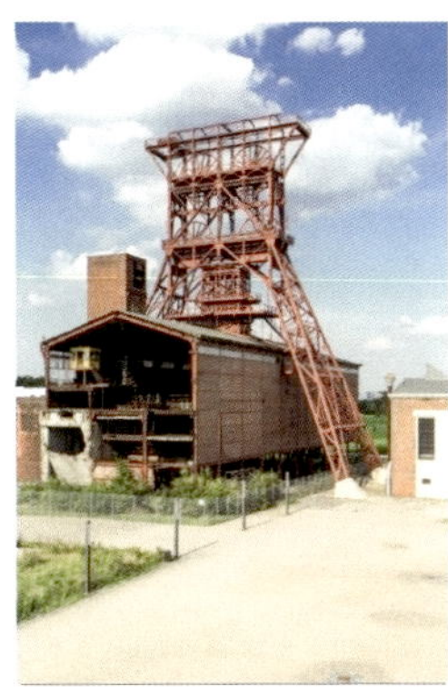

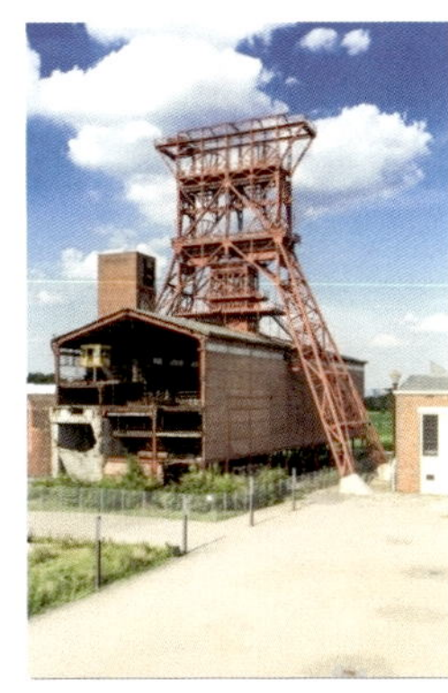

Die drei Fotos nebeneinander sehen Sie hier. Links ist die Raw-Datei abgebildet, in der Mitte die Datei, die bei der Ausgabe über den Softproof entstanden ist, und rechts die Datei aus dem Export. Die Wiedergabe hier im Buch ist gegenüber der Ausgabe am Bildschirm noch abgeschwächt, da die Datei hier im Offsetdruck wiedergegeben wird und noch mal eine Sättigungseinbuße hinnehmen musste.

Eine weitere und sicherlich häufig genutzte Ausgabe ist die Übergabe an Photoshop, findet über einen Rechtsklick der Maus auf das zu übergebende Bild mit der Auswahl BEARBEITEN IN|IN ADOBE PHOTOSHOP (IHRE VERSION) BEARBEITEN... Ob Sie das ORIGINAL, eine KOPIE oder KOPIE MIT LIGHTROOM-ANPASSUNGEN BEARBEITEN wählen, hängt von Ihrer Arbeitsweise ab. Wenn Sie aus einer Raw-Datei kommen, werden Sie wahrscheinlich Bildbearbeitungen vollzogen haben, die Sie in Photoshop weiterführen wollen. Dann ist KOPIE MIT LIGHTROOM-ANPASSUNGEN der richtige Weg.

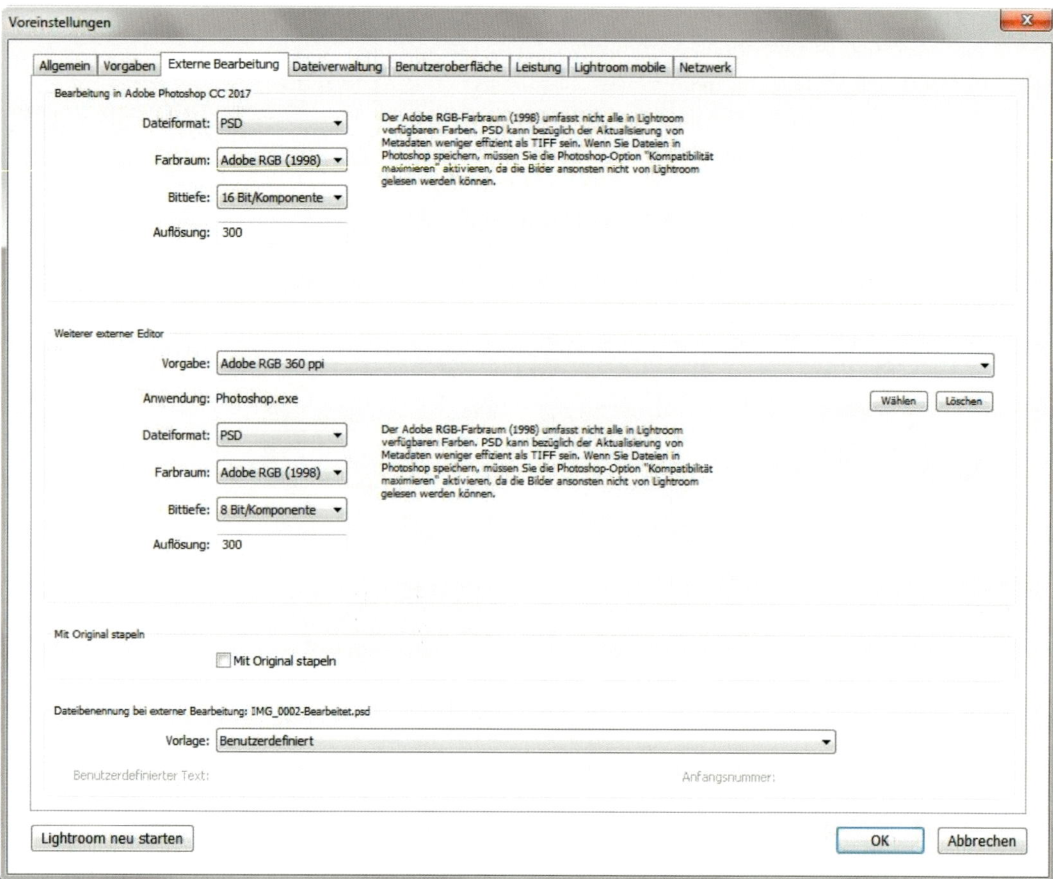

Die Voraussetzungen der Übergabe an Photoshop stellen Sie in den Voreinstellungen von Lightroom ein. Für den Workflow 1 wählen Sie PSD, ADOBE RGB (1998), 16 BIT und eine Auflösung von 300 PPI.

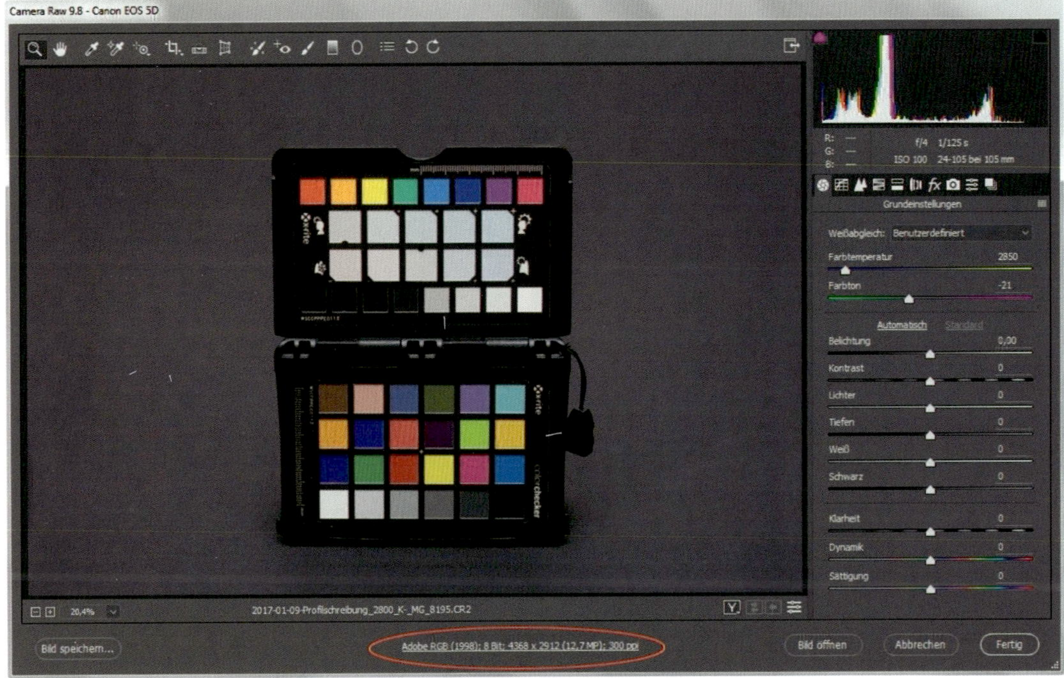

In ACR, das z.B. aufgerufen wird, wenn Sie über die Bridge kommen, wählen Sie den markierten Link und Sie kommen in den folgenden Dialog.

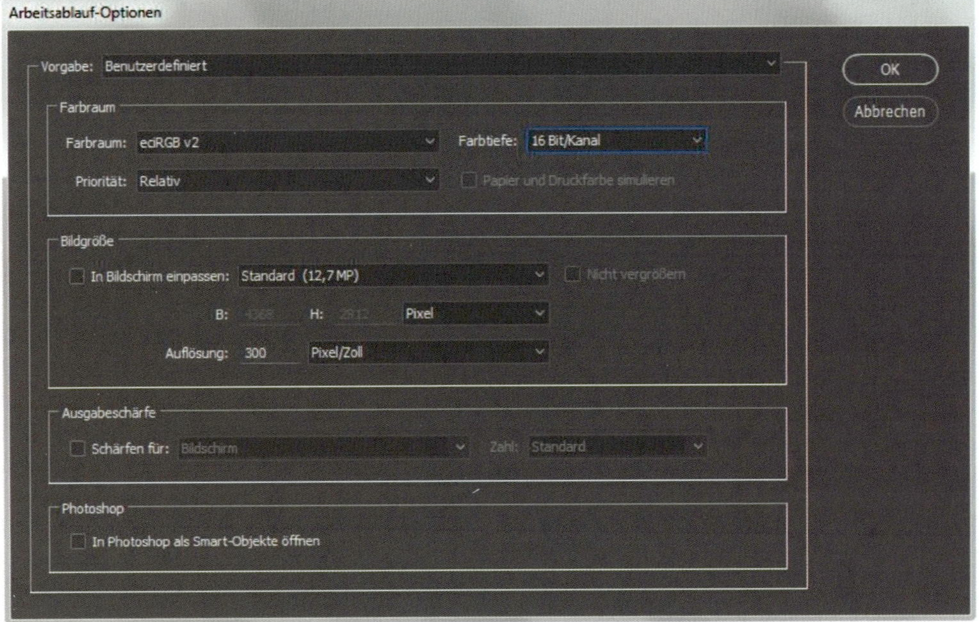

Hier sieht die Sache ein wenig komfortabler aus, da Sie hier wenigstens einen Rendering Intent unter PRIORITÄT einstellen können. Ein Klick auf OK bringt Sie zum vorigen Fenster zurück, in dem Sie, nachdem Sie alle Einstellungen vollzogen haben, auf BILD ÖFFNEN klicken.

In Lightroom gibt es als weitere Ausgabe das Modul DRUCKEN.

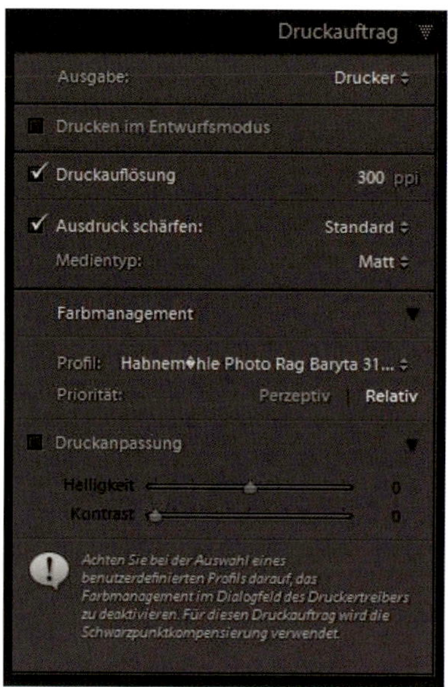

Neben den vielen Einstellmöglichkeiten, die auch hier vorhanden sind, wie Kontaktabzüge, Wasserzeichen, Logo etc., können Sie im Bereich DRUCKAUFTRAG ein Profil einstellen und einen Rendering Intent unter PRIORITÄT angeben. Daneben gibt es die Möglichkeit, die DRUCKAUFLÖSUNG in ppi einzustellen, Sie können den AUSDRUCK SCHÄRFEN und zwar im Rahmen von NIEDRIG, STANDARD und HOCH und den MEDIENTYP können Sie mit MATT oder GLANZ vorgeben. Alle Voraussetzungen für eine Ausgabe sind damit geschaffen. Sollten Sie das Fotopaket oder mehr Programme aus der Creative Cloud von Adobe gemietet haben, empfehle ich auf jeden Fall den Ausdruck aus Photoshop, da dieser komfortabler ist und mehr Möglichkeiten zur Einstellung bietet.

7.3 DIE DESIGN-PROGRAMME DER CREATIVE CLOUD

Viele Fotografen nutzen das Fotopaket der Creative Cloud mit Photoshop und Lightroom. Es gibt aber auch eine ganze Reihe von Fotografen, die sich auch mit der Erstellung von Geschäftsdrucksachen, Geschäftsberichten sowie Logo-Entwicklungen und vergleichbaren gestalterischen Inhalten beschäftigen. In der Regel nutzen sie dazu neben Photoshop und Lightroom die Programme InDesign und Illustrator. Ein Vorteil dieser Programme ist die zentrale Steuerung des Farbmanagements in der Bridge, dem Bildbrowser der Creative Cloud. Gemäß unserer Workflows ist es der angenehmste Weg, sich einmal die entsprechenden Vorgaben in der Bridge einzurichten und sie dann, abhängig vom jeweiligen Workflow, synchronisiert zu nutzen. Da Photoshop den umfangreichsten Dialog zu Farbeinstellungen hat, werden wir unsere Einstellungen hier vornehmen und speichern. Dann stehen sie auch in der Bridge und damit allen anderen Anwendungen zur Verfügung.

7.4 PHOTOSHOP

Sie beginnen damit, dass Sie die Farbeinstellungen unter BEARBEITEN|FARBEINSTELLUNGEN… öffnen. Als Erstes konfigurieren Sie Ihren Workflow 1.

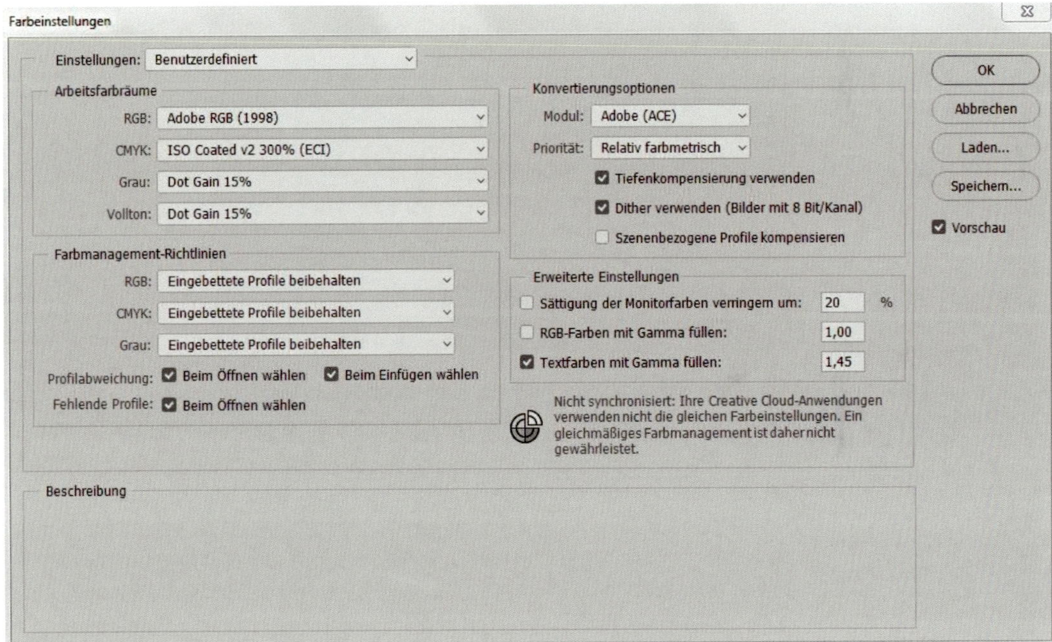

Sobald Sie die erste Änderung in diesem Dialog vornehmen, erscheint unter EINSTELLUNGEN der Eintrag BENUTZERDEFINIERT. Wenden wir uns zunächst den ARBEITSFARBRÄUMEN zu. Als RGB-Arbeitsfarbraum legen Sie ADOBERGB (1998) fest. Die Festlegung der nächsten drei Arbeitsfarbräume ist in unserem Workflow 1 völlig unwichtig, da Sie sich in diesem Workflow ausschließlich in RGB bewegen. Kommen wir zu den FARBMANAGEMENT-RICHTLINIEN. Sinnvoll ist die Einstellung EINGEBETTETE PROFILE BEIBEHALTEN. Wir wollen in der Regel ja nicht wahllos irgendwelche Profiländerungen herbeiführen. Die

Option AUS schaltet das Farbmanagement aus und kommt für uns gar nicht infrage. Die letzte Möglichkeit IN RGB-ARBEITSFARBRAUM UMWANDELN könnte unter Umständen Sinn machen; wenn es sich jedoch um einen sehr großen Farbraum in der Quelldatei handelt, kann es sein, dass Sie vielleicht vorher ein paar Bearbeitungsschritte im Programm ausführen wollen, bevor Sie in den eigentlichen Arbeitsfarbraum umwandeln. Entscheiden Sie sich also für EINGEBETTETE PROFILE BEIBEHALTEN mit folgenden ergänzenden Vorgaben. Immer dann, wenn eine Datei geöffnet wird und sie ein anderes Quellprofil hat, entsteht eine Profilabweichung. Mit den folgenden drei Optionen sagen Sie dem Programm, dass Sie bei Abweichung oder Fehlen des Quellprofils stets gefragt werden wollen, wie im weiteren Verlauf zu verfahren ist. Das erreichen Sie durch das Setzen eines Häkchens in allen drei Wahlfeldern.

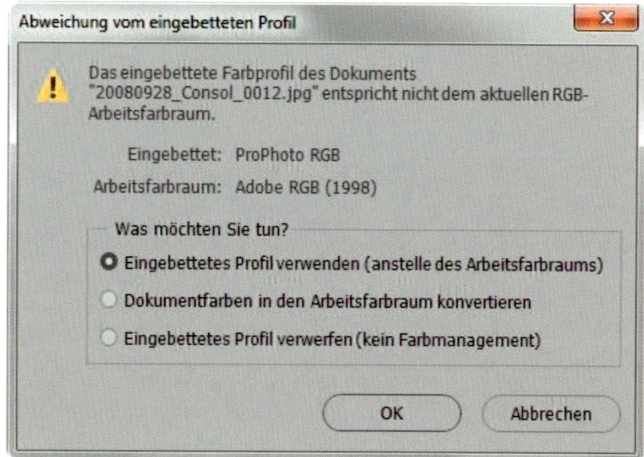

Wenn irgendeine der gerade beschriebenen Optionen vorkommt, öffnet Photoshop automatisch diesen Dialog. Falls die Datei nicht selbst erstellt ist, öffnen Sie in diesem Fall immer mit eingebettetem Profil. Photoshop stellt die Datei dann mit dem eingebetteten Profil dar und Sie können sehen, wie das Bild aussieht. Falls merkwürdige Farbwiedergaben zu verzeichnen sind, die nicht beabsichtigt scheinen, können Sie immer noch überlegen, wie Sie weiter verfahren. Sie könnten z.B. den Lieferanten der Datei anrufen, um mehr Informationen zu erhalten. Sie könnten auch etwas versuchen, was bei Dateien ohne Profil der richtige Weg wäre: Sie weisen versuchsweise ein anderes Profil über BEARBEITEN → PROFIL ZUWEISEN… zu.

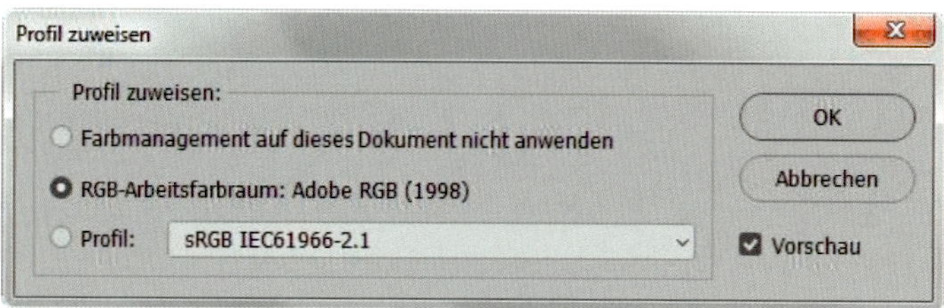

Dadurch verändert sich die Farbwiedergabe, manchmal sogar drastisch. Durch das Ausprobieren unterschiedlicher Profile findet man eventuell das wahrscheinlich Ursprüngliche. In der heutigen Zeit ist es dann meist sRGB.

Kommen wir jedoch zurück zu unseren Farbeinstellungen. Oben rechts sehen Sie die KONVERTIERUNGSOPTIONEN. Sie können das Color Management MODUL auswählen, belassen Sie es bei ADOBE (ACE) und Sie können einen Rendering Intent unter PRIORITÄT angeben, der immer dann verwendet wird, wenn Sie Dateien beim Öffnen oder Einfügen von einem Profil ins andere wandeln, was Sie ja nicht machen. Auch die Wandlungen, die über das Menü BILD → MODUS stattfinden, berücksichtigen diesen Rendering Intent. TIEFENKOMPENSIERUNG VERWENDEN ist eine Option, die den Schattenverlauf bei der Umwandlung steuert. In der Regel ist es besser, diese Option eingeschaltet zu lassen, da die Schatten sonst an Tiefe verlieren können. DITHER VERWENDEN stellt eine Verbesserung bei der Abbildung von Verläufen im 8-Bit-Modus von Dateien dar. Da in fast allen Fotografien Verläufe zum Tragen kommen, sei es in der Haut bei Porträts, im Blattwerk bei Landschaftsaufnahmen oder im Himmel bei Architekturaufnahmen etc., ist es besser, diese Option ebenfalls angewählt zu lassen. SZENENBEZOGENE PROFILE KOMPENSIEREN betrifft eine Kompatibilitätseinstellung mit After Effects 4 und ist für uns Fotografen nicht von Bedeutung. In ERWEITERTE EINSTELLUNGEN können Sie SÄTTIGUNG DER MONITORFARBEN VERRINGERN UM auswählen. Diese Option ist eine Möglichkeit, größere Farbräume als z.B. Adobe RGB mit einem hochwertigen Bildbearbeitungsmonitor darzustellen. Man reduziert gleichmäßig alle Monitorfarben, wodurch dann auch höher gesättigte Farben angezeigt werden können. Man kann so einen Eindruck der Bilddatei in einem größeren Farbraum erhalten, leider stimmen die Proofbedingungen dann überhaupt nicht mehr. Mit langer Erfahrung im Farbsehen können Sie so arbeiten, trotzdem gibt es manchmal auch Überraschungen. RGB-FARBEN MIT GAMMA FÜLLEN kann dann wichtig werden, wenn Sie in Photoshop malen oder Composite-Daten erzeugen. Beim Anwählen werden Farben im festgelegten Gamma, beispielsweise im Gamma 1,00 angeglichen, ansonsten im Gamma des Dokuments, in dem gearbeitet wird. Die Darstellung ist nur in Photoshop verfügbar und kann von anderen Programmen nicht genutzt und angezeigt werden. TEXTFARBEN MIT GAMMA FÜLLEN führt zu einer besseren und feineren Textdarstellung in Photoshop, da die Textfarbe in einem anderen Gamma als das entsprechende Dokument angezeigt wird. Der Vorgabewert von 1,45 hat sich bewährt. Wenn Sie all diese Einstellungen vorgenommen haben, klickenSie rechts auf SPEICHERN. Es öffnet sich der SPEICHERN UNTER-Dialog und Sie speichern mit dem Dateinamen WORKFLOW 1. Sie können noch Anmerkungen eingeben und schreiben in das Eingabefenster WORKFLOW FÜR MINILAB, ECHT-FOTOBUCH UND FINE ART. Nun finden Sie unter EINSTELLUNGEN oben links den Eintrag WORKFLOW 1. Bevor Sie den Dialog FARBEINSTELLUNGEN schließen, ändern Sie den RGB-Arbeitsfarbraum in ECIRGB V2 und speichern erneut, diesmal unter WORKFLOW 2, und in die Anmerkungen schreiben Sie WORKFLOW FÜR DEN OFFSETDRUCK. Da die CMYK-Einstellungen unter ARBEITSFARBRÄUME mit Ihren Druckereien abzustimmen sind, kann ich hier keine Empfehlung geben. Häufig kommen z.B. die Profile ISO Coated v2 und ISO coated v2 300% und neuerdings das neue Profil ISO coated v3 für gestrichene Papiere vor.

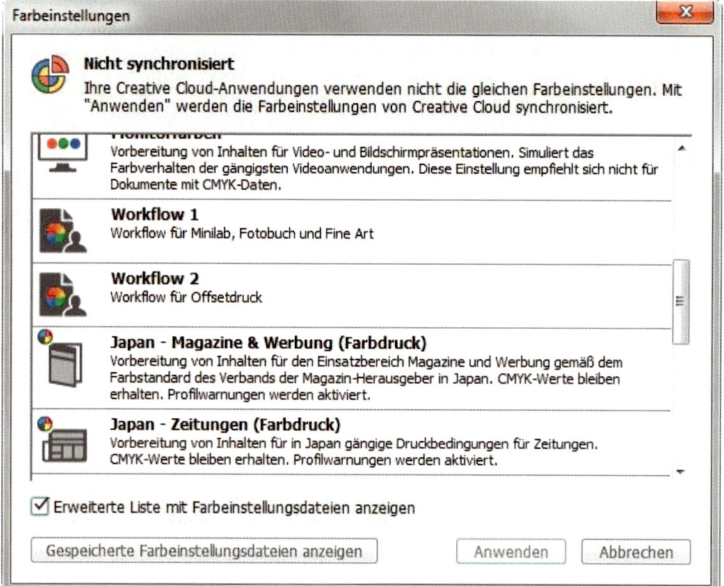

Nun öffnen Sie die Bridge und wählen BEARBEITEN|FARBEINSTELLUNGEN..., setzen Sie unten das Häkchen bei ERWEITERTE LISTE MIT FARBEINSTELLUNGSDATEIEN ANZEIGEN, klicken Sie auf WORKFLOW 1 und dann auf die Schaltfläche ANWENDEN. Wenn Sie jetzt in Photoshop oder einer der anderen Design-Anwendungen unter BEARBEITEN|FARBEINSTELLUNGEN... nachschauen, werden Sie feststellen, dass alle Programme synchronisiert sind und Sie ein durchgängiges Farbmanagement anwenden. Sie können sich auch weitere Workflows unter Workflow 2a, 2b, 2c etc. speichern, die die unterschiedlichen Anforderungen der Druckereien beinhalten, dann können Sie auch sofort das Farbmanagement in der Bridge für alle Anforderungen im Offset-Druck synchronisieren.

In Photoshop können Sie auf angenehme Art und Weise einen Softproof anzeigen lassen. Sie gehen ins Menü ANSICHT|PROOF EINRICHTEN|BENUTZERDEFINIERT... und es öffnet sich der folgende Dialog.

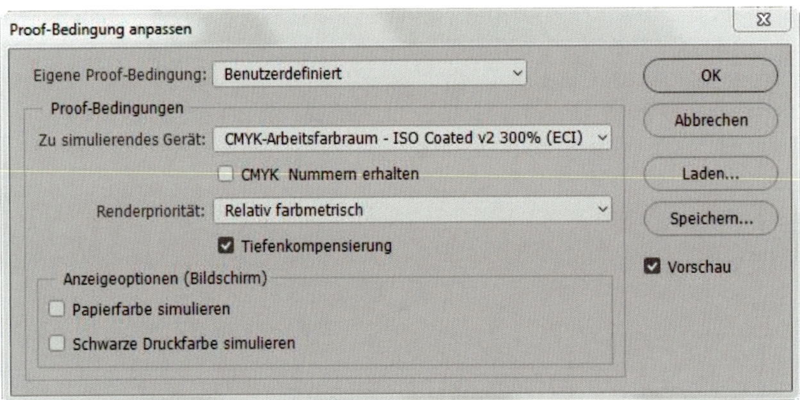

Unter Zu simulierendes Gerät können Sie einen Farbraum per Profil auswählen, der Ihnen in der Ansicht auf dem Monitor das Aussehen repräsentiert, das sich bei einer Papierausgabe ergeben würde. CMYK Nummern erhalten bedeutet, dass die CMYK-Farbwerte durch ihre Zahlenwerte, nicht jedoch nach dem Farbaussehen konvertiert werden. Das ist eine Eigenart, die Sie später in Illustrator und InDesign wieder antreffen werden. Es geht hier darum, dass in diesen beiden Programmen viel mit Text, Objekten und Linien gearbeitet wird, die häufig schwarz sind. Es geht hier vorrangig um eine Konvertierung von CMYK nach CMYK. Eine Konvertierung findet über den Profile Connection Space Lab oder XYZ statt. Wenn die Farbwerte jetzt von CMYK nach Lab übertragen werden und dann wieder von Lab nach CMYK, dann würde ein Text von ursprünglich C/M/Y/K = 0/0/0/100 nach Lab und in den anderen CMYK-Farbraum mit C/M/Y/K = 71/62/58/85 zurückkehren. Der Text würde also mit vier Druckplatten gedruckt, was unweigerlich zu Passerungenauigkeiten führen würde. Die Renderpriorität stellen Sie in Abhängigkeit von der Vorschau ein, die Tiefenkompensierung kann ausgewählt bleiben. Sie können die Papierfarbe simulieren und damit gleichzeitig die Schwarze Druckfarbe simulieren. Die letzte Simulation kann auch ohne die Papierfarbe durchgeführt werden. Den so angezeigten Softproof können Sie bei richtigem Betrachtungslicht mit einem Hardproof oder dem fertigen Druckauftrag in der Normlichtkabine vergleichen. Wenn Ihr Farbmanagement gut funktioniert, dann können Sie per Softproof das Druckergebnis voraussagen. Über die Schaltfläche Speichern kann man sich bestimmte Proofbedingungen mit ausgewählten Profilen speichern und über das Dropdown Eigene Proof-Bedingung aufrufen. Um schnell zwischen der Ansicht im Arbeitsfarbraum und der gerade beschriebenen, vorgewählten Proof-Ansicht hin und her zu schalten, wählen Sie den Shortcut STRG und Y.

Der klassische Weg für Workflow 1 wäre eine Raw-Datei aus einer Kamera, in Lightroom importiert, als PSD an Photoshop im Farbraum AdobeRGB übergeben, bearbeitet und als PSD gespeichert. Wir denken uns, wir wollten die Datei in einem Minilab ausgeben. Dann reduzieren Sie gegebenenfalls auf eine Hintergrundebene und wählen BILD|MODUS|8 BIT/KANAL.

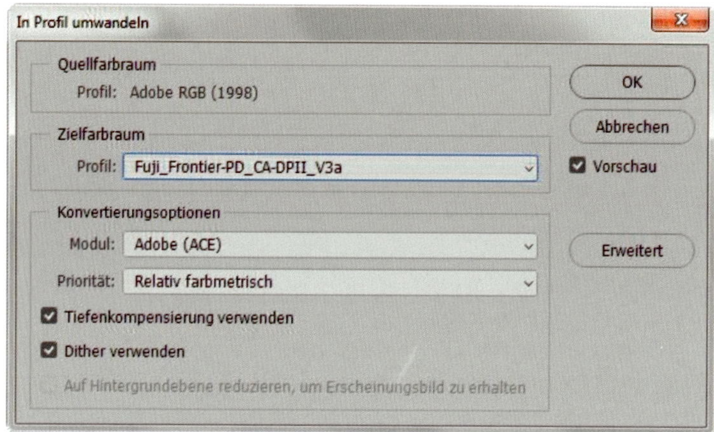

Dann wählen Sie BEARBEITEN|IN PROFIL UMWANDELN... und kommen in obigen Dialog. Als QUELLFARBRAUM wird Ihr ADOBE RGB (1998) angezeigt. Sie geben die Daten an ein Labor mit einer Fuji-Maschine. Deshalb wählen Sie für den ZIELFARBRAUM das entsprechende Profil aus. Als MODUL verwenden Sie grundsätzlich die ADOBE COLOR ENGINE (ACE). Die PRIORITÄT, also den RENDERING INTENT, entscheiden Sie nach Auge über die VORSCHAU im tatsächlichen Bild, während Sie im Dropdown die unterschiedlichen Optionen wechseln. Ich habe mich, solange ich mit Farbmanagement arbeite, immer gegen die Abwahl von TIEFENKOMPENSIERUNG und DITHER entschieden. Sie sollten das auch tun. Wenn Sie jetzt mit OK bestätigen, brauchen Sie nur noch ein TIF zu speichern und haben die Datei, die Sie an das Labor übergeben können.

Für die Ausgabe im World Wide Web ist es anzuraten, alle Veröffentlichungen in sRGB zu konvertieren. Die Zahl der Browser, die Farbmanagement unterstützen, nimmt zwar zu, Browser ohne Farbmanagementunterstützung gehen aber fast immer davon aus, dass sie eine sRGB-Datei präsentiert bekommen. Mit sRGB machen Sie hier also nichts falsch. Farben von Tokio über Berlin nach New York, was nützt hier das beste Farbmanagement, wenn die Menschen mit Monitoren im Netz unterwegs sind, die nicht profiliert sind? Wenn Sie mal Farb- oder Hell-Dunkel-Diskussionen in Foren mitbekommen haben, dann wissen Sie, wovon ich rede. Da leidet der Farbmanager. Kommunikation über eine Sache setzt voraus, dass alle die gleiche Sache sehen, wobei natürlich nicht alle die Sache gleich sehen müssen.

Im Workflow 2 stellen Sie zunächst Ihre Farbeinstellungen auf Workflow 2 oder 2a, 2b usw. um. Sie verwenden also die CMYK-Einstellungen entsprechend den Anforderungen der Druckerei. Nach der Bildbearbeitung in Photoshop wandeln Sie in das Profil der Druckerei um und können die Daten an die Druckerei übergeben.

In einem anderen Fall, der den Ausdruck eines Fine Art Print vorsieht, gehen Sie nicht so vor. Sie nehmen die endbearbeitete Datei und können dann, wie im Folgenden beschrieben, ausdrucken oder bilden eine glatte Datei, also ohne Ebenen, und geben diese an den Dienstleister mit dem Drucker.

Abschließend kommen wir zum Druck aus Photoshop. Die meiste Arbeit haben Sie schon erledigt, als Sie die Drucker-Papier-Kombination zur Profilierung eingerichtet haben.

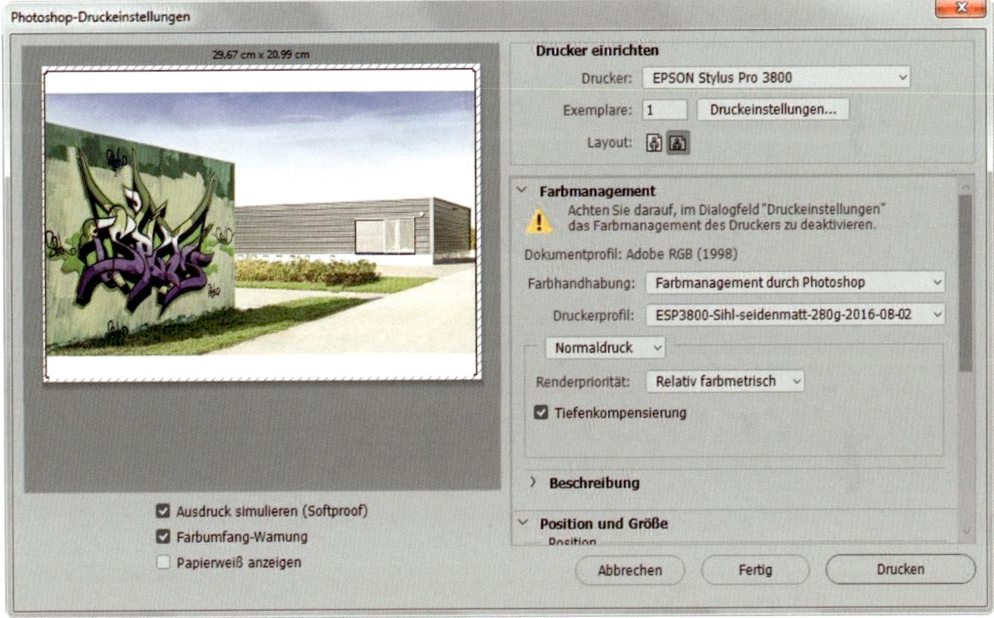

Unter DRUCKEINSTELLUNGEN wählen Sie Ihre abgespeicherten Papiereinstellungen aus und stellen unter FARBMANAGEMENT im ersten Dropdown FARBMANAGEMENT DURCH PHOTOSHOP ein. Unter DRUCKERPROFIL wählen Sie dann Ihr Papierprofil aus und entscheiden sich für einen Rendering Intent, der hier RENDERPRIORITÄT heißt. Sie wollen einen Normaldruck mit Tiefenkompensierung durchführen und klicken abschließend auf DRUCKEN

Um Ihre Drucke noch besser anpassen zu können und die Qualität zu verbessern, können Sie sich von der Website des Verlags unter *www.mitp.de/455* eine Testdatei und eine Anleitung dazu herunterladen. Darüberhinaus werden Aktualisierungen oder nachträglich notwendig gewordene Ergänzungen zur Farbmanagement-Thematik hier veröffentlicht.

7.5 ILLUSTRATOR

Wenn es in die Bereiche Illustrator und InDesign geht, dann bewegen wir uns überwiegend im Bereich des CMYK-Farbmodells. Aus diesem Grund wählen Sie in der Bridge Ihren Workflow 2 aus und synchronisieren Ihre Anwendungen. Illustrator kann Profile nur zuweisen, das bedeutet, dass sich das Farbaussehen verändert, die numerischen Werte aber gleich bleiben. So verfährt Illustrator nur mit CMYK-Objekten, bei RGB-Objekten verhält sich das Programm genau andersherum. Das sind auch die Vorgaben, die in den FARBMANAGEMENT-RICHTLINIEN der FARBEINSTELLUNGEN hinterlegt sind.

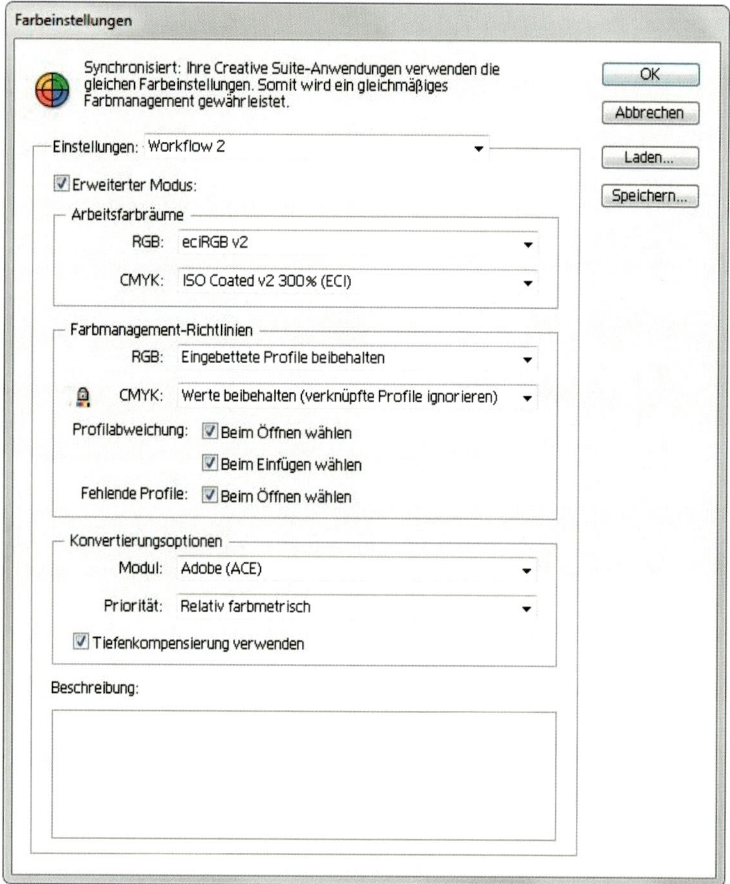

Dieser Dialog ist identisch mit den Farbeinstellungen in InDesign. Die Einstellungen zur Betrachtung eines Softproofs sind unter ANSICHT|PROOF EINRICHTEN|ANPASSEN... zu finden. Zum Druck aus Illustrator gelten die im nächsten Abschnitt beschriebenen Möglichkeiten.

7.6 INDESIGN

In InDesign laufen alle Wege zusammen. Fotos aus Photoshop, Grafiken aus Illustrator und Texte, Tabellen und typografische Feinheiten aus InDesign selbst. Bezogen auf das Farbmanagement hat InDesign eine Besonderheit gegenüber den anderen Programmen. Es gibt pro Dokument zwei Farbräume, einen für RGB und einen für CMYK. Darüber hinaus gibt es zwar die Befehle unter BEARBEITEN|PROFILE ZUWEISEN und |IN PROFIL UMWANDELN, sie gelten aber nur für Elemente, die in InDesign erstellt wurden. Eine Abänderung von platzierten Inhalten funktioniert nur über OBJEKT|FARBEINSTELLUNGEN FÜR BILD. Das ist auch ein Umwandlungsdialog, der jedoch keine Vorschau beinhaltet.

Der Dialog FARBEINSTELLUNGEN ist mit dem aus Illustrator identisch und auch der Umgang mit RGB- und CMYK-Farben ist gleich. Grauwerte, wie in Linien oder Schriften, werden mit einem Prozentsatz von K dargestellt, in Flächen von Fotos z.B. aber als Mischungsverhältnis von CMYK. Auch hier versucht man, dem Problem der Passerungenauigkeit auf die gleiche Art und Weise zu begegnen.

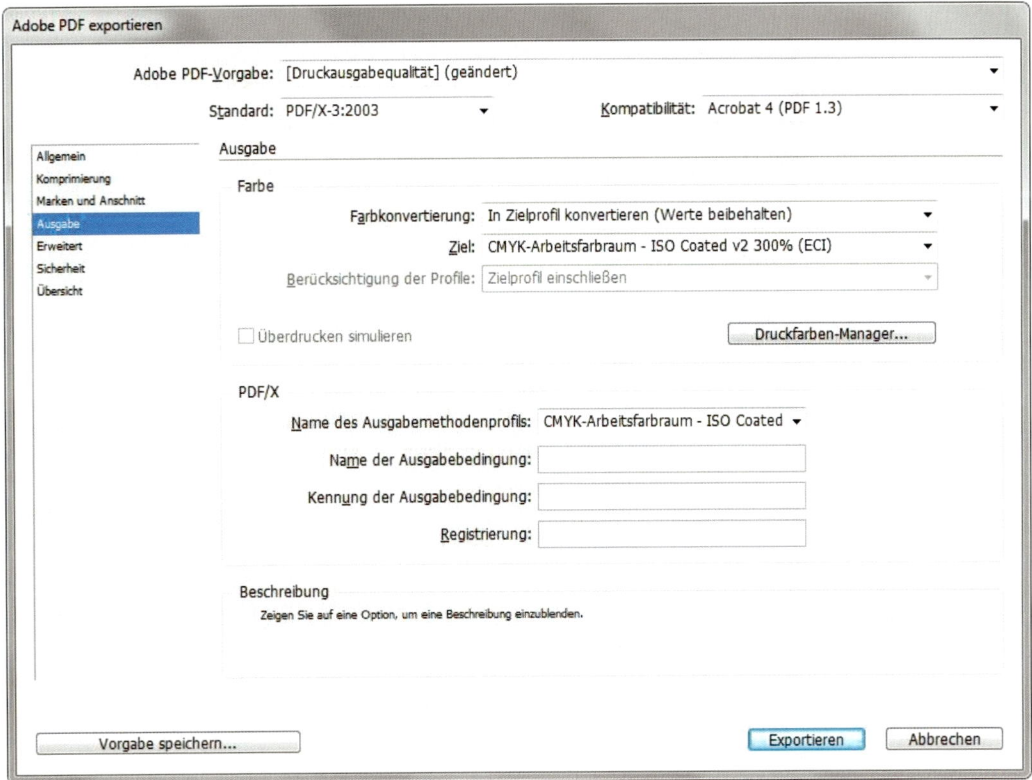

Aus InDesign heraus werden PDF-Dateien für die Druckvorstufe erstellt. Bedingt durch die beiden Farbräume pro Dokument werden bei der Ausgabe sowohl die RGB- als auch die CMYK-Dateien in das Ausgabeprofil konvertiert. Das bedeutet, dass man sowohl Photoshop-RGB-Dateien als auch Illustrator-CMYK-Dateien in einem Dokument platzieren kann, bei einem Export zum PDF werden alle Dateien in ein einheitliches Ausgabeformat konvertiert. Welche Einstellungen vorgenommen werden sollen, ist mit der Druckerei abzusprechen. Die oben gezeigten Einstellungen sind ein häufig anzutreffender Standard.

Zur Überprüfung des gesamten Vorgangs gibt es natürlich auch hier die Möglichkeit des Softproofs. Dies ist unter Ansicht|Proof einrichten|Benutzerdefiniert… zu finden.

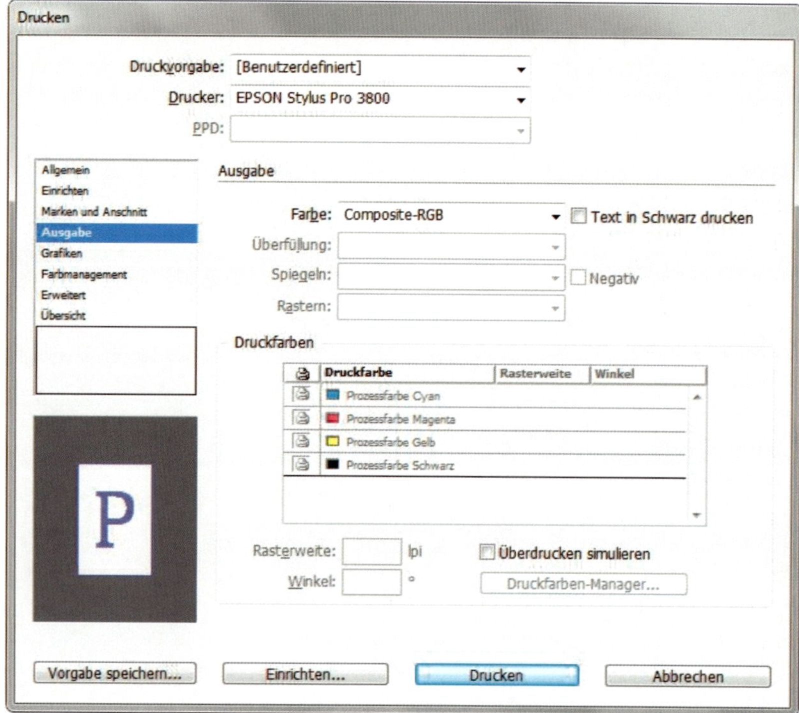

Das Drucken aus InDesign ist wie das Drucken aus Illustrator an einem RGB-Drucker keine richtige Freude. Da beide Programme sowohl RGB- als auch CMYK-Objekte enthalten können, wird es in jedem Fall problematisch für die CMYK-Objekte. InDesign wählt bei Ansteuerung eines RGB-Druckers den voreingestellten RGB-Arbeitsfarbraum und konvertiert alle CMYK-Objekte in diesen Farbraum. Zum Glück kann wenigstens Text in Schwarz drucken angeklickt werden, was die Passerungenauigkeit zumindest im Text eliminiert.

Ein Druck aus InDesign in CMYK über ein RIP (Raster Image Prozessor) stellt die Welt wieder auf die eigenen Füße und ergibt eine vernünftige Qualität.

Anhang

A.1 DIE WORKFLOWS

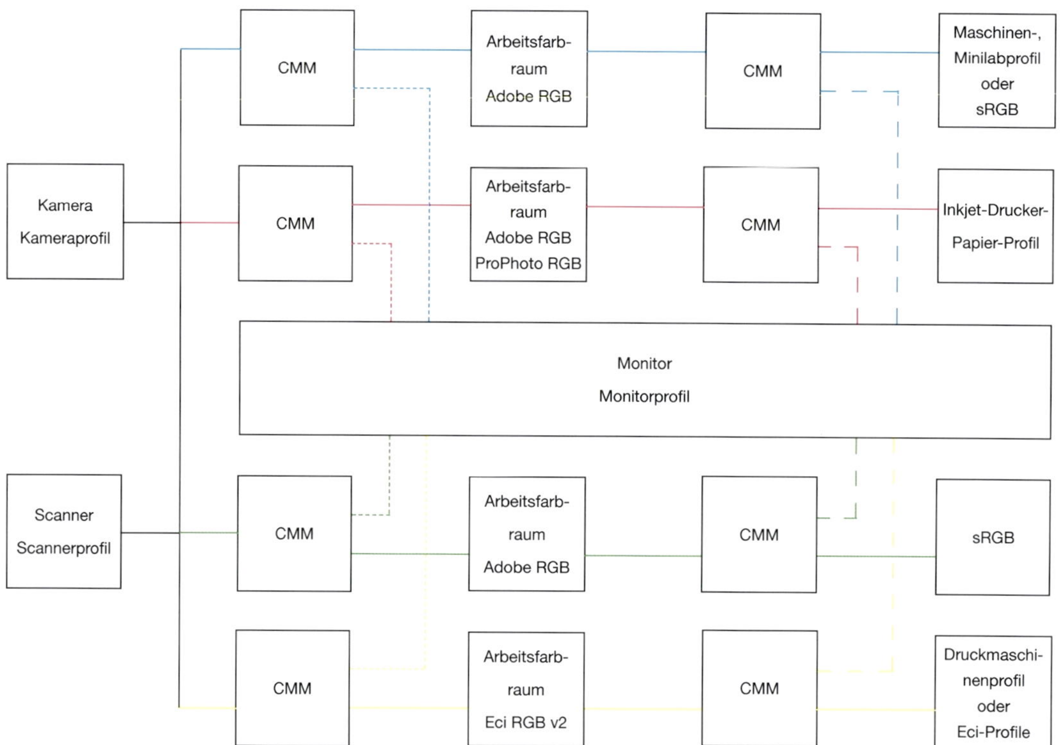

A.2 BILDNACHWEIS

Das Urheberrecht (Copyright) für die aufgeführten Fotos und Grafiken liegt bei den im Folgenden aufgelisteten Firmen und Einzelpersonen.

- basICColor GmbH: S. 57 (2), S. 69 oben
- datacolor: S. 18 unten links und rechts, S. 58 (3), S. 62 oben, S. 69 unten, S. 202
- Eizo Europe GmbH: S. 79 unten, S. 117
- Enjoyyourcamera GmbH: S. 63 oben links und rechts
- expoimaging Inc.: S. 66 unten links und rechts, S. 201, extracts from expoimaging videos – Thomas Hoppe: S. 196 (2), S. 197 (2), S. 198 (2), S. 199 (2), S. 200 (3)
- gti GmbH: S. 29, S. 72 unten, S. 73 (2)
- Heidelberger Druckmaschinen AG: S. 21
- Hoppe, Thomas: Fotos: S. 10, S. 17 (3), S. 19, S. 31 (2), S. 32, S. 59, S. 61, S. 62 unten, S. 63 unten links, Mitte und rechts, S. 65 oben, S. 66

oben, S. 112 (2), S. 114 unten, S. 139 (2), S. 142, S. 159, S. 165, S. 166 unten, S. 169, S. 174, S. 177 (2), 178 (12), S. 179 (12), S. 180 (12), S. 185 (2), S. 189 unten, S. 190 unten, S. 206 (3), S. 235, S. 253, S. 254 (2), S. 255 (3), S. 257 oben, S. 265, Umschlagseite 4 – Selbstporträt; Grafiken: S. 24, S. 25, S. 26, S. 28, S. 31 (2), S. 32 (2), S. 36, S. 37 oben, S. 42 (2), S. 43, S. 44, S. 270

- Kaiser Fototechnik GmbH & Co. KG: S. 67
- Lastolite by Manfrotto (Manfrotto Distribution GmbH): S. 64 oben
- NEC Display Solutions Europe GmbH: S. 79 oben, S. 133 unten
- Novoflex Präzisionstechnik GmbH: S. 64 unten
- Sekonic: S. 68, S. 203, S. 204 (2), S. 205
- x·rite: S. 18 oben links und rechts, S. 60, S. 65 unten, S. 70, S. 71, S. 72 oben, S. 105

A.3 LINKS

- Adobe – *www.adobe.com/de*
- basICColor – *www.basiccolor.de*
- Calumet Photographic – *www.calumetphoto.de*
- CaptureOne – *www.phaseone.com*
- Color Balance Lens – *www.cbllens.jp*
- datacolor – *www.datacolor.de*
- Eizo – *www.eizo.de*
- Enjoyyourcamera – *www.enjoyyourcamera.com*
- expodisc – *www.expoimaging.com*
- gti-normlicht – *www.gti-normlicht.de*
- Heidelberger Druckmaschinen – *www.heidelberg.com*
- Kaiser Fototechnik – *www.kaiser-fototechnik.de*
- Lastolite by Manfrotto – *www.manfrotto.de/lastolite*
- NEC – *www.nec-display-solutions.com*
- Novoflex – *www.novoflex.de*
- Sekonic – *www.sekonic.com/germany*
- SilverFast – *www.silverfast.com/de*
- VueScan – *www.hamrick.com*
- WhiBal – *michaeltapesdesign.com*
- Wolf Faust – *www.coloraid.de*
- x·rite – *xritephoto.com*

A.4 DANKSAGUNGEN

Danke ist ein kleines Wort, das für mich eine große Bedeutung hat und nicht zur Floskel verkommen darf. Es meint tief empfundene Dankbarkeit.

Somit danke ich Heike, Buko und Jojo, die immer, wenn es an Licht fehlte, mit dem passenden Scheinwerfer zur Stelle waren.

Ich danke dem mitp-Verlag, vor allem meiner Lektorin Katja Völpel für ihr Verständnis, die stetige Bereitschaft zuzuhören und für die Unterstützung meiner Ideen.

Darüber hinaus danke ich dem Erich Kästner-Haus, Nicole sowie Peter Schmidt.

Und ich danke den nachfolgend aufgeführten Firmen mit ihren netten Mitarbeitern, die mich beraten und unterstützt haben.

Adobe Deutschland, Adobe Amerika, basICColor, Calumet Photographic, Color Balance Lens, Color Confidence, datacolor, Eizo, Enjoyyourcamera, expoimaging, Faktor3, gti-normlicht, Heidelberger Druckmaschinen, Kaiser Fototechnik, LaserSoft, Lastolite by Manfrotto, Lewis Communication, Michael Tapes Design, NEC, Novoflex, Phase One, Profoto, Sekonic, Wolf Faust, XP Distribution, x·rite

Außerdem gilt mein Dank allen meinen Kunden, die Verständnis für die eine oder andere Verzögerung hatten.

Index

N

O

P

R

S

T

V

W

Z

Robert Kneschke

Stockfotografie

Geld verdienen mit eigenen Fotos

4. Auflage

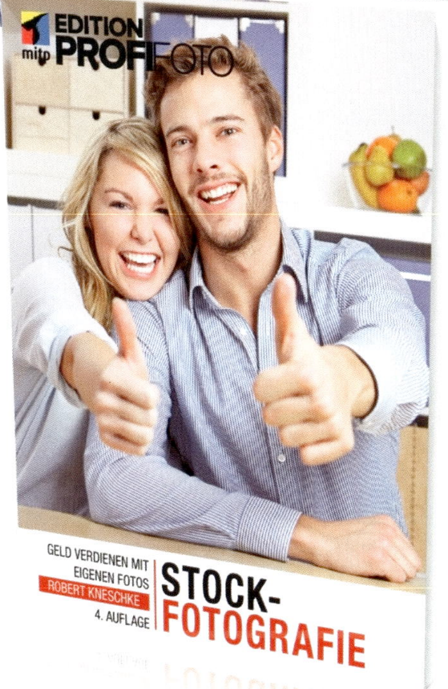

Die aktualisierte und erweiterte 4. Auflage des Standardwerks zur Stockfotografie – mit allen aktuellen Informationen, erweiterten und neuen Inhalten

Erfolgreich Bilder über das Internet verkaufen – von der Organisation bis zur Lizenzierung

Ausrüstung, Motivwahl und die Arbeit mit Models sowie Tipps zur Verschlagwortung und den verschiedenen Verkaufsmodellen

Stockfotografie erfreut sich immer größer werdender Beliebtheit. Neben Zeitschriften, Verlagen, Werbeagenturen und Co. kaufen mittlerweile auch vermehrt Privatpersonen Bilder im Internet, um sie beispielsweise auf ihren Webseiten zu nutzen. Um als Fotograf mit Stockfotos erfolgreich zu sein und Geld zu verdienen, braucht es aber mehr, als die Schnappschüsse aus dem letzten Urlaub bei einer beliebigen Agentur hoch zu laden.

Der Autor Robert Kneschke zeigt Ihnen in dieser hochaktuellen Neuauflage seines erfolgreichen und unterhaltsamen Buches, was ein gutes, d.h. gut verkäufliches, Stockfoto ausmacht und wie Sie dieses bestmöglich verkaufen. Das Buch richtet sich sowohl an Neulinge in dem Bereich der Stockfotografie, die mit ihrem Hobby ein paar Euro nebenbei verdienen wollen, als auch an Hobby-Fotografen, die schon seit Jahren Fotos verkaufen und nun den Sprung in die Profi-Liga schaffen wollen.

Das Buch ist in zwei große Teile aufgeteilt, wobei sich der erste mit der Arbeit vor und während der Fotoaufnahme beschäftigt, der zweite mit dem erfolgreichen Verkauf der Bilder.

Im ersten Teil finden Sie zum einen wichtige Hinweise zu den technischen Aspekten der Aufnahme. Des Weiteren ist die Motivwahl im Bereich der Stockfotografie ausschlaggebend: Beliebte, schöne und verkäufliche Motive werden vorgestellt. Außerdem geht der Autor auf die passenden Requisiten, Locations und die Zusammenarbeit mit Models ein. Auch rechtliche Fragen werden angesprochen. Ausblicke in die Bereiche Stockaudio und Stockvideo sowie »Mobile Stock« schließen den ersten Teil des Buches ab.

Der zweite Teil des Buches beschäftigt sich zuerst mit dem für einen Stockfotografen möglichst optimalen Workflow. Insbesondere auf die immens wichtige Verschlagwortung und die oft vernachlässigte Statistik geht der Autor ausführlich ein. Robert Kneschke stellt die beliebtesten Bildagenturen samt ihrer Vor- und Nachteile übersichtlich vor und erklärt die unterschiedlichen Lizenzierungsmodelle. Die im Buch veröffentlichten Einnahmen einiger Stockfotografen geben Ihnen Hinweise auf die finanziellen Möglichkeiten, Interviews mit anderen Stockfotografen einen noch tieferen Einblick in das Geschäft der Stockfotografie.

In einem abschließenden Bilderkapitel präsentiert Ihnen der Autor einige erfolgreiche und repräsentative Stockfotos aus seinem Portfolio, die das Gelesene noch einmal bildlich untermauern.

Mit diesem Buch gibt Ihnen der professionelle Stockfotograf Robert Kneschke das nötige Wissen an die Hand, um sich erfolgreich auf dem hart umkämpften Markt der Stockfotografie zu etablieren und Geld mit den eigenen Fotos zu verdienen!

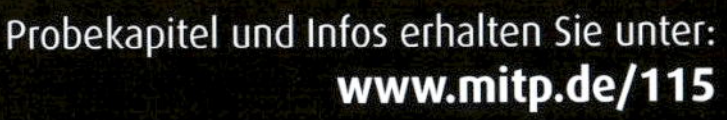

ISBN 978-3-95845-115-5